ILHA
1
AMARELO

# Lipídios e exercício

Instituto Phorte Educação
Phorte Editora

*Diretor-Presidente*
Fabio Mazzonetto

*Diretora Executiva*
Vânia M. V. Mazzonetto

*Editor Executivo*
Tulio Loyelo

Waldecir Paula Lima (Org.)

# Lipídios e exercício

## aspectos fisiológicos e do treinamento

Phorte editora
São Paulo, 2009

*Lipídios e exercício*: aspectos fisiológicos e do treinamento


Rua Treze de Maio, 596
CEP: 01327-000
Bela Vista – São Paulo – SP
Tel/fax: (11) 3141-1033
*Site*: www.phorte.com *E-mail*: phorte@phorte.com



CIP-BRASIL. CATALOGAÇÃO-NA-FONTE
SINDICATO NACIONAL DOS EDITORES DE LIVROS, RJ

---

L738

Lipídios e exercício : aspectos fisiológicos e do treinamento / Waldecir Paula Lima (org.). - São Paulo : Phorte, 2009.
il.

Anexos
Inclui bibliografia
ISBN 978-85-7655-241-3

1. Lipídios. 2. Lipídeos - Metabolismo. 3. Lipídeos - Distúrbios do metabolismo. 4. Aptidão física. 5. Exercícios físicos. 6. Corpo humano - Composição. I. Lima, Waldecir Paula.

09-4272. CDD: 612.397
CDU: 612.397

21.08.09 27.08.09 014629

---

Impresso no Brasil
*Printed in Brazil*

# Organizador

### Waldecir Paula Lima

Pós-doutorando e doutor em Ciências pelo Departamento de Biologia Celular e do Desenvolvimento do Instituto de Ciências Biomédicas da Universidade de São Paulo – ICB/USP; mestre em Ciências da Saúde; especialista em Fisiologia do Exercício pela Escola Paulista de Medicina da Universidade Federal de São Paulo – EPM/UNIFESP; graduado em Educação Física pelas Faculdades Integradas de Guarulhos. membro pesquisador do Grupo de Biologia Molecular da Célula – laboratório de metabolismo de lipídios – Departamento de Biologia Celular e do Desenvolvimento do Instituto de Ciências Biomédicas da Universidade de São Paulo GBMC – ICB/USP; membro do Corpo Editorial Científico dos periódicos *Brazilian Journal of Biomotricity*, *Revista Brasileira de Prescrição e Fisiologia do Exercício e Corpoconsciência*; membro titular do Comitê de Ética em Pesquisa Científica das Faculdades Integradas de Santo André CEPEC – FEFISA.

Professor do Instituto Federal de Educação, Ciência e Tecnologia de São Paulo – IF/SP; professor convidado para cursos de pós-graduação na Universidade de São Paulo – USP, Universidade Gama Filho – UGF, Faculdades Integradas de Santo André – FEFISA e Faculdades Metropolitanas Unidas – UniFMU.

# Colaboradores

### Alexandre Romero

Doutor em Nutrição em Saúde Pública e mestre em Saúde Pública pela Faculdade de Saúde Pública da Universidade de São Paulo – FSP/USP; especialista em Fisiologia do Exercício pela Escola Paulista de Medicina da Universidade Federal de São Paulo – EPM/UNIFESP; especialista em Bases Modernas do Treinamento Desportivo pelas Faculdades Metropolitanas Unidas – UniFMU; graduado em Educação Física pelas Faculdades Integradas de Guarulhos – FIG. Professor das Faculdades Integradas de Santo André – FEFISA e UNIFIG.

### Carlos Alexandre Vieira

Mestre em Saúde Pública pela Faculdade de Saúde Pública da Universidade de São Paulo – FSP/USP. Professor da Faculdade de Educação Física e coordenador do curso de pós-graduação *lato sensu* em Atividade Física, Saúde e Educação da Universidade Federal de Goiás – UFG; coordenador de Extensão e Cultura da Faculdade de Educação Física da Universidade Federal de Goiás – UFG.

### Daniela Caetano Gonçalves

Doutora em Ciências pelo Departamento de Biologia Celular e Tecidual do Instituto de Ciências Biomédicas da Universidade de São Paulo – ICB/USP; doutorado *Sandwich* no Departamento de Bioquímica da Nutrição pela Universidade de Potsdam/Alemanha; especialista em Fisiologia do Exercício pela Universidade Federal de São Paulo – UNIFESP; graduada em Nutrição pelo Centro Universitário São Camilo.

### Érico Caperuto

Doutor em Biologia Celular e Tecidual e mestre em Fisiologia Humana e Biofísica pelo Instituto de Ciências Biomédicas da Universidade de São Paulo – ICB/USP; graduado em Educação Física pela Escola de Educação Física e Esportes da Universidade de São Paulo – EEFE/USP.

### Fabio Luiz Tavares

Doutor em Biologia Celular e Tecidual pelo Instituto de Ciências Biomédicas e bacharel em Ciências Biológicas pelo Instituto de Biociências da Universidade de São Paulo – IB/USP; licenciado em Ciências Biológicas pela Faculdade de Educação da Universidade de São Paulo – FE/USP.

### Francisco Navarro

Doutor e mestre em Fisiologia Humana e Biofísica pelo Instituto de Ciências Biomédicas da Universidade de São Paulo – ICB/USP; graduado em Educação Física pela Universidade de São Paulo – EEFE/USP. Professor adjunto da Universidade Federal do Maranhão – UFMA e coordenador dos cursos de pós-graduação da Universidade Gama Filho – UGF.

### João Paulo Gabriel Camporez

Doutor e mestre em Fisiologia Humana pelo Instituto de Ciências Biomédicas da Universidade de São Paulo – ICB/USP; especialista em Fisiologia do Exercício pela Universidade Gama Filho – UGF; graduado em Educação Física pelo Centro Universitário São Camilo-ES.

### Luiz Carlos Carnevali Junior

Doutor e mestre em Ciências pelo Instituto de Ciências Biomédicas da Universidade de São Paulo – ICB/USP; especialista em Fisiologia do Exercício pelas Faculdades Metropolitanas Unidas – UniFMU; graduado em Educação Física pelas Faculdades Integradas de Santo André – FEFISA. Professor e coordenador do Curso de Educação Física da Anhanguera Educacional; professor convidado para cursos de pós-graduação na USP, UGF e FEFISA.

### Michel Dacar

Doutor em Ciências pelo Instituto de Ciências Biomédicas da Universidade de São Paulo – ICB/USP; mestre em Biodinâmica do Movimento pela Escola de Educação Física e Esporte da Universidade de São Paulo – EEFE/USP; bacharel em Esporte pela Escola de Educação Física e Esporte da Universidade de São Paulo – EEFE/USP. Professor da Universidade Anhembi-Morumbi.

### Mônica Aparecida Belmonte

Doutora e mestre em Ciências pelo Instituto de Ciências Biomédicas da Universidade de São Paulo – ICB/USP; bacharel em Ciências Biológicas pelo Instituto de Biociências da Universidade de São Paulo – IB/USP. Analista do Laboratório Pleno do Fleury Medicina e Saúde.

### Newton Nunes

Doutor e mestre em Educação Física pela Escola de Educação Física e Esporte da Universidade de São Paulo – EEFE/USP; especialista em Reabilitação Cardiovascular pelo Instituto do Coração – InCor; graduado em Educação Física pela Escola de Educação Física e Esporte da Universidade de São Paulo – EEFE/USP.

### Reury Frank Bacurau

Doutor e mestre em Fisiologia Humana e Biofísica pelo Instituto de Ciências Biomédicas da Universidade de São Paulo – ICB/USP; graduado em Educação Física pela Universidade de São Paulo – EEFE/USP. Professor na Escola de Artes, Ciências e Humanidades da Universidade de São Paulo – EACH/USP.

### Ricardo Zanuto

Doutor e mestre em Fisiologia Humana e Biofísica pelo Instituto de Ciências Biomédicas da Universidade de São Paulo – ICB/USP; especialista em Fisiologia do Exercício – FEFISA e em Natação e Atividades Aquáticas – UniFMU; graduado em Educação Física em Nutrição pelas Faculdades Integradas de Santo André – FEFISA. Professor das Faculdades Integradas de Santo André – FEFISA e do Centro Universitário Adventista de São Paulo – UNASP.

### Sidnei Noda

Especialista em Nutrição Desportiva e Qualidade de Vida e graduado em Educação Física pelas Faculdades Integradas de Santo André – FEFISA. Professor colaborador das disciplinas de Fisiologia do Exercício e Adaptações Morfofisiológicas do Treinamento Desportivo e professor convidado para cursos de pós-graduação nas Faculdades Integradas de Santo André – FEFISA.

### Victor Alexandre Ferreira Tarini

Doutor em Ortopedia e mestre em Fisiologia do Exercício pela EPM/UNIFESP; graduado em Educação Física pela Universidade de Santo Amaro – UNISA. Professor do Centro Universitário Adventista de São Paulo e da Faculdade Ítalo-Brasileira; professor colaborador da Faculdade de Educação Física de Santo André – FEFISA.

Ao meu pai, Nelson (*in memoriam*), pela sua honestidade e integridade, além de ser meu principal exemplo. Pai, estou com saudades...

À melhor mãe do mundo, Delma, por tanto amor, carinho e dedicação.

À Viviane, minha esposa, pelo amor, pelo companheirismo e, sobretudo, pela paciência durante todos esses anos em que, por diversas vezes, me dediquei mais à pesquisa do que à minha própria família.

À Vanessa, minha filha, por me propiciar tanta alegria e inspiração.

# Agradecimentos

Agradeço, imensa e primeiramente, a Deus.

Aos colaboradores deste livro, colegas e amigos com quem tenho o prazer de conviver e por quem tenho grande admiração e respeito.

À minha orientadora e amiga, a professora doutora Marília Cerqueira Leite Seelaender, livre-docente do Departamento de Biologia Celular e do Desenvolvimento do Instituto de Ciências Biomédicas da Universidade de São Paulo – ICB/USP, por prefaciar este livro e por muitas coisas...

Ao Instituto Federal de Educação, Ciência e Tecnologia de São Paulo – IF/SP, pelo apoio.

À FEFISA – Faculdades Integradas de Santo André, pela seriedade e apoio na difusão do conhecimento específico da educação física e saúde à comunidade acadêmica.

À professora doutora Margareth Anderáos, vice-presidente do Conselho Regional de Educação Física do Estado de São Paulo – CREF/SP, por ser um grande exemplo de honestidade e ética no âmbito profissional.

Ao professor doutor Luiz Carlos Carnevali Junior que, de meu aluno, passou a ser um grande parceiro.

Ao professor mestre Paulo Jorge Alves de Carvalho e ao professor doutor Mario Cesar de Oliveira, pelos trinta anos de amizade.

À Universidade Gama Filho, especialmente, ao professor doutor Francisco Navarro, por me propiciar condições de refletir acerca de inúmeros temas correlacionados à aptidão física e à saúde, junto a diversos grupos de estudos espalhados pelo Brasil nos últimos oito anos.

# Apresentação

Este livro apresenta, por meio de uma extensa investigação da literatura científica, os conhecimentos atuais sobre a relação entre a prática da atividade física e o metabolismo de lipídios.

Entende-se que esta temática seja relevante, sobretudo em razão da grande variação no estilo de vida que a sociedade vem mostrando. Essa variação resulta no aumento, entre outras situações deletérias, do sedentarismo e da obesidade. A prática da atividade física passa a ser uma estratégia utilizada para combater esses males. Entretanto, essa mesma sociedade, enfatizando seus antagonismos, contém um grupo de indivíduos que tem o hábito de praticar atividade física frequentemente, embora não estejam classificados na categoria de atletas. Indivíduos que praticam um esporte com objetivo profissional também merecem grande atenção na relação entre lipídios e exercício, principalmente em relação à geração de energia.

Dessa forma, entender como ocorre o metabolismo de lipídios em indivíduos praticantes de exercício agudo ou crônico passa a ser fundamental para os profissionais que militam no meio da prescrição do exercício.

Este livro é dividido em 12 capítulos, nos quais são abordados diversos temas, como estrutura, classificação, função, fontes alimentares, digestão e absorção dos lipídios; recursos ergogênicos; expressão gênica de fatores associados ao metabolismo dos lipídios; estrutura, função e biogênese das lipoproteínas; avaliação da composição corporal, além da associação dos lipídios com algumas patologias crônico-degenerativas, como câncer/caquexia, obesidade, diabetes, dislipidemia e hipertensão. Destaca-se o empenho dos autores em relacionar esses temas com a prática do exercício físico, respeitando as várias possibilidades de prescrição do treinamento, considerando a aplicação de diferentes volumes e intensidades.

# Prefácio

Por muito tempo, a visão sobre a importância dos lipídios no metabolismo e na fisiologia ligados à atividade física manteve-se restrita ao papel de substrato energético na atividade física de longa duração e intensidade submáxima. Ao mesmo tempo, atribuía-se ao estudo do metabolismo de carboidratos e de proteínas um *status* mais nobre. Realmente, sua importância na fisiologia e na bioquímica ligadas à atividade física é inconteste. Todavia, o crescente reconhecimento do envolvimento dos lípides em inúmeros processos que extrapolam sua função como a mais eficaz forma de armazenamento de energia e, ainda, substrato predominante para os esforços de *endurance,* demonstra que o metabolismo de ácidos graxos deve, necessariamente, ser estudado em maior profundidade.

A função do tecido adiposo como importante órgão endócrino vem sendo, há pouco mais de uma década, alvo de detalhado estudo pela comunidade científica, e hoje se sabe que mais de 100 proteínas são ativamente secretadas pelo tecido adiposo. As adipocinas, como a leptina e a adiponectina, e mediadores pró e anti-inflamatórios expressos no tecido têm papel na mediação fisiológica do metabolismo e, ainda, participam na etiologia de diversas doenças. Hoje, está claro que os produtos do tecido adiposo estão envolvidos nas adaptações ao treinamento físico de todas as naturezas.

Consideramos, assim, fundamental a iniciativa do organizador para que os novos conceitos sobre a biologia do tecido adiposo possam ser compreendidos por profissionais da área de saúde. Os conhecimentos discutidos em profundidade nesta publicação são atuais e de grande relevância na prática. O organizador tem grande experiência no estudo de lípides e é, de fato, um cientista, tendo colaborado para o entendimento de vários dos pontos relacionados nos capítulos deste livro. A honra de tê-lo orientado em sua tese de doutorado só é sobrepujada pela satisfação em elaborar o prefácio de uma publicação tão necessária e atual.

Marília Cerqueira Leite Seelaender
Pós-doutorada em Metabolismo e Bioenergética pela Universidade de Oxford, 1996, Universidade de Potsdam, 2005 e Universidade de Barcelona, 2009; doutora em Ciências pelo Instituto de Ciências Biomédicas da Universidade de São Paulo – ICB/USP. Professora livre-docente pelo Departamento de Biologia Celular e do Desenvolvimento do Instituto de Ciências Biomédicas da Universidade de São Paulo – ICB/USP.

# Sumário

# Capítulo 1

## Estrutura, classificação e função dos lipídios

*Sidnei Noda*
*Waldecir Paula Lima*

*Lipídio* (do grego *lipos*, que significa gordura) é o termo genérico utilizado para óleos (ésteres de ácido graxo na forma líquida), gorduras (ésteres de ácidos graxos na forma sólida) e ceras (ésteres de ácidos graxos e álcoois de cadeia longa). Os lipídios se caracterizam pela sua baixa solubilidade em solvente aquoso, porém são solúveis em solventes orgânicos como éter, benzeno e clorofórmio.[1,2] Essa característica hidrofóbica (*hidro* = água; *fobos* = aversão) lhes confere grande importância biológica como componente estrutural de membranas biológicas, dividindo dois compartimentos que devem ser isolados – o meio extra do intracelular.[3] Além disso, os lipídios podem ser armazenados em grandes quantidades sem a participação da água como solvente, representando uma importante reserva energética, pois armazenam mais do que o dobro de energia, por unidade de massa, quando comparados ao carboidrato e à proteína, fornecendo, assim, mais energia quando oxidado.[3,4] Dessa forma, os lipídios podem ser classificados como estruturais (constituintes de membranas, por exemplo) e de armazenamento (como fonte de energia).[5] Dentro da classe estrutural, a insolubilidade em solvente aquoso é caracterizada pela longa cadeia hidrocarbonada dos ácidos graxos.[3] Outros poucos lipídios têm ainda funções importantes, como cofatores enzimáticos, transportadores de elétrons, pigmentos que absorvem radiação luminosa, âncoras hidrofóbicas, agentes emulsificantes, hormônios e mensageiros intracelulares.[6]

Os lipídios podem ser classificados como simples (triacilgliceróis e ceras), compostos (fosfolipídios, glicolipídios e lipoproteínas) e derivados (ácidos graxos, esteroides e hidrocarbonetos).[2,7]

Neste capítulo, abordaremos a estrutura, a classificação e a função das principais classes de lipídios.

# 1.1 Tipos de lipídios

## 1.1.1 Ceras

As ceras biológicas são ésteres de ácidos graxos de cadeia longa (14 a 36 átomos de carbono) com álcoois de cadeia longa (16 a 30 átomos de carbono). Servem como forma de armazenamento de energia em organismos que constituem o plâncton marinho, assim como outras funções relacionadas às suas propriedades repelentes de água. Algumas glândulas da pele dos vertebrados secretam cera para proteger o cabelo e a pele da água, além de mantê-los flexíveis e lubrificados. Alguns pássaros, principalmente os aquáticos, secretam ceras nas glândulas dos bicos, que, espalhadas sobre as penas, os protegem da água. Muitas folhas de plantas tropicais são cobertas por cera, protegendo-as de parasitas e impedindo a evaporação excessiva de água.[6]

## 1.1.2 Glicerofosfolipídios

As membranas biológicas são formadas por várias classes de lipídios, que são dois ácidos graxos unidos por ligação éster ao glicerol em seu carbono 1 e 2, sendo, em geral, o ácido graxo do carbono 2 insaturado, enquanto o carbono 3 está ligado a um grupo altamente polar (carregado eletricamente), portanto, hidrofílico (*hidro* = água e *filos* = amigo).[1,6] Os glicerofosfolipídios (fosfoglicerídios) são a principal classe de lipídios que formam as membranas biológicas. Nos glicerofosfolipídios, um grupo fosforil está ligado a outro grupo X, derivado de um álcool polar, no carbono 3 do glicerol[8] (Figura 1.1). O glicerofosfolipídio mais simples, em que X = H é o ácido fosfatídico, que é constituído por um resíduo de glicerol, um ácido fosfórico e dois ácidos graxos, porém estão presentes apenas em pequenas quantidades nas membranas biológicas.[1,8] Os glicerofosfolipídios mais encontrados nas membranas são fosfatidilcolina, fosfatidiletanolamina, fosfatidilserina e fosfatidilinositol.

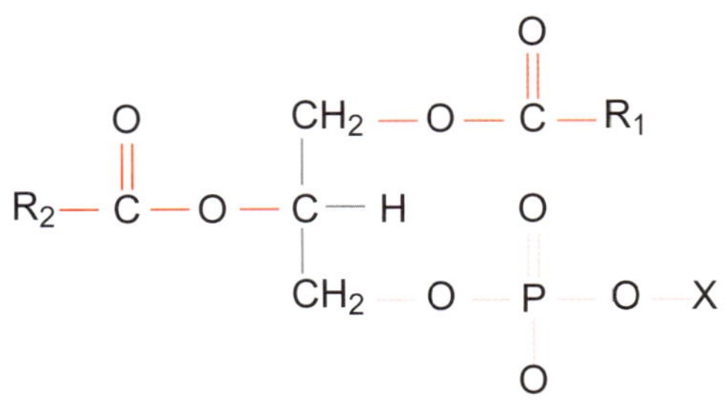


Figura 1.1 – Estrutura geral dos glicerofosfolipídios: R1 e R2 são as longas cadeias de hidrocarbonadas de ácidos graxos, e X é derivado de um álcool polar.

### 1.1.3 Esfingolipídios

Os esfingolipídios, assim como os glicerofosfolipídios, são componentes importantes das membranas biológicas, sendo a segunda maior classe de lipídios que as constituem.[6,8] A exemplo dos glicerofosfolipídios, os esfingolipídios possuem uma extremidade polar e duas caldas não polares,[1,6] porém, a principal característica estrutural dos esfingolipídios é a presença de um aminoálcool de longa cadeia carbônica (18 carbonos) chamado esfingosina, ao invés do glicerol presente nos glicerofosfolipídios.[6,8]

Os átomos dos carbonos 1, 2 e 3 da molécula da esfingosina carregam grupos funcionais (-OH, $-NH_2$, -OH) que são estruturas semelhantes às dos grupos hidroxila do glicerol nos glicerofosfolipídios. Quando um ácido graxo se liga à amida do grupo $-NH_2$, o composto resultante é uma ceramida (Figura 1.2).[6]

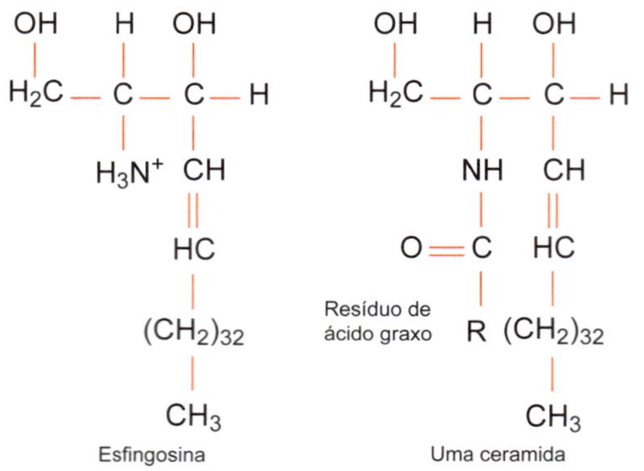


Figura 1.2 – Estrutura geral da esfingosina e da ceramida. Os três primeiros átomos de carbono da esfingosina são análogos aos três átomos de carbono do glicerol nos glicerofosfolipídios. Na ceramida, o grupo amino em C-2 possui um ácido graxo em ligação amida.

As ceramidas são os compostos precursores dos esfingolipídios mais abundantes, dando origem a três subclasses de esfingolipídios: as esfingomielinas, os cerebrosídios e os gangliosídios:

- As esfingomielinas, subclasse dos esfingolipídios mais comuns, são muito abundantes na bainha de mielina que serve de revestimento e isolante elétrico dos prolongamentos das células nervosas. São ceramidas que contêm fosfocolina ou fosfoetanolamina como grupo polar, sendo, então, classificada como esfingofosfolipídios;[8]
- Os cerebrosídios são ceramidas cujas cabeças polares consistem em um único resíduo de açúcar, sendo classificados como glicoesfingolipídios.[8] São encontrados com abundância nas membranas celulares do tecido nervoso, sobretudo, nas bainhas de mielina;[1]
- Os gangliosídios são glicoesfingolipídios mais complexos. São ceramidas cujas cabeças polares estão ligadas a oligossacarídios que incluem, pelo menos, um resíduo de ácido siálico. Eles compõem cerca de 6% dos lipídios da membrana na substância cinzenta do cérebro e estão presentes nas membranas celulares não neurais da maioria dos tecidos animais.[6,8]

### 1.1.4 Esteroides

Os esteroides são lipídios estruturais, a maioria de origem eucariótica, derivados do ciclopentanoperidrofenantreno. O núcleo do esteroide é composto por quatro anéis fundidos e não planares, três dos quais com seis átomos e um deles com cinco átomos (Figura 1.3).

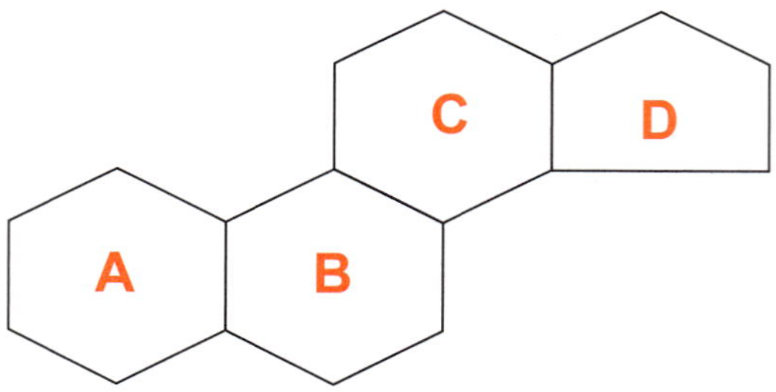


Figura 1.3 – Ciclopentanoperidrofenantreno: quatro anéis não planares fusionados, marcados de A a D.

O colesterol, esteroide mais abundante nos animais, tem um grupo hidroxila na posição C-3 e um grupo hidrocarbônico, com oito ou mais átomos de carbono, na posição C-17 do núcleo (Figura 1.4). As membranas plasmáticas de células animais possuem grandes quantidades de colesterol, reduzindo sua fluidez.[1]

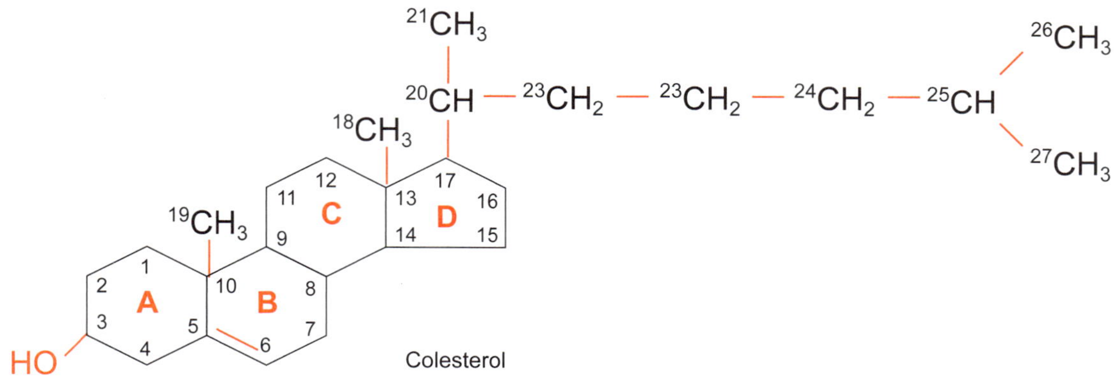


FIGURA 1.4 – Fórmula estrutural do colesterol com sistema de numeração padrão.

Além do importante papel que o colesterol desempenha na membrana celular, ele é a base para todos os derivados de esteroides sintetizados pelo organismo. Em mamíferos, o colesterol é precursor dos hormônios esteroides, substâncias químicas sintetizadas e secretadas pelo córtex da suprarrenal e pelas gônadas que agem como reguladores de funções fisiológicas. Os hormônios do córtex da suprarrenal são os mineralcorticoides e os glicocorticoides. O mineralcorticoide mais importante é a aldosterona e, como o próprio nome sugere, regula sais minerais, sódio e potássio dos fluidos extracelulares.[9] O glicocorticoide mais importante é o cortisol. Essa classe de hormônios afeta o metabolismo de carboidratos, proteínas e lipídios e ainda influencia uma grande variedade de outras funções vitais, como reações inflamatórias e capacidade de lidar com o estresse.[8] As gônadas liberam importantes hormônios esteroides relacionados ao desenvolvimento sexual e à função reprodutiva, que são a testosterona, o estradiol e a progesterona.[10] Entre esses três hormônios, não existe um incontestavelmente masculino ou feminino, havendo diferenças nas concentrações hormonais entre os sexos. A testosterona é o andrógeno mais importante secretado pelos testículos, e o estrogênio, particularmente o estradiol e a progesterona, é secretado pelos ovários.[2] Apesar de as gônadas serem os principais produtores desses hormônios, o córtex da suprarrenal produz hormônios com funções semelhantes e são denominados gonadocorticoides. O principal gonadocorticoide é a deidroepiandrosterona, que produz efeitos semelhantes à testosterona, além de produzir pequenas quantidades de estrogênio e progesterona.

A vitamina D é um derivado do colesterol que regula o metabolismo de cálcio. As várias formas de vitamina D que, na verdade, são hormônios, derivam do esterol cujo anel B é quebrado entre o C-9 e C-10.[8]

A vitamina $D_3$, que é o colecalciferol, é formada quando os raios ultravioletas solares quebram o colesterol da gordura subcutânea para formá-lo. Já a vitamina $D_2$, o ergocalciferol, é produzida pela irradiação do ergosterol, um esteroide vegetal (Figura 1.5).[11]

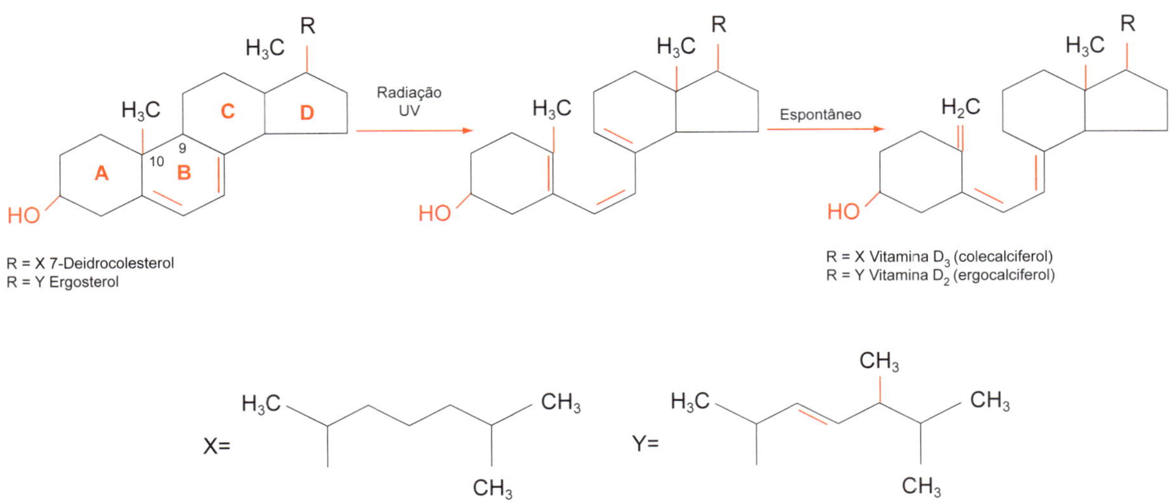


FIGURA 1.5 – A vitamina $D_2$ é formada por meio da ação dos raios ultravioletas sobre o esterol vegetal ergosterol; a vitamina $D_3$ é produzida pela ação dos raios ultravioleta sobre o 7-deidrocolesterol na pele.

## 1.1.5 Lipoproteínas

Os lipídios, por serem hidrofóbicos, não existem no estado livre no plasma sanguíneo, necessitando de estruturas organizadas para transportá-los. Essas estruturas são moléculas denominadas lipoproteínas,[12] que, como o próprio nome sugere, são associações entre lipídios e proteínas circulantes pelo plasma sanguíneo, cuja função é transportar e suprir os diferentes tecidos com lipídios vindos da dieta ou sintetizados pelo próprio organismo.[13]

As principais classes de lipoproteínas são: lipoproteínas de baixa densidade (LDL), que são a principal classe de lipoproteínas aterogênicas,[14] pois cerca de dois terços do colesterol sérico total estão nelas;[15] lipoproteínas de alta densidade (HDL), que são a principal classe de lipoproteínas envolvida na remoção do colesterol do sangue para o fígado, denominado transporte reverso do colesterol. Sendo assim, o HDL tem função protetora em relação à doença cardíaca coronariana;[15,16,17] lipoproteínas de muito baixa densidade (VLDL), que, quando seus níveis estão aumentados, determinam a hipertriacilglicerolemia.[15] Existem ainda os quilomícrons, que são importantes lipoproteínas, pois transportam triacilgliceróis do intestino delgado para os tecidos periféricos.

## 1.1.6 Isoprenoides

Os isoprenoides, derivados ativados de isopreno, constituem um grupo grande e diverso de lipídios formados por uma ou mais unidades de cinco carbonos. Os isoprenos contêm ligações simples e duplas que se alternam. Esse arranjo pode extinguir os radicais livres doando ou aceitando elétrons.[11] As vitaminas lipossolúveis A, D, E e K e as coenzimas Q, transmissoras de elétrons, possuem estruturas isoprenoides.[6,11]

## 1.1.7 Eicosanoides

Os eicosanoides são derivados do ácido araquidônico, um ácido graxo de vinte carbonos (daí o nome eicosanoide: *eikosi* = vinte). Existem três classes de eicosanoides: as prostaglandinas, as tramboxanas e os leucotrienos. De um modo geral, os eicosanoides estão envolvidos na função reprodutiva, na inflamação, na febre ou em dores associadas a doenças ou ferimentos, na coagulação sanguínea, na regulação da pressão arterial, na secreção ácida gástrica e em vários outros processos importantes na saúde e na doença dos seres humanos. Ao contrário dos hormônios, os eicosanoides não são transportados pela corrente sanguínea entre os diferentes tecidos. Eles agem no próprio tecido que os produz e se decompõem em alguns segundos ou minutos, limitando, assim, seus efeitos em tecidos vizinhos.[6,8]

## 1.1.8 Ácidos graxos

Os ácidos graxos desempenham importantes funções fisiológicas no corpo humano, como a de substrato energético e componente de membranas celulares;[18] eles são o grupo mais abundante de lipídios nos seres vivos e são compostos derivados dos ácidos carboxílicos, geralmente monocarboxílicos, podendo ser representados pela forma $RCO_2H$, em que R representa, na maioria das vezes, longas cadeias hidrocarbonadas, não ramificadas e com número par de átomos de carbono.[6,8,19] O número par de átomos de carbono resulta da maneira como os ácidos graxos são biossintetizados e pela associação de unidades de acetato que possui dois átomos de carbono.[6,8]

Os ácidos graxos podem ser classificados, de acordo com o tamanho da cadeia hidrocarbonada, em ácidos graxos de cadeia curta (dois a quatro átomos de carbono), ácidos graxos de cadeia média (seis a dez átomos de carbono) e ácidos graxos de cadeia longa (acima de 12 átomos de carbono).[19] Podemos ainda classificá-los como ácidos graxos saturados ou insaturados, dependendo da presença ou não de duplas ligações. Segundo Martin et al., não há consenso na literatura sobre a classificação dos ácidos graxos pelo tamanho da cadeia hidrocarbonada.[20]

Os ácidos graxos saturados são aqueles que não apresentam dupla ligação, ou seja, contém uma única liga entre os carbonos (Figura 1.6).

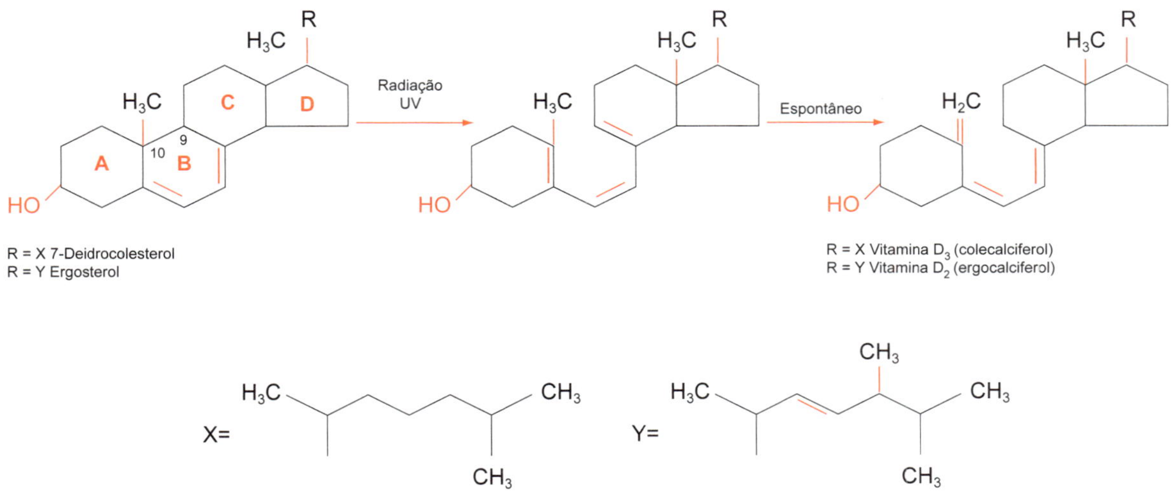


Figura 1.6 – Ácido graxo saturado, sem duplas ligações.

Os ácidos graxos insaturados são aqueles que contêm dupla ligação entre carbonos (Figura 1.7).

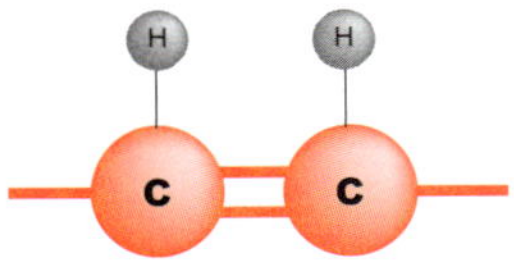

Figura 1.7 – Ácido graxo insaturado, com presença de duplas ligações.

Quando o ácido graxo insaturado apresenta apenas uma dupla ligação, é chamado de ácido graxo monoinsaturado. Se apresentar mais de uma dupla ligação, será chamado ácido graxo poli-insaturado. Embora as duplas ligações entre os carbonos ocorram, geralmente, em uma posição não conjugada, pode ocorrer em uma posição conjugada, ou seja, alternada por uma única ligação simples (Figura 1.8).[6]

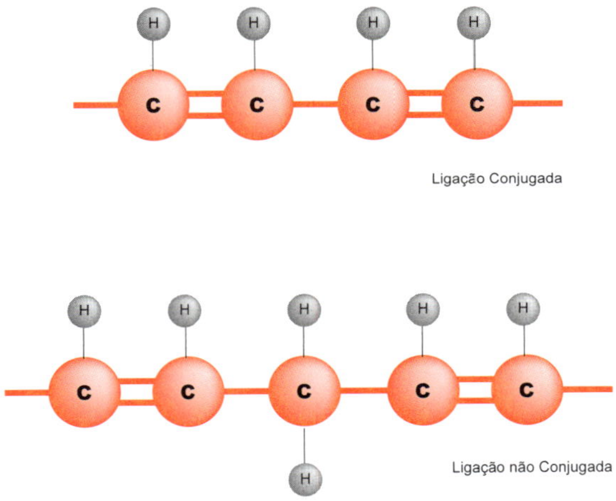


Figura 1.8 – Estrutura dos ácidos graxos poli-insaturados com duplas ligações em posição conjugada e com duplas ligações em posição não conjugada.

Quando dois ou mais ácidos graxos insaturados são compostos pelos mesmos elementos, combinados na mesma proporção, mas diferindo da estrutura molecular, são denominados isômeros; os mais importantes são:

- Isômeros posicionais: quando dois ácidos graxos são semelhantes, diferenciando apenas a posição da dupla ligação entre os carbonos.
- Isômeros geométricos: dependendo de como os átomos de hidrogênio se anexam às duplas ligações de carbono, podemos encontrar os ácidos graxos insaturados na forma *cis* ou *trans* (Figura 1.9).

As duplas ligações de quase todos os ácidos graxos insaturados de ocorrência natural estão na forma *cis*.[6]

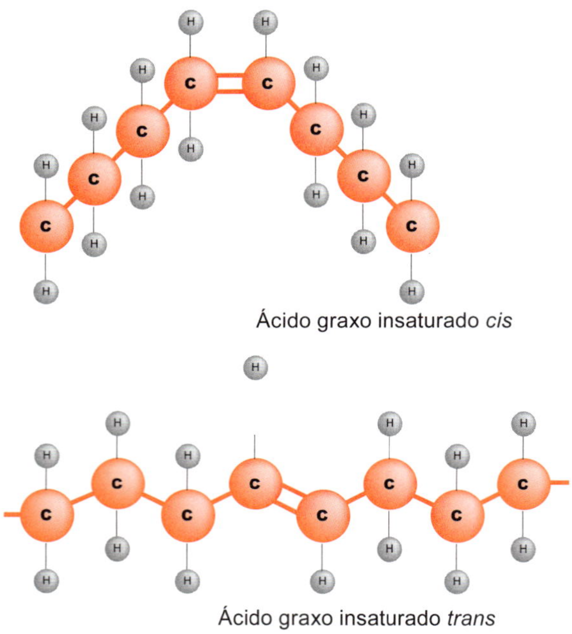


Figura 1.9 – Exemplo de isômeros *cis* e *trans* de ácidos graxos insaturados. Os ácidos graxos insaturados com configuração *cis* possuem dobramentos rígidos com 30° de angulação na cadeia de hidrocarboneto.

Os ácidos graxos saturados são altamente flexíveis, pois possuem, geralmente, uma cadeia hidrocarbonada com conformação linear e estendida. Dessa forma, essas moléculas podem se agrupar de forma muito próxima umas das outras. Entretanto, os ácidos graxos insaturados possuem, na maioria das vezes, a configuração *cis*, colocando uma dobra rígida de 30° para cada dupla ligação presente na molécula. Os ácidos graxos insaturados não podem se agrupar de forma tão estreita como os ácidos graxos saturados (Figura 1.10)[6,8,19] Como consequência, os ácidos graxos saturados possuem ponto de fusão maior do que os insaturados. Em temperatura ambiente, os ácidos graxos saturados de 12 a 24 carbonos têm consistência cerosa, enquanto os ácidos graxos insaturados com o mesmo número de carbonos possuem consistência líquida oleosa.[6] De um modo geral, as células humanas contêm, em média, duas vezes mais ácidos graxos insaturado do que saturados, mas essa composição pode variar nos diferentes tipos de tecidos, dependendo do tipo de ácido graxo contido nos lipídios da dieta.[19]

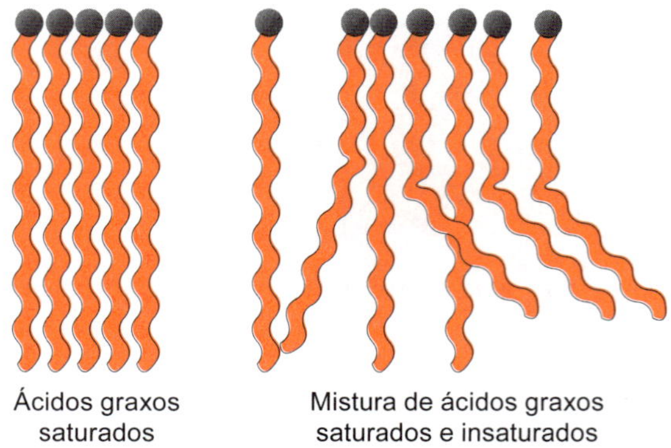


Figura 1.10 – Os ácidos graxos saturados possuem uma conformação linear que permite melhor agrupamento, de modo que as moléculas fiquem próximas umas das outras, ao contrário dos dobramentos rígidos dos ácidos graxos insaturados com duplas ligações *cis*, que não permitem um agrupamento tão eficiente das moléculas e impedem que fiquem próximas umas das outras.

### 1.1.8.1 Nomenclatura

Os ácidos graxos são identificados por um nome comum ou sistemático. O nome comum, geralmente, é derivado da origem do ácido, enquanto o sistemático segue regras estabelecidas internacionalmente. Em geral, o nome comum é mais simples do que o nome sistemático.

Os nomes sistemáticos indicam a estrutura química do ácido graxo e sempre começam com a palavra *ácido*. O início do nome sistemático será um prefixo referente ao número de átomos de carbono da cadeia hidrocarbonada e o sufixo será *oico*.[19] Por exemplo, o nome sistemático do ácido palmítico é ácido hexadecanoico, pois possui 16 carbonos na cadeia hidrocarbonada.

Os átomos de carbono de um ácido graxo são numerados a partir do grupo carboxila ou do carbono mais distante do grupo carboxila. As letras gregas também são usadas para identificar os átomos de carbono. A letra α (alfa) indica o carbono adjacente ao grupo carboxila, enquanto a letra ω (ômega) indica o carbono mais afastado.[19]

O nome sistemático dos ácidos graxos pode ser abreviado especificando o número de átomos de carbono da cadeia hidrocarbonada e o número de duplas ligações, separados por dois pontos. Por exemplo, a abreviação do ácido palmitoleico é 16:1, pois tem 16 átomos de carbono e é insaturado com uma dupla ligação. Já a abreviação do ácido palmítico é 16:0, pois possui 16 átomos de carbonos e é saturado. A posição das duplas ligações também pode ser especificada por números sobrescritos seguindo a letra grega Δ (delta). Por exemplo, o ácido palmitoleico, que possui uma dupla ligação entre os carbonos nove e dez (sendo o carbono 1 do grupo carboxila), é nomeado 16:1 $\Delta^9$. Podemos ainda nomeá-lo como 16:1 ω-7, ou seja, a dupla ligação está posicionada a sete átomos do carbono ω, o mais distante do grupo carboxila.

Quadro 1.1 – Quadro dos ácidos graxos

| Nome comum | Nome sistemático | Símbolo | Fonte tópica da gordura |
|---|---|---|---|
| **Ácidos graxos saturados** | | | |
| Butírico | Butanoico | 4:0 | Leitelho |
| Caproico | Hexanoico | 6:0 | Leitelho |
| Caprílico | Octanoico | 8:0 | Óleo de coco |
| Cáprico | Decanoico | 10:0 | Óleo de coco |
| Láurico | Dodecanoico | 12:0 | Óleo de coco, óleo de cerne de palmeira |
| Mirístico | Tetradecanoico | 14:0 | Leitelho, óleo de coco |
| Palmítico | Hexadecanoico | 16:0 | Óleo de palmeira, gordura animal |
| Esteárico | Octadecanoico | 18:0 | Manteiga de cacau, gordura animal |
| Araquídico | Eicosanoico | 20:0 | Óleo de amendoim |
| Beênico | Docosanoico | 22:0 | Óleo de amendoim |
| **Ácidos graxos insaturados** | | | |
| Caproleico | 9-decenoico | 10:1 | Leitelho |
| Lauroleico | 9-dodecanoico | 12:1 | Leitelho |
| Miristoleico | 9-tetradecenoico | 14:1 | Leitelho |
| Palmitoleico | 9-hexadecenoico | 16:1 | Óleo de alguns peixes, gordura de carne bovina |
| Oleico | 9-octadecenoico | 18:1 | Azeite de oliva, óleo de canola |
| Elaídico | 9-octadecenoico | 18:1 | Leitelho |
| Vacérico | 11-octadecenoico | 18:1 | Leitelho |
| Linoleico | 9,12-octadecadienoico | 18:2 | A maioria dos óleos vegetais, especialmente açafrão, milho soja, algodão |
| Linolênico | 9,12,15-octadecatrienoico | 18:3 | Óleo de soja, óleo de canola, nozes, óleo de germe de trigo, óleo de linhaça |
| Gadoleico | 9-eicosenoico | 20:1 | Óleo de alguns peixes |
| Araquidônico | 5,8,11,14-eicosatetraenoico | 20:4 | Toucinho, carnes |
| EPA | 5,8,11,14,17-eicosapentaenoico (EPA) | 20:5 | Óleo de alguns peixes, mariscos |
| Erúcico | 13-docosenoico | 22:1 | Óleo de canola |
| DHA | 4,7,10,13,16,19-docosaexaenoico (DHA) | 22:6 | Óleo de alguns peixes, mariscos |

Adaptado de Mahan e Escott-Stump.[11]

### 1.1.8.2 Ácidos graxos essenciais

Os ácidos graxos essenciais são aqueles que são imprescindíveis ao funcionamento do organismo, mas que não podem ser sintetizados por ele, ou seja, devem, obrigatoriamente, ser ingeridos por meio da dieta. Existem duas subclasses de ácidos graxos essenciais, os ácidos linoleicos (ω-6) e α-linolênicos (ω-3), que são necessários para manter sob condições normais as membranas celulares, as funções cerebrais e a transmissão de impulsos nervosos, além de participar na transferência do oxigênio atmosférico para o plasma sanguíneo, na síntese de hemoglobina e na divisão celular.[20] Os ácidos linoleicos e α-linolênicos são ácidos graxos poli-insaturados 18:2 e 18:3, respectivamente.

Em seres humanos e carnívoros, o ácido linoleico pode ser convertido em ácido araquidônico (20:4, ω-6), e o ácido α-linolênico, em ácido eicosapentaenoico (20:5, ω-3) e ácido docosahexaenoico (22:6, ω-3).[21]

Como visto anteriormente, o ácido araquidônico é precursor da síntese de eicosanoides, que são responsáveis pela formação específica das prostaglandinas da série 2, tramboxano A (TXA) e leucotrienos da série 4, além de ser mediador bioquímico envolvido na inflamação, infecção, lesão tecidual, modulação do sistema imune e agregação plaquetária. Os ácidos eicosapentaenoico e docosaexaenoico são mediadores bioquímicos menos potentes das prostaglandinas da série 3, tromboxano A e leucotrienos da série 5, que são anti-inflamatórios e não inibem o sistema imune.[21] Dessa forma, podemos dizer que a família ω-6 produz eicosanoides inflamatórios e cancerígenos, aumentando o risco de câncer, morte súbita, doenças cardiovasculares, vasoconstrição, aumento da pressão arterial, aumento na taxa de triacilgliceróis, artrite, entre outras doenças inflamatórias. A família ω-3 é de anti-inflamatórios, antitrombóticos e antiarrítmicos, que reduzem os lipídios do sangue e possuem propriedades vasodilatadoras, efeitos que ajudam na prevenção de doenças cardiovasculares, hipertensão, diabetes tipo 2, artrite reumatoide, entre outras.[22]

Vários estudos indicam que doenças crônico-degenerativas como diabetes, câncer e artrite, estão, de certa forma, relacionadas à desproporção na ingestão dos ácidos ω-6 e ω-3. Dessa forma, é consenso científico a necessidade de reduzir a quantidade de ácidos graxos ω-6 e aumentar a concentração de ácidos graxos ω-3.[22]

## 1.1.9 Triacilgliceróis

Os triacilgliceróis (ou triacilglicerol) são moléculas compostas por três ácidos graxos, cada um em uma ligação éster com uma hidroxila do glicerol (Figura 1.11). São caracterizados por serem não polares e insolúveis em solução aquosa.[6] A formação do triacilglicerol, juntando três ácidos graxos a um glicerol, é feita pelos organismos biológicos para evitar possíveis lesões teciduais, uma vez que os ácidos graxos livres são potencialmente perigosos, pois contêm um grupo principal de ácido carboxílico que reage com outras moléculas.[11]

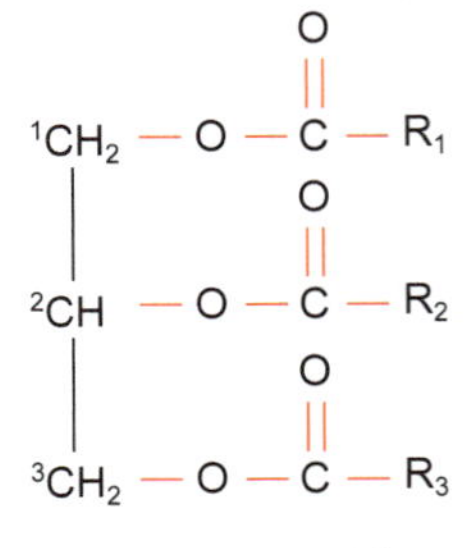


FIGURA 1.11 – Estrutura geral do triacilglicerol: R1, R2 e R3 são as longas cadeias hidrocarbonadas de ácidos graxos, podendo ser ácidos graxos do mesmo tipo (triacilglicerol simples) ou ainda dois ou três ácidos graxos diferentes (triacilglicerol misto).

Os triacilgliceróis em que os radicais R são representados pelo mesmo tipo de ácido graxo esterificando todas as posições do glicerol são classificados como triacilglicerol simples. É o caso da trioleína do óleo de oliva e da tripalmitina do óleo de palma.[6,19] Porém, a maioria dos triacilgliceróis é classificada como mista, ou seja, os radicais R dos triacilgliceróis são representados por dois ou três ácidos graxos diferentes[8,19] e, para nomear esses compostos, é necessário especificar o nome e a posição de cada um dos ácidos graxos.[6,8]

### 1.1.9.1 Triacilglicerol: reserva energética

O triacilglicerol é o principal combustível metabólico estocado no organismo. Isso se deve à longa cadeia hidrocarbonada dos ácidos graxos, que confere uma característica de alto nível de redução. Assim, quando são oxidados, liberam muito mais energia do que outros substratos, como o carboidrato.[3,6]

Nos animais vertebrados, existem células especializadas em armazenar grandes quantidades de triacilglicerol, os adipócitos. Ao contrário de outras células, o citoplasma dos adipócitos é preenchido quase totalmente por triacilgliceróis sem que isso seja nocivo para sua integridade funcional. Dessa forma, o tecido adiposo é o principal reservatório energético do organismo. Os adipócitos possuem todas as enzimas e proteínas reguladoras necessárias para fazer lipogênese (sintetizar ácidos graxos) e estocar em forma de triacilglicerol, quando a oferta é abundante para mobilizá-los pela lipólise quando necessário. Esses processos são ativados por meio de nutrientes e sinais dos sistemas neurais e hormonais.[4]

Nos seres humanos, o tecido adiposo é mais abundante na camada subcutânea e na cavidade abdominal, podendo suprir suas necessidades energéticas por meses. Isso se deve à capacidade do triacilglicerol ser armazenado sem a presença de água, ao contrário do que ocorre com o glicogênio, que é armazenado com a presença da água. Assim, os estoques de glicogênio podem suprir as necessidades energéticas por menos de um dia.[6,8] O tecido adiposo tem outras funções além de estocar energia, pois é um importante tecido endócrino que secreta algumas proteínas biologicamente ativas, como a leptina, a adiponectina e as citocinas.[23,24] Em alguns animais, o tecido adiposo serve também como isolante térmico.

O músculo esquelético também armazena uma pequena quantidade de triacilgliceróis, os lipídios intramusculares. Esse pequeno estoque contribui muito em situações que demandam uma rápida liberação de energia, como o exercício, pois os estoques do tecido adiposo devem ser mobilizados pela lipólise, transportados pelo sangue para o músculo ativo para. depois. serem oxidados, enquanto os lipídios intramusculares já estão estocados dentro do músculo e em contato com a mitocôndria da célula.[25,26]

## Referências


1. Junqueira LC, Carneiro J. Biologia celular e molecular. 7. ed. Rio de Janeiro: Guanabara Koogan; 2000.

2. McArdle WD, Katch FI, Katch VL. Fisiologia do exercício: energia, nutrição e desempenho humano. 4. ed. Rio de Janeiro: Guanabara Koogan; 1998.

3. Lima-Silva AE, Adami F, Nakamura FY, Oliveira FR, Gevaerd MS. Metabolismo de gordura durante o exercício físico: mecanismos de regulação. Rev Bras Cineantropom Desemp Hum. 2006;8(4):106-14.

4. Fonseca-Alaniz MH, Takada J, Alonso-Vale MIC, Lima FB. O tecido adiposo como centro regulador do metabolismo. Arq Bras Endocrinol Metab. 2006;50(2):216-29.

5. Ney JG, Torres AG, Trugo NM. Análise de ácidos graxos não esterificados de plasma humano por cromatografia gasosa capilar com injeção sem divisão de fluxo. Quim Nova. 2004;27(4):561-6.

6. Lehninger A, Nelson DL, Cox MM. Princípios de bioquímica. 3. ed. São Paulo: Savier; 2002.

7. Bobbio FO, Bobbio PA. Introdução à química de alimentos. 3. ed. São Paulo: Livraria Varela; 2003.

8. Voet D, Voet JG, Pratt CW. Fundamentos de bioquímica. Porto Alegre: Artmed; 2002.

9. Canali ES, Kruel LFM. Respostas hormonais ao exercício. Rev Paul Educ Fis. 2001;15(2):141-53.

10. Berne RM, Levy MN. Fisiologia. 3. ed. Rio de Janeiro: Guanabara Koogan; 1996.

11. Mahan LK, Escott-Stump S. Krause: alimentos, nutrição e dietoterapia. 11. ed. São Paulo:Roca; 2005.

12. Morrisett JD, Jackson RL, Gotto AM Jr. Lipoproteins: structure and function. Annu Rev Biochem. 1975;44:183-207.

13. Assmann G. Biochemistry of lipoproteins. In: Assmann G, editor. Lipid metabolism and atherosclerosis. Sttutgart: Schattauer-Verlag; 1982. 14-53.

14. Harada LM, Carvalho MDT, Passarelli M, Quintão ECR. Lipoprotein desialylation simultaneously enhances the cell cholesterol uptake and impairs the reverse cholesterol transport system: in vitro evidences utilizing neuraminidase-treated lipoproteins and mouse peritoneal macrophages. Atherosclerosis. 1998;139:65-75.

15. Chiesa H, Moresco RN, Bem AF. Avaliação do risco cardíaco, conforme escores de risco de Framingham, em pacientes ambulatoriais de Salvador do Sul, São Pedro da Serra e Barão. Rev do Centro de Ciências da Saúde. 2007;33:4-10.

16. Lima ES, Couto RD. Estrutura, metabolismo e funções fisiológicas da lipoproteína de alta densidade. J Bras Med Lab. 2006;42(3):169-78.

17. Parhami F, Basseri B, Hwang J, Tintut Y, Demer LL. High-density lipoprotein regulates calcification of vascular cells. Circ Res. 2002;91:570-6.

18. Newsholme EA, Leech AR. Biochemistry for the medical sciences. Chichester: John Willey; 1983.

19. Curi R, Pompeia C, Miyasaka CK, Procópio J. Entendendo a gordura: os ácidos graxos. São Paulo: Manole; 2002.

20. Martin CA, Almeida VV, Ruiz MR, Visentainer JEL, Matshushita M, Souza NE, et al. Ácidos graxos poli-insaturados ômega-3 e ômega-6: importância e ocorrência em alimentos. Rev Nutr. 2006;19(6):761-70.

21. Hirayama KB, Speridião PGL, Neto UF. Ácidos graxos poli-insaturados de cadeia longa. Electronic J Pediatric Gastroenterol, Nutrition Liver Diseases [serial online]. 2006; 10(3). [acesso em 20 março 2008]. Disponível em: http://www.e-gastroped.com.br/sep06/acidosgraxos.html.

22. Fagundes LA. Ômega-3 & ômega-6: o equilíbrio dos ácidos gordurosos essenciais na prevenção de doenças. Porto Alegre: AGE; 2002.

23. Clement K, Langin D. Regulation of inflammation-related in human adipose tissue. J Int Med. 2007;262(4):422-30.

24. Frayn KN, Karpe F, Fielding BA, Macdonald IA, Coppack SW. Integrative physiology of human adipose tissue. Int J Obes. 2003;27:875-88.

25. Larson-Meyer DE, Newcomer BR, Hunter GR. Influence of endurance running and recovery diet on intramyocellular lipid content in women: a $^{1}H$ NMR study. Am J Physiol Endocrinol Metab. 2002;282:E95-106.

26. Schrauwen-Hinderling VB, Hesselink MKC, Schrauwen P, Kooi ME. Intramyocellular lipid content in human skeletal muscle. Obesity. 2006;14(3):357-67.

# Capítulo 2

## Fontes alimentares, digestão e absorção de lipídios

*Daniela Caetano Gonçalves*

Este capítulo abordará as principais fontes alimentares lipídicas, assim como sua composição em relação aos ácidos graxos saturados e insaturados encontrados em cada alimento. Além disso, será descrito todo o processo de digestão e absorção intestinal dos lipídios.

## 2.1 Fontes alimentares

Os lipídios são componentes de quase todos os alimentos encontrados na natureza. Estão presentes tanto em alimentos de fonte animal, como carne, leite e ovos, quanto nos vegetais, principalmente grãos, sementes e castanhas. Apesar da grande variedade de alimentos que possuem lipídios em sua constituição, a propriedade conferida a esta gordura presente em cada alimento pode variar de acordo, principalmente, com sua origem. Dessa forma, atualmente, as principais fontes alimentares de gordura são divididas em dois grupos: fontes alimentares de gordura saturada e fontes alimentares de gordura insaturada.[1]

### 2.1.1 Gordura saturada

As principais fontes alimentares de gordura saturada são os alimentos de origem animal. Esses alimentos também se destacam por serem fontes de colesterol em nossa alimentação. Há apenas um alimento de origem vegetal rico em gorduras saturadas: o coco. Entre as gorduras saturadas existentes, destacam-se em nossa alimentação, como principal componente lipídico, o ácido palmítico (16:0) e o ácido esteárico (18:0), presentes na carne de vitela, de frango (principalmente na pele) e de porco, além do leite de vaca.[2]

A tabela abaixo lista as principais fontes alimentares de ácidos graxos saturados, assim como sua quantidade e o tipo de ácido graxo encontrado.

Tabela 2.1 – Teor de lipídios totais e de ácidos graxos saturados em alimentos

| Alimento (100 g) | Lipídios totais (g) | Gorduras saturadas (g) |
|---|---|---|
| Batata frita (lanchonetes e *fast-food*) | 14,73 | 4,57 |
| Batata frita tipo chips | 35,05 | 16,8 |
| Biscoito água e sal | 12,49 | 2,82 |
| Biscoito amanteigado sabor banana e canela | 18,89 | 4,48 |
| Biscoito amanteigado sabor leite | 18,30 | 4,51 |
| Biscoito *cream cracker* | 17,08 | 4,21 |
| Biscoito recheado sabor chocolate | 16,37 | 6,93 |
| Biscoito recheado sabor morango | 16,56 | 4,7 |
| Biscoito recheado tipo flocos | 17,9 | 7,96 |
| Biscoito salgado | 11,33 | 3,18 |
| Biscoito salgado com cereais | 18,61 | 4,18 |
| Biscoito tipo Maria | 12,15 | 2,23 |
| Contrafilé cru com gordura | 12,78 | 3,58 |
| Contrafilé cru sem gordura | 9,70 | 0,90 |
| Leite desnatado | 0,00 | 0,00 |
| Leite integral | 3,00 | 1,80 |
| Leite semidesnatado | 1,00 | 0,60 |
| Lombo cru com gordura | 14,49 | 3,86 |
| Lombo cru sem gordura | 11,50 | 1,17 |
| Manteiga | 83,00 | 50,00 |
| Óleo de canola | 100,00 | 8,4 |

continua

continuação

| Alimento (100 g) | Lipídios totais (g) | Gorduras saturadas (g) |
|---|---|---|
| Óleo de girassol | 100,00 | 10,3 |
| Óleo de milho | 100,00 | 15,9 |
| Óleo de oliva | 100,00 | 14,7 |
| Óleo de soja | 100,00 | 17,5 |
| Ovo de galinha comercial | 23,17 | 8,07 |
| Peito de frango cru com pele | 4,90 | 2,043 |
| Peito de frango cru sem pele | 1,84 | 0,42 |
| Pernil cru com gordura | 10,00 | 2,08 |
| Pernil cru sem gordura | 7,1 | 0,87 |
| Queijo amarelo tipo prato | 26,12 | 17,90 |
| Queijo branco | 17,72 | 12,34 |
| Queijo *cheddar* | 31,93 | 21,00 |
| Queijo tipo suíço | 23,71 | 16,04 |
| Rosca de nata | 21,38 | 9,76 |
| Sorvete tipo crocante | 3,97 | 1,18 |
| Sorvete tipo napolitano | 3,9 | 1,4 |
| *Waffle* com recheio sabor morango | 26,78 | 7,3 |
| *Waffle* sabor chocolate com recheio de coco | 27,86 | 14,93 |
| *Waffle* sabor chocolate com recheio sabor chocolate branco | 26,07 | 10,19 |

* Retirado de Pimentel et al., 2003,[3] Chiara et al., 2003[4] e Simopoulos, 2002.[5] Tabela de composição centesimal, Faculdade de Ciências Farmacêuticas da USP.[6]

## 2.1.2 Gorduras insaturadas

Os alimentos ricos em gordura insaturada são geralmente de origem vegetal, como soja, azeitona e sementes em geral. Entretanto, podemos encontrar gordura insaturada, especialmente o ácido linolênico, um ácido graxo poli-insaturado do tipo ω-3, em peixes provenientes de águas geladas e profundas, como o salmão e o atum. As fontes alimentares de gordura insaturada podem ainda ser divididas em dois subgrupos: alimentos fontes de ácidos graxos monoinsaturados e poli-insaturados.[7]

A tabela abaixo lista as principais fontes alimentares de ácidos graxos insaturados, assim como sua quantidade e o tipo de ácido graxo encontrado.

Tabela 2.2 – Teor de lipídios totais e de ácidos graxos monoinsaturados e poli-insaturados em alimentos

| Alimento (100 g) | Lipídios totais (g) | Ácidos graxos monoinsaturados (g) | Ácidos graxos poli-insaturados (g) |
|---|---|---|---|
| Amêndoa | 52 | 34 | 11 |
| Castanha do Pará | 66 | 23 | 21 |
| Leite desnatado | 0 | 0,00 | 0,00 |
| Leite integral | 3 | 0,85 | 0,25 |
| Leite semidesnatado | 1 | 0,3 | 0,05 |
| Óleo de canola | 100 | 63,6 | 28,00 |
| Óleo de girassol | 100 | 24,24 | 65,33 |
| Óleo de milho | 100 | 34,15 | 48,79 |
| Óleo de oliva | 100 | 70,77 | 12,94 |
| Óleo de soja | 100 | 24 | 59,26 |
| Salmão (criado em cativeiro) | 10 | 3,1 | 3,76 |

* Retirado de Gebauer et al., 2006,[8] Chiara et al., 2003[4] e Simopoulos, 2002.[5] Tabela de composição centesimal, Faculdade de Ciências Farmacêuticas da USP.[6]

## 2.1.3 Ácidos graxos *trans*

Os ácidos graxos *trans* são obtidos por meio do processo de hidrogenação dos ácidos graxos poli-insaturados para obtenção de margarinas, cremes vegetais e gordura vegetal hidrogenada. Portanto, as principais fontes alimentares de gorduras *trans* são margarinas e alimentos industrializados, que levam no seu preparo gordura vegetal hidrogenada.[9]

A tabela abaixo lista as principais fontes alimentares de ácidos graxos *trans*, assim como sua quantidade.

Tabela 2.3 – Teor de lipídios totais e de ácidos graxos *trans* encontrados em alimentos industrializados

| Alimento (100 g) | Lipídios totais (g) | Gorduras trans (g) |
|---|---|---|
| Batata frita (lanchonetes e *fast-food*) | 14,73 | 4,76 |
| Batata frita tipo chips | 35,05 | ----- |
| Biscoito água e sal | 12,49 | 3,02 |
| Biscoito amanteigado sabor banana e canela | 18,89 | 5,23 |
| Biscoito amanteigado sabor leite | 18,30 | 4,81 |
| Biscoito *cream cracker* | 17,08 | 2,53 |
| Biscoito recheado sabor chocolate | 16,37 | 2,28 |
| Biscoito recheado sabor flocos | 17,90 | 2,46 |
| Biscoito recheado sabor morango | 16,56 | 4,11 |
| Biscoito salgado | 11,33 | 1,79 |
| Biscoito salgado com cereais | 18,61 | 4,28 |
| Biscoito tipo Maria | 12,15 | 2,23 |
| Biscoito *waffle* sabor chocolate com recheio de chocolate branco | 26,07 | 4,48 |
| Biscoito *waffle* sabor chocolate com recheio de coco | 27,86 | 3,40 |
| Biscoito *waffle* com recheio de morango | 26,78 | 0,55 |
| Gordura vegetal hidrogenada | 100,00 | 29,1 |
| Margarina cremosa | 80,0 | 20,7 |
| Margarina sólida | 83,3 | 32,2 |
| Rosca de nata | 21,38 | 3,65 |
| Sorvete tipo napolitano | 3,9 | 1,4 |
| Sorvete tipo crocante | 3,97 | 1,13 |

Retirado de Pimentel et al., 2003[3] e Chiara et al., 2003.[4]

### 2.1.4 Colesterol

O colesterol está presente apenas nos alimentos de origem animal, como carnes, leite e ovos. Porém, sua quantidade pode variar de acordo com cada alimento, a região proveniente e a forma de criação desses animais.[10]

A tabela abaixo lista as principais fontes alimentares de colesterol, assim como sua quantidade.

Tabela 2.4 – Teor de lipídios totais e colesterol de alimentos

| Alimento (100 g) | Gorduras totais (g) | Colesterol (mg) |
|---|---|---|
| Contrafilé cru com gordura | 12,78 | 41,00 |
| Leite desnatado | 0,2 | 0,00 |
| Leite integral | 3,00 | 9,00 |
| Leite semidesnatado | 1,00 | 3,00 |
| Lombo cru com gordura | 14,49 | 49,00 |
| Manteiga | 83,00 | 222,42 |
| Ovo de galinha comercial | 11,66 | 405 |
| Peito de frango cru com pele | 4,90 | 55,6 |
| Peito de frango cru sem pele | 1,84 | 60 |
| Pernil cru com gordura | 10,00 | 51 |
| Pernil cru sem gordura | 7,1 | 66 |
| Queijo amarelo tipo prato | 26,12 | 82,93 |
| Queijo branco | 17,72 | 58,03 |

Retirado de Simopoulos (2002).[5] Tabela de composição centesimal, Faculdade de Ciências Farmacêuticas da USP.[6]

### 2.1.5 Fosfolipídios

Os fosfolipídios são os principais constituintes da membrana celular em todos os seres vivos, pois eles são encontrados em todos os alimentos que existem. Entretanto, a quantidade encontrada na maioria deles é muito baixa, como, por exemplo, nos vegetais. A maior fonte alimentar de fosfolipídios existente são os ovos de todas as espécies.[11]

### 2.1.6 Vitaminas lipossolúveis

As vitaminas lipossolúveis compreendem uma classe de vitaminas diferenciadas, que englobam as vitaminas A, D, E e K. Possuem característica apolar, ou seja, não são solúveis em água e, por isso, são consideradas lipídios. Algumas delas são provenientes de lipídios, como é o caso da vitamina D, que é formada por meio do colesterol. A absorção dessas vitaminas é dependente de gorduras e sais biliares. Estão presentes em alimentos ricos em gordura.[12]

## 2.2 Digestão de lipídios

### 2.2.1 Triacilglicerol

Os triacilgliceróis compreendem a maior fonte lipídica da dieta, englobando cerca de 90% da ingestão total de gordura.[13] Dessa forma, sua digestão ocorre em diversos estágios do trato digestório, como boca, estômago e intestino delgado, para que a absorção seja facilitada ao longo do intestino.[14]

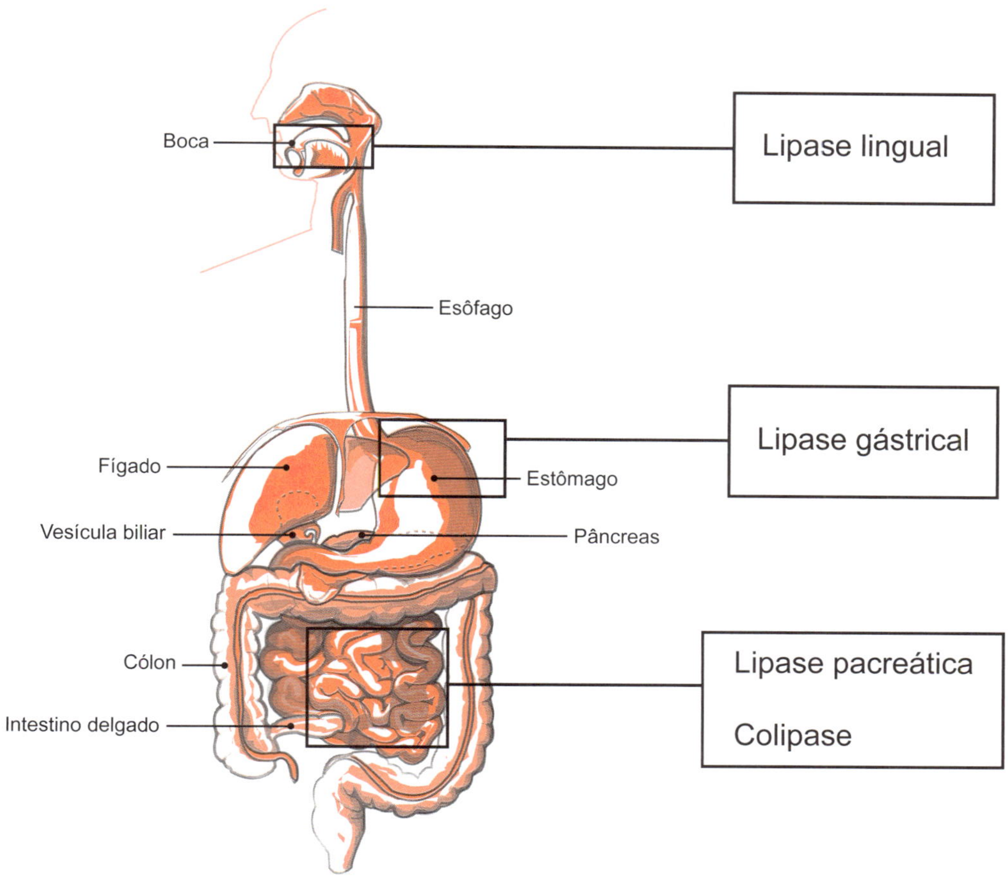


Figura 2.1 – Locais de digestão dos lipídios no trato digestório e as principais enzimas relacionadas com a hidrólise do triacilglicerol.

### 2.2.1.1 Lipases pré-duodenais

A digestão dos lipídios começa na boca. A lipase lingual é secretada pelas glândulas de Ebner, que são glândulas serosas da língua.[15] Apesar de liberada na cavidade oral, essa enzima se mistura ao bolo alimentar na boca e atinge o estômago, onde exerce sua função em virtude da queda de pH promovido pela liberação do suco gástrico.[16] No estômago, há também a liberação, pela mucosa gástrica, de outra enzima responsável pela digestão de lipídios: a lipase gástrica.[17] Ambas as lipases, lingual e gástrica, promovem a digestão parcial dos lipídios ingeridos, hidrolisando ácidos graxos localizados na posição SN-3 dos triacilgliceróis e liberando diacilglicerol e ácidos graxos livres.[4] A quantidade presente de cada uma dessas enzimas depende de cada espécie. Em seres humanos, ambas são encontradas em abundância em recém-nascidos e desempenham uma importante função na digestão do leite materno, visto que a atividade do pâncreas nos primeiros meses de vida é baixa. Ao longo do tempo, a quantidade produzida diminui, principalmente a lingual, mas essa quantidade é variável entre os indivíduos.[18] Pessoas que fazem dieta rica em gordura apresentam aumento da expressão gênica dessas enzimas, independentemente do tipo de ácido graxo presente.[14]

Alguns fatores podem interferir na atividade dessas enzimas. O pH ótimo de ambas é em torno de 4,5 a 5,5, portanto, têm atividade alta no estômago. Entretanto, os sais biliares não inibem sua atividade com o aumento de pH.[19] Em casos em que não há produção de lipase pancreática, as lipases pré-duodenais continuam a agir no intestino, porém com atividade mais reduzida em virtude da mudança de pH. Outro fator importante é o tamanho da gota lipídica que chega ao estômago.

Uma quantidade de lipídios inicial pequena facilita a digestão dos triacilgliceróis pela lipase gástrica, tanto no estômago quanto no duodeno.[20]

O estômago é responsável por cerca de 10% a 30% da digestão dos lipídios ingeridos. Essa pré-digestão gástrica facilita a digestão dos lipídios no duodeno, além de aumentar a solubilidade dos triacilgliceróis, facilitar a ligação da colipase no duodeno e liberar mais ácidos graxos livres.[21] Todos esses fatores contribuem para a liberação de colecistocinina, um hormônio liberado no intestino pela presença de lipídios que participa tanto no controle da digestão quanto no controle da fome e saciedade.[22]

A atividade dessas lipases é diferente de acordo com o tamanho da cadeia dos ácidos graxos.[23] A atividade lipolítica da lipase gástrica em alguns mamíferos sob ácidos graxos de cadeia média é três vezes maior do que em ácidos graxos de cadeia longa. Independentemente do tipo de ácido graxo e da quantidade de lipases pré-duodenais presentes, essa, sem dúvida, é uma etapa importante para a digestão total de triacilgliceróis que ocorrerá no intestino, além de influenciar diretamente o tempo de absorção desses lipídios.[24]

Como mencionado neste capítulo, as lipases lingual e gástrica têm uma função de pré-digestão dos triacilgliceróis no estômago e parte no duodeno, mas com sua ação reduzida. Apesar desse importante papel, a maior parte da digestão ocorre por enzimas presentes no suco pancreático secretado no intestino delgado.[25]

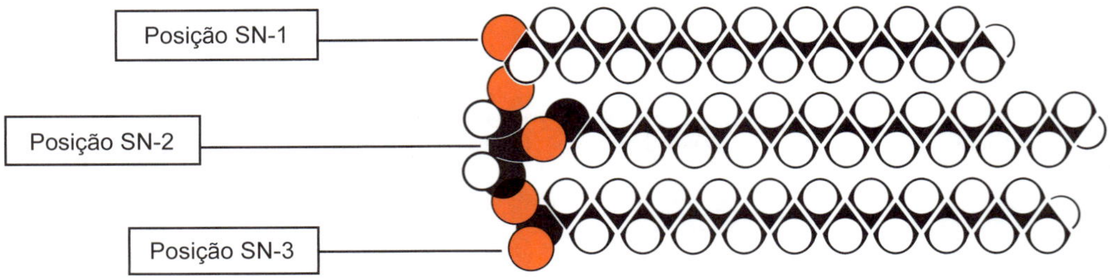


Figura 2.2 – Molécula de triacilglicerol e suas respectivas ligações das três cadeias de ácido graxo na molécula de glicerol. As lipases lingual e gástrica têm ação na posição SN-3, hidrolisando apenas uma molécula de ácido graxo.

## Colecistocinina: hormônio digestório e regulatório da fome

A colecistocinina é uma família de hormônios peptídicos produzidos pelas células do trato digestório.[26,27] Há diversas formas ativas biológicas da CCK, classificadas de acordo com o número de aminoácidos existentes: CCK-5, CCK-8, CCK-22, CCK-33, CCK-39, CCK-58 e CCK-83. Todas essas formas são derivadas de um mesmo peptídio precursor que contém 95 aminoácidos em sua forma.[28] No trato digestório, a CCK está armazenada, principalmente, nas células "I" da mucosa duodenal e jejunal e é liberada no lúmen intestinal em resposta à presença de nutrientes, particularmente, provindos da digestão de gordura e proteína.[29]

A colecistocinina é considerada um hormônio regulatório da digestão, visto que sua liberação age de forma distinta: inibe a secreção gástrica de ácido clorídrico no estômago, retarda o esvaziamento gástrico, modula a motilidade do intestino delgado, reduz os movimentos peristálticos, atua sobre a contração da vesícula biliar, liberando o suco pancreático no intestino delgado, estimula a liberação de sais biliares no duodeno e aumenta o tempo de digestão dos nutrientes no estômago.[30,31]

Atualmente, sabe-se que sua função está além de seu papel na digestão. Quando liberada, a colecistocinina é rapidamente absorvida pelo intestino e, via corrente sanguínea, atinge receptores cerebrais, inibindo a fome.[32,33] A administração intravenosa de CCK em seres humanos e animais inibiu a ingestão alimentar, reduzindo a quantidade de alimento ingerido e o tempo de ingestão.[34,35] Entretanto, em altas doses, foram constatados como sintomas: náuseas e falta de paladar, ao contrário de doses mais baixas, que conseguiam inibir a fome sem esses efeitos colaterais. Foram encontrados receptores para a colecistocinina no sistema nervoso central, incluindo córtex cerebral e hipotálamo, assim como na mucosa gástrica.[36] A colecistocinina, apenas, não promove perda de peso, mas desempenha papel crucial junto com os outros hormônios e peptídios envolvidos no controle da fome.[37]

### 2.2.1.2 Sais biliares

O primeiro fator que é lançado no duodeno com a presença de alimentos no estômago, principalmente com gordura, são os sais biliares.[38] Esses sais produzidos pelo fígado possuem, em sua composição, fosfolipídios, colesterol e bilirrubina.[39] Após sua síntese, são armazenados na vesícula biliar e liberados através do duto biliar para o duodeno. Os sais biliares não possuem enzimas capazes de digerir a gordura presente no quimo recém-chegado do estômago.[40]

Os sais biliares são "detergentes" do trato digestório, responsáveis pela emulsificação dos lipídios.[41] Quando os lipídios chegam ao duodeno, como uma grande gota de gordura hidrofóbica, os sais biliares são lançados e quebram essa gota, formando pequenas micelas hidrossolúveis, facilitando a ação das enzimas pancráticas na digestão total dos lipídios.[42]

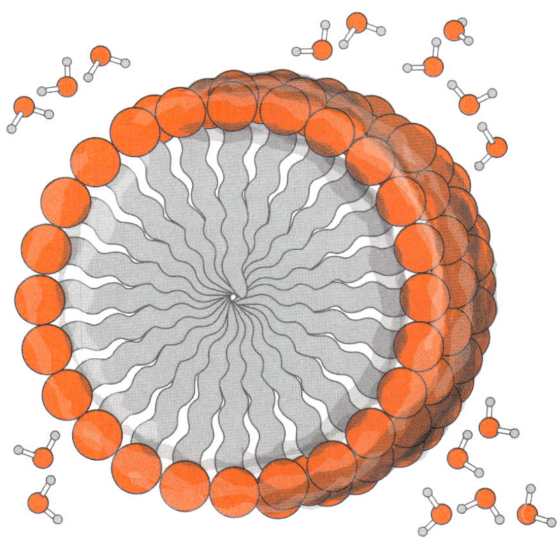

FIGURA 2.3 – Esquema ilustrativo de uma micela, em cujo exterior estão os fosfolipídios, recobrindo os triacilgliceróis e os ésteres de colesterol.

### 2.2.1.3 Lipase pancreática, colipase e enterostatina

Quando os lipídios alcançam o intestino delgado, ocorre a mais importante etapa da digestão, que compreende cerca de 70% da digestão lipídica total.[43] É também no intestino que o processo digestório é finalizado e os lipídios são finalmente absorvidos.[44] Nesse processo realizado no duodeno e no jejuno, a principal enzima atuante é a lipase pancreática.[45]

A lipase pancreática possui função e atuação semelhantes às lipases lingual e gástrica, pois hidrolisa os triacilgliceróis e libera os ácidos graxos ligados ao glicerol na posição SN-3.[46] Entretanto, essa enzima possui uma especificidade maior, pois também consegue hidrolisar o triacilglicerol, liberando o ácido graxo ligado na posição SN-1.[47] O ácido graxo ligado ao glicerol na posição SN-2 não é hidrolisado por nenhuma enzima digestiva, sendo absorvido na forma de monoacilglicerol e ácidos graxos livres.[48]

Após a emulsão dos lipídios via sais biliares, a lipase pancreática atua sobre os triacilgliceróis das micelas. Entretanto, essa enzima possui certa dificuldade em hidrolisar os triacilgliceróis que sofreram emulsificação dos sais biliares.[49] Para isso, uma enzima chamada colipase atua auxiliando a lipase pancreática.[50]

A colipase é sintetizada pelo pâncreas e está presente no suco pancreático, sendo liberada no intestino delgado na sua forma inativa, a procolipase.[51] Ela sofre hidrólise de parte da sua cadeia peptídica pela tripsina e, dessa forma, se torna ativa.[52] A tripsina é uma enzima proteolítica presente no suco pancreático, responsável pela ativação da maioria das enzimas digestórias. A pré-digestão da procolipase dá origem à colipase e a um outro pentapeptídio chamado enterostatina. Esse peptídio não possui função na digestão dos lipídios, entretanto, sua produção está associada à regulação do controle alimentar.[53] A enterostatina se liga às membranas cerebrais nos receptores opioides, suprimindo a fome.

Gráfico 2.1 – Esquema de ativação da colipase e forma de ação sobre a lipase pancreática e formação da enterostatina

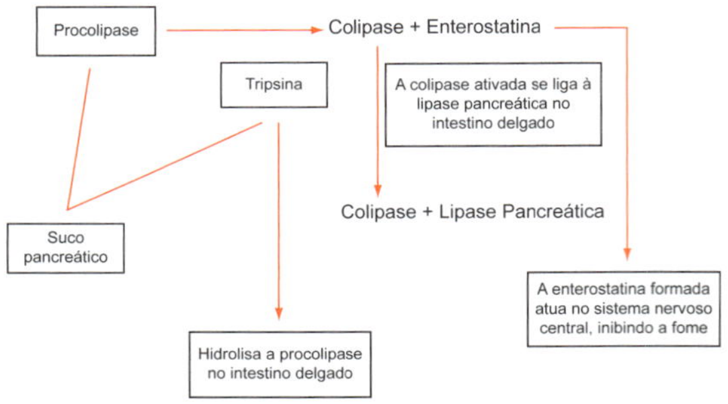


A colipase age não como uma enzima lipolítica, mas apenas como auxiliadora da ação da lipase pancreática sobre os triacilgliceróis protegidos pelos ácidos biliares. A colipase se liga à lipase pancreática na razão molar de 1:1 e se liga aos sais biliares que recobrem os triacilgliceróis, para que, dessa forma, a lipase pancrática consiga se ancorar em seu substrato.

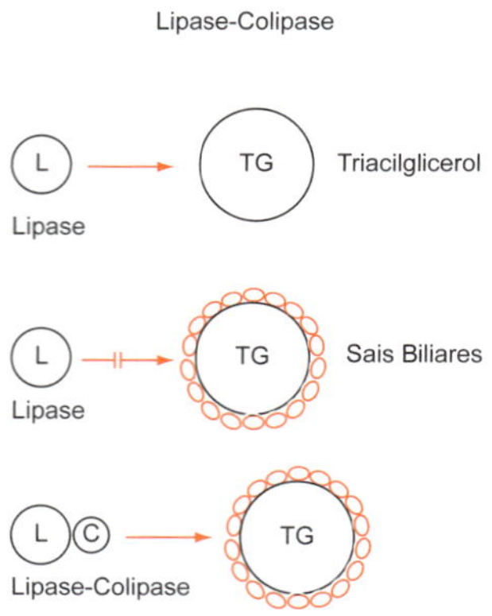


Figura 2.4 – Complexo colipase-lipase atuantes na hidrólise do triacilglicerol das micelas. A lipase pancreática hidrolisa os triacilgliceróis. Entretanto, quando estão envolvidos por micelas, a lipase não consegue atravessar a camada de sais biliares. A colipase auxilia a quebra dos triacilgliceróis pela lipase pancreática.

A lipase pancrática possui pH ótimo perto de 8 a 9.[54] O suco ecbólico liberado no duodeno aumenta o pH do quimo recém-chegado do estômago e que sofreu ação do suco gástrico altamente ácido.[55] Essa neutralização é suficiente para ativar as enzimas pancreáticas, inclusive a lipase pancreática.[56] Essa enzima, após se ligar à colipase, consegue alcançar os triacilgliceróis e promove a hidrólise dos ácidos graxos presentes nas posições SN-1 e SN-3 do triacilglicerol.[57]

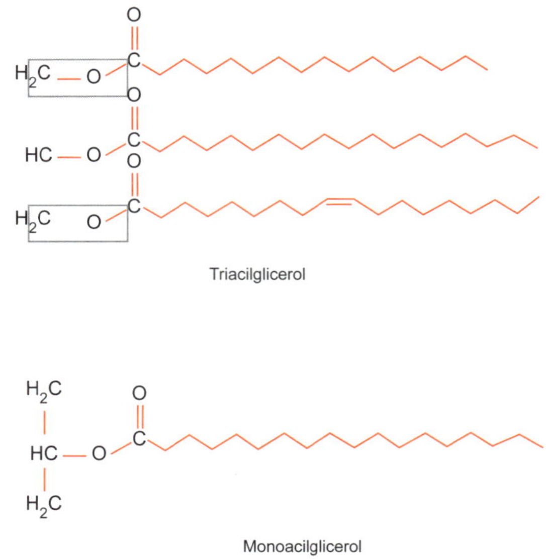


Figura 2.5 – A lipase pancreática hidrolisa os ácidos graxos do triacilglicerol que estão localizados nas posições SN-1 e SN-3. O resultado da digestão é uma molécula de monoacilglicerol e duas moléculas de ácidos graxos.

### Xenical: medicamento usado no tratamento da obesidade age sobre a lipase gástrica e pancreática

O medicamento Xenical®, atualmente, é utilizado no mundo todo como tratamento medicamentoso contra a obesidade. O princípio ativo responsável pelo tratamento é o Orlistat, uma molécula sintética derivada da lipstatina, um inibidor natural da lipase produzido pela bactéria *Streptomyces toxytricini*.[58] O Orlistat exerce atividade terapêutica no lúmen do trato digestório inibindo a lipase, enzima crucial na digestão de triacilgliceróis de cadeia longa.[59] Esse medicamento se liga à enzima, formando uma ligação covalente com o resíduo de serina do sítio ativo da lipase gástrica e pancreática. O Orlistat inibe a atividade das enzimas de forma competitiva, impedindo que atuem sobre os triacilgliceróis. Dessa forma, essa molécula não pode ser absorvida sem ser hidrolisada, sendo excretada junto com as fezes.[60] A diminuição da absorção de gordura leva a um *deficit* calórico, que pode ser um efeito positivo na perda de peso. O Xenical impede a absorção de cerca de 30% da gordura ingerida. É altamente específico para a lipase e não possui efeito inibitório significante sobre as outras enzimas digestivas, como a amilase, a tripsina, a quimiotripsina e a fosfolipases.

## 2.3 Colesterol

A maior parte do colesterol ingerido pela dieta apresenta-se na forma de colesterol livre, sendo apenas 10% a 15% encontrado na forma de éster de colesterol, ou seja, uma molécula de colesterol ligada a um ácido graxo.[61] Esses ésteres de colesterol que entram no intestino delgado devem, primeiro, ser hidrolisados em colesterol livre e ácidos graxos, para, depois, serem absorvidos. A enzima envolvida no processo de hidrólise do éster de colesterol no intestino delgado é a colesterol esterase pancreática.[62]

A colesterol esterase pancreática pode ser chamada também de éster carboxílico esterase ou éster de esterol hidrolase.[63] Essa enzima possui diferentes especificidades, podendo hidrolisar triacilgliceróis, ésteres de colesterol e fosfoglicerídios. Entretanto, possui baixa especificidade contra glicerídios. Sua atividade é significativamente aumentada na presença de sais biliares, particulamente o tridroxido de sais biliares, como o colato de sódio.[64] Uma propriedade dessa enzima é a sua autoassociação, ou seja, a presença do tridróxido de sais biliares promove uma autoagregação dessa enzima na sua forma polimérica, o que protege o colesterol esterase da inativação proteolítica, reprimindo sua atividade.[65]

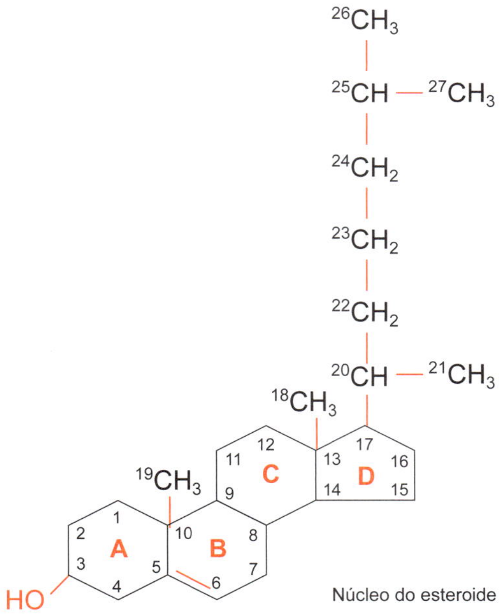


FIGURA 2.6 – A colesterol esterase pancreática hidrolisa o ácido graxo ligado ao éster de colesterol. O resultado da digestão é uma molécula de ácido graxo e uma de colesterol livre.

## 2.4 Fosfolipídios

A digestão dos fosfolipídios ocorre no intestino delgado, pois a lipase gástrica é incapaz de digeri-los. Os fosfolipídios (predominantemente a fosfatidil colina), junto com o colesterol e os sais biliares, são encontrados em micelas misturadas na bile.[66] Uma vez no lúmen intestinal, os fosfolipídios tendem a se localizar do lado de fora das micelas, revestindo-as. A enzima que age sobre a fosfatidilcolina é a fosfolipase $A_2$ pancreática ($PLA_2$), hidrolisando o ácido graxo localizado na posição SN-2 desse fosfolipídio, gerando como produto final ácido graxo e lisofosfatidilcolina (LPC). Também pode ser encontrada no suco pancreático a enzima fosfolipase $A_1$ ($PLA_1$), que pode ter alguma atividade sobre os fosfolipídios, provavelmente, em virtude da presença da lipase pancreática.[67]

As características da fosfolipase $A_2$ têm sido estudadas constantemente. É fabricada pelo pâncreas e secretada no intestino delgado junto ao suco pancreático na forma de zimogênio aniônico (forma inativa), que é ativado pela clivagem da molécula promovida pela tripsina.[68] Essa ativação é dependente de cálcio e ocorre logo quando adicionada ao suco pancreático. Entretanto, a mucosa intestinal parece ter sua contribuição no processo de ativação, necessita de sais biliares na concentração de 2:1 para atuar nos fosfolipídios, havendo uma maior concentração dessa enzima na borda em escova do intestino delgado.[69]

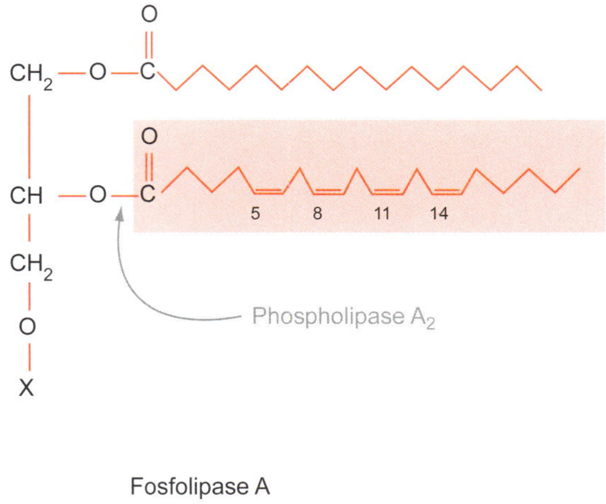


FIGURA 2.7 – A fosfolipase $A_2$ hidrolisa o ácido graxo do fosfolipídio presente na posição SN-2. O resultado da digestão é uma molécula de ácido graxo livre e uma molécula de monofosfolipídio.

## 2.5 Absorção de lipídios

Após a digestão total desses lipídios no intestino delgado, eles serão absorvidos pelas células intestinais, ou seja, os enterócitos. A absorção dos lipídios ocorre, sobretudo, no jejuno, e outra pequena parte, no íleo.[70]

A forma de absorção dos lipídios difere de acordo com sua estrutura, polaridade e tamanho da cadeia carbônica.[71]

### 2.5.1 Ácidos graxos de cadeia curta, média, glicerol e vitaminas lipossolúveis

O tamanho da cadeia dos ácidos graxos é o maior determinante de sua absorção. A maioria dos ácidos graxos que possuem menos de 12 carbonos na sua cadeia (cadeia curta e média) é absorvida passivamente pela mucosa intestinal e cai diretamente na veia porta.[72] O glicerol é uma molécula solúvel em água e atravessa a camada estacionária de água por difusão, e a mucosa intestinal, através de um carreador presente na membrana do enterócito.[73] Os ácidos graxos de cadeia longa e as moléculas de monoacilglicerol são moléculas apolares e precisam de auxílio para atravessar a camada estacionária de água.[74]

As vitaminas lipossolúveis estão no interior das micelas, após emulsificação dos sais biliares. Através delas, passam pela camada estacionária de água e chegam às microvilosidades intestinais, onde são absorvidas pela membrana do enterócito por difusão.[5]

### 2.5.2 Ácidos graxos de cadeia longa e colesterol

Após a digestão completa no intestino, os ácidos graxos monoacilglicerol e colesterol estão prontos para serem absorvidos. Entretanto, essa tarefa não é muito simples, visto que, para serem absorvidos, necessitam atravessar duas barreiras importantes: a primeira é a camada estacionária de água e a segunda é a mucosa da membrana celular lipídica, além de outros fatores que são determinantes no processo de absorção dos lipídios.[75]

#### 2.5.2.1 Camada estacionária de água

A camada estacionária de água localiza-se em toda a extensão do lúmen intestinal, revestindo as microvilosidades. Essa barreira é a maior determinante da razão de absorção passiva de ácidos biliares e ácidos graxos das micelas pela mucosa das células do jejuno.[76] Teoricamente, uma redução da camada de água estacionária levaria a um aumento significativo da absorção de moléculas das micelas. Para que as moléculas sejam absorvidas, elas devem atravessar a camada estacionária de água por difusão, chegando à borda em escova.[77] Como as moléculas lipídicas como ácidos graxos, colesterol e monoacilglicerol são apolares, ou seja, possuem baixa afinidade com a água, sua solubilização com a água e, consequentemente, sua interação com a camada são muito baixas, assim, poucas moléculas conseguem chegar à borda.[78] Em contraste, a solubilização micelar feita pelos ácido biliares aumenta, consideravelmente, a quantidade de moléculas lipídicas que conseguem ser absorvidas pelo enterócito. Visivelmente, sabe-se quando os lipídios no trato digestório estão devidamente solubilizados pelos ácidos biliares, pelo seu aspecto. Quanto menos os lipídios possuírem um aspecto oleoso e mais um aspecto viscoso branco, maior será sua solubilização.[79]

A solubilização micelar é um mecanismo extremamente importante para a absorção lipídica, mas não é o único. Outros fatores influem diretamente, como a concentração de ácidos biliares ou sua forma (como o tridroxi ácido biliar, que aumenta não só a digestão do colesterol, mas também sua absorção), o tipo de carreador envolvido na absorção dos lipídios (dependente ou não de ATP, por exemplo) e a disponibilidade dos carreadores na borda em escova.[80]

#### 2.5.2.2 Mucosa intestinal

O epitélio das células intestinais possui uma borda em escova de formato apical constituinte de milhares de microvilosidades. Esse arranjo estrutural forma uma barreira aos lipídios digeridos, assim como drogas lipolíticas, visto que, o espaço existente entre as microvilosidades é muito pequeno e não é qualquer molécula que consegue alcançá-lo. Entretanto, partículas micelares e submicelares conseguem penetrar o espaço entre microvilosidades e, dessa forma, facilitar a absorção dos lipídios pela membrana celular da microvilosidade.

Até pouco tempo atrás, acreditava-se que ácidos graxos e monoacilgliceróis eram absorvidos pelos enterócitos via difusão, de forma passiva e não dependente de temperatura. Estudos realizados por Stremmel[81] indicaram a existência de uma proteína ligante de ácidos graxos na membrana em forma de escova e relataram um papel fundamental dessa proteína na absorção de ácidos graxos para o enterócito. Esse mesmo pesquisador demonstrou que alguns lipídios, especialmente ácidos graxos, são levados para dentro do enterócito via processos mediados por carreadores.[82]

A proteína FABPi (*fat acid binding protein intestinal*) é o principal carreador responsável pela absorção de ácidos graxos, porém essa proteína também possui especificidade com o colesterol, mas apenas na forma livre. Ela é encontrada, em sua maioria, na região apical e lateral das vilosidades, assim como na crista. A FABPi aparece como principal candidata a transportadora da maioria das moléculas lipídicas, incluindo o colesterol.[83]

Outras proteínas presentes na membrana em escova estão envolvidas na ligação com ácidos graxos e transporte para dentro do enterócito, como GP330 (também chamada de megalina), CD36, SR-BI e caveolina. A GP330 é membro de uma família de genes de receptores de lipoproteínas de baixa densidade e é expressa em muitos epitélios absortivos, como rins, pneumócitos tipo II, epitélio mamário e células foliculares da tireoide. Atualmente, sabe-se que a GP330 está envolvida no metabolismo renal de algumas drogas, vitamina $B_{12}$, lipoproteínas carreadoras de colesterol, metabolismo da albumina, proteases e desenvolvimento cerebral. O porquê de essa proteína estar presente na membrana intestinal ainda é desconhecido, assim como sua participação em relação ao colesterol. Os receptores *scavengers* do tipo BI (SR-BI) parecem estar envolvidos com a regulação do colesterol no intestino delgado, mas não são os únicos e fundamentais para a absorção do colesterol.[84] A cavolina foi primeiramente encontrada no cavéolo, uma espécie de vesícula que brota da membrana celular não cortada, rica em glicolipídios, colesterol e proteínas. Ainda é desconhecido o papel da caveolina na absorção intestinal de lipídios. Recentemente, foi descoberta uma nova proteína na membrana do intestino delgado que parece estar relacionada com ácidos graxos de cadeia longa. A proteína transportadora de ácidos graxos tipo 1 e 4 (FATP1 e FATP4) faz parte de uma grande família de transportadores de ácidos graxos que estão presentes na membrana, participando, sobretudo, da absorção de ácidos graxos de cadeia longa para dentro do enterócito. Muitos estudos têm demonstrado que a absorção de colesterol no intestino é controlada por uma proteína ligadora de ATP chamada ATP *binding cassete-1* (ABC-1), que também é um transportador reverso de colesterol. O colesterol, ao contrário do ácido graxo, possui absorção limitada. A porcentagem de colesterol absorvida é significativamente menor em relação à consumida em refeições com alta ingestão desse lipídio. Além disso, a absorção de colesterol é também dependente da quantidade de outras gorduras consumidas concomitantemente.[85]

Todo o colesterol absorvido é, necessariamente, na forma livre. Para tanto, a ação do colesterol esterase é crucial para que ocorra a absorção do colesterol. Essa molécula é incorporada nas micelas e, dessa forma, consegue atravessar a camada estacionária de água e alcançar seus carreadores específicos na membrana celular.[83]

## Referências

1. Kris-Etherton PM, Griel AE, Psota TL, Gebauer SK, Zhang J, Etherton TD. Dietary stearic acid and risk of cardiovascular disease: intake, sources, digestion, and absorption. Lipids. 2005;40(12):1.193-200.

2. Mattes RD. Fat taste and lipid metabolism in humans. Physiol Behav. 2005;86(5):691-7.

3. Pimentel AS, Caruso MSF, Cruz JMM, Kumagai EE, Correa DUO. Ácidos graxos saturados *versus* ácidos graxos *trans* em biscoitos. Rev Inst Adolfo Lutz. 2003;62(2):131-7.

4. Chiara VL, Sichieri R, Carvalho TSF. Teores de ácidos graxos *trans* de alguns alimentos consumidos no Rio de Janeiro. Rev Nutr Campinas. 2003;16(2):227-33.

5. Simopoulos AP. The importance of the ratio of omega-6/omega-3 essential fatty acids. Biomed Pharmacother [review]. 2002;56(8):365-79.

6. Tabela de composição química dos alimentos da faculdade de ciências farmacêuticas da USP. [acesso em 17 out 2007]. Disponível em: http://www.fcf.usp.br/tabela.

7. Moran TH. Gut peptide signaling in the controls of food intake. Obesity (Silver Spring). 2006;14 (Suppl 5):250S-53.

8. Gebauer SK, Psota TL, Harris WS, Kris-Etherton PM.N-3 fatty acid dietary recommendations and food sources to achieve essentiality and cardiovascular benefits [review]. Am J Clin Nutr. 2006;83 (Suppl 6):1.526S-35.

9. Mössner J, Caca K. Developments in the inhibition of gastric acid secretion. Eur J Clin Invest. 2005;35(8):469-75.

10. Canaan S, Roussel A, Verger R, Cambillau C. Gastric lipase: crystal structure and activity. Biochim Biophys Acta. 1999;1.441(2-3):197-204.

11. Berna MJ, Jensen RT. Role of CCK/gastrin receptors in gastrointestinal/metabolic diseases and results of human studies using gastrin/CCK receptor agonists/antagonists in these diseases. Current Topics in Medicine and Chemistry. 2007;7(12):1.211-31.

12. Burwen SJ, Schmucker D. Subcellular and molecular mechanisms of bile secretion. Int Rev Cytol. 1992;135:269-313.

13. Hamosh M. Lingual and gastric lipases. Nutrition. 1990;6(6):421-8.

14. Vonk RJ, Kalivianakis M, Minich DM, Bijleveld CM, Verkade HJ. The metabolic importance of unabsorbed dietary lipids in the colon. Scand J Gastroenterol. 1997;222(Suppl):65-7.

15. Scharf MT, Ahima RS. Gut peptides and other regulators in obesity. Semin Liver Dis. 2004;24(4):335-47.

16. Thompson MB. Bile acids in the assessment of hepatocellular function. Toxicol Pathol. 1986;24(1):62-71.

17. Lowe ME. The triglyceride lipases of the pancreas. J Lipid Res. 2002;43(12):2.007-16.

18. De Maria L, Vind J. Phospholipases and their industrial applications. Appl Microbiol Biotechnol. 2007;74(2):290-300.

19. Molostova LV. Physiological functions of bile acids in the body. Nauchnye Doki Vyss Shkoly Biol Nauki. 1987;(5):5-20.

20. MacFarlane S, MacFarlane GT. Regulation of short-chain fatty acid production. Proc Nutr Soc. 2003;62(1):67-72.

21. Ukkola O, Bouchard C. Clustering of metabolic abnormalities in obese individuals: the role of genetic factors. Ann Med. 2001;33(2):79-90.

22. Beglinger C, Degen L. Fat in the intestine as a regulator of appetite: role of CCK. Physiological Behavior. 2004;83(4):617-21.

23. Sullivan DR. The clinical and nutritional implications of lipid-lowering drugs that act in the gastrointestinal tract. Curr Opin Lipidol. 2005;16(1):39-45.

24. Moshal MG, Broitman SA, Zamcheck N. Gastrin and absorption [review]. Am J Clin Nutr. 1970;23(3):336-42.

25. Turnberg LA. Gastric mucosal defence mechanisms. Scand J Gastroenterol. 1985;110(Suppl):37-40.

26. Bézard J, Blond JP, Bernard A, Clouet P. The metabolism and availability of essential fatty acids in animal and human tissues. Reprodution and Nutritional Development. 1994;34(6):539-68.

27. Holt PR, Balint JA. Effects of aging on intestinal lipid absorption. Am J Physiol. 1993;264(1 Pt 1):G1-6.

28. Borgström B. The micellar hypothesis of fat absorption: must it be revisited? Scand J Gastroenterol. May 1985;20(4):389-94.

29. Ruiz-Gayo M, González MC, Fernández-Alfonso S. Vasodilatory effects of cholecystokinin: new role for an old peptide? Regul Pept. 2006;137(3):179-84.

30. Niebergall-Roth E, Singer MV. Enteropancreatic reflexes mediating the pancreatic enzyme response to nutrients. Auton Neurosci. 2006;125(1-2):62-9.

31. Levy E. The 1991 Borden Award Lecture. Selected aspects of intraluminal and intracellular phases of intestinal fat absorption. Can J Physiol Pharmacol. 1991;70(4):413-9.

32. Tassone F, Broglio F, Gianotti L, Arvat E, Ghigo E, Maccario M. Ghrelin and other gastrointestinal peptides involved in the control of food intake. Mini Rev Med Chem. 2007;7(1):47-53.

33. Green GM. Feedback inhibition of cholecystokinin secretion by bile acids and pancreatic proteases. Ann N Y Acad Sci. 1994;713:167-79.

34. Lowe ME. Molecular mechanisms of rat and human pancreatic triglyceride lipases. J Nutr. 1997;127(4):549-57.

35. Nordgaard I, Mortensen PB. Digestive processes in the human colon. Nutrition. 1995;11(1):37-45.

36. Kalser MH. Medium chain triglycerides. Adv Intern Med. 1971;17:301-22.

37. Ballinger A, Peikin SR. Orlistat: its current status as an anti-obesity drug. Europ J Pharmacol. 2002;440(2-3):109-17.

38. Stremmel W. Uptake of fatty acids by jejunal mucosal cells is mediated by a fatty acid binding membrane protein. J Clin Invest. 1988;82(6):2.001-10.

39. Basque JR, Ménard D. Establishment of culture systems of human gastric epithelium for the study of pepsinogen and gastric lipase synthesis and secretion. Microscopic Research and Technology. 2000;48(5):293-302

40. Olivecrona T, Hernell O. Fat digestion. Bibl Nutr Dieta. 1975;(22):50-60.

41. Friedman HI, Nylund B. Intestinal fat digestion, absorption, and transport [review]. Am J Clin Nutr. 1980;33(5):1.108-39.

42. Hanano M. Fat-soluble vitamins: Intestinal absorption. Nippon Rinsho. 1993;51(4):851-7.

43. Miled N, Canaan S, Dupuis L, Roussel A, Rivière M, Carrière F, et al. Digestive lipases: from three-dimensional structure to physiology. Biochimie. 2000;282(11):973-86.

44. Lowe ME. Pancreatic triglyceride lipase and colipase: insights into dietary fat digestion. Gastroenterology. 1994;107(5):1.524-36.

45. York DA. Peripheral and central mechanisms regulating food intake and macronutrient selection [review]. Obes Surg. 1999;9(5):471-9.

46. Hoyle T. The digestive system: linking theory and practice. Br J Nurs. 1998;6(22):1.285-91.

47. Gargouri Y, Pieroni G, Moreau H, Ferrato F, Rivière C, Saunière JF, et al. Lipases of the digestive system. Reprod Nutr Dev. 1986;26(5B):1.163-76.

48. Singer MV. Pancreatic secretory response to intestinal stimulants. Scand J Gastroenterol [review]. 1987;139(Suppl):1-13.

49. Thomson AB, De Pover A, Keelan M, Jarocka-Cyrta E, Clandinin MT. Inhibition of lipid absorption as an approach to the treatment of obesity. Methods Enzymol. 1997;286:3-44.

50. Borgström B. Fat digestion and absorption. Biomembranes. 1974;4B(0):555-620.

51. Shen H, Howles P, Tso P. From interaction of lipidic vehicles with intestinal epithelial cell membranes to the formation and secretion of chylomicrons. Adv Drug Deliv Rev. 2001;50(Suppl 1):S103-25.

52. Basu TK, Donaldson D. Intestinal absorption in health and disease: micronutrients. Best Practice Research in Clinical Gastroenterilogy. 2003;17(6):957-79.

53. Keller J, Layer P. Human pancreatic exocrine response to nutrients in health and disease. Gut. 2005;54 (Suppl 6):vii-xxviii.

54. Thomson AB, Schoeller C, Keelan M, Smith L, Clandinin MT. Lipid absorption: passing through the unstirred layers, brush-border membrane, and beyond. Can J Physiol Pharmacol. Aug. 1993;71(8):531-55.

55. Chaudhri O, Small C, Bloom S. Gastrointestinal hormones regulating appetite. Philos Trans R Soc Lond B Biol Sci. 2006;361(1.471):1.187-209.

56. Favé G, Coste TC, Armand M. Physicochemical properties of lipids: new strategies to manage fatty acid bioavailability. Cell Mol Biol (Noisy-le-grand). 2004;50(7):815-31.

57. Poupon R. Molecular mechanisms of bile formation and cholestatic diseases. Bull Acad Natl Med. 2003;187(7):1.261-74; discussion 1.274-6.

58. Borgström B . The micellar hypothesis of fat absorption: must it be revisited? Scand J Gastroenterol. 1985;20(4):389-94.

59. Bracco U. Effect of triglyceride structure on fat absorption. Am J Clin Nutr. 1994;60(Suppl 6):1.002S-9.

60. Carlier H, Bernard A, Caselli C. Digestion and absorption of polyunsaturated fatty acids. Reprod Nutr Dev. 1991;31(5):475-500.

61. Wang BJ, Cui ZJ. How does cholecystokinin stimulate exocrine pancreatic secretion? From birds, rodents, to humans. Am J Physiol Regul Integr Comp Physiol. 2007;292(2):R666-78.

62. Borgström B. Digestion and absorption of fats. Bibl Paediatr. 1968;87:48-55.

63. Hamosh M. A review. Fat digestion in the newborn: role of lingual lipase and preduodenal digestion. Pediatr Res. 1979;13(5 Pt 1):615-22.

64. Davis RA, Miyake JH, Hui TY, Spann NJ. Regulation of cholesterol-7alpha-hydroxylase: Barely missing a SHP. J Lipid Res. 2002;43(4):533-4.

65. Fry M, Hoyda TD, Ferguson AV. Making sense of it: roles of the sensory circumventricular organs in feeding and regulation of energy homeostasis. Exp Biol Med (Maywood). 2007;232(1):14-26.

66. Woods SC, D'Alessio DA, Tso P, Rushing PA, Clegg DJ, Benoit SC, et al. Consumption of a high-fat diet alters the homeostatic regulation of energy balance. Physiol Behav. 2004;83(4):573-8.

67. Crocker KS, Gerber F, Shearer J. Metabolism of carbohydrate, protein, and fat. Nurs Clin North Am. 1983;18(1):3-28.

68. Friedman Z. Essential fatty acid consideration at birth in the premature neonate and the specific requirement for preformed prostaglandin precursors in the infant [review]. Prog Lipid Res. 1986;25(1-4):355-64.

69. Hernell O, Bläckberg L. Molecular aspects of fat digestion in the newborn. Acta Paediatr. 1994;405 (Suppl):65-9.

70. Borgström B. Bile salts: their physiological functions in the gastrointestinal tract. Acta Med Scand. 1974;196(1-2):1-10.

71. Mu H, Høy CE. The digestion of dietary triacylglycerols. Prog Lipid Res. 2004;43(2):105-33.

72. Lowe ME. Properties and function of pacreatic lipase related protein 2. Biochimie. 2000;82(11):997-1.004.

73. Berger K, Winzell MS, Mei J, Erlanson-Albertsson C. Enterostatin and its target mechanisms during regulation of fat intake. Physiological Behavior. 2004;83(4):623-30.

74. Mu H, Porsgaard T. The metabolism of structured triacylglycerols. Prog Lipid Res. 2005;44(6):430-48.

75. Agellon LB, Toth MJ. Intracellular lipid binding proteins of the small intestine. Molecular Cel Biochemistr. 2002;239(1-2):79-82.

76. Little TJ, Horowitz M, Feinle-Bisset C. Role of cholecystokinin in appetite control and body weight regulation. Obes Rev. 2005;6(4):297-306.

77. Subramanian N, Ghosal SK. Enhancement of gastrointestinal absorption of poorly water soluble drugs via lipid based systems. Indian J Exp Biol. 2004;42(11):1.056-65.

78. Jensen RG, de Jong FA, Clark RM. Determination of lipase specificity. Lipids. 1983;18(3):239-52.

79. Naupert C, Rommel K. Lipid metabolism of the small intestine. Klin Wochenschr. 1970;48(8):449-56.

80. Hamosh M. The role of lingual lipase in neonatal fat digestion. Ciba Found Symp. 1979;(70):69-98.

81. Glickman RM. Fat absorption and malabsorption. Clin Gastroenterol. 1983;12(2):323-34.

82. Schubert ML. Gastric secretion. Curr Opin Gastroenterol. 2005;21(6):633-5.

83. Arab L. Biomarkers of fat and fatty acid intake [review]. J Nutrition 2003;133(Suppl 3):925S-32.

84. Tso P. Gastrointestinal digestion and absorption of lipid. Adv Lipid Res. 1985;21:143-86.

85. Lairon D, Play B, Jourdheuil-Rahmani D. Digestible and indigestible carbohydrates: interactions with postprandial lipid metabolism. J Nutr Biochem. 2007;18(4):217-27.

# Capítulo 3
## Lipídios, expressão gênica e exercício

*Luiz Carlos Carnevali Junior*
*Waldecir Paula Lima*

A regulação do metabolismo de lipídios, bem como de carboidratos, é de suma importância para o controle da homeostase. Tal controle envolve sistemas que são sensíveis a vários estímulos, como a disponibilidade de substratos, a atividade física e o estresse. Até mesmo condições climáticas podem ser relevantes.[1]

O gerenciamento das respostas fisiológicas induzidas por tais estímulos ocorre em vários níveis, a fim de garantir uma adaptação eficiente do balanço energético. A resposta hipotalâmica no cérebro, por exemplo, é diretamente responsável pelo controle do metabolismo de carboidratos e ácidos graxos. Outro papel importante, especificamente para os lipídios, é a capacidade que seus metabólitos (como leucotrienos e prostaglandinas) têm de atuar como potentes mediadores de vários processos biológicos fundamentais nas respostas dadas pelo organismo.[1]

Neste capítulo, vamos nos concentrar no papel dos lipídios e seus derivados no controle genético dos seus próprios sistemas de transporte, captação celular, compartimentalizacão, mobilização e uso. Além disso, apresentaremos as diversas adaptações celulares induzidas pelo treinamento físico e/ou nutrição.

## 3.1 Genética da obesidade

Nos últimos anos, tem surgido um grande interesse na utilização de vários genes no tratamento da obesidade. Sem dúvida, a prevalência da obesidade tem aumentado de maneira considerável nas últimas décadas, principalmente nos países de cultura ocidental, onde a população, de modo geral, leva um estilo de vida sedentário e faz refeições pouco balanceadas. Infelizmente, a obesidade não está apenas associada a um simples desequilíbrio energético; ela também está associada a várias anormalidades que incluem desde problemas como dislipidemia e crescimento nos fatores de risco cardiovasculares até anormalidades no metabolismo da glicose. Todas essas alterações podem ser facilmente derivadas de distúrbios genéticos que resultam em problemas como resistência à insulina e diabetes tipo 2, que dão origem à chamada "síndrome metabólica", entre outras doenças ligadas a fatores genéticos.[2]

Portanto, a princípio, sugeriu-se que uma possível indução ou modulação de certos genes-chave no controle do metabolismo de lipídios no tratamento da obesidade seria interessante (Figura 3.1). A seguir, estão relacionados aqueles que seriam os alvos de tais pesquisas.

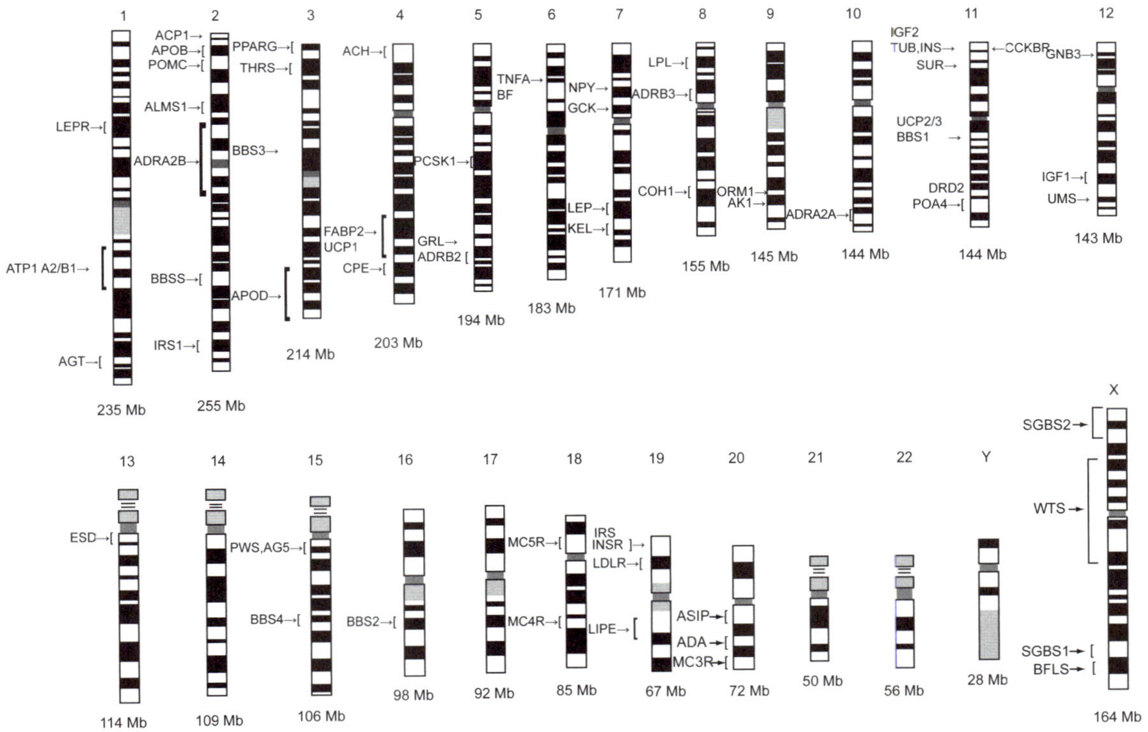


FIGURA 3.1 – Mapa genético dos principais genes ligados à obesidade. No esquema, estão dispostos os genes e os locais de expressão nos respectivos cromossomos. (Adaptado de Marques Lopes et al., 2003).[3]

## 3.2 Fatores de transcrição e metabolismo de lipídios

A homeostase lipídica depende de mecanismos que vão além do balanço energético que conhecemos. Diversos fatores alternativos têm influência direta no controle do metabolismo de ácidos graxos. Tais fatores podem modular a capacidade catalítica de várias enzimas por meio de interações alostéricas como, por exemplo, a ação do citrato e do acil-Coa, que pode ativar e/ou inibir a ação da enzima lipogênica acetil-Coa carboxilase, entre outros.[1]

Além disso, esses fatores podem participar, diretamente, do controle transcricional de genes que codificam proteínas-chave, responsáveis pelo gerenciamento do metabolismo de lipídios. Os chamados "fatores de transcrição", que seriam a chave desse controle, têm recebido maior atenção.[4] A seguir, descreveremos os mais relevantes.

### 3.2.1 PPARs (receptores ativados por proliferadores de peroxissomas)

Ácidos graxos não são meramente substratos passivamente envolvidos em processos metabólicos, mas também são sinalizadores metabólicos de extrema importância no controle da homeostase. Sabe-se que o tecido adiposo, além de estocar gordura, pode secretar certos hormônios importantes no controle metabólico. Além disso, o núcleo da célula possui locais e receptores que são passíveis de modulação por ácidos graxos, principalmente aqueles de origem insaturada. Dessa maneira, os ácidos graxos se comportam como "moléculas-hormônios", se assim podemos classificá-los.[4]

Sabe-se que as alterações ocorridas no metabolismo de lipídios estão, na maior parte das vezes, relacionadas a alterações na expressão gênica das enzimas envolvidas nele. Sabe-se, hoje em dia, que muitas dessas alterações são mediadas por mecanismos dependentes da ativação de PPARs *(peroxisome proliferator-activated receptors)*, que têm papel central na armazenagem e no catabolismo de ácidos graxos e têm, como principal ativador, os próprios ácidos graxos.[5,6]

Esses receptores nucleares foram identificados pela primeira vez em 1990, quando a isoforma α mostrou ser um receptor de xenobiontes capaz de induzir a proliferação de peroxissomas em fígados de ratos.[5] Subsequencialmente, dois outros tipos de PPARs, γ e β, foram identificados.[7] Desconsiderando-se seus nomes, tanto o PPARγ como o PPARβ não respondem à proliferação de peroxissomas.[8] Estudos sobre as funções fisiológicas dos PPARs têm sido desenvolvidos com diferentes modelos que investigam sua função na homeostase lipídica e na proliferação e diferenciação celular, bem como no controle da inflamação (Figura 3.2).[9]

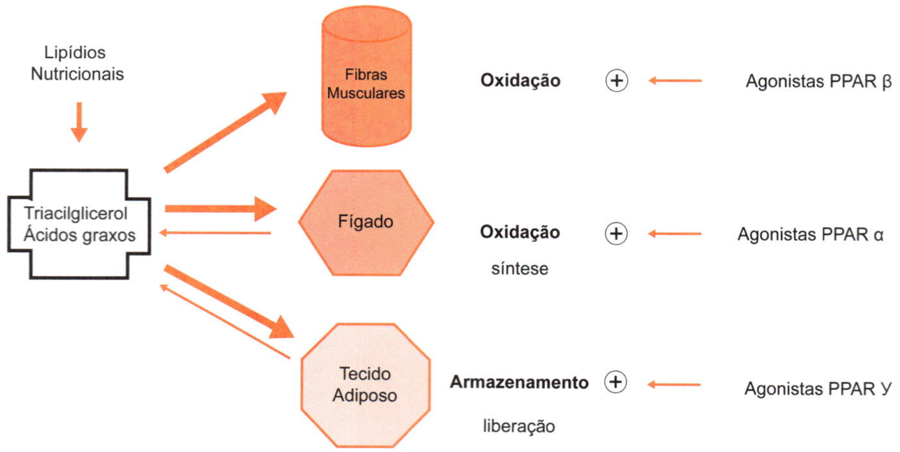


Figura 3.2 – Efeito metabólico dos agonistas de PPARs no metabolismo de ácidos graxos em diferentes tecidos. (Retirado de López-Soriano et al., 2006) [4]

### 3.2.1.1 Estrutura conformacional dos PPARs

Os PPARs possuem uma estrutura clássica como a dos outros receptores nucleares (como o receptor do hormônio tireoidiano), tendo uma região com o domínio de ligação dependente de ligante (AF-1) seguido pelo domínio de ligação do DNA (DBD), o domínio de ligação dependente de ligante (LBD) e uma região D que permite mudanças conformacionais para melhor adaptação transcricional (Figura 3.3).[8]

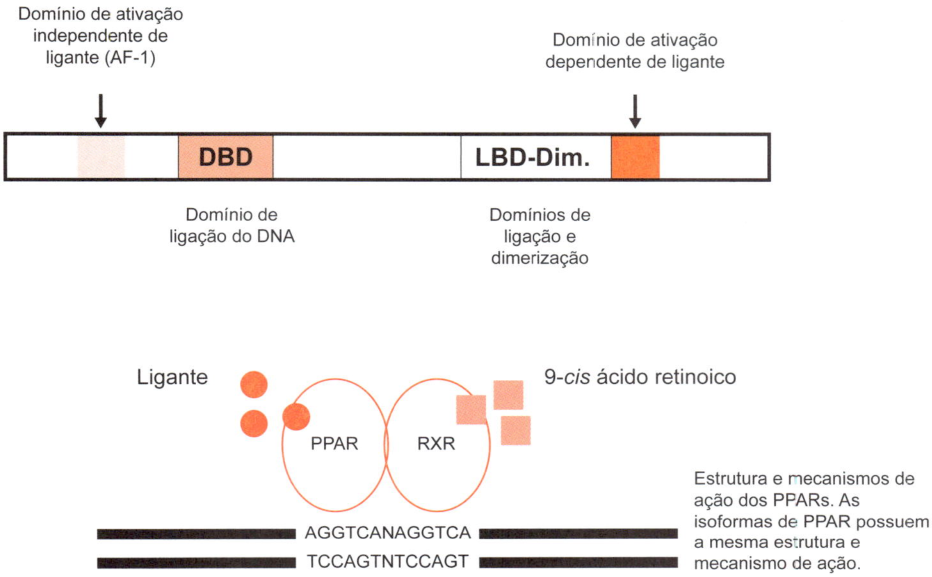


FIGURA 3.3 – Estrutura e mecanismo de ação dos PPARs. (Extraído de Ferré, 2004).[8]

### 3.2.1.2 Tecidos em que são encontrados PPARs

Em seres humanos, o PPARα é altamente expresso em hepatócitos, cardiomiócitos, rins e músculo esquelético (tecidos com alta capacidade oxidativa), enterócitos[10] e tecido adiposo marrom.[6] Além disso, existe uma considerável expressão de PPARα durante o desenvolvimento do sistema nervoso central e no processo de maturação do tecido epitelial.[1]

Já em ratos, parece que a expressão de PPARα é mais tardia. Em ratos adultos, verificam-se níveis relativamente elevados de RNAm do PPARα no tecido adiposo marrom, no fígado, nos rins, no coração, na mucosa do estômago e no duodeno. Porém, especialmente no fígado, os seres humanos apresentam menores concentrações de PPARα. Outros dados também disponíveis na literatura indicam que o PPARα é bem expresso no coração, nos rins, no músculo esquelético e no intestino grosso.[1]

O PPARγ é altamente expresso no tecido adiposo marrom e branco, no intestino grosso e no baço. Na fase adulta, o PPARγ apresenta uma expressão relativamente restrita. Seus maiores níveis são encontrados no tecido adiposo e níveis mais modestos são encontrados no fígado e nos rins. Em ratos, prevalece o mesmo padrão de expressão restrito para tal isoforma.[1,3]

Finalmente, o PPARγ é expresso em baixa concentração na retina e no músculo esquelético. Portanto, de modo geral, poderíamos admitir que o PPARγ é mais abundante em tecidos com baixo potencial oxidativo, enquanto o PPARα é mais abundante em tecidos com alto potencial oxidativo, como, por exemplo, o tecido muscular esquelético.[1]

Em contraste com as isoformas α e γ, que são mais abundantes em alguns tecidos, o PPARβ é encontrado em praticamente todos os tecidos, porém em níveis similares.[6] Na fase adulta, o PPARβ é onipresente e, frequentemente, apresenta-se em níveis mais elevados do que as isoformas α e γ, principalmente no músculo esquelético. Ele apenas apresenta menores concentrações no fígado se comparado a tecidos como pulmões e rins, embora o músculo esquelético apresente altas concentrações de PPARβ.[11]

### 3.2.1.3 Ligantes e ativadores de PPARs

Uma grande quantidade de compostos são identificados como ligantes dos PPARs. Os AGs e seus derivados são ligantes das três isoformas conhecidas.[12] O PPARα é ativado por eicosanoides naturais derivados do ácido araquidônico pela via da lipoxigenase, como 8-S HETE e leucotrieno B4 (LTB4). Os fibratos, uma classe de drogas hipolipidemiantes, são agonistas sintéticos do PPARα.[12]

O PPARγ é ativado por vários metabólitos derivados do ácido araquidônico por meio das vias da cicloxigenase e lipoxigenase, como a PGJ2 (prostaglandina J2 e 15-HETE).[13]

Finalmente, o PPARβ tem como ligantes os AGs poli-insaturados e as prostaglandinas, como a PGJ2. Recentemente, outras funções e ligantes para o PPARβ têm sido discutidos.[14]

A seguir, descreveremos isoladamente a importância de cada uma das isoformas de PPARs já citadas, bem como sua importância na regulação do metabolismo lipídico.

## 3.2.2 PPARα

Como já mencionado, o PPARα é encontrado em tecidos com alta atividade metabólica, como coração, fígado, tecido adiposo e músculo esquelético, nos quais os genes que catalisam o metabolismo de ácidos graxos são regulados.[15]

Entre os genes regulados pelo PPARα estão a lipase lipoproteica (LPL), responsável pelo transporte de ácidos graxos e lipoproteínas, as translocases de ácidos graxos (FAT e FABP, já mencionadas), a acil-Coenzima A, responsável pela ativação citoplasmática de ácidos graxos, as proteínas ligadas à lipogênese, como Acetil-Coa Carboxilase e FAS, que realizam a síntese de ácidos graxos, o grupo de proteínas desacopladoras (UCPs) etc.[16]

O sistema de transporte mitocondrial de ácidos graxos α (sistema carnitina palmitoil transferase ou, simplesmente, CPT) mostra-se estritamente modulado pela ação dos PPARs, principalmente pela isoforma α. Ainda neste capítulo, abordaremos as modulações sofridas pelo sistema CPT por meio da atividade transcricional do PPARα, bem como os efeitos benéficos da atividade física em tal processo.[16]

De fato, vários estudos vêm sendo realizados, nos quais se demonstra o papel fundamental do PPARα na modulação do metabolismo lipídico e, mais recentemente, no metabolismo de aminoácidos (Figura 3.4).[17]

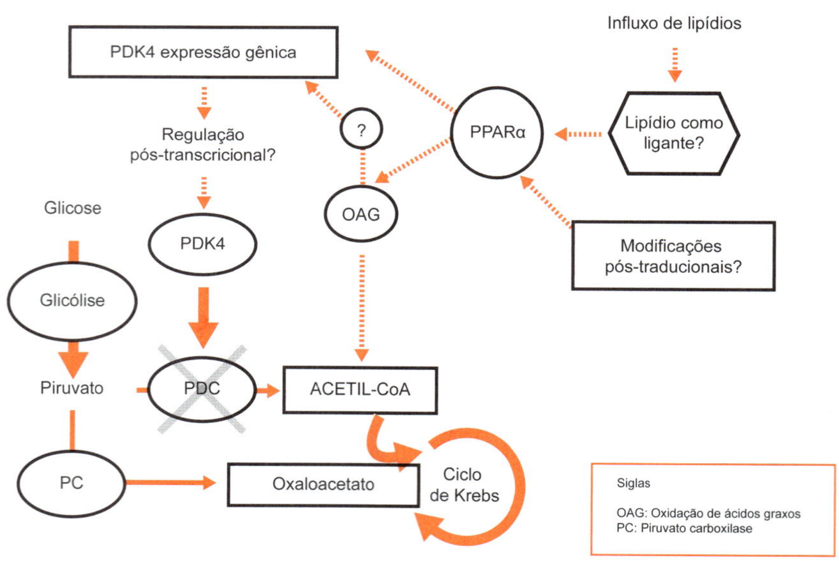


Figura 3.4 – Via de modulação do metabolismo de lipídios *versus* carboidratos pela ação do PPARα. A modificação da atividade pós-traducional do PPARα pode representar mudanças em sua localização intracelular e modificação covalente. O potencial modulatório na atividade da PDK4 (Piruvato desidrogenase quinase 4) não está incluido nesse esquema. (Extraído de Sugden et al., 2001).[18]

A partir da manipulação genética do PPARα (processo conhecido como *knockout*), os efeitos mencionados foram certificados. De fato, a maioria das pesquisas realizadas mostra que ratos *knockout* com PPARα no fígado apresentam efeitos deletérios como esteatose hepática, bem como, elevação nos níveis de triacilglicerol circulantes e colesterol. Em situações de restrição alimentar, nas quais os indivíduos são *knockout* de PPARα, também se verificam níveis elevados de ácidos graxos circulantes, somado a um rápido acúmulo de lipídios, hipoglicemia profunda, falha na resposta cetogênica e depleção de glicogênio no fígado.[17]

Processo semelhante ocorre no músculo cardíaco, que, na ausência do PPARα, apresenta problemas na oxidação de ácidos graxos, que são a principal fonte do músculo cardíaco em situações de estresse, como o jejum prolongado e a atividade física.[19]

No entanto, no músculo esquelético existem duas vertentes de pesquisa conflitantes. A primeira delas aponta que, por um lado, o PPARα tem influência direta no metabolismo de lipídios em indivíduos aerobicamente treinados, por outro, indivíduos treinados de maneira intervalada não apresentaram tais adaptações.[19]

Utilizando como objeto de estudo o treinamento de *endurance* em mulheres, Horowitz et al. (2000)[20] observaram um aumento na concentração de MCAD (acil-Coa desidrogenase de ácidos graxos de cadeia média), da acil-CoA desidrogenase de ácidos graxos de cadeia longa (VLCAD) e, ainda, da citratossintase no músculo esquelético de mulheres treinadas em relação ao grupo controle, além de um aumento na expressão do PPARα. Sugeriram, assim, que uma possível via regulatória, representada pelo PPARα, pode ser ativada pelo treinamento.[20]

Confirmando esses achados, Russell et al. (2003)[21] observaram, em seus estudos, que, após seis semanas de treinamento de *endurance*, os níveis de RNAm da CPT I e PPARα aumentaram no músculo esquelético, considerando que a expressão gênica do PPARα foi maior nas fibras musculares do tipo I em comparação às fibras do tipo II, confirmando o aumento no metabolismo oxidativo induzido por tal tipo de treinamento.[21]

Em contraste, Tunstall et al. (2002)[22] verificaram que, logo após a realização de um exercício de *endurance* de uma hora de duração (agudo), a expressão gênica das proteínas FAT/CD36 (responsável pelo transporte intracelular de ácidos graxos) e CPT I não muda significativamente no músculo esquelético, enquanto o treinamento (nove dias de exercício) teve um efeito significativo no aumento da expressão da FAT/CD36 e CPT I, acompanhado de um aumento na oxidação de ácidos graxos em seres humanos, embora a expressão da PPARα tenha permanecido inalterada.[22]

O aumento no RNAm para PPARα e do conteúdo proteico encontrados após seis semanas de treinamento por Russell et al. (2003)[21] contrasta, com os resultados encontrados por Tunstall et al. (2002),[22] que não observaram mudanças nos níveis de RNAm para PPARα em seres humanos após nove dias de treinamento. Contudo, tais resultados estão de acordo com aqueles obtidos por Horowitz et al. (2000),[20] que observaram um aumento de duas vezes no conteúdo proteico de PPARα no treinamento em relação ao grupo controle, resultados corroborados por Russell et al. (2003),[21] que verificaram aumento concomitante na expressão de CPT I e PPARα, disparidades relacionadas às diferenças de intensidade e duração do treinamento. Isso sugere que é necessário um período longo de treinamento para obtenção de aumento na expressão do PPARα e CPT I, já que Tunstall et al. (2002) e Russell et al. (2003) verificaram 57% e 73% de aumento na expressão gênica da CPT I, respectivamente.[21,22]

Por sua vez, outras pesquisas não apresentam o PPARα como principal mediador de tais adaptações impostas pelo exercício, acreditando que uma possível deficiência no conteúdo do PPARα teria um efeito não significante na resposta do músculo esquelético ao jejum prolongado e/ou a atividade física, provavelmente pela ação compensatória do PPARβ, sobre o qual vamos tratar a seguir.[23]

### 3.2.3 PPARβ

A exata função do PPARβ ainda não foi bem estabelecida pela comunidade científica, embora, nos últimos anos, recentes publicações venham demonstrando que esteja relacionado ao controle do metabolismo.[14]

Em um estudo realizado pela Universidade Nacional de Seul em 2003, verificou-se que uma ativação induzida do PPARβ de fato levou a mudanças metabólicas relevantes em roedores, como aumento no catabolismo de ácidos graxos, no gasto de energia total e, principalmente, uma diminuição na massa adiposa total (Figura 3.5). Dessa forma, O PPARβ é sugerido como um grande instrumento no controle da obesidade, prevenindo a hipertrofia do tecido adiposo e um possível acúmulo de lipídios por meio da diminuição dos níveis circulantes de ácidos graxos livres e triacilgliceróis.[14]

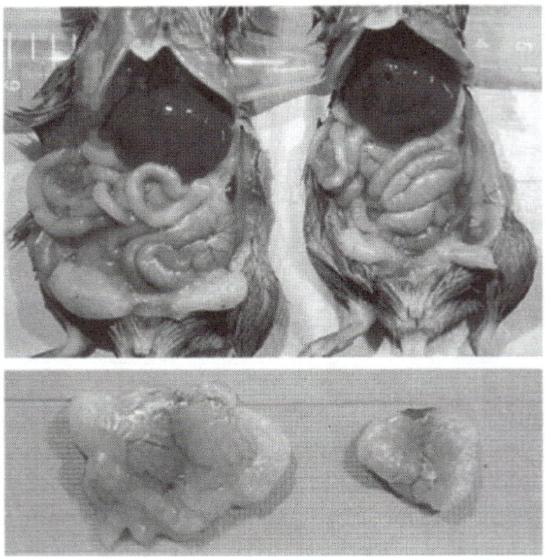


FIGURA 3.5 – Redução da adiposidade em ratos com expressão aumentada de PPARβ. (Retirado de Wang et al., 2003).[59]

Reforçando ainda mais tais resultados, nesse mesmo estudo, verificou-se, também, que vários genes-chave requeridos no controle do metabolismo de lipídios apresentaram-se suprarregulados.[14] Entre esses genes, podemos destacar UCP1, UCP3 e CPTIm, aumentados no tecido adiposo marrom, LHS (lipase hormônio sensível), enzima que catalisa a hidrólise de triacilglicerol em adipócitos, entre outros. Além disso, genes envolvidos no processo de lipogênese, como SREBP1, e no armazenamento de lipídios têm sua ativação induzida pelo PPARγ no tecido adiposo, mostrando claramente as funções específicas que cada uma das isoformas de PPARs apresenta.[11]

Embora, inicialmente, se acreditasse que somente o PPARα tivesse função importante no metabolismo do músculo esquelético, a abundante expressão do PPARβ em miócitos sugere um importante papel de tal isoforma também no músculo esquelético.[4] Estudos mais recentes demonstram que o PPARβ tem também um importante papel no controle do metabolismo de AG no músculo esquelético.[25,26]

Para comprovar tal proposta, vários estudos foram realizados em indivíduos sedentários e/ou praticantes de atividade física. O resultado encontrado foi que, de fato, existe uma grande expressão de PPARβ nas fibras tipo I (com maior potencial oxidativo) no músculo esquelético e que tal condição é extremamente favorável no combate à obesidade.[11] Como isso acontece? Vários fatores estariam supostamente envolvidos.

O maior potencial oxidativo do músculo esquelético pela ação do PPARβ ocorreria pelo fato de as enzimas oxidativas apresentarem um coordenado e profundo aumento na sua expressão gênica, além de um aumento expressivo no processo de biogênese mitocondrial, somado a uma grande produção de fibras tipo I (oxidativas).[11]

Porém, o combate à obesidade não depende apenas da conversão em fibras tipo I. Depende também de fatores fisiológicos, como adaptações na inervação neural, funções de motoneurônios e adaptação metabólica periférica que capacite o organismo a essas novas respostas fisiológicas. Portanto, uma superexpressão e ativação do PPARβ muscular trariam ao organismo adaptações semelhantes àquelas obtidas pelo exercício físico, mesmo sem realizá-lo.[25]

Estudos utilizando a técnica de *knockout* reportam condições de esteatose hepática e elevados níveis de triacilglicerol circulantes, porém, seus maiores efeitos apresentam-se realmente no músculo esquelético, principalmente quando os indivíduos são submetidos a situações de estresse, como jejum prolongado e exercício físico.[17]

Podemos dizer que o inverso é verdadeiro. Estudos envolvendo uma específica superexpressão de PPARβ demonstram claramente que tal isoforma está amplamente envolvida no processo de remodelação muscular e também na resposta ao exercício físico. De fato, o treinamento de baixa intensidade aumenta os níveis de PPARβ em animais, apontando um papel fundamental desse receptor nuclear em tal resposta.[27] Além disso, o PPARβ parece também ser nutricionalmente regulado no músculo esquelético pela ação de ácidos graxos, principalmente aqueles de origem insaturada.[27]

Estudos apontam que, com efeito, ratos que superexpressam PPARβ apresentam aumento em sua capacidade aeróbica, estando este aumento acompanhado de uma adaptação das fibras musculares oxidativas e resistência à obesidade (Figura 3.6).[25,26]

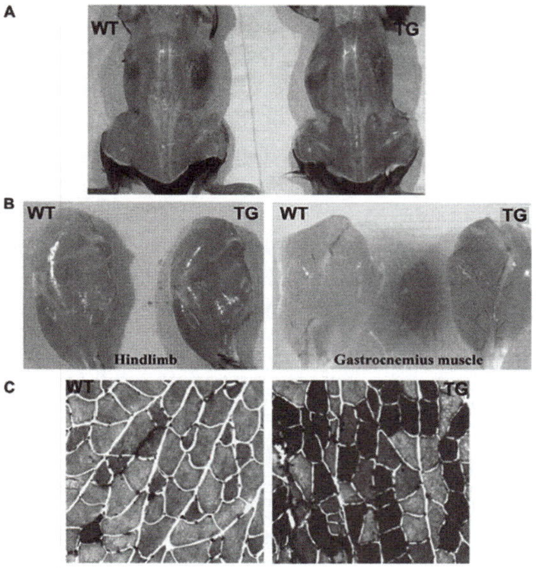


FIGURA 3.6 – Caracterização da adaptação e aumento das fibras oxidativas tipo I em ratos transgênicos com alta concentração de PPARβ. Grupo WT: Controle, grupo TG: indução de PPAR. (Retirado de Wang et al., 2004.)[59]

Muoio et al. (2002)[23] verificaram que, na ausência do PPARα e na indução do PPARβ por um ligante exógeno, há aumento da expressão gênica de proteínas como PDHK4 (piruvato desidrogenase quinase 4), MCD (malonil-CoA descarboxilase) e CPT I, mesmo sem ativação do PPARα. Sabe-se que essas duas isoformas podem se ligar ao mesmo PPRE (sequência do DNA responsiva ao PPAR), o que pode causar respostas idênticas no processo de ativação delas.[28]

Além disso, outros estudos revelam uma relação estreita entre o PPARβ e os efeitos do exercício físico. A expressão aumentada do PPARβ influenciada pelo treinamento aumenta a oxidação de AG nas miofibrilas e reduz a adiposidade em roedores[29] e seres humanos.[30]

Luquet et al. (2003) verificaram que, em ratos normais, o treinamento em piscina por 45 minutos, seis vezes por semana, durante três semanas, promoveu um aumento no conteúdo proteico do PPARβ.[31] Essas descobertas sugerem que o PPARβ pode estar diretamente envolvido no metabolismo de lipídios, até mesmo como compensador na falta do PPARα que, nas pesquisas de Muoio et al.,[23] foram eliminados. Curiosamente, contudo, a atividade metabólica de genes ligados ao metabolismo de lipídios foi mantida. Isso, provavelmente, ocorreu pela ação do PPARβ, uma vez que foram utilizados nesse estudo ligantes sensíveis a ele.[23]

Existe ainda uma possível ligação entre a IL-6 (interleucina 6) e o PPARβ no músculo esquelético. Tal fato é, particularmente, interessante e relevante, uma vez que o exercício aumenta a expressão de ambos os genes.[32] Isso confirma a ideia de que a liberação de IL-6 favorece a oxidação de ácidos graxos no músculo esquelético durante o exercício. Portanto, o fato de o PPARβ estar ligado à diferenciação de fibras vermelhas musculoesqueléticas pode indicar um papel importante da IL-6 durante a prática de exercícios crônicos na adaptação das fibras musculares em direção ao maior potencial oxidativo, além de um aumento na sensibilidade à insulina, embora a base molecular de tal processo não esteja ainda clara.[3]

Outros estudos apontam ainda que a regulação da interconversão de fibras musculares pelo PPARβ e o consequente aumento no potencial oxidativo ocorre por meio de um co-ativador transcricional chamado PGC-1α (de PPAR γ co-activator alpha), que regula a biogênese mitocondrial em conjunto com o PPARβ, sugerindo um importante e plausível mecanismo de atuação do PPARβ no músculo esquelético.[11]

Com efeito, o PGC-1α é apontado como uma família de proteínas que são identificadas como a família central dos co-ativadores transcricionais e apresentam ligação direta com as isoformas α e β dos PPARs, uma vez que possuem sítio de ligação de ativo em sua estrutura conformacional, aceitando, assim, a ação coadjuvante do PGC-1α. Tal dimerização age diretamente em fatores de transcrição ligados aos processos oxidativos e aumento na capacidade oxidativa lipolítica (Figura 3.7).[33]

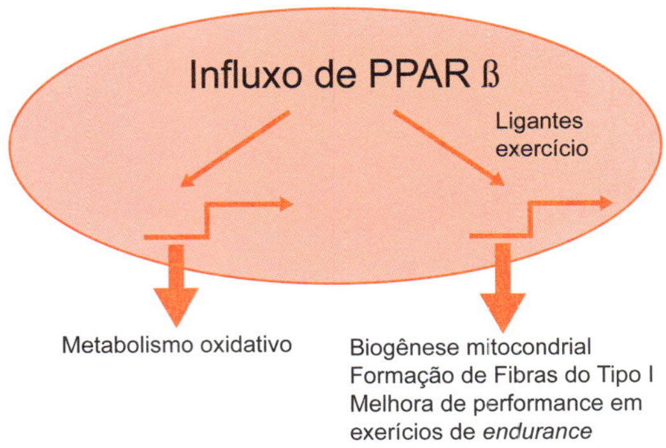


FIGURA 3.7 – Possíveis mecanismos de atuação do PPARβ. (Adaptado de Zhang et al., 2004).[11]

Com efeito, alguns estudos revelam ações paralelas e/ou compensatórias do PPARα e do PPARβ no músculo esquelético, como já mencionado.

### 3.2.4 PPARγ

Sem desconsiderar a importância do PPARα e do PPARβ, o grande interesse pelos PPARs, sem dúvida, aumentou, consideravelmente, a partir da identificação do PPARγ como um receptor de alta afinidade às drogas antidiabéticas chamadas TZDs (tiazolidinedionas). O controle do PPARγ no ciclo de vida do adipócito, somado ao grande sucesso dos TZDs no tratamento do diabetes tipo 2, gerou um amplo entusiasmo na possibilidade de solucionar problemas relacionados à obesidade e à resistência à insulina por meio das pesquisas com PPARγ.[34]

Foram utilizados vários ratos *knockout*, que geraram uma grande quantidade de trabalhos científicos. Consequentemente, ficou clara não somente a importância bioquímica de tal gene, como, também, sua complexidade.[35]

Como no músculo esquelético, a concentração basal de PPARγ no fígado é mínima. Contudo, a expressão de PPARγ hepática é induzida substancialmente durante o processo de esteatose hepática. A deficiência de PPARγ causa problemas significantes no *clearance* de triacilglicerol, hiperlipidemia e aumento no conteúdo de massa adiposa de acordo com a idade, demonstrando a importância do PPARγ hepático no gerenciamento da adiposidade. Em estudos realizados com ratos *knockout* de PPARγ hepático em objetos de estudo diabéticos, verificou-se uma diminuição no processo de esteatose hepática, porém, uma dislipidemia somada a um quadro de resistência à insulina. Esse quadro foi revertido com a utilização de TZDs em ratos com deficiência de leptina (gene responsável pelo controle da saciedade alimentar, que será mais bem estudado ainda neste capítulo), sugerindo que tais drogas exercem efeito apenas em adipócitos, nos quais é produzida a leptina, e não em hepatócitos.[36]

Portanto, indica-se que o PPARγ em hepatócitos seja requerido no controle basal da gordura e no controle de processo como esteatose e diabetes. No entanto, demonstra-se que o PPARγ hepático não é fundamental na sensibilização à insulina pela ação dos TZDs.[37]

Contudo, a expressão abundante de PPARγ em adipócitos indica seu papel fundamental nessas células, sendo indispensável até mesmo na sua constituição. Além disso, a associação entre obesidade, diabetes tipo 2 e efeitos dos TZDs sugere um importante papel do PPARγ na atividade em adipócitos como chave no processo de resistência à insulina.[38]

Portanto, podemos dizer que o PPARγ é a isoforma de PPAR mais importante no controle do metabolismo do tecido adiposo e, consequentemente, no controle da obesidade e diabetes tipo 2. O grande questionamento em torno do PPARγ se estabelece com base na proposta em utilizar o processo de manipulação genética objetivando uma proteção para tais quadros patológicos. Além disso, sabe-se que tanto a prática de exercícios físicos como o controle de dieta podem modular sua expressão e, consequentemente, sua função "adipogênica".[3,4]

A seguir, trataremos sobre os efeitos da atividade física na expressão gênica dos PPARs.

## 3.3 A importância da atividade física no controle da expressão gênica

Certamente, a prática de exercícios tem papel fundamental no tratamento terapêutico de várias doenças e distúrbios metabólicos. Muitos estudos demonstram que a prática frequente de exercícios pode trazer resultados muito melhores que qualquer intervenção em nível farmacológico. Portanto, o exercício por si só gera respostas positivas no tratamento da obesidade, pois controla o processo patológico de resistência à insulina. Contudo, é muito importante salientarmos em que nível o sedentarismo está envolvido no desenvolvimento de distúrbios metabólicos como a dislipidemia, por exemplo.[39]

O músculo esquelético é conhecido como o principal local onde as adaptações metabólicas promovidas pela prática de exercícios têm seu maior efeito. Realmente, existem claras evidências em diferentes níveis de pesquisa molecular que confirmam tal ponto de vista, embora não possamos, de maneira alguma, descartar a importância do fígado e do tecido adiposo em tal processo.[28]

Primeiramente, a prática de exercícios afeta a composição das fibras musculares. O treinamento físico ainda pode normalizar a captação de glicose pelo aumento da expressão de GLUT4 somado a um aumento na sinalização da insulina com seu receptor.[40]

A participação de moduladores da expressão gênica, como os PPARs, são de fundamental importância em tal processo. Em vários estudos, encontrou-se um aumento na expressão gênica de proteínas-chave para o metabolismo de lipídios (como o sistema CPT, FABP, LPL, PDK, UCPs etc.), mediado pela ação do PPARα e do PPARβ.[19,21]

Efetivamente, estudos realizados por Russell et al.[21] observaram que, após seis semanas de treinamento aeróbico de corrida, houve um aumento no conteúdo de RNAm da CPT I e PPARα no músculo vasto lateral. Além disso, a expressão gênica do PPARα estava maior nas fibras musculares de contração lenta em comparação às fibras de contração rápida (Figura 3.8).[21]

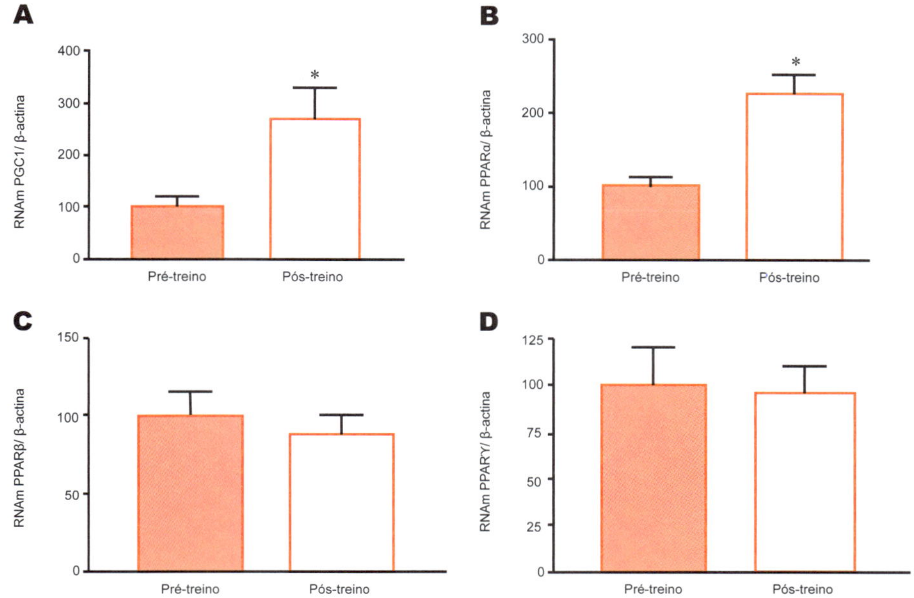


FIGURA 3.8 – Efeito de seis semanas de treinamento de *endurance* na expressão de PPARα, PPARβ, PPARγ e PGC-1α. * diferença significativa ($p < 0,01$). (Extraído de Russel et al., 2003).21

Confirmando tais resultados, estudos realizados pelo Laboratório de Metabolismo de Lípides da Universidade de São Paulo mostram que a aplicação do protocolo de treinamento contínuo em ratos, realizado em piscina, cinco vezes por semana, durante oito semanas, aumentou a expressão gênica e a atividade máxima da CPT I no músculo gastrocnêmio, em conjunto com o aumento no conteúdo de RNAm do PPARα, sugerindo que esse receptor nuclear está envolvido diretamente no controle da oxidação de ácidos graxos influenciada pelo treinamento.[19]

Com relação ao PPARβ, estudos[23] verificaram que a ausência do PPARα e a ativação do PPARβ por um ligante exógeno aumentou a expressão gênica de proteínas como piruvato desidrogenase quinase 4, malonil-CoA decarboxilase e CPT I, somado ao fato de que essas duas isoformas se ligam ao mesmo elemento responsivo ao PPAR, podendo, dessa maneira, ter respostas idênticas.

Portanto, os PPARs, principalmente as isoformas α e β, estão envolvidos no transporte e na oxidação de AG por mediarem a expressão gênica de proteínas relacionadas ao metabolismo de AG, incluindo o complexo CPT[21] e outras enzimas relacionadas ao transporte de AG no sarcolema, mostrando uma estreita relação entre esses receptores nucleares e o metabolismo de AG no músculo esquelético.

Por sua vez, o PPARγ mostra-se eficiente com proteínas que têm papel fundamental no processo de lipogênese e lipólise no tecido adiposo e no fígado, respectivamente. Pela sua mediação, proteínas como a FAS (sintetase de ácidos graxos) têm menor expressão no fígado e maior expressão no tecido adiposo. Além disso, a proteína HSL (lipase hormônio sensível), responsável pela liberação de ácidos graxos na circulação sistêmica, tem seus níveis aumentados no tecido adiposo periférico, confirmando a importância do PPARγ no controle do metabolismo, principalmente o de lipídios no tecido adiposo.[41]

### 3.3.1 SREBPs (*sterol regulatory element-binding protein*)

Os SREBPs são fatores de transcrição cuja atividade é regulada pelo conteúdo celular de esteróis. Portanto, em situações de depleção de esteróis, a porção ativa dos SREBPs é liberada por clivagem proteolítica, que entra no núcleo da célula e estimula os fatores de transcrição de genes que participam em três vias do metabolismo lipídico: biossíntese de colesterol, captação de ácidos graxos circulantes e colesterol e biossíntese de ácidos graxos.[1]

Recentemente, foi proposto o envolvimento dos SREBPs no controle de genes como o SCD (stearoil-Coa desaturase) pela ação de ácidos graxos poli-insaturados que têm maior afinidade com esse gene. Tal proteína foi inicialmente identificada como chave no processo de síntese de ácidos graxos *de novo,* estando diretamente ligada ao controle de peso corporal. Adicionalmente, o controle de sua expressão é diretamente modulado pela ação de ácidos graxos de origem poli-insaturada, confirmando a importância de uma dieta balanceada no controle do metabolismo lipídico.[25,43]

Contudo, o papel dos SREBPs e, em particular, da isoforma 1-c, que é predominante no fígado de seres humanos, não está totalmente compreendido, sendo necessário maior número de pesquisas para estabelecer a verdadeira relevância desse fator de transcrição no controle da obesidade em seres humanos. O papel dos SREBPs na síntese de ácidos graxos no fígado envolve três isoformas (SREBP-1a, SREBP-1c e SREBP-2). O papel dos AGPI (ácidos graxos poli-insaturados), como ω-3 e ω-6, também se mostra fundamental no controle da obesidade humana, já que apresentam alta afinidade de ligação com fatores de transcrição, como os PPARs (já estudados anteriormente) e também com os SREBPs. Portanto, sugere-se um trabalho conjunto dos PPARs e dos SREBPs no controle de vários genes ligados aos processos de lipogênese e, indiretamente, de lipólise. (Figura 3.9)[42]

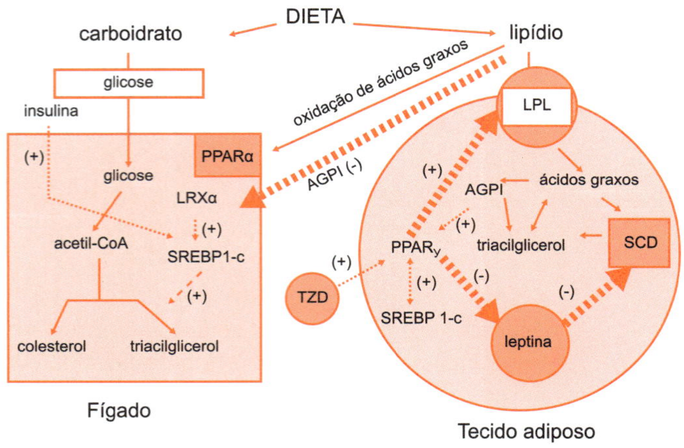


LPL: Lipase lipoproteica
AGPI: Ácidos graxos poli-insaturados
SCD: *Stearoil* CoA *desaturase*
TAG: Triacilglicerol
TZD: Drogras antidiabéticas

Seta denota regulação positiva (+) ou negativa (-) LPL, SCD, PPARα e SREBP 1-c são todos positivamente regulados pela insulina

Figura 3.9 – O papel do SREBP-1c e dos PPARγs no armazenamento de lipídios. Mecanismos de regulação podem envolver outros fatores de transcrição como os PPARs, influenciando diretamente no processo de armazenamento de lipídios. (Extraído de Jeffcoat, 2007).44

A seguir, enumeraremos algumas das possíveis hipóteses do controle da lipogênese em diferentes situações de ingesta alimentar:

- Uma alta concentração de carboidratos e uma baixa concentração de AGPI na dieta resultariam em uma síntese elevada ácidos graxos *de novo*. Isso ocorreria pela ação de diversas enzimas-chave no controle da lipogênese, incluindo a SCD, sendo tal aumento mediado pelo crescimento nos níveis de insulina que, por sua vez, ativaria o SREBP-1c. A elevada síntese de ácidos graxos *de novo* no tecido adiposo, ainda, ocorreria pela ação do PPARγ, pelo aumento na expressão da LPL e pela supressão do gene da leptina. Consequentemente, o potencial de síntese de TAG no tecido adiposo aumentaria;[44]
- Em condições de consumo calórico excessivo, com altas concentrações de carboidratos e uma relativa concentração de AGPI, haveria um armazenamento dos ácidos graxos derivados da dieta e dos carboidratos pelo tecido adiposo pela síntese *de novo* de ácidos graxos. Tal efeito resultaria em uma inibição hepática e na estimulação da lipogênese no tecido adiposo em conjunto com a inibição da oxidação de ácidos graxos. Consequentemente, as concentrações de malonil-Coa (inibidor direto da ação do sistema CPT) aumentaria, junto com os níveis de SCD, já discutidos anteriormente;[44]
- Em condições de alto consumo de ácidos graxos e baixo consumo de carboidratos, porém, excedendo a quantidade de energia diária consumida, postula-se que a concentração de PPARγ aumentaria pela presença dos AGPI na dieta. Tal processo seria revertido sob condição de um balanço energético neutro e/ou negativo, embora o mecanismo detalhado de "substituição" da ação do PPARγ (lipogênico), pela ação do PPARα (lipolítico), não esteja ainda bem esclarecido. Porém, sugere-se que exista uma ligação entre a SCD e a ação de proteínas quinases, já que a diminuição da ação da SCD culminaria com o aumento do processo de fosforilação e consequente diminuição na ação da enzima ACC (Acetil-Coa Carboixilase). Tal enzima tem como função estimular a produção de Malonil-Coa. Portanto, o resultado seria uma diminuição dos níveis de Malonil-Coa e um consequente aumento na ação do sistema CPT, aumentando, assim, o processo de transporte e a oxidação de ácidos graxos. Contudo, tal mecanismo ainda necessita de maiores esclarecimentos.[45]

### 3.3.2 Adipocinas

Conforme já descrito, o tecido adiposo não pode ser apenas considerado só um tecido passivo, simplesmente responsável pelo controle da liberação e captação de ácidos graxos. Ele vem sendo descrito, atualmente, como um tecido metabólica e endocrinamente ativo que influencia o metabolismo pelo módulo e pela expressão de diversos genes em diferentes tecidos através da secreção de diversos hormônios, sinalizadores e fatores de transcrição que, coletivamente, são conhecidos como adipocinas.[46]

Entre tais moléculas, encontramos as leptinas TNFα, a resistina, a adiponectina e algumas interleucinas como a IL-1 e IL-6. O papel de tais moléculas vem sendo estudado por vários pesquisadores, bem como a modulação de sua secreção em diversas situações de distúrbios metabólicos. A seguir, faremos uma breve descrição do seu papel no metabolismo de lipídios e no estado de resistência à insulina.[46]

#### 3.3.2.1 Leptina

O papel da leptina vem sendo descrito por vários estudos desde sua descoberta na década de 1990. Tal molécula é considerada chave no controle do peso corporal e no metabolismo de lipídios como um todo, uma vez que evidências sugerem que ratos que apresentam deficiência de leptina (gene ob/ob) ou ainda deficiência em seu receptor apresentam tais distúrbios.[47]

A leptina controla o comportamento de ingesta alimentar, bem como o gasto energético. Além disso, está também envolvida em outros processos como resposta imunológica e inflamação. Ela também tem efeitos diretos em tecidos como fígado e músculo estriado esquelético; seu papel fisiológico para as adipocinas seria a proteção de adipócitos contra esteatose e lipotoxicidade, prevenindo a lipogênese excessiva pelo aumento da oxidação de ácidos graxos após um consumo excessivo de calorias.[47] Os efeitos da leptina na prática de exercícios é muito importante e será discutido separadamente, ainda neste capítulo.

### 3.3.2.2 TNFα

O TNFα é uma citocina expressa em adipócitos que tem papel fundamental no desenvolvimento de distúrbios no metabolismo lipídico. Trata-se de uma citocina que regula a expressão de genes ligados ao metabolismo lipídico no adipócito; ele ainda reduz a fosforilação do receptor de insulina em vários tipos de células.[48]

Os modelos de mutação genética utilizados para estudo do TNFα são um tanto complexos. Ratos com *knockout* de TNFα são normais, porém desenvolvem obesidade por meio de uma dieta com alta concentração de lipídios, sendo ainda mais sensíveis à ação da insulina. Ratos com deficiência no receptor de TNFα (TNFR1), curiosamente, apresentam aumento na concentração de GLUT4 no músculo por meio de uma dieta que leva à obesidade em comparação a ratos com peso normal, aumentando a especulação de suas funções no quadro de resistência à insulina. Porém, devemos ser cautelosos ao caracterizar as funções exatas do TNFα, uma vez que estudos realizados com humanos mostram que a superexpressão de TNFα aparece apenas em casos de obesidade extrema ou mórbida e não nas fases iniciais do processo. Portanto, mais estudos são necessários para consumar, de fato, a função do TNFα no metabolismo lipídico, bem como no quadro de resistência à insulina.[48]

### 3.3.2.3 Adiponectina

Essa é outra adipocina importante na compreensão de distúrbios ligados ao metabolismo de lipídios. Tal citocina apresenta efeitos evidentes nas células musculares, onde induz a oxidação de ácidos graxos. Ratos com *knockout* de adiponectina desenvolvem resistência à insulina e, paralelamente, redução do transporte de ácidos graxos no músculo esquelético. De fato, sua expressão está diminuída em modelos de animais com resistência à insulina. Além disso, a adiponectina induz diferentes tipos de UCPs no tecido adiposo marrom e branco. Em seres humanos, a adiponectina também reduz os níveis de resistência à insulina e auxilia no controle da obesidade.[49] Adicionalmente, a adiponectina vem sendo associada, recentemente, ao processo de resistência à insulina e lipodistrofia em pacientes portadores de HIV. Além disso, sua expressão parece estar regulada negativamente pela ação do TNFα e IL-6, moléculas altamente expressas no tecido adiposo em condições de obesidade e resistência à insulina.[50]

### 3.3.2.4 IL-6

Essa citocina é classificada, inicialmente, como pró-inflamatória, quando é produzida pelo tecido adiposo, participando diretamente no processo de resistência à insulina. Contudo, ela também está presente em miócitos durante a prática de exercícios. Aparentemente, em tal situação fisiológica, sua função seria não mais pró, mas anti-inflamatória.[54] De fato, a IL-6 é um agente lipolítico no tecido adiposo, enquanto estimula também a proliferação de mioblastos, sendo importante para explicar os efeitos benéficos da prática de exercícios. Além disso, durante a prática de exercícios, a IL-6 aparece na circulação sistêmica junto com outras citocinas anti-inflamatórias, como IL-1ra e IL-10, aparentemente inibindo a ação do TNFα (citocina pró-inflamatória já discutida).[32]

Portanto, no músculo esquelético, a produção de IL-6 pode estar associada com a prática de exercícios, atuando endocrinamente e participando ainda na regulação da liberação de ácidos graxos pelo tecido adiposo para a oxidação no músculo esquelético, ativando, assim, o processo de lipólise (Figura 3.10).[4]

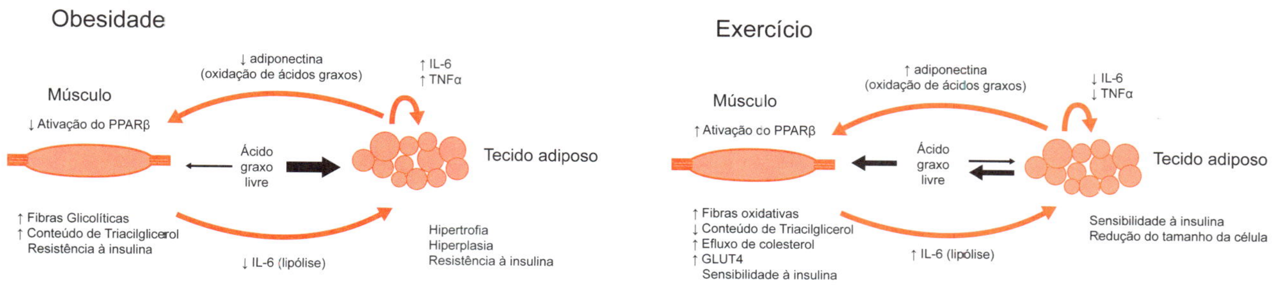


FIGURA 3.10 – Inter-relação metabólica entre tecido adiposo e músculo esquelético. Possível via de atuação das adipocinas. (Extraído de López-Soriano et al., 2006).[4]

### 3.3.2.5 Miostatina

Essa citocina pertence à família dos TGF-β (*transforming growth factor*), responsável por controlar negativamente a proliferação de células musculares. Estudos realizados com ratos *knockout* de miostatina, realmente, apresentam aumento substancial na massa muscular pelo aumento da miogênese e consequente redução no processo de adipogênese.[52] Dessa maneira, possíveis efeitos da miostatina em células pré-adiposas vêm sendo reportados, junto com a redução na expressão de diversos marcadores no processo de diferenciação de adipócitos como o PPARγ.[27,53] Estudos realizados com bois apresentaram resultados impressionantes. O volume de massa muscular estava intensamente aumentado e os animais apresentaram diminuição no conteúdo de gordura corporal, reforçando o supracitado.[27]

Concluindo, o fato de o tecido adiposo e o músculo esquelético serem capazes de secretar moléculas que os afetam mutuamente, abre uma discussão e sugere novos questionamentos. Possivelmente, tal regulação pode promover diversos efeitos metabólicos e fisiológicos importantes na regulação do metabolismo lipídico. Além disso, a prática de exercícios regulares é fundamental na regulação desses processos, bem como a biodisponibilidade dos alimentos, principalmente carboidratos e lipídios de origem insaturada.

## 3.4 Leptina e exercício

O gene da leptina (ob/ob) foi descoberto em 1994. Tal proteína apresenta estrutura similar às citocinas e uma massa relativa de 16 kDA. O tecido adiposo é o local de maior expressão de leptina, porém, outros locais como músculo esquelético, placenta e cérebro também foram identificados.[54]

O receptor de leptina é, também, membro da família de receptores de citocinas e está expresso em uma variedade de tecidos incluindo o hipotálamo, local onde se inicia a sinalização no controle da saciedade e da ingesta alimentar. No hipotálamo, há locais que são sensíveis à sinalização por neuropeptídios/neurotransmissores regulados pela secreção de leptina. Dessa forma, mutações no receptor de leptina causam obesidade em animais, e tal processo pode ocorrer também em seres humanos, embora seja muito raro. (Figura 3.11).[55]

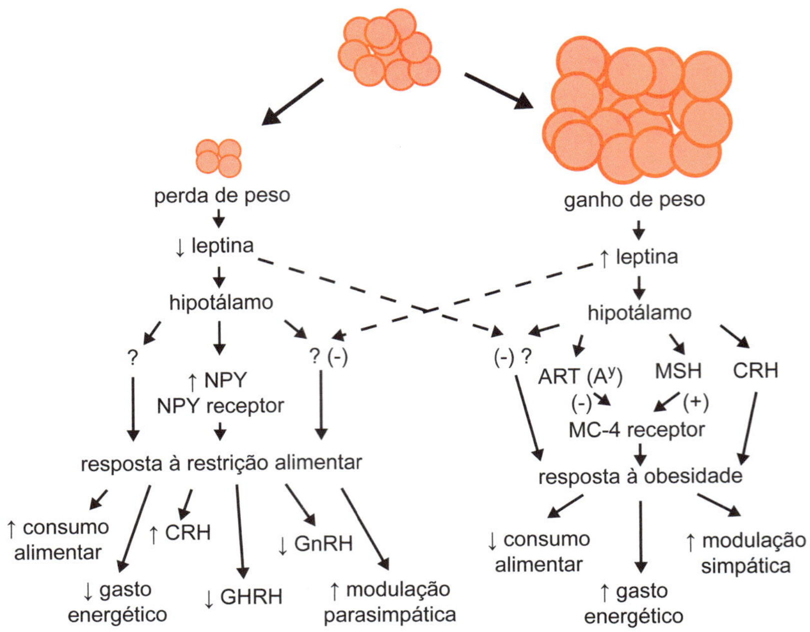


Figura 3.11 – Via de atuação da leptina no controle da saciedade alimentar. (Extraído de Friedman e Halaas, 2003).[60]

O controle da secreção de leptina pela dieta vem sendo sugerido como parcialmente regulado pela ação da insulina. Estudos apontam que a expressão aumentada de leptina ocorre, sobretudo, após a elevação dos níveis de insulina em resposta à ingesta alimentar, sendo o declínio dos níveis de leptina associados ao quadro de restrição alimentar.[56]

Existem vários estudos relacionando os efeitos da leptina na prática de exercícios, havendo várias razões pelas quais a leptina poderia responder a tal estímulo.

O exercício é conhecido pela sua efetividade na redução da massa adiposa, assim, os níveis de leptina seriam afetados. Isso explicaria o fato de como o exercício afeta a obesidade por meio do gasto calórico, levando a um balanço energético neutro ou negativo.[57]

Com efeito, o exercício agudo influencia os níveis de leptina negativamente, sugerindo que tal declínio esteja associado com a elevada produção de ácidos não esterificados durante o exercício e que estes podem modular a expressão gênica da leptina negativamente.[58]

O treinamento crônico, por sua vez, influenciaria os níveis de leptina por meio da associação entre redução dos níveis de colesterol e TAGs circulantes promovidas pelo treinamento, nos níveis de leptina. Isso favorece o controle da ingesta e, consequentemente, do peso corporal (Figura 3.12).[55]

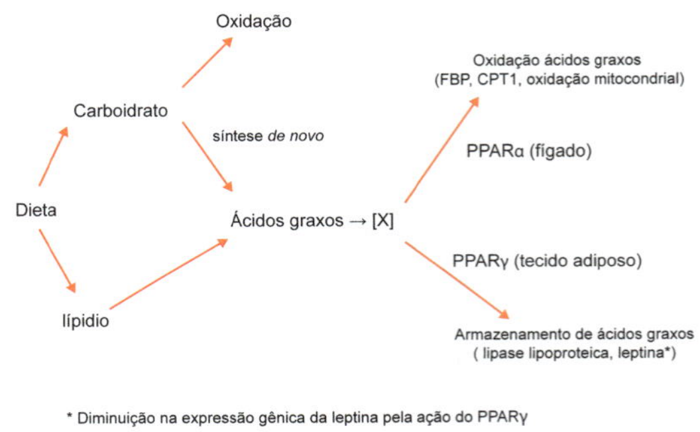


Figura 3.12 – Oxidação *versus* armazenamento de ácidos graxos no organismo. Mecanismo de regulação pelos PPARs no controle da secreção de leptina. (Extraído de Jeffcoat, 2007).[44]

Inegavelmente, existe uma relação direta entre a prática de exercícios físicos e o controle da ingesta alimentar no metabolismo de lipídios. Tal controle não se reflete apenas em adaptações metabólicas e fisiológicas, mas também em diversas adaptações em nível molecular. Essas adaptações incluem o aumento e/ou diminuição na expressão de diversos genes, sinalizadores e fatores de transcrição, que modulam direta ou indiretamente proteínas responsáveis pelo controle do transporte, armazenamento e oxidação de ácidos graxos.

Portanto, muitos estudos ainda são necessários, mas, pelo menos, o caminho a ser seguido já está traçado no combate a doenças como obesidade, diabetes, resistência à insulina e até mesmo câncer e doenças imunossupressivas.

## Referências


1. Desvergne B, Wahli W. Peroxisome proliferator-activated receptors: Nuclear control of metabolism. Endocrine [reviews]. 1999;20(5):649-88

2. Reaven GM. Pathophysiology of insulin resistance in human disease. Physiol Rev. 1995;75:473-86.

3. Marques Lopes I, Marti A, Moreno-Aliaga MJ, Martinez A. Aspectos genéticos da obesidade. Rev Nutr Campinas. 2004;17(3):327-38.

4. López-Soriano J, Maffei CCM, Grimaldi PA, et al. Roles of skeletal muscle and peroxisome proliferator-activated receptors in the development and treatment of obesity. Endocrine [review]. 2006;27:318-29.

5. Bocher V, Pineda-Torra I, Fruchart JC, et al. PPARs: transcription factors controlling lipid and lipoprotein metabolism. Ann N Y Acad Sci. 2002;967:7-18.

6. Kliewer SA, Xu HE, Lombert MH, et al. Peroxisome Proliferator-Actived Receptors: from genes to Physiology - Recent Prog Horm Res. 2001; 56:239-63

7. Delerive P, Fruchart JC, Staels B. Peroxisome proliferator-activated receptors in inflammation control. J Endocrinol. 2001;169:453-9.

8. Ferré P. The biology of Peroxisome Proliferator-activated receptors, relationship with lipid metabolism and insulin sensitivity. Diabetes. 2004;53:43-50.

9. Chinetti JC, Fruchart JC, Staels B. Peroxisome proliferator-activated receptors (PPARs): nuclear receptors at the crossroads between lipid metabolism and inflammation. Inflamm Res. 2000;49:497-505.

10. Su JL, Simmons CJ, Wisely B, et al. Monitoring of PPAR alpha protein expression in human tissue by the use of PPAR alpha specific Mabs. Hybridoma. 1998;17:47-53.

11. Zhang CH, Yu RT, et al. Regulation of muscle fiber type and Running endurance by PPARβ. 2004;2(10):E294.

12. Wilson TM, Wahli W. Peroxisome proliferator-activated receptor agonists. Curr Opin Chem Biol. 1997;1:235-41.

13. Nagy L, Tontonoz P, Alvarez JGA. Oxidized LDL regulates macrophage gene expression through ligand activation of PPARγ. Cell. 1998;93:229-40.

14. Lee CH, Tiep S, et al. Peroxisome-proliferator-activated receptor β activates fat metabolism to prevent obesity. Cell. 2003;113:159-70.

15. Isseman I, Green S. Activation of a member of the steroid hormone receptor superfamily by peroxisome proliferators. Nature. 1990;347:645-50.

16. Vosper H, Khoudoli GA, Grahan TL, et al. Peroxisome Proliferator-activated receptor agonists, hyperlipidemia, and atherosclerosis. Pharmacol Ther. 2002;95:47-62.

17. Akiyama T, Nicol CJ, Fievet C, et al. Peroxisome proliferator-actvated receptor-α regulates lipid homeostasis, but is not associated with obesity. Studies with congenic mouse lines. J Biological Chemistry. 2001;276(42):39.088-93.

18. Sugden MC, Bulmer K, Holness MJ. Fuel-sensing mechanisms integrating lipid and carbohydrate utilization. Biochem Soc Trans. 2001;29:272-8.

19. Carnevali-Jr LC. O PPAR alfa como mediador de alterações no metabolismo lipídico no músculo esquelético de ratos treinados [dissertação]. São Paulo: Instituto de Ciências Biomédicas da Universidade de São Paulo; 2006.

20. Horowitz JF, Leone TC, Feng W, et al. Effect of endurance training on lipid metabolism in women: a potential role for PPAR alpha in the metabolic response to training. Am J Physiol Endocrinol Metab. 2000;279:E348-55.

21. Russell AP, Feilchenfeldt J, Schreiber S, et al. Endurance training in humans leads to fiber type-specific increases in levels of peroxisome proliferators-activated receptor-α in skeletal muscle. Diabetes. 2003;52:2.874-81.

22. Tunstall RJ, Mehan KA, Wadley GD, et al. Exercise training increases lipid metabolism gene expression in human skeletal muscle. Am J Physiol Endocrinol Metab. 2002;283:E66-72.

23. Muoio DM, MacLean PS, Lang DB, et al. Fatty acid homeostasis and induction of lipid regulatory genes in skeletal muscle of peroxisome proliferator-activated receptor (PPAR) α Knockout mice. Evidence for compensatory regulation by PPARβ. J Biological Chemistry. 2002;277(29):26.089-97.

24. Arner P. The adipocyte in insulin resistance: key molecules and the impact of the thiazolidinediones. Trends Endocrinol Metab. 2003;14:127-45.

25. Cohen P, Miyazaki M, Socci ND, et al. Role of Stearoyl-Coa desaturase-1 in leptin mediated weigth loss. Science. 2002;297:240-3.

26. Grimaldi PA. Regulatory role of peroxisome proliferators-activated receptor delta (PPARδ) in muscle metabolism. A new target for metabolic syndrome treatment? Biochimie. 2005;87:5-8.

27. Hocquette JF, Bas P, Bauchart D, et al. Fat Partitioning and biochemical characteristics of fatty acids tissue in relation to plasma metabolites and hormones in normal and double-muscled young growing bulls. Comp Biochem Physiol. 1999;122:127-38.

28. Green H, Goreham C, Ouyang J, et al. Regulation of fiber size, oxidative potential, and capilarization in human muscle by resistance exercise. Am J Physiol. 1999;276:R591-6.

29. Allen DLM, Harrison BC, Maass A, et al. Cardiac and skeletal muscle adaptations to voluntary wheel running in the mouse. J Appl Physiol. 2001;90:1.900-8.

30. McCall GE, Byrnes WC, Cickison A, et al. Muscle fiber hypertrophy, tissue: relation to obesity, insulin resistance, and tumour necrosis factorα expression. Diabetes. 2003;52:1.779-85.

31. Luquet S, López-Soriano J, Holst D, et al. Peroxisome proliferators-activated receptor δ controls muscle development and oxidative capability. FASEB J. 2003;17:2.299-301.

32. Petersen AMW, Pedersen BK. The anti-inflammatory effects of exercise. J Appl Physol. 2005;98:1.154-62.

33. Baar K. Involvement of PPARγ co-activator-1, nuclear respiratory factors 1 and 2, and PPARα in the adaptative response to endurance exercise. Proceeding of the Nutrition Society. 2004;63:269-73.

34. Lehmann JM, Moore LB, Smith-Oliver TA, et al. An antiadiabetic thiazolidinedione is a high affinity ligand for peroxisome proliferator-activated receptor γ (PPARγ). Cell. 1995;270(22):12.953-6.

35. Forman BM, Tontonoz P, Chen J. Prostaglandin J2 is a ligand for the adipocyte determination factor PPARγ. Cell. 1995;83(5):803-12.

36. Gavrilova O, Haluzik M, Matsusue K, et al. Liver peroxisome proliferator-activated receptor γ contributes to hepatic steatosis, triglycerides clearance, and regulation of body fat mass. J Biological Chemistry. 2003;278(36):34.268-76.

37. Matsue K, Haluzik M, Lambert G, et al. Liver-specific disruption of PPARγ in leptin-deficient mice improves fatty liver but aggravates diabetic phenotypes. J Clinical Investigation. 2003;111(5):737-47.

38. He W, Barak Y, Henever A, et al. Adipose-specific peroxisome proliferator-activated receptor γ knockout causes insulin resistance in fat liver and but not in muscle. Proceedings of the National Academy Sciences of the United States of America. 2003; 100(26):15.712-7.

39. Kriketos AD, Pan DA, Sutton JR, et al. Relationships between muscle membrane lipids, fiber type, and enzyme activities in sedentary and exercised rats. Am J Physiol. 1995;269:R1.154-62.

40. Osman AA, Hancock J, Hunt DG, et al. Exercise training increases ERK2 activity in skeletal muscle of obese Zucker rats. J Appl Physiol. 90;454-60.

41. Petridou A, Tsalouhidou S, Tsalis G. Long-term exercise increases de DNA binding activity of preoxisome proliferator-activated receptor gamma in rat adipose tissue. Metabolism. 2007;56(8):1.029-36.

42. Frayn KN. Metabolic regulation. A human perspective. Oxford: Blackwell Science Ltd; 2003.

43. Jeffcoat R, Roberts PA, Ormesher JA, et al. Stearoyl-Coa desaturase. A control enzyme in hepatic lipogenesis. Eur J Biochem. 1979;101:429-45.

44. Jeffcoat A. Obesity: a perspective based on the biochemical interrelationship of lipids and carbohydrates. Medical Hypotheses. 2007;68:1.159-71.

45. Sampath H, Ntambi JM. Stearoyl-Coa desaturase, sterol regulatory element binding protein-1c and peroxisome proliferators-activated receptor-alpha: independent and interactive roles in the regulation of lipid metabolism. Curr Opin Clin Nutr Metab Care 2006; 89: 884-6.

46. Trayhurn P, Woods IS. Adipokines: Inflammation and the pleotropic role of white adipose tissue. Br J Nutr. 2004;92:247-55.

47. Ceddia RB, Koistinen HA, Zierath JR, et al. Analysis of paradoxical observations on the association between leptin and insulin resistance. FASEB. 2002;16:1.163-76.

48. Warne JP. Tumour necrosis factor α: a key regulator of adipose tissue mass. J Endocrinol. 2003;177:351-5.

49. Kern PA, Di Gregorio GB, Lu T, et al. Adiponectin expression from human adipose metabolism. FASEB J. 2001;15(11):1.971-8.

50. Fasshauer M, Kralisch S, Klier M, et al. Adiponectin gene expression and secretion is inhibited by interleukin-6 in 3T3-L1 adipocytes. Biochem Biophys Res Commun. 2003;301:1.045-50.

51. Starkie R, Ostrowski SR, Jauffred S, et al. Exercise and IL-6 infusion inhibit endotoxin-induced TNFα production in humans. FASEB J. 2003;17:884-7.

52. Lin J, Arnold HB, Della-Fera MA, et al. Myostatin knockout in mice increases myogenesis and decreases adipogenesis. Biochem Biophys Res Comm. 2002;291:701-6.

53. Kim HS, Liang L, Dean RG, et al. Inhibition of preadipocyte differentation by miostatin treatment in 3T3-L1 cultures. Biochem Biophys Res Commun. 2001;281:902-6.

54. Ahima RS, Flier JS. Adipose tissue as an endocrine organ. Trends Endocrinol Metab 2000;11:327-1.

55. Kraemer RR, Chu H, Castracane VD. Leptin and exercise. Minireview. Exp Biol Med. 2002;227:701-8.

56. Boden G, Chen Z, Mozzoli M, et al. Effect of fasting on serum leptin in normal human subjects. J Clin Endocrinol Metab. 1996;81:3.419-23.

57. Loucks AB, Verdun M, Heath EM. Low energy availability, not stress of exercise, alters LH pulsatility in exercising women. J Appl Physiol. 1998;84:37-46.

58. Duclos M, Corcuff JB, Ruffie A, et al. Rapid leptin decrease in immediate post-exercise recovery. Clin Endocrinol (Oxf). 1999;50:337-42.

59. Wang YX, Zhang CH, Yu RT, et al. Regulation of muscle fiber type and running endurance by PPARβ. Plos Biol 2004;2(10):E294.

60. Friedman JM, Halaas JL. Leptin and regulation of body weight in mamals. Nature. 1998; 395(6704):763-70.

# Capítulo 4
## Lipogênese *de novo*

*João Paulo Gabriel Camporez*
*Reury Frank Bacurau*
*Ricardo Zanuto*

Nas últimas décadas, a obesidade tem se tornado um grande problema de saúde pública. Sua incidência e prevalência vêm aumentando enormemente em diversas populações,[1] sobretudo, a de hábitos ocidentais. Por isso, cada vez mais, esforços de pesquisadores têm sido dedicados para tentar entender mecanismos relacionados à etiologia da obesidade para desenvolver possíveis métodos para seu tratamento e profilaxia.

A obesidade é caracterizada pelo acúmulo excessivo de lipídios e consequente aumento do tecido adiposo. O acúmulo de lipídios é determinado pelo equilíbrio de sua síntese (lipogênese) e degradação (lipólise). Ambos os mecanismos podem ser regulados por diversos fatores, podendo ser hormonais e dietéticos.[2]

A lipogênese é caracterizada pela síntese de ácidos graxos que, posteriormente, formarão os triacilgliceróis, que serão armazenados no tecido adiposo. Esse processo pode ocorrer tanto em células do tecido hepático quanto em células do tecido adiposo. Os principais passos da síntese dos ácidos graxos ocorrem a partir do metabólito acetil-CoA, que sofre ação da enzima acetil-CoA carboxilase (ACC), convertendo-o em malonil-CoA, reação que é irreversível. Essa reação pode ser considerada como o passo limitante da síntese de ácidos graxos. O acetil-CoA é um produto do metabolismo da glicose, quando oxidada pela via glicolítica (glicólise), sendo formadas duas moléculas de piruvato a partir da metabolização glicolítica de uma molécula de glicose. O etanol também pode produzir acetil-CoA, portanto, também pode ser considerado um precursor da síntese de ácidos graxos. O piruvato formado sofre a ação da enzima piruvato desidrogenase, convertendo-o no produto acetil-CoA. O malonil-CoA formado a partir do acetil-CoA sofre ação da enzima ácido graxo sintase, formando assim ácidos graxos.[3] Esses passos podem ser observados na Figura 4.1.

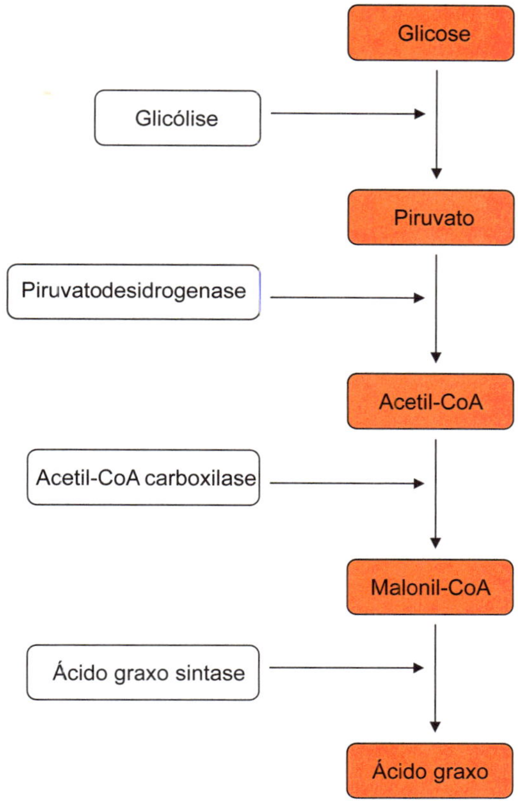


FIGURA 4.1 – Esquema da via de síntese dos ácidos graxos.

## 4.1 Regulação nutricional da lipogênese

Na situação de balanço energético positivo, ocorre o estoque de lipídios no tecido adiposo. Esses lipídios podem ser provenientes de fontes exógenas (ingestão na dieta) ou endógenas. A produção endógena de lipídios, como já descrito, pode ser realizada no fígado ou tecido adiposo, utilizando a cadeia de carbonos dos carboidratos ou etanol como precursor. Esse processo de síntese endógena de ácidos graxos é comumente denominado *lipogênese de novo*,[4] muito responsivo a mudanças na composição dietética.

Em uma dieta isoenergética, quando o consumo calórico é igual ao gasto energético, ocorre, no fígado, aumento de lipogênese *de novo*, pois parte do carboidrato ingerido é convertido em ácidos graxos. No entanto, essa conversão dos carboidratos em ácidos graxos não leva ao estoque de lipídios no tecido adiposo, pois a gordura produzida endogenamente nessa condição se equipara à oxidação de lipídios em outros tecidos, como o músculo esquelético.[5,6]

Em uma outra condição, como uma dieta hipercalórica, ou seja, balanço energético positivo, pode ocorrer aumento no estoque de gordura corporal, mesmo que o excesso de calorias ingeridas seja proveniente dos carboidratos. Isso ocorre por aumento na lipogênese *de novo,* redução da oxidação de lipídios e aumento da eficiência no estoque de lipídios ingeridos na dieta.[7]

O aumento da lipogênese *de novo* ocorre em razão do excesso de carboidratos, pois a capacidade do corpo em estocar glicose na forma de glicogênio é limitada. Assim, quando ocorre saturação dos estoques de glicogênio, a lipogênese funcionaria como uma "válvula" para que ocorra o estoque do excesso de carboidratos ingeridos.[9] Além de os carboidratos serem substratos diretos para lipogênese, sendo convertidos em acetil-CoA pela sua oxidação na via glicolítica, eles também podem estimular a síntese de lipídios por outros mecanismos. A glicose tem capacidade de estimular a expressão gênica de enzimas lipogênicas, como a ACC e o ácido graxo sintase.[2,8]

A redução da oxidação de lipídios pode ser observada em uma dieta rica em carboidratos, pois os diversos tecidos do corpo passam a oxidar preferencialmente glicose para produção de energia, em parte em virtude da ação da insulina (como será visto adiante) e também da produção aumentada de malonil-CoA. Esse substrato é um inibidor da enzima carnitina palmitoil transferase, necessária para o transporte dos carbonos dos ácidos graxos para dentro da mitocôndria e subsequente oxidação. Além disso, por esses mesmos motivos, principalmente hormonais, aumenta a eficiência do estoque de lipídios.[3,8]

Outra situação que pode modular a lipogênese é a dieta rica em lipídios. O excesso de ácidos graxos poli-insaturados reduz a lipogênese, pois inibe a expressão gênica de uma enzima lipogênica, o ácido graxo sintase. Situação parecida pode ser observada durante o jejum, quando ocorre redução da glicose sanguínea e aumento dos ácidos graxos livres, portanto, concomitante redução da lipogênese.[8]

A composição corporal também pode influenciar a síntese de lipídios. Alguns estudos[9,10] compararam indivíduos magros a indivíduos com excesso de peso. Os dois grupos foram divididos em dois subgrupos cada. Durante quatro dias, um subgrupo de magros e um com excesso de peso fizeram uma dieta isoenergética contendo 50% de carboidratos. Os outros dois subgrupos fizeram uma dieta hipercalórica contendo 71% de carboidratos. Foi observado, após os quatro dias, que os indivíduos com excesso de peso apresentaram, independentemente do tipo da dieta, menor grau de lipogênese *de novo* após receberem uma carga de carboidratos. Além disso, os indivíduos com excesso de peso apresentavam menor expressão gênica no tecido adiposo de enzimas que participam da síntese de lipídios, como o ácido graxo sintase. Além desses resultados, foi possível observar que tanto os indivíduos magros quanto os com excesso de peso apresentaram maior grau de lipogênese *de novo* na dieta hipercalórica. No entanto, em outro estudo que comparou indivíduos magros a obesos, foi observado que, após o jejum ou uma refeição rica em carboidratos (contendo tanto sacarose quanto lactose), os obesos apresentaram maior grau de lipogênese *de novo* do que os indivíduos magros, além de essa síntese de lipídios correlacionar positivamente com a porcentagem de gordura corporal.[11] Esses resultados também foram relacionados à maior concentração de insulina e triacilgliceróis plasmáticos após a refeição. Além dessa discordância dos dois estudos já citados, em um outro trabalho foi observado que não há diferença na lipogênese *de novo* entre indivíduos magros e obesos alimentados com uma dieta isocalórica. No entanto, esse mesmo estudo dá suporte às informações já citadas, em que o teor de carboidratos/gorduras na dieta pode alterar a quantidade de síntese de lipídios. Foi observado que, em uma dieta contendo 10% das calorias provenientes de gorduras, a lipogênese *de novo* foi maior do que em uma dieta contendo 30% de suas calorias provenientes de gordura, tanto em indivíduos magros quanto em obesos.[12] Ou seja, um maior teor de carboidrato na dieta é capaz de estimular a síntese de lipídios.

## 4.2 Regulação hormonal da lipogênese

Como já visto, a mudança do estado alimentar pode alterar profundamente a via de síntese dos lipídios. Uma dieta rica em carboidratos, por exemplo, pode estimular a lipogênese e uma dieta rica em lipídios pode reduz. Da mesma forma, o estado de jejum, quando não há ingestão calórica, pode inibir a lipogênese. Essas mudanças, de acordo com a situação, têm várias funções, como o aumento da oxidação e do estoque de carboidratos, a redução da oxidação de lipídios, o aumento de sua deposição no tecido adiposo e dos lipídios para manutenção da glicemia.

Essas mudanças de estado alimentar podem também induzir diversas alterações na concentração de alguns hormônios, como a insulina, o hormônio do crescimento (GH), a adrenalina, o glucagon e a leptina.[13] Esses hormônios possuem papel importante na modulação da lipogênese.

Entre esses hormônios, a insulina é, provavelmente, o mais importante fator que pode influenciar a lipogênese. No estado alimentado, sobretudo, na ingestão de uma dieta rica em carboidratos, ocorre aumento na secreção de insulina. Ao se ligar no seu receptor de membrana, a insulina estimula a atividade tirosina cinase, desencadeando uma sinalização intracelular que leva ao seu efeito biológico. Um desses efeitos, e que pode estar envolvido na lipogênese, é a estimulação da captação tecidual de glicose, aumentando a concentração intracelular desse substrato. No tecido adiposo e no músculo esquelético, isso ocorre em virtude da translocação de GLUT-4 para a membrana plasmática. No tecido hepático, em que não há GLUT-4, mas GLUT-2, que já está localizado na membrana plasmática, a insulina estimula a atividade das enzimas da via glicolítica, aumentando a metabolização da glicose e reduzindo a concentração desse substrato livre dentro da célula. Isso permite, por gradiente de concentração, a entrada da glicose na célula hepática.[14] A estimulação da atividade das enzimas glicolíticas também ocorre nas células musculares e adiposas, aumentando a metabolização da glicose. Assim, com o aumento da entrada de glicose nas células e de sua metabolização, ocorre maior formação de acetil-CoA, o que pode ser um fator para o aumento da lipogênese.

Outra via pela qual a insulina pode aumentar a lipogênese é o estímulo da atividade e da expressão de enzimas lipogênicas.[8]

Além da insulina, outro hormônio importante na modulação da lipogênese é o GH. Esse hormônio tem a capacidade de estimular a lipólise, levando à redução do tecido adiposo, e de aumentar a massa muscular.[15] Além disso, o GH também reduz a sensibilidade tecidual à insulina e a captação de glicose. Esses efeitos, unicamente, já seriam capazes de levar à redução da lipogênese, pois reduziriam o principal substrato intracelular para síntese de lipídios e, assim, aumentariam também a oxidação de gorduras, o que também é um fator que inibe a lipogênese. Outro mecanismo importante para que o GH diminua a lipogênese é a redução da expressão gênica da enzima ácido graxo sintase no tecido adiposo.[16] Esse efeito, provavelmente, também ocorre no fígado.

Em relação ao estado alimentar, a concentração de GH pode estar alterada. Jejum, baixa glicemia e dietas pobres em carboidratos, mas ricas em aminoácidos, principalmente arginina, estimulam a secreção de GH, enquanto dietas ricas em carboidratos e que elevam a glicemia inibem a secreção desse hormônio.

A leptina é outro hormônio que modula a lipogênese. Ela é secretada pelo tecido adiposo e possui um efeito clássico, que é inibir a ingestão calórica. No entanto, a leptina não limita o depósito de gorduras apenas pela inibição da ingestão alimentar, mas também estimula a liberação de glicerol do tecido adiposo, a oxidação de ácidos graxos e inibe a lipogênese.[17,18] Outro efeito também demonstrado da leptina é a redução da expressão gênica de enzimas envolvidas na síntese de ácidos graxos. Além disso, a leptina pode reduzir a expressão de um fator de transcrição envolvido na estimulação da síntese de enzimas lipogênicas, o SREBP-1.[19]

Os outros hormônios já citados e que podem participar na modulação da lipogênese são a adrenalina e o glucagon. Seus efeitos podem ser, sobretudo, de forma indireta por serem hormônios antagonistas da ação da insulina. Eles são secretados à medida que a concentração de glicose no sangue reduz. Seus principais efeitos são a redução da captação de glicose pelo músculo esquelético e tecido adiposo, a indução da oxidação de ácidos graxos nesses tecidos e o estímulo, no fígado, da glicogenólise (quebra do glicogênio) e da gliconeogênese (síntese de glicose a partir de outros substratos) para liberação de glicose para a corrente sanguínea. No fígado, também ocorre maior oxidação de ácidos graxos e consequente aumento na produção de corpos cetônicos. Esses efeitos antagonistas da insulina podem ser a principal via com que esses hormônios reduzem a lipogênese.

## 4.3 Lipogênese e possível papel contra a obesidade

Existe a hipótese de que a lipogênese *de novo* poderia ser um importante fator contribuinte para a deposição de gordura e aumento do tecido adiposo durante a fase dinâmica da obesidade. No entanto, essa afirmação ainda é controversa, pois ainda não se sabe até que ponto a síntese de lipídios provenientes de carboidratos poderia contribuir para o aumento do tecido adiposo. Apesar de ocorrer um aumento inicial do peso corporal com uma dieta rica em carboidratos, esse aumento poderia estar mais estritamente relacionado ao aumento dos estoques de glicogênio e, consequentemente, da água intracelular.

Dessa forma, existem alguns argumentos que não dão suporte à teoria da lipogênese *de novo* ser um risco para o desenvolvimento da obesidade. Por exemplo, a eficiência da lipogênese *de novo* é baixa, em virtude do alto custo energético necessário para esse processo, além de a maioria dos carboidratos ingeridos na dieta ser oxidada no período pós-prandial. Se ocorrer aumento na ingestão de carboidratos, sua utilização e seu estoque aumentam imediatamente.[05,14] Além disso, o excesso de calorias ingeridas na forma de carboidratos não é tão eficientemente armazenado na forma de lipídios quanto o excesso de calorias proveniente de gorduras.[20]

Os efeitos de dietas tanto isocalóricas quanto hipercalóricas na lipogênese *de novo,* com excesso ou não de carboidratos, têm sido investigado em alguns estudos. Foi demonstrado que, em condição isoenergética, cerca da metade dos carboidratos ingeridos foi oxidada no período pós-prandial de 5 horas. O restante dos carboidratos foi desviado para o estoque de glicogênio hepático e muscular, e menos de 5% dos carboidratos foi utilizado para síntese de ácidos graxos.[9,10] Em um indivíduo normal, fazendo uma dieta de cerca de 2.000 kcal por dia, dos quais 60% são provenientes de carboidratos, isso equivaleria a menos de 15 gramas de carboidrato por dia sendo utilizado para lipogênese. Considerando uma eficiência de 100% no processo de lipogênese *de novo*, o que não ocorre, menos de seis gramas de gorduras seria sintetizado diariamente a partir dos carboidratos ingeridos. Além disso, há evidências de que a lipogênese *de novo* é menor em obesos em relação aos indivíduos magros.[9,10]

Por essas e outras razões, fica evidente o porquê de as dietas ricas em carboidratos e pobres em gorduras serem utilizadas com o objetivo de prevenção e redução da obesidade[21] e não serem associadas diretamente ao desenvolvimento da obesidade, já que existem inúmeras desvantagens em realizar uma dieta rica em lipídios em relação ao armazenamento de gordura corporal. A gordura é o nutriente que possui a menor capacidade de induzir a saciedade.[22] Alimentos com alto teor de gorduras possuem maior valor calórico, promovem hiperfagia passiva e consequente aumento do peso.[23] O efeito térmico das gorduras (2% a 3%) é menor do que o dos carboidratos (6% a 8%),[24] e, como já citado, a energia consumida na forma de gordura é mais eficientemente armazenada no tecido adiposo.[22]

Devemos levar em consideração também o papel da individualidade biológica para a predição da obesidade, uma vez que ocorrem diferenças significativas na oxidação dos carboidratos durante um protocolo de superalimentação de indivíduos magros e obesos, podendo ocasionar aumento nos estoques de gordura.[25] Diversos autores[5,6,7,25,26,27] apontam que o excesso de carboidratos pode suprimir a oxidação lipídica, inclusive durante a prática de exercício,[28] sendo os grupos CHO, pelo seu efeito poupador de oxidação de lipídios e não pela sua "conversão" neles, os principais responsáveis pelo aumento de gordura corporal de longo prazo. Entretanto, outros autores[28] afirmam que, no caso de dietas isocalóricas, independentes da proporção de macronutrientes, ocorre manutenção da composição corporal, e a condição de superalimentação seria essencial para que esse aumento ocorresse.

Não obstante, os locais e as quantidades exatas da lipogênese *de novo* ainda não foram totalmente esclarecidos.[25] O aumento da expressão do RNAm de enzimas lipogênicas, após uma superalimentação de CHO, e o aumento das vias das pentoses no tecido adiposo são evidências de que a lipogênese *de novo* ocorreria com maior frequência neste tecido.[5,6,10] Porém, alguns autores [13,29,30] apontaram evidências de que mais de 35% de lipogênese *de novo* seja de ordem extra-hepática. Sendo assim, quanto à localização, não é possível ainda afirmar qual, exatamente, é a proporção de participação dos diferentes tecidos do organismo na produção de ácidos graxos a partir de grupos CHO, não podendo excluir a possibilidade de até mesmo ocorrer no tecido muscular.[6]

Sendo assim, as recomendações de que dietas ricas em CHO e pobres em gorduras seriam uma ótima opção para a perda de gordura corporal devem ser bem avaliadas,[10,12,31] pois esse tipo de dieta pode levar ao aumento da lipogênese, à intolerância à glicose e à hipertriacilglicerolemia. Em contrapartida, há quem defenda que dietas hiperlipídicas podem gerar um balanço positivo de gorduras quando comparadas a dietas hiperglicídicas.[7,32]

Dessa forma, outros estudos conclusivos, sobretudo, de longo prazo, devem ser realizados para que possamos concluir os reais impactos dos grupos CHO sobre a composição corporal e, finalmente, determinar a importância da lipogênese *de novo* no metabolismo humano.

## Referências


1. Kopelman PG. Obesity as a medical problem. Nature. 2000;404(6.778):635-43.

2. Kersten S. Mechanisms of nutritional and hormonal regulation of lipogenesis. EMBO reports. 2001;21(41):282-6.

3. Nelson DL, Cox MM. Lehninger Princípios de Bioquímica. 3. ed. São Paulo: Savier; 2002.

4. Parks EJ. Dietary carbohydrate's effects on lipogenesis and the relationship of lipogenesis to blood insulin and glucose concentrations. Br J Nutr. 2002;87(Suppl 2):S247-53.

5. Schutz Y. Concept of fat balance in human obesity revisited with particular reference to de novo lipogenesis. Int J Obesity. 2004;28(Suppl 4):S3-11.

6. Schutz Y. Dietary fat, lipogenesis, and energy balance. Physiol Behav. 2004;83:557-64.

7. Acheson KJ, Schutz Y, Bessard T, Flatt JP, Jéquier E. Carbohydrate metabolism and de novo lipogenesis in human obesity. Am J Clin Nutr. 1987;45(1):78-85.

8. Delzenne N, Ferré P, Beylot M, Daubioul C, Declerq B, Diraison F, et al. Study of the regulation by nutrients of the expression of genes involved in lipogenesis and obesity in humans and animals. Nutr Metab Cardiovasc Dis. 2001;11(Suppl 4):S118-21.

9. Minehira K, Bettschart V, Vidal H, et al. Effect of carbohydrate overfeeding on whole body and adipose tissue metabolism in humans. Obes Res. 2003;11(9):1.096-103.

10. Minehira K, Vega N, Vidal H, Acheson K, Tappy L. Effect of carbohydrate overfeeding on whole body macronutrient metabolism and expression of lipogenic enzymes in adipose tissue of lean and overweight humans. Int J Obes Relat Metab Disord. 2004;28(10):1.291-8.

11. Jéquier E. Carbohydrates as a source of energy. Am J Clin Nutr. 1994;59:682-5.

12. Hudgins LC, Hellerstein MK, Seidman CE, Neese RA, Tremaroli JD, Hirsch J. Relationship between carbohydrate-induced hypertriglyceridemia and fatty acid synthesis in lean and obese subjects. J Lipid Res. 2000;41(4):595-604.

13. Greenspan FS, Gardner DG. Endocrinologia básica e clínica. 7. ed. Rio de Janeiro: McGraw-Hill Interamericana do Brasil; 2006.

14. Saltiel AR, Kahn CR. Insulin signalling and the regulation of glucose and lipid metabolism. Nature. 2001;414(6.865):799-806.

15. Etherton TD. The biology of somatotropin in adipose tissue growth and nutrient partitioning. J Nutr. 2000;130(11):2.623-5.

16. Lammert O. Effects of isoenergetic overfeeding of either carbohydrate or fat in young man. Brit J Nutri. 2000;84:233-45.

17. Bai Y, Zhang S, Kim KS, Lee JK, Kim KH. Obese gene expression alters the ability of 30A5 preadipocytes to respond to lipogenic hormones. J Biol Chem. 1996;271(24):13.939-42.

18. Wang MY, Lee Y, Unger RH. Novel form of lipolysis induced by leptin. J Biol Chem. 1999;274(25):17.541-4.

19. Soukas A, Cohen P, Socci ND, Friedman JM. Leptin-specific patters of gene expression in white adipose tissue. Genes Dev. 2000;14(8):963-80.

20. Yin D, Clarke SD, Peters JL, Etherton TD. Somatotropin-dependent decrease in fatty acid synthase mRNA abundance in 3T3-F442A adipocytes is the result of a decrease in both gene transcriptional and mRNA stability. Biochem J. 1998;331(3):815-20.

21. Kennedy ET, Bowman SA, Spence JT, Freedman M, King J. Popular diets: correlation to health, nutrition and obesity. J Am Diet Assoc. 2001;101(4):411-20.

22. Prentice AM. Manipulation of dietary fat and energy density and subsequent effects on substrate flux on food intake. Am J Clin Nutr. 1998;67(Suppl):535S-41.

23. Kirk TR. Role of dietary carbohydrate and frequent eating in body-weight control. Proc Nutr Soc. 2000;59(3):349-58.

24. Thiébaud D, Schutz Y, Acheson K, et al. Energy cost of glucose storage in human subjects during glucose-insulin infusions. Am J Physiol. 1983;244(3):E216-21.

25. Chwalibog A, Thorbek G. Energy expenditure by de novo lipogenesis. Brit J Nutr 2001;86:309.

26. Marques-Lopes I, Ansorena D, Astiasaran I, Forga L, Martinez JÁ. Postprandial de novo lipogenesis and metabolic changes induced by a high-carbohydrate, low-fat meal in lean and overweight men. Am J Clin Nutr. 2001;73(2):253-61.

27. Yin D, Clarke SD, Peters JL, Etherton TD. Somatotropin-dependent decrease in fatty acid synthase mRNA abundance in 3T3-F442A adipocytes is the result of a decrease in both gene transcriptional and mRNA stability. Biochem J. 1998;331(3):815-20.

28. Coyle EF. Fat metabolism during exercise. Sports Science Exchange. 1995;8:6.

29. Schwarz JM, Nesse RA, Turner S, Dare D, Hellerstein MK. Short-Term alterations in carbohydrate energy intake in humans. Strinking effects on hepatic glucose production, de novo lipogenesis, lipolysis, and whole-body fuel selection. J Clin Invest. 1995;96:2.735-43.

30. Letexier D, Pinteur C, Large V, Frering V, Beylot M. Comparison of the expression and activity of the lipogenic pathway in human and rat adipose tissue. J Lipid Res. 2003;44:2.127-34.

31. Diraison F, Dusserre E, Vidal H, Sothier M, Beylot M. Increased hepatic lipogenesis but decreased expression of lipogenic gene in adipose tissue in human obesity. Am J Physiol Endocrinol Metab. 2002;282:46-51.

32. Hellerstein MK. De novo lipogenesis in humans: metabolic and regulatory aspects. Eur J Clin Nutr. 1999;53(Suppl 1):S63-5.

# Capítulo 5
## Metabolismo lipídico muscular em repouso e exercício

*Waldecir Paula Lima*
*Luiz Carlos Carnevali Junior*
*Mônica Aparecida Belmonte*

## 5.1 Introdução

O músculo esquelético é capaz de utilizar ácidos graxos, carboidratos, corpos cetônicos e alguns aminoácidos como substrato durante o repouso e no exercício.[1]

Sob condições normais, carboidratos e ácidos graxos são quantitativamente os substratos mais importantes para as células musculares. A contribuição relativa desses substratos para o fornecimento de energia depende da concentração hormonal do indivíduo e de uma variedade de fatores que inclui o tipo de célula muscular, a intensidade e a duração do exercício, o nível de treinamento, a disponibilidade de substratos intra e extracelulares e a dieta.

Por definição, o ácido graxo é preferencialmente utilizado durante o repouso e no exercício de intensidade submáxima, quando sustentado predominantemente por fibras do tipo I (*slow-twitch*, ST). Imediatamente após o começo do exercício, ocorre vasodilatação muscular, facilitando a disponibilidade e a captação dos ácidos graxos livres. O exercício é capaz de promover mudanças drásticas no perfil hormonal do organismo, com consequências para o metabolismo lipídico.[2] Ocorre um aumento na secreção dos hormônios lipolíticos, ao mesmo tempo que a concentração de insulina circulante diminui por unidade. A sensibilidade do tecido adiposo à estimulação β-adrenérgica se encontra aumentada em função do exercício, mas isso ocorre gradualmente e não cessa ao término do exercício. Consequentemente, a concentração resultante de ácidos graxos livres é menor no começo do exercício, incrementando-se, gradualmente, ao longo da atividade.[3,4]

Uma das adaptações mais importantes do treinamento de *endurance* é o aumento na capacidade do músculo esquelético em oxidar ácidos graxos de cadeia longa (AGCL).[5-8]

As adaptações geradas pelo treinamento físico de *endurance* (contínuo ou intervalado) relacionadas à eficiência do transporte de oxigênio para a musculatura em esforço são graduais e cumulativas[9]. Destacam-se as alterações na quantidade de hemoglobina e na atividade cardíaca, que se adaptam para facilitar o transporte de oxigênio. O músculo, por sua vez, se adapta para extrair mais eficientemente o oxigênio disponível.[10] A otimização no transporte de oxigênio é obtida diretamente pelo aumento da utilização e do número[11] (por adaptação ao treinamento) de capilares que irrigam o músculo esquelético durante o exercício (e por adaptação ao treinamento) e consequente redução da área perfundida por cada elemento vascular, elevando assim a superfície das trocas gasosas e de nutrientes entre os vasos sanguíneos e as fibras musculares.[4,11] Há, ainda, um aumento na concentração de mioglobina nessas fibras.[12]

Ocorre um incremento no potencial de translocação de metabólitos citossólicos para a mitocôndria em função do aumento na concentração de proteínas ligadoras de ácidos graxos (FABP) e do transporte de ácidos graxos através do sarcolema mediado por carreadores.[12]

O aumento da densidade mitocondrial por unidade de tecido muscular imposto pelo treinamento[13] acarreta redução no quociente respiratório em indivíduos treinados em comparação aos não treinados, indicando uma mudança para o incremento da oxidação lipídica nesses indivíduos.[14]

A atividade e a expressão gênica do complexo Carnitina Palmitoil Transferase (destacando-se a CPT I) estão aumentadas nas fibras musculares de indivíduos treinados em comparação a indivíduos sedentários,[15] e essas alterações são mais pronunciadas em fibras musculares do tipo I (predominantemente oxidativas – *slow-twitch*, ST) em relação a fibras do tipo IIb (predominantemente glicolíticas – *fast-twitch*, FT).[16] Há ainda um aumento da capacidade de oxidação mitocondrial em função do incremento na atividade das enzimas de transporte de ácidos graxos de cadeia longa e oxidativas, como aquelas do ciclo de Krebs, da β-oxidação e dos componentes da cadeia de transporte de elétrons.[4,10,17,18] Ocorre, ainda, incremento do conteúdo de carnitina e carnitinas transferases.

As alterações hormonais relacionadas ao treinamento asseguram a maior utilização de ácidos graxos durante a atividade submáxima. A taxa de lipólise é altamente dependente da ação de muitos hormônios, que incluem as catecolaminas (adrenalina e noradrenalina) e a insulina.[5,19,20,21]

O treinamento resulta em uma diminuição na concentração plasmática de catecolaminas durante o exercício, e, provavelmente, a queda na concentração desses hormônios está ligada à redução induzida pelo treinamento da lipólise periférica e da taxa de mobilização dos ácidos graxos,[22] embora, com o treinamento, os processos lipolíticos se tornem mais sensíveis aos estímulos pelas adaptações em nível dos receptores adrenérgicos.[10] Realmente, a sensibilidade dos receptores β-adrenérgicos à estimulação *in vivo* é maior em indivíduos treinados após uma sessão de exercício leve (a 25% do $VO_2$máx) em comparação a indivíduos sedentários que desenvolveram um exercício com intensidade absoluta similar.[23] A taxa de lipólise no tecido adiposo periférico é semelhante entre os dois grupos experimentais, apesar da menor concentração plasmática de catecolaminas nos indivíduos treinados.[24]

A redução na liberação das catecolaminas parece acontecer conjuntamente com o aumento na oxidação de gordura durante o exercício submáximo. Uma vez que o aumento na captação e na oxidação dos ácidos graxos associados à albumina (AGL), provenientes dos estoques intravasculares, não é suficiente para explicar a utilização total de substratos lipídicos durante a atividade física, como ressaltado na revisão de Saltin e Astrand,[4] acredita-se que a razão para tal paradoxo é que, em indivíduos altamente treinados, o *TAG intramuscular* proporcione uma grande parte do total de AGL oxidados, ao contrário de indivíduos não treinados, que obtêm mais AGL de regiões remotas do tecido adiposo periférico, que requer uma ação mais proeminente das catecolaminas.[4,25-30]

A insulina é outro hormônio que regula a lipólise, tendo um efeito antilipolítico. A inibição da lipólise se dá via mecanismo simpatoadrenal mediado pela estimulação de receptores α-adrenérgicos, que regulam a estimulação da ação da lipase hormônio-sensível no adipócito.[10] A redução na concentração de insulina durante o exercício ou treinamento, mediada pela atividade do SNS, pode ser responsável pelo aumento nas taxas do *turnover* de AGL plasmáticas durante os primeiros 30 minutos de atividade.[19] É possível que a diminuição da insulina nos estágios prematuros do exercício tenha um efeito permissivo que facilite a amplificação da lipólise nos estágios mais avançados.[30]

## 5.2 Suprimento e captação de lipídios pelo músculo esquelético

O lipídio, como substrato para a musculatura em esforço, tem sido estudado há mais de 150 anos. Contudo, somente no início do século XX os estudos confirmaram que a gordura era diretamente oxidada como substrato energético.[4]

Nas décadas de 1950 e 1960, os estudos determinaram, utilizando-se de ácido graxo marcado com radioatividade, que a gordura é transportada até a célula muscular na forma de ácidos graxos livres (AGL).[31-33] Atualmente, o lipídio é considerado um importante substrato energético para as células musculares nas situações de repouso e do exercício[20,21,23]

Entre os lipídios presentes no corpo humano, os ácidos graxos constituem o principal substrato metabólico. O músculo esquelético é capaz de se servir dos ácidos graxos tanto de fontes extracelulares como intracelulares. A fonte extracelular é composta pelos ácidos graxos associados à albumina ou presentes na forma esterificada, como triacilglicerol nas lipoproteínas. O triacilglicerol acumulado nas gotículas lipídicas no citoplasma das células musculares, assim como a gordura neutra nos adipócitos entre as células musculares, representa a fonte intracelular mais importante de ácidos graxos.

O conteúdo de triacilglicerol no músculo contém duas vezes mais energia do que o *pool* de carboidratos. A princípio, a capacidade de armazenamento corporal de energia é limitada para os carboidratos e, de maneira prática, ilimitada para a gordura. Um homem adulto tem aproximadamente 10 kg de gordura corporal e 1 kg de tecido adiposo, por exemplo, é suficiente para manter um indivíduo correndo entre 10 a 20 horas a 65% da sua potência aeróbica máxima. Atletas de elite geralmente possuem vários quilogramas de gordura corporal e, portanto, um estoque de combustível suficiente para proporcionar energia, mesmo para desempenhos físicos de duração extremamente longa. Esses grandes estoques de gordura em seres humanos e outros mamíferos se desenvolveram para garantir a sobrevivência em períodos de jejum prolongado ou de raros abastecimentos.[10]

Portanto, torna-se claro que, durante a realização do exercício físico, a quantidade de gordura não é um fator limitante da oxidação. Outros passos limitantes como os processos de mobilização e as adaptações periféricas dos processos de oxidação lipídica são determinantes para a obtenção de energia durante a atividade física.

Uma vez que a capacidade das fibras musculares em sintetizar ácidos graxos é limitada, esse substrato deve ser suprido pelas fontes extracelulares. No organismo, a gordura pode estar disponível para as células musculares na corrente sanguínea tanto como ácidos graxos associados à albumina ou como triacilglicerol, formando as lipoproteínas de densidade muito baixa ou os quilomícrons. Os ácidos graxos associados à albumina são liberados

dos adipócitos quando o organismo necessita desse substrato. Os ácidos graxos, derivados dos triacilgliceróis presentes nas lipoproteínas, são liberados na circulação sanguínea após hidrólise pela ação da lipase lipoproteica (LPL).

Em condições adequadas de repouso, o fluxo sanguíneo no músculo é de aproximadamente 0,05 ml/g de músculo por minuto. Com uma concentração plasmática arterial de ácidos graxos de 0,4 μmol/ml e um hematócrito de 40%, o suprimento arterial de ácidos graxos será na ordem de 12 nmol de ácidos graxos por grama de músculo por minuto (ag $\cdot$ $g^{-1}$ $\cdot$ $min^{-1}$). Owen e Reichard,[34] alicerçados nos valores mencionados, estabelecem que um músculo, na situação de repouso, utilizaria em torno de 5 nmol de ag $\cdot$ $g^{-1}$ $\cdot$ $min^{-1}$, ou seja, captação de menos da metade dos ácidos graxos disponíveis durante a passagem do sangue nos capilares musculares. Contudo, durante a prática da atividade física, o fornecimento de AGL para o músculo aumentaria de 120 a 180 vezes. Hagenfeldt e Wahren[35] relatam que o músculo, em trabalho intenso, apresenta condições de captar até 20% da quantidade de ácidos graxos disponibilizada pelo sangue arterial.

## 5.2.1 Ácidos graxos livres (ou associados à albumina)

Depois de liberados do tecido adiposo, é necessário o acoplamento da albumina aos ácidos graxos para proporcionar o transporte dessa molécula na corrente sanguínea, uma vez que a solubilidade dos ácidos graxos é bastante baixa em meio aquoso. Cerca de oito moléculas de ácido graxo podem ser acomodadas nos sítios de alta afinidade na molécula de albumina. A concentração de albumina no plasma é de, aproximadamente, 0,6 mmol/l, enquanto em condições normais a concentração de ácidos graxos varia entre 0,2 e 1,0 mmol/l, indicando que, sob circunstâncias fisiológicas, os sítios de ligação de ácidos graxos na albumina são apenas parcialmente ocupados.[30]

## 5.2.2 Ácidos graxos nas lipoproteínas circulantes

Uma vez que o endotélio vascular é impermeável às lipoproteínas circulantes, os ácidos graxos têm que ser liberados dos triacilgliceróis antes que o transporte transendotelial ocorra. A hidrólise do triacilglicerol das lipoproteínas acontece pelo intermédio da enzima LPL, ligada à superfície das células endoteliais.[36]

### 5.2.2.1 Origem da lipase lipoproteica

Há evidências convincentes de que a LPL ligada ao endotélio é sintetizada *de novo* nas células parenquimais. Após sua síntese como uma pró-enzima inativa no retículo endoplasmático rugoso, a proteína é glicosilada, processo que envolve a transferência de um oligossacarídeo ligado ao lipídio a um resíduo específico de arginina na pró-enzima. Os dímeros da proteína são transportados por meio de vesículas para a rede *cis*-Golgi, dentro do miócito, onde a pró-enzima é processada novamente. A enzima LPL totalmente ativa é estocada no sistema *trans*-Golgi. Uma proporção da enzima secretável é empacotada em vesículas de secreção e transferida, através do espaço citoplasmático, para o sarcolema. As vesículas, então, se fundem com a membrana celular e seu conteúdo proteico é liberado no espaço intersticial. As enzimas são subsequentemente transportadas através das células endoteliais por um mecanismo ainda não tão bem elucidado. Quando o lado vascular do endotélio é alcançado, as enzimas são posicionadas perto da extensão do lúmen do glicocálix, uma estrutura que está ancorada na membrana basal do endotélio. A ancoragem ao glicocálix é alcançada pela associação da proteína com a cadeia de glicosaminoglicanas da proteoglicana *heparan* sulfato no glicocálix. A enzima exerce sua ação hidrolítica sobre os triacilgliceróis circulantes, especialmente na sua conformação dímera. A ligação do VLDL e dos quilomícrons ao endotélio ocorre de uma forma específica e saturável. As duas partículas lipídicas competem pelo mesmo sítio de ligação.[36-39]

### 5.2.2.2 Hidrólise dos triacilgliceróis circulantes pela lipase lipoproteica

As partículas de VLDL e os quilomícrons são os dois carreadores mais importantes dos ácidos graxos esterificados no plasma.[40] Para que a energia estocada neles seja disponível, eles devem passar por várias etapas abrangendo a digestão, a degradação em AGL e 2-monoglicerídeos pela ação das lipases pancreática e entérica, a emulsificação das gorduras pela ação dos sais biliares e da lecitina, a absorção pelo enterócito – onde sofrem reesterificação e a formação dos quilomícrons e lipoproteína de densidade muito baixa (VLDL). Essas partículas atingem a circulação linfática, partindo para o duto toráxico e, então, para o sistema venoso.[40] Assim, o TAG, componente dessas partículas, pode sofrer vários caminhos, como esterificação no tecido adiposo e servir como substrato energético ou como substrato para síntese de partículas lipoproteicas no fígado.

Além da capacidade de hidrólise das pontes entre os resíduos de ácidos graxos e o glicerol na molécula de triacilglicerol, a LPL apresenta ainda atividade da fosfolipase $A_2$. A hidrólise dos fosfolípides que compõem a camada lipídica que encapsula os triacilgliceróis das lipoproteínas torna acessíveis os lipídios neutros para o sítio ativo do LPL. Para um máximo de atividade enzimática da LPL, são necessários pH neutro-alcalino, apolipoproteína C-II e fosfolípides. Os triacilgliceróis das lipoproteínas são hidrolisados em ácidos graxos, monoacilglicerol e glicerol livre. Aproximadamente 50% dos ácidos graxos liberados são imediatamente extraídos pelas células do tecido muscular; o restante se liga à albumina plasmática e é carreado para a corrente sanguínea.[34] O glicerol é transportado para o fígado para sofrer síntese *de novo* de glicose ou para a ressíntese de triacilglicerol.

A enzima LPL está presente em quantidades significantes no compartimento microvascular na maioria dos órgãos, com exceção do fígado maduro. Estudos detalhados da atividade de LPL em vários músculos de ratos revelaram que aqueles predominantemente compostos de fibras vermelhas apresentam maior atividade de LPL. Levando-se em consideração que a musculatura esquelética compreende cerca de 40% da massa corporal, podemos inferir que o músculo esquelético deve ter um papel relevante na remoção dos triacilgliceróis das lipoproteínas da corrente sanguínea. O jejum é capaz de alterar a atividade da enzima, diminuindo sua capacidade de hidrólise no tecido adiposo, enquanto no músculo sua atividade não sofre nenhuma alteração ou pode chegar até a aumentar.[41-46] Desse modo, podemos sugerir que, durante o jejum, a musculatura esquelética está mais apta a utilizar as lipoproteínas circulantes para sua conversão em energia do que o tecido adiposo em extrair os triacilgliceróis para o estoque intracelular de ácidos graxos. Além disso, a atividade dessa enzima no músculo esquelético apresenta flutuações diurnas com sua maior atividade durante o estado de jejum.

A atividade da LPL no músculo esquelético também é controlada hormonalmente. Adrenalina, noradrenalina, ACTH, insulina, GH e hormônios tireoidianos são alguns exemplos do controle hormonal sobre a atividade da LPL muscular. Outros compostos, como a heparina, são potentes agentes removedores da LPL do seu sítio de ligação do glicocálix.[38,47,48]

### 5.2.3 Captação dos ácidos graxos pelo músculo esquelético

#### 5.2.3.1 Gradiente entre os ácidos graxos do plasma e do citoplasma como força na captação desse substrato pelo músculo

No músculo esquelético, a captação de ácidos graxos do compartimento vascular derivado tanto do complexo albumina/ácido graxo quanto daqueles dos triacilgliceróis das lipoproteínas circulantes ocorre por uma via ainda não inteiramente elucidada.

Os ácidos graxos devem ultrapassar o endotélio, o espaço intersticial, o sarcolema e o citoplasma dos miócitos para alcançarem os sítios intracelulares de conversão localizados nas mitocôndrias, no retículo sarcoplasmático e nos peroxissomos. Acredita-se que a força responsável pela extração dos ácidos graxos pelo músculo seja a sua diferença na concentração arterial, ou seja, o gradiente de concentração dos ácidos graxos do espaço vascular para o compartimento intramuscular.[49,50] Porém, há quem aponte que a concentração de ácidos graxos no tecido é muito maior do que aquela na corrente sanguínea e que, portanto, existe mais um gradiente entre o tecido e o plasma do que o inverso. No entanto, as medidas do conteúdo de ácidos graxos no tecido são frequentemente obtidas por meio de técnicas imperfeitas, levando a cálculos incorretos de altos níveis de ácidos graxos no tecido. Van der Vusse e Roemen,[51] utilizando a técnica de cromatografia e tomando o máximo de precaução para não haver hidrólise dos lipídios endógenos esterificados durante o ensaio, indicaram que, no músculo de um cão, os valores mais aceitos são 31 ± 7 nmol de ácidos graxos por grama de peso úmido de músculo, enquanto a concentração plasmática arterial de ácidos graxos seria de 511 ± 108 nmol/ml. Se esses valores nas concentrações celulares de ácidos graxos refletem o conteúdo fisiológico, então, esses dados sugerem que, também, no músculo esquelético existe um gradiente de ácidos graxos do plasma para o miócito.

Alguns estudos, utilizando a técnica de contração isométrica no agrupamento muscular de ratos perfundidos[52], demonstram que a captação dos ácidos graxos de cadeia longa pelo músculo, quando há alto fluxo de ácidos graxos, deve ser mediada, em parte, por um sistema de transporte facilitado. Nesse caso, existiria uma relação saturável entre a captação pela célula do ácido graxo livre plasmático e a concentração do ácido graxo plasmático não ligado à albumina, sugerindo, portanto, que essa captação através da membrana da célula muscular deveria ser mediada, em parte, por um sistema de transporte facilitado, uma vez que, pela teoria convencional da captação celular de proteínas ligadas à albumina, apenas os ligantes não associados à proteína participam do processo de captação pela célula. De acordo com outros autores,[53,54] a mais provável candidata como transportadora dos ácidos graxos de cadeia longa através da membrana seria a $FABP_{mp}$, proteína isolada primeiramente do fígado, mas que aparece em todas as células e se distingue da $FABP_{cit}$. Portanto, a proteína $FABP_{mp}$ deve constituir um transportador de ácidos graxos e ser parte da base estrutural por trás da aparente cinética de saturação na captação de ácidos graxos. Outras proteínas também são candidatas, como uma translocase (FAT), encontrada nos adipócitos, e a proteína transportadora de ácidos graxos (FATP). Como no tecido adiposo as células musculares também expressam essas proteínas, parece existir, portanto, uma família de transportadores de ácidos graxos.

### 5.2.3.2 Transporte transendotelial e intersticial de ácidos graxos

As informações sobre os mecanismos pelos quais os ácidos graxos atravessam a camada do endotélio do compartimento microvascular no músculo esquelético são escassas. As hipóteses discutidas a seguir são baseadas em experimentos encontrados no tecido cardíaco.

Em virtude da presença de fenestras de células endoteliais em células musculares, o transporte de ácidos graxos do compartimento vascular para as células parenquimais é mais complicado do que, por exemplo, no fígado. A difusão dos ácidos graxos complexos à albumina através das fendas endoteliais contribui muito pouco para o total do transporte transendotelial, uma vez que a difusão das proteínas pelas fendas estará estorvada. A difusão dos ácidos graxos através das fendas, após sua liberação do complexo albumínico no compartimento vascular, também é limitada, uma vez que a área superficial de difusão é pequena e a difusão passiva dos ácidos graxos é retardada em razão das proteínas, como a albumina, entupindo as fendas endoteliais. Por isso, acredita-se que o montante de ácidos graxos seja transportado pelas células endoteliais. As proteínas ligadoras da albumina na membrana parecem estar envolvidas no transporte transendotelial dessa proteína e, portanto, dos ácidos graxos. Após a aderência do complexo albumina/ácido graxo à proteína que liga a albumina, a proteína, carreando o ácido graxo, é internalizada na célula endotelial e transportada para a membrana abluminal em um processo mediado por vesículas. Embora esse processo seja mais importante para repor o *pool* de albumina no compartimento intersticial, a taxa de transporte é muito baixa para ser a responsável pelo montante da transferência dos ácidos graxos do lúmen para o ablúmen das células endoteliais. Isso implica que os ácidos graxos devam se desligar do carreador de albumina antes do transporte transendotelial. Parece que a taxa de dissociação dos ácidos graxos da albumina deve ser o passo limitante na taxa de captação de ácidos graxos pelo tecido cardíaco. Para comprovar se esse mecanismo também acontece no músculo esquelético, mais estudos são necessários; todavia, uma relação inversa entre a fração extraída de ácidos graxos e o fluxo sanguíneo muscular durante o exercício sugere que o passo limitante esteja localizado no compartimento microvascular.

A mais importante via de difusão dos ácidos graxos é através do espaço citoplasmático endotelial da membrana luminal para a albumina, tanto com o ácido graxo livre quanto complexado a proteínas ligadoras de ácidos graxos (FABP) específicas do endotélio. Porém, outros estudos não confirmam a presença dessa parcela de FABP nas células endoteliais e, portanto, suportam a hipótese de que a maioria dos ácidos graxos difunde livremente através do espaço citoplasmático endotelial.[53,54]

A albumina presente no compartimento intersticial agiria como carreadora de ácidos graxos para atravessar o espaço entre as células endoteliais e as musculares.

### 5.2.3.3 Transporte transsarcolemal de ácidos graxos

O sarcolema das células musculares representa a última barreira das membranas para os ácidos graxos no seu caminho para o interior da célula. O transporte transmembrana de ácidos graxos é realizado por uma proteína transportadora de ácidos graxos (FAT); porém, a função biológica precisa e seus mecanismos de ação ainda não foram totalmente compreendidos. Parece que essa proteína faz parte de um complexo funcional de transposição de membranas, constituindo um sistema de transporte vetorial para as moléculas de ácidos graxos. Alternativamente, a proteína FAT poderia ter um papel de sequestro das moléculas de ácidos graxos dentro de segmentos hidrofóbicos da parte extracelular da proteína, aumentando, assim, os níveis de ácidos graxos no lado intersticial do sarcolema. As observações de que a captação de ácidos graxos pelo músculo esquelético de ratos e seres humanos apresenta uma cinética de saturação poderiam favorecer a ideia de que os carreadores de membrana gerenciam o transporte de ácidos graxos.

### 5.2.3.4 Transporte dos ácidos graxos na célula muscular

As proteínas ligadoras de ácidos graxos (FABP) citoplasmáticas são as principais candidatas na transferência dos ácidos graxos do sarcolema para os sítios intracelulares de conversão, como a mitocôndria, o retículo sarcoplasmático e o peroxissomo.[55-57] Cálculos mais recentes sugerem fortemente que a FABP citoplasmática é utilizada para facilitar o transporte dos ácidos graxos da membrana da célula muscular para seu interior. A presença intracelular da FABP aumenta a solubilidade aquosa dos ácidos graxos em mais do que 700 vezes. A capacidade máxima de difusão dessas moléculas lipídicas aumenta 17 vezes em razão da concentração da FABP observada em fibras musculares oxidativas, indicando que a capacidade do transporte transsarcoplasmático de ácidos graxos não é um passo limitante importante na utilização intramuscular desse substrato. Em virtude da propriedade cinética específica da FABP, ocorre uma difusão do complexo FABP/ácido graxo pelo citoplasma, mais do que um processo saltatório das moléculas de ácidos graxos de uma FABP a outra. A dissociação da molécula de ácido graxo com a FABP parece ser um processo químico sensível ao pH. Dessa forma, a dissociação aumenta com valores de pH menores. Essa propriedade particular da proteína FABP é muito importante na regulação do fornecimento de ácidos graxos para a mitocôndria, se considerarmos que em situações como durante o exercício, em que a necessidade por esse substrato pelas células musculares aumenta, o pH citoplasmático cai.[55-57]

Já se tem conhecimento de diversas famílias de FABP encontradas na maioria dos tecidos estudados.[54] Além disso, os dados sugerem que há uma grande relação funcional entre a capacidade de ligação da proteína aos ácidos graxos e o grau de metabolismo energético oxidativo da fibra muscular. A proteína FABP citoplasmática possui uma estrutura terciária na forma de concha formada por duas alças do tipo β. Essa configuração tridimensional cria um sítio de ligação que é capaz de acomodar de uma a duas moléculas de ácidos graxos. Sua constante dissociação é menor do que o maior sítio de afinidade da albumina com o ácido graxo. A afinidade da FABP por ácidos graxos saturados é diferente do que a afinidade pelos insaturados.[55-58]

O controle da regulação da quantidade de FABP no citoplasma das células ainda não foi totalmente elucidado, contudo, a ação de determinados hormônios, as dietas ricas em gordura, o diabetes, o jejum e o treinamento físico exercem papel de destaque nos mecanismos de controle da síntese dessa proteína.[59,60]

Além da FABP, outra proteína com alta afinidade por ácidos graxos de cadeia longa complexados à CoA (ACBP) é encontrada na maioria das células de mamíferos, parecendo estar envolvida no transporte de acil-CoA graxo dos seus sítios de produção para os sítios intracelulares de conversão.[61]

## 5.3 Metabolismo de ácidos graxos nas células do músculo esquelético

Dentro das células musculares, os ácidos graxos são utilizados no compartimento mitocondrial para converter energia e gerar ATP. O transporte através da membrana interna mitocondrial é mediada por um sistema enzimático dependente de carnitina. Uma pequena proporção dos ácidos graxos é oxidada nos peroxissomos. Parte dos ácidos graxos extraídos do plasma é utilizada para repor o *pool* de lípides intracelular (os triacilgliceróis predominantemente estocados nas gotículas lipídicas intracelulares). Os ácidos graxos também poderão servir como substrato para a síntese de fosfolípides, importante molécula componente da membrana celular.

### 5.3.1 Ativação e oxidação dos ácidos graxos

#### 5.3.1.1 A ação da acil-CoA sintetase

Antes da utilização intracelular, os ácidos graxos são ativados, isto é, são esterificados com a coenzima A. Essa condensação é catalisada pela acil-CoA sintetase, presente em três localizações intracelulares distintas e aderida ao lado citoplasmático da membrana externa mitocondrial. A energia requerida para a formação do éster de acil-CoA é derivada da hidrólise do ATP a AMP. A razão citoplasmática do acil-CoA/CoA controla a atividade da enzima. A reação é inibida pela presença de fosfato inorgânico, AMP e adenosina.

#### 5.3.1.2 Captação mitocondrial de ácidos graxos mediada pela carnitina

Para alcançar a maquinaria oxidativa na mitocôndria, o ácido graxo ativado deve ultrapassar a membrana externa mitocondrial. Uma vez que essa membrana é impermeável aos ésteres de ácido graxo de cadeia longa ativados, esse processo é dependente de carnitina.[62] Por meio da ação catalítica da enzima localizada na membrana externa da mitocôndria, a carnitina palmitoil transferase (CPT I), ocorre a combinação do acil com a carnitina, liberando CoA. O complexo, então, atravessa a membrana graças a uma translocase localizada no espaço entre as membranas mitocondriais (carnitina acilcarnitina translocase) e a carnitina palmitoil transferase II (CPT II), localizada na membrana interna da mitocôndria; dissocia o complexo acilcarnitina, convertendo-o em acil (novamente ativado pelas Coenzimas A) e carnitina.[63,64] O passo realizado pelo complexo CPT constitui o principal sítio de regulação da oxidação de ácidos graxos,[65] destacando-se o papel da enzima CPT I para o adequado funcionamento do complexo.[66]

A taxa de transporte mediado pela carnitina é basicamente independente de energia e é governado especialmente pelas concentrações dos metabólitos envolvidos no processo. O composto malonil-CoA, intermediário da síntese de ácidos graxos, inibe irreversivelmente a atividade da CPT I e é um dos componentes fisiológicos envolvidos na regulação da taxa de oxidação de ácidos graxos.

#### 5.3.1.3 Oxidação intramitocondrial de ácidos graxos

Dentro da matriz mitocondrial, o acil-CoA entra no sistema de β-oxidação, originando acetil-CoA que pode, então, ser oxidado por meio do ciclo de Krebs e da cadeia de transporte de elétrons na matriz mitocondrial.

A taxa total da β-oxidação é, sobretudo, regulada pela disponibilidade de acil-CoA, pelos níveis de malonil-CoA e pelas taxas de $NAD^+$/NADH e flavoproteínas oxidados/reduzidas.

### 5.3.2 Triacilglicerol intramuscular

Embora o conteúdo de triacilglicerol intramuscular seja relativamente pequeno quando comparado ao *pool* de triacilglicerol total corporal, os lipídios neutros musculares constituem quantitativamente uma importante fonte de substratos oxidáveis durante o exercício prolongado de intensidade submáxima. Dentro das células musculares, o triacilglicerol está estocado em gotículas lipídicas associadas sempre às mitocôndrias. O triacilglicerol intramuscular também está presente nos adipócitos entremeados entre as células musculares (perimisiais).[67]

### 5.3.2.1 Incorporação do ácido graxo no *pool* de triacilglicerol intramuscular

O ácido graxo marcado extraído pelo músculo esquelético do espaço extracelular é rapidamente incorporado no *pool* de triacilglicerol citoplasmático. O primeiro passo desse processo metabólico é a condensação do glicerol-3-fosfato com o ácido graxo CoA, formando a molécula de 1-acilglicerol-3-fosfato. Essa reação, controlada pela glicerol-3-fosfato aciltransferase, é seguida de uma segunda acilação (formação do ácido fosfatídico a partir da reação entre 1-acilglicerol-3-fosfato e ácido graxo CoA, catalizada pela 1-glicerol-3-fosfato aciltransferase). O ácido fosfatídico está em uma bifurcação de duas vias metabólicas importantes. Ele poderá ser convertido ao 1,2-diacilglicerol pela ação do ácido fosfatídico fosfatase ou usado como substrato para a biossíntese de fosfolípides. A atividade dessa enzima e, portanto, a taxa de formação do triacilglicerol endógeno é regulada pela translocação da enzima entre o citosol e as membranas intracelulares. O triacilglicerol é, então, formado depois da condensação do 1,2-diacilglicerol com a terceira molécula de ácido graxo CoA, catalizada pela ação da diacilglicerol aciltransferase.

### 5.3.2.2 Hidrólise enzimática do triacilglicerol intramuscular

Quando a necessidade celular de substratos oxidáveis aumenta, o triacilglicerol intramuscular pode ser enzimaticamente hidrolizado para suprir a necessidade de ácidos graxos. Tanto durante o repouso como no músculo em esforço, o *pool* endógeno de triacilglicerol está em um contínuo processo dinâmico.

Três enzimas estão envolvidas no processo de hidrólise do triacilglicerol intramuscular em uma molécula de glicerol e três ácidos graxos. A triacilglicerol lipase promove a remoção hidrolítica do primeiro ácido graxo CoA ligado covalentemente a um dos átomos de carbono finais do corpo do glicerol do triacilglicerol. O di e monoacilglicerol lipases promovem a remoção do segundo e do terceiro resíduo de ácido graxo CoA, respectivamente. A atividade dessas duas últimas enzimas, localizadas no retículo endoplasmático, excede de longe a atividade hidrolítica da triacilglicerol lipase, a qual governa o passo limitante de toda a hidrólise do triacilglicerol.

O músculo esquelético contém três diferentes tipos de triacilglicerol lipase com diferentes pH ótimos. As lipases ácida, neutra e alcalina, com atividades máximas *in vitro* nos pHs 5,0, 7,0 e 8,5, foram identificadas. A lipase ácida é a mesma lipase lisossomal; a alcalina é idêntica a LPL, que se encontra na membrana do lúmen do endotélio assim como dentro do sistema de Golgi e nas vesículas de transporte no miócito. Porém, ainda não se sabe exatamente qual lipase é responsável pela hidrólise do triacilglicerol intramuscular.

Oscai et al.[68] originalmente descreveram duas funções para a LPL muscular alcalina: ela liberaria o ácido graxo do triacilglicerol associado à lipoproteína no endotélio e outra proporção da enzima residiria nas células parenquimatosas e estariam envolvidas na hidrólise dos lipídios neutros intramusculares. Mas alguns trabalhos contestam essa hipótese, primeiramente porque, uma vez que nos valores de pH iguais a 7 (para a célula muscular em repouso) ou valores ainda mais baixos (como durante a contração), a atividade enzimática da lipase alcalina ou da LPL seria virtualmente igual a zero. Depois, experimentos não comprovaram se essa enzima intracelular, presente no sistema de Golgi e nas vesículas, teria livre acesso aos estoques de triacilglicerol. Além disso, a LPL requer apoproteína C-II para sua atividade máxima.

Atualmente, acredita-se que a LPL não tenha um papel de importância na hidrólise do *pool* de triacilglicerol intramuscular, mas é indispensável para a utilização do triacilglicerol circulante pelo músculo.

A lipase neutra é, provavelmente, a enzima responsável pela hidrólise do triacilglicerol intramuscular. Essa enzima está presente no miocárdio e sua atividade está sob controle hormonal, quando os processos lipolíticos estão sendo realizados via mediação do AMPc. Estudos imunológicos e de biologia molecular têm demonstrado que essa enzima também está presente no músculo esquelético, a lipase neutra hormônio sensível. Embora a lipase neutra seja uma grande candidata pela degradação do triacilglicerol intramuscular, mais estudos serão necessários para, definitivamente, provar seu papel nas vias catabólicas. A degradação dos lipídios neutros nas células cardíacas parece acontecer através da ação enzimática da lipase lisossomal pelo engolfamento das gotículas lipídicas pelos lisossomos, que iniciam a hidrólise do *pool* endógeno de triacilglicerol intramuscular. Há necessidade de novos estudos para se estabelecer se essa lipase ácida também teria o mesmo papel no músculo esquelético.

Embora a enzima responsável pela degradação do triacilglicerol intramuscular aguarde uma identificação definitiva, alguns experimentos indicam que a hidrólise do *pool* de triacilglicerol intramuscular está sob controle hormonal. Uma proteína quinase dependente de AMPc parece estar envolvida via fosforilação de uma lipase intracelular, no aumento da degradação do triacilglicerol.

Chan et al.[69] apontam para um controle não hormonal da degradação do triacilglicerol no músculo. A contração muscular estimulada via estímulo elétrico direto ou via nervo eferente diminui o conteúdo do triacilglicerol durante uma sessão de exercício, indicando que as alterações induzidas pelo exercício dentro da célula muscular estão envolvidas na regulação da hidrólise endógena de triacilglicerol. Uma hipótese seria que o $Ca^{+2}$ citoplasmático liberado dos estoques intracelulares exerceria um efeito estimulante, embora os mecanismos de ação do $Ca^{+2}$ sobre as lipases endógenas não estejam esclarecidos.

### 5.3.3.3 Lipídios neutros intramusculares: seu conteúdo sob várias condições fisiológicas

Fibras vermelhas oxidativas de contração lenta (tipo I), em seres humanos, apresentam mais triacilglicerol do que as fibras intermediárias (tipo IIa), e as fibras brancas glicolíticas de contração rápida (tipo IIb) são as que apresentam os mais baixos níveis de triacilglicerol endógeno. Um fator que contribui para tal diferença é o fluxo de passagem facilitado pelo sarcolema de ácidos graxos para as fibras do tipo I, quando comparado com as fibras do tipo IIb.[70] A distribuição da gordura neutra entre as fibras de rato é similar. Do ponto de vista metabólico, essas diferenças são vantajosas, uma vez que as fibras do tipo I requerem mais ácidos graxos como fonte de energia do que as fibras do tipo II.

O conteúdo real de triacilglicerol no músculo é determinado por uma variedade de fatores, incluindo a atividade das enzimas de síntese e hidrólise, o suprimento exógeno de ácidos graxos, a necessidade de substratos pela célula, a composição da dieta e o estado hormonal e de treinamento dos animais ou indivíduos experimentais.

Em animais diabéticos ou em pacientes insensíveis à insulina ou que apresentam baixos níveis do hormônio circulante, o conteúdo de triacilglicerol nas células musculares está aumentado. O efeito crônico dos hormônios tireoidianos e das catecolaminas nos níveis de triacilglicerol nas células musculares em seres humanos não está estabelecido. O jejum não afeta o conteúdo de triacilglicerol, aumentando ou diminuindo esse valor. Estudos com indivíduos bem treinados e não treinados revelaram um aumento 2,5 vezes maior no primeiro grupo em relação ao segundo quanto às fibras de contração rápida. Outros estudos, porém, não encontraram mudança nesses valores quando os dois grupos eram comparados. Esses desvios de valores podem ser atribuídos aos protocolos experimentais diferentes. Nenhuma diferença foi observada nas fibras vermelhas de contração lenta em seres humanos. Deve-se levar em consideração que os dados bioquímicos obtidos em biópsias dos músculos têm que ser interpretados com muita precaução. Quando as fibras musculares não são individualizadas, torna-se impreciso se os valores encontrados para o triacilglicerol refletem os níveis de lipídios neutros intramiocitais ou, em parte, os adipócitos entrelaçados nas fibras musculares.

### 5.3.2.4 O *turnover* do *pool* do triacilglicerol intramuscular

No repouso, os ácidos graxos extraídos do compartimento extracelular são incorporados no *pool* citoplasmático de triacilglicerol antes da sua utilização nos processos de conversão de energia. Além disso, o *pool* intramuscular de triacilglicerol está constantemente sofrendo um processo de *turnover*. A dúvida é se a taxa precisa desse *turnover* do *pool* de lipídios neutros pode ser calculada, pois os lipídios intramusculares não formam um *pool* homogêneo.

Enquanto no músculo em repouso quase todo o ácido graxo originário das fontes extracelulares parece ser incorporado primeiro no *pool* endógeno de triacilglicerol, alguns estudos demonstram que, durante o exercício, o destino metabólico desses novos ácidos graxos que entraram na célula é diferente. Estudos em seres humanos sugerem que quase todo o ácido graxo extraído pelo músculo esquelético é diretamente oxidado nas vias de degradação na mitocôndria ou depois de entrar em um *pool* que possui um tempo de *turnover* de apenas alguns poucos minutos. As técnicas empregadas, no entanto, não são capazes de discernir entre essas duas possibilidades.

Alguns estudos afirmam que a taxa de *turnover* do *pool* de triacilglicerol intramuscular foi apreciadamente aumentada após o término de uma sessão única de exercício. Os autores calcularam que o aumento no ciclo TAG-AG poderia explicar aproximadamente metade do aumento prolongado no consumo de oxigênio no período pós-exercício.

Os processos contínuos de incorporação e liberação dos ácidos graxos no *pool* citoplasmático e a partir dele, geralmente, se referem ao ciclo "fútil" do TAG-AG. Esse ciclo "fútil" serviria como uma ferramenta poderosa para ajustes rápidos nas taxas do fluxo metabólico para mudanças agudas de demanda energética através do aumento na sensibilidade dos mecanismos de controle. Além disso, esse ciclo é da maior importância nas células de mamíferos na remoção eficiente de ácidos graxos do espaço citoplasmático para prevenir os efeitos tóxicos exercidos pelas altas concentrações desses componentes anfifílicos.

## 5.4 Suprimento e utilização de lipídios durante exercício

Em geral, mais que 50% da energia requerida pelo músculo durante o repouso são derivadas da oxidação de ácidos graxos. Durante o exercício, os ácidos graxos ainda são substrato importante para a musculatura em esforço quando a intensidade não ultrapassa 80% a 90% do $VO_2$máx. No entanto, quando a intensidade do exercício ultrapassa 90% do $VO_2$máx, a contribuição relativa dos lipídios declina, enquanto a de carboidrato aumenta. Durante o recrutamento das fibras musculares para um exercício anaeróbico, os principais substratos são compostos de fosfatos de alta energia e da glicose derivada do glicogênio. Nessas circunstâncias, o ácido graxo é menos utilizável, uma vez que a energia química nas moléculas de gordura pode apenas ser utilizada para geração de ATP quando quantidades suficientes de oxigênio estão disponíveis. Além disso, a taxa máxima de formação dos componentes fosfatados provenientes da oxidação de gorduras é muito baixa para suprir as necessidades durante o exercício intenso.

A taxa máxima de produção de P na presença de oxigênio da degradação de ácidos graxos está abaixo da taxa máxima conseguida a partir da utilização aeróbica do glicogênio endógeno (1,0 mol/min). Uma vez que os passos metabólicos por trás da formação do acetil-CoA são similares entre a oxidação de carboidratos e ácidos graxos, o passo limitante para a utilização de gordura pelo músculo esquelético está localizado na via da β-oxidação, na ativação do ácido graxo a ácido graxo CoA e no subsequente transporte intramitocondrial mediado pela carnitina ou na via de transporte de ácidos graxos do espaço intracapilar para o sítio intracelular de ativação. Por enquanto, a questão sobre qual parte da utilização de ácidos graxos seria o passo limitante ainda não está elucidada. Evidências indiretas sugerem que o transporte dos ácidos graxos da corrente sanguínea para o sarcoplasma determinaria a taxa máxima de consumo de lipídios pelo músculo. Porém, como já discutido previamente, é improvável que o transporte sarcoplasmático seja o passo limitante, uma vez que há uma grande quantidade de proteínas ligadoras de ácidos graxos.

Os dados indicam que, durante uma prova de maratona, os ácidos graxos e a glicose plasmática têm importância igual. A utilização desses substratos, mesmo em taxas máximas, é insuficiente para preencher o requerimento energético máximo para a musculatura em esforço. O substrato estocado endogenamente, como o glicogênio e o triacilglicerol, tem que ser recrutado para gerar fosfatos de alta energia aerobicamente para completar a prova. Durante sessões de exercício prolongado a baixas intensidades, a utilização de gordura contribui com uma proporção relativamente maior na conversão de energia total. Diversos estudos[71-73] têm mostrado que a maioria da energia requerida é obtida a partir da oxidação de gordura durante um exercício prolongado de intensidade leve a moderada (até 65% do $VO_2$máx em indivíduos adaptados). O'Brien et al.[74] mudaram a ideia de que os lipídios são o mais importante substrato durante a corrida de maratona a 73% do $VO_2$máx e sugeriram que os carboidratos são o combustível principal.

Durante uma sessão de exercício, as três fontes principais de lipídios que podem ser utilizadas pelo músculo esquelético são os ácidos graxos complexados à albumina no compartimento plasmático; os ácidos graxos presentes nos triacilgliceróis associados às lipoproteínas e os ácidos graxos estocados no triacilglicerol no citoplasma dos miócitos, ou, então, os ácidos graxos dos adipócitos entre as fibras musculares. A contribuição relativa de cada uma dessas fontes será discutida a seguir.

## 5.4.1 Ácidos graxos ligados à albumina no plasma durante o exercício

Em repouso, a concentração de ácidos graxos está na ordem de 0,2-0,5 nmol/l, e, conforme já abordado, a maior parte dos ácidos graxos circulantes é proveniente dos triacilgliceróis estocados no tecido adiposo. A hidrólise do *pool* de triacilglicerol nos adipócitos está acelerada durante o exercício prolongado moderado, resultando em um aumento progressivo na concentração plasmática de ácidos graxos após um declínio inicial. Alguns autores demonstram uma queda após alguns minutos de exercício causado pelo equilíbrio entre a mobilização de ácidos graxos do tecido adiposo e um aumento na extração dele pelas células musculares.

O aumento nas concentrações plasmáticas de ácidos graxos durante o exercício prolongado promove o fluxo desse substrato para o músculo. Acredita-se que a força que dirige esse fluxo do espaço vascular para o sítio intracelular venha pelo gradiente de concentração dos ácidos graxos entre os dois compartimentos. O fluxo sanguíneo no músculo aumenta drasticamente durante essas condições como consequência do recrutamento capilar temporal e/ou espacial. Esse fenômeno causa um aumento na permeabilidade – superfície para os ácidos graxos em nível endotelial –, a qual também contribui para um aumento no fluxo de ácidos graxos do plasma para as células musculares até que sua dissociação do complexo de albumina se torne um passo limitante em virtude do tempo de trânsito muito demorado.

## 5.4.2 Triacilglicerol associado à lipoproteína circulante como fonte de ácidos graxos no exercício

Embora o conteúdo plasmático de ácidos graxos incorporados no *pool* de triacilglicerol associado às lipoproteínas circulantes geralmente exceda a concentração de ácidos graxos complexados à albumina, a contribuição real dos ácidos graxos derivados do triacilglicerol plasmático, na utilização de gordura durante o exercício, é motivo de contínuo debate. Para Gollnick e Saltin,[75] apenas uma pequena parcela, senão nenhuma, dos ácidos graxos derivados do triacilglicerol plasmático é oxidada no músculo durante o exercício. No entanto, Terjung et al.[76] concluíram que o triacilglicerol das lipoproteínas representa uma fonte potencialmente rica de ácidos graxos como substrato para a musculatura em esforço. Os resultados na tentativa de quantificar a contribuição do triacilglicerol circulante como energia para o músculo são, no entanto, bastante contraditórios.

Evidências indiretas demonstram que o triacilglicerol plasmático seja consumido durante o exercício físico, uma vez que os dados com ácido graxo marcado com $^{14}C$ associados aos quilomícrons em cães mostraram que o *turnover* dos quilomícrons circulantes estava aumentado durante o exercício. Porém, trabalhos em seres humanos não demonstram nenhuma alteração na taxa de remoção do triacilglicerol circulante. Os baixos níveis de triacilglicerol circulante durante o exercício moderado podem ser resultado de uma redução na secreção de quilomícrons ou VLDL pelos enterócitos ou pelos hepatócitos, respectivamente. De fato, alguns dados sugerem que a secreção de lipoproteínas no compartimento vascular esteja diminuída, o que seria a causa da diminuição na produção e/ou redução na remoção de lipoproteínas do sítio de produção em virtude da subperfusão da área esplâncnica durante uma sessão de exercício.

A atividade da enzima LPL, responsável pela remoção dos ácidos graxos associados à lipoproteína do plasma, está aumentada no músculo durante um exercício de longa duração,[77] podendo ser independente da ação adrenérgica.[78] O aumento na capacidade da LPL capilar sugere que a capacidade do músculo exercitado em utilizar o triacilglicerol circulante esteja aumentada durante o exercício. O efeito estimulador do exercício sobre a LPL muscular também tem sido observado em ratos. Uma vez que esse aumento na atividade da enzima foi apenas observado em animais em jejum; parece que a insulina circulante e/ou os ácidos graxos estão envolvidos na regulação da atividade da LPL muscular durante uma sessão de exercício agudo submáximo. A observação de que a atividade da LPL está aumentada durante o exercício, mas, especialmente, como consequência do aumento na atividade da proteína quinase dependente do AMPc, favorece a hipótese de que uma grande proporção da enzima é transferida para o compartimento microvascular para hidrolisar o triacilglicerol circulante no intuito de repor o *pool* de triacilglicerol intracelular, que se encontra depletado durante o exercício. O aumento induzido pelo exercício na atividade da LPL tissular parece ser dependente da duração do exercício. Kiens e Lithell[79] relatam que a atividade da enzima após duas horas da prática de exercício dinâmico não é diferente em relação à situação de repouso, embora os mesmos autores evidenciem um aumento de 70% ($p < 0,05$) na atividade da LPL muscular do grupo treinado (oito semanas) quando comparado ao grupo não treinado.

Evidências diretas da utilização dos quilomícrons circulantes pelo músculo em esforço vêm de estudos com ratos, e a marcação dessas partículas, com $^{14}C$-palmitato. Os dados demonstraram um aumento de 30% a 40% no músculo estimulado. A maior captação foi observada em fibras vermelhas do tipo I. Essa maior captação do ácido graxo marcado deve acontecer em razão do aumento na atividade da enzima na membrana endotelial do capilar do músculo, ou pela grande concentração de LPL exposta aos substratos circulantes em virtude do recrutamento capilar espacial e/ou temporal no músculo estimulado.

Essas considerações, somadas a algumas teorias, levam à conclusão de que, em virtude de incertezas inerentes aos métodos disponíveis para o acesso da extração do triacilglicerol do plasma, não há uma resposta definitiva para a questão: *qual* a exata extensão da contribuição do triacilglicerol circulante para a conversão de energia no músculo durante o repouso e o exercício?

## 5.4.3 Contribuição do triacilglicerol intramuscular na oxidação de ácidos graxos durante o exercício

Alguns estudos[80-82] sugerem que a concentração do triacilglicerol intramuscular diminua muito pouco ou até mesmo não se altere após exercícios prolongados e, portanto, não contribua significativamente para o total de energia consumida pela célula muscular durante o exercício.

Embora existam opiniões divergentes sobre a importância do triacilglicerol endógeno como reserva energética para as células musculares em esforço, outros estudos indicam que o triacilglicerol intramuscular esteja envolvido na conversão de energia nessas células. Martin III et al.[25] demonstraram em seres humanos a utilização desses estoques endógenos, utilizando ácidos graxos marcados com radioatividade.

Evidências diretas da mobilização do triacilglicerol muscular em seres humanos revelam que, em geral, de 25% a 40% do conteúdo de triacilglicerol muscular são consumidos durante exercícios com duração acima de 60 minutos.[83] Dados histológicos corroboram a ideia de que o triacilglicerol muscular é consumido durante o exercício pela observação de que o tamanho das gotículas de gordura dentro das células musculares está apreciadamente diminuído.

Infelizmente, em alguns estudos com seres humanos, as fibras musculares não foram separadas dos adipócitos, tornando impossível concluir quanto dessa diminuição no conteúdo de triacilglicerol pode ser associado à utilização dos lipídios neutros intramusculares.

Belmonte et al.[67] verificaram, por meio de técnicas histológicas, a localização e a participação do TAG intramuscular nas situações de exercício agudo e crônico (de *endurance*). Foi observado que as inclusões lipídicas sarcoplasmáticas, tanto no gastrocnêmio como no sóleo, apresentaram diminuição de tamanho em animais sedentários e também nos treinados após a realização de uma sessão de exercício a 65% do $VO_2$máx. Esse estudo também investigou a contribuição dos adipócitos perimisiais. Com relação à área ocupada pelos adipócitos, foi observada redução somente no músculo gastrocnêmio de ratos treinados após uma sessão de exercício a 65% do $VO_2$máx com duração de 60 minutos. Esses resultados evidenciam que as inclusões lipídicas sarcoplasmáticas foram utilizadas como substrato energético tanto em animais sedentários como em treinados. Contudo, a capacidade de mobilização dos adipócitos perimisiais foi específica (apenas no músculo gastrocnêmio) e somente observada após o treinamento de *endurance*. É importante enfatizar que a captação e a oxidação dos ácidos graxos livres liberados no espaço intersticial pelos adipócitos perimisiais (sem se ligar à albumina plasmática) jamais foram verificadas.[30]

Dessa forma, Belmonte et al.[67] demonstraram pela primeira vez que os adipócitos perimisiais são mobilizados para fornecimento de energia durante o exercício de *endurance*.

### 5.4.4 Contribuição relativa de várias fontes de lipídios para a utilização total de ácidos graxos durante o exercício

Uma diversidade de estudos tem sido desenvolvida para estimar a contribuição de ácidos graxos circulantes e aqueles provenientes do triacilglicerol associado às lipoproteínas, bem como aqueles provenientes dos estoques musculares, na conversão total de energia durante o exercício submáximo. Os dados indicam que a oxidação de lipídios contribui entre 40% e 50% da energia total em seres humanos durante um exercício em cicloergômetro a 60%-65% do $VO_2$máx em 180 min.[84] A contribuição dos ácidos graxos oriundos do plasma corresponderia aproximadamente a 24%, enquanto o triacilglicerol intramuscular contribuiria em torno de 22% do gasto energético total.[84]

Outros autores[22] investigaram esse assunto em seres humanos ativos submetidos a um protocolo de treinamento contínuo e prolongado (31 dias, 120 min de bicicleta a 60% do $VO_2$máx) e encontraram um aumento de 58% na utilização total de ácidos graxos como substrato energético quando comparado ao pré-treinamento. Contudo, ocorreu diminuição da utilização dos ácidos graxos oriundos do plasma no pós-treinamento em função do grande aumento (mais de duas vezes) da utilização das reservas intramusculares de triacilglicerol.

É importante ressaltar que, embora as respostas adaptativas ao exercício agudo e crônico sejam direcionadas para um aumento da utilização total de ácidos graxos como combustível energético, Bergman et al.[85] evidenciam, em seu estudo desenvolvido com trabalho contínuo e prolongado (60 min em cicloergômetro) e intensidade de 65% do $VO_2$máx, que tanto os ácidos graxos vindos do plasma como os estoques intramusculares apresentam importância secundária na contribuição total de geração de energia, motivados, sobretudo, pelos resultados do Quociente Respiratório (QR) apresentados durante o exercício.

## 5.5 Efeito do treinamento sobre a utilização de lipídios pelo músculo esquelético

Diversos estudos nas últimas décadas têm demonstrado que o treinamento de *endurance* aumenta substancialmente a capacidade do músculo exercitado em oxidar ácidos graxos. Contudo, os pesquisadores da área buscam identificar de maneira mais exata em qual intensidade do exercício que a oxidação de gordura é máxima: trata-se do *FATmáx*. Provavelmente, o *FATmáx* está abaixo da intensidade na qual o mecanismo de glicólise começa a aumentar notavelmente. Achten et al.[72] avaliaram dezoito ciclistas moderadamente treinados e verificaram que a intensidade do *FATmáx* foi equivalente a 64% do $VO_2$máx (74%) da frequência cardíaca máxima. Nesse estudo, os autores verificaram que a contribuição de oxidação de gordura para a produção de energia tornou-se desprezível a partir da intensidade relativa a 86% do $VO_2$máx (em torno de 92% da frequência cardíaca máxima). Além disso, outros estudos[86] evidenciaram os efeitos do treinamento no aumento da expressão gênica de proteínas envolvidas no metabolismo dos ácidos graxos, como a FAT/CD36 e a CPT I.

### 5.5.1 Vantagens do aumento na utilização de lipídios pelo músculo treinado durante o exercício

As vantagens específicas da mudança para uma maior utilização de gordura como substrato durante o exercício prolongado está resumido por Gollnick e Saltin.[75] Nos sistemas biológicos, os lipídios são uma forma de estoque de energia mais eficiente do que carboidratos; logo, uma contribuição relativamente maior de gordura na conversão total de energia aumenta a capacidade de utilizar essa energia estocada quimicamente, enquanto o aumento na utilização de gordura possui um efeito "poupador de glicogênio", bastante importante durante o exercício prolongado à intensidade entre 50% a 90% do $VO_2$máx. A mudança que ocorre entre a utilização de carboidratos para gordura conserva o glicogênio no organismo e aumenta a *performance* do atleta a intensidades de trabalho altas por um período mais longo.

## 5.5.2 Possíveis causas do aumento do consumo de lipídios pelo músculo treinado durante o exercício

Embora as vantagens na maior utilização de gordura como substrato pelo músculo durante o exercício prolongado sejam bem conhecidas, os mecanismos celulares e moleculares por trás dos efeitos benéficos do treinamento sobre a conversão de energia no músculo não estão bem esclarecidos. A mudança da oxidação de carboidratos para a de gordura no músculo de indivíduos bem treinados pode ser causada por uma variedade de adaptações no organismo ao treinamento de *endurance*. Os seguintes mecanismos devem estar envolvidos: o aumento na utilização de lípides pelo músculo, que pode ser explicado em virtude do aumento na capacidade mitocondrial de oxidar ácidos graxos, o aumento da capacidade de transporte dos ácidos graxos do espaço vascular para o compartimento mitocondrial, o aumento do conteúdo no conteúdo de triacilglicerol intramuscular, que também contribui para a maior propensão dos indivíduos treinados em utilizar mais ácidos graxos em relação aos carboidratos, e, por último, as mudanças sutis nos mecanismos de controle da utilização de ácidos graxos e glicose em nível celular.

Com base na cinética de Michaelis-Menten, Gollnick e Saltin[75] propõem que o aumento na atividade das enzimas ligadoras aos ácidos graxos deve ser a causa primária para a mudança na oxidação dos carboidratos para ácidos graxos no músculo de indivíduos treinados durante o exercício submáximo. Muitos estudos têm demonstrado que, além do aumento no número e no volume mitocondrial, a atividade máxima (Vmáx) das enzimas mitocondriais envolvidas na oxidação de lípides está aumentada pelo treinamento de *endurance*. É bem provável que o aumento na atividade enzimática acelera a remoção das unidades acil-graxo do espaço citoplasmático e, portanto, aumenta a contribuição da oxidação de ácidos graxos na conversão total de energia nas células musculares. Além disso, em virtude do aumento na densidade mitocondrial, um aumento na sensibilidade do controle respiratório mitocondrial nos indivíduos treinados resultará em alterações na seleção do substrato. No tecido muscular, essa mudança leva, mais provavelmente, ao menor estímulo da glicólise e a um aumento no fluxo metabólico na via oxidativa de ácidos graxos. Não há como ignorar que o aumento na capacidade oxidativa de ácidos graxos seja acompanhado por um aumento quantitativo no suprimento desse substrato para a mitocôndria, uma vez que as evidências apontam que a oferta de ácidos graxos mais do que o metabolismo oxidativo deva ser o fator limitante. Com o treinamento, há um aumento na capilarização no músculo, caracterizado pelo aumento do número de capilares por fibra muscular, reduzindo, dessa forma, a distância média de difusão para os substratos plasmáticos e aumentando a superfície de permeabilidade do endotélio, que constitui a barreira microvascular. Uma vez que os ácidos graxos têm que atravessar essa barreira endotelial antes de entrar nas células musculares, o aumento nessa área favoreceria o fluxo de ácidos graxos do compartimento vascular para as fibras. Além disso, o aumento total na área superficial das membranas interna e externa mitocondriais por unidade de célula muscular oferece a possibilidade de uma elevada ativação dos ácidos graxos e do seu transporte para a matriz mitocondrial.

Gollnick e Saltin[75] calcularam que o tempo de trânsito do sangue no capilar aumenta como consequência do aumento no volume capilar por unidade celular em um dado fluxo. O efeito desse fenômeno é substancial, pois a taxa de liberação do ácido graxo da albumina poderia ser um passo limitante na captação total de ácidos graxos quando o sangue flui muito rapidamente através dos capilares musculares. Finalmente, o aumento na superfície do endotélio oferece a possibilidade de ancorar mais enzimas LPL ao glicocálix, aumentando, dessa forma, a capacidade de utilizar ácidos graxos das lipoproteínas circulantes.

## 5.5.3 Utilização de ácidos graxos provenientes do plasma pelo músculo treinado

Os resultados relativos à importância dessa fonte de ácidos graxos para a musculatura em esforço são bastante contraditórios. Alguns autores relatam que a extração de ácidos graxos plasmáticos está aumentada em indivíduos treinados quando comparados aos não treinados, quando há a mesma quantidade oferecida de ácidos graxos, e que, no primeiro grupo, a concentração circulante de ácidos graxos é significativamente maior do que em indivíduos não treinados, assim como, durante o exercício, o consumo de ácidos graxos extraídos do plasma é maior no primeiro grupo em relação ao último.

No plasma de seres humanos treinados, a concentração de ácidos graxos estava reduzida durante o exercício prolongado. Essa diminuição na concentração de ácidos graxos circulantes poderia ser em virtude do aumento no consumo pelo músculo ou pela redução na liberação a partir do tecido adiposo. Os dados que mostram uma queda nos valores do glicerol após o exercício em indivíduos treinados sugerem que o *pool* de triacilglicerol nos adipócitos esteja sendo menos mobilizado. Uma boa explicação para a diminuição da mobilização de ácidos graxos a partir do tecido adiposo é uma queda induzida pelo treinamento na resposta da catecolamina plasmática ao exercício submáximo e uma reduzida atividade do sistema nervoso simpático nos indivíduos treinados. Como consequência, a lipólise estimulada pelas catecolaminas no adipócito está reduzida e a liberação dos ácidos graxos para a corrente sanguínea é menor durante o exercício em indivíduos treinados em relação aos não treinados. Além disso, o treinamento aumenta o efeito antilipolítico da insulina sobre os adipócitos resultando, também, em uma diminuição na liberação de ácidos graxos do tecido adiposo para o compartimento plasmático.

Em geral, encontramos uma relação linear entre a concentração plasmática de ácidos graxos e a captação e a utilização de lipídios pelo músculo no repouso. A baixa captação de ácidos graxos durante o exercício em indivíduos treinados tem que ser equilibrada, uma vez que a taxa de extração de ácidos graxos no músculo treinado também é governada pela concentração arterial desse substrato. Não é provável que o aumento na superfície endotelial compense a baixa concentração de ácidos graxos circulantes, o qual, teoricamente, levaria a um fluxo igual ou maior de ácidos graxos do espaço vascular para as fibras musculares. No entanto, evidências mostram que o treinamento reduz as taxas de utilização e oxidação de ácidos graxos circulantes durante o exercício prolongado.[22] Esses dados claramente indicam que, apesar do aumento na superfície endotelial, da distância de difusão diminuída e do aumento na área de superfície mitocondrial, o fluxo de ácidos graxos plasmáticos está diminuído no músculo de indivíduos treinados em relação aos não treinados durante um exercício submáximo. Contudo, embora a captação de ácidos graxos da fonte plasmática esteja reduzida, a contribuição da oxidação de gordura no total de energia convertida aumenta de 40% para 60%. Esse aumento calórico derivado da oxidação lipídica durante o exercício submáximo indica que outras fontes, além dos ácidos graxos plasmáticos ligados à albumina, como o triacilglicerol, associado às lipoproteínas e os lipídios neutros musculares, são mobilizadas de forma significativa em indivíduos treinados durante uma sessão de exercício.

### 5.5.4 As lipoproteínas circulantes como uma fonte adicional de lipídios para o músculo treinado

Teoricamente, o aumento na capilarização no músculo esquelético aumentaria a capacidade lipolítica da LPL associada à membrana endotelial, uma vez que o aumento na área superficial proporcionaria maior espaço para que a enzima aderisse ao glicocálix na membrana endotelial. Na verdade, a atividade da LPL em indivíduos treinados é maior do que os valores encontrados nos não treinados. Em condições de repouso, a taxa de extração do triacilglicerol circulante encontrado foi de 8% e 15% no músculo de indivíduos não treinados e treinados, respectivamente. No entanto, a utilização dessa fonte plasmática durante o exercício é relativamente pequena e inconsistente. Além disso, os exercícios agudos[87] e crônicos[88] reduzem significativamente a produção e a secreção de VLDL pelos hepatócitos, sugerindo que, durante o exercício, em indivíduos treinados, a disponibilidade do triacilglicerol circulante está diminuída mais do que aumentada.

### 5.5.5 Utilização do triacilglicerol intramuscular no músculo treinado

Um número cada vez maior de estudos tem sugerido que, em indivíduos treinados, a maior contribuição para o aumento na oxidação lipídica no músculo em esforço é fornecido pelo triacilglicerol presente no músculo. Alguns estudos mostram que, em indivíduos não treinados e treinados, a contribuição do triacilglicerol intramuscular é de 15% a 34% da energia total durante um exercício de 60 min a 60% do $VO_2$máx. O treinamento de *endurance* por 12 semanas aumenta a contribuição relativa do triacilglicerol intramuscular de 22% para 37% durante uma sessão de exercício de 90-120 min a 63% do $VO_2$máx. Esses valores são relativos às taxas de depleção do triacilglicerol intracelular, uma vez que as fibras foram dissociadas dos adipócitos no tecido conjuntivo associado à musculatura, antes da determinação química.

No estado treinado, o aumento na mobilização do *pool* de lipídios neutros intracelular durante as primeiras horas do exercício submáximo deve ser um mecanismo intrínseco para compensar a redução na disponibilidade de ácidos graxos circulantes, resultado dos baixos níveis da resposta simpatoadrenal ao exercício, resultando em uma diminuição da liberação de ácidos graxos do tecido adiposo. Essa hipótese sugere que haja uma relação recíproca entre a concentração plasmática de ácidos graxos e a utilização de lipídios intramusculares.

Além do aumento na capacidade em oxidar ácidos graxos endógenos no músculo de indivíduos treinados, o conteúdo de triacilglicerol também é maior. Em seres humanos, esses valores podem variar entre 20% a 250% após o treinamento em relação aos valores pré-treinamento; em ratos, ao contrário, o conteúdo de triacilglicerol diminui em todos os tipos de fibras após o treinamento.

De qualquer forma, embora haja muitas contradições nesses valores em seres humanos e animais, são inegáveis as vantagens da preferência na utilização de ácidos graxos derivados do triacilglicerol intramuscular sobre a utilização dos ácidos graxos circulantes: transporte até as fibras musculares e menor tempo de trânsito entre os estoques até as mitocôndrias.

## 5.5.6 Regulação da liberação dos ácidos graxos do triacilglicerol intramuscular no músculo treinado

Os mecanismos por trás do aumento dos processos hidrolíticos do *pool* do triacilglicerol intramuscular em indivíduos treinados, observados em vários estudos, até o momento, ainda são incompletamente entendidos. Teoricamente, o aumento na utilização desses estoques pode ser causado pelo aumento na atividade da lipase, pela diminuição na capacidade de ressíntese do triacilglicerol ou a combinação dos dois. O aumento na capacidade lipolítica pode ser resultado de mudanças alostéricas e/ou covalentes da lipase presente no músculo ou um aumento no número da enzima com atividade lipolítica.

### 5.5.6.1 Controle hormonal

A enzima lípase hormônio sensível (LHS) tem um papel crucial na liberação de ácidos graxos das gotículas lipídicas citoplasmáticas. Contudo, deve-se determinar qual a extensão da atividade enzimática controlada por catecolaminas, uma vez que a resposta simpatoadrenérgica ao exercício está sobrepujada depois do treinamento, embora, em indivíduos treinados, essa resposta induzida pelo exercício seja menor do que nos sedentários.[25] No entanto, Helge et al.[89] demonstram que a atividade da LHS muscular não apresentou diferenças entre indivíduos sedentários e treinados antes e após a prática do exercício agudo.

Contudo, sugere-se que a atividade da lipase muscular seja otimizada com as doses de catecolaminas circulantes, sobretudo porque, em ratos, a adenilato ciclase está mais ativa no músculo de animais treinados do que nos não treinados, além do aumento da densidade dos receptores β-adrenérgicos tanto em fibras lentas como em rápidas (IIa).[90] Não se pode descartar, no entanto, que outros mecanismos além da fosforilação da proteína mediada pelo AMPc estejam envolvidos na regulação da lipase do triacilglicerol intramuscular. Além disso, um aumento na lipólise da reserva de triacilglicerol intramuscular, após treinamento de *endurance*, pode auxiliar na elevação do glicerol plasmático em até três vezes nos indivíduos treinados.[91]

### 5.5.6.2 Controle na reesterificação

Alternativamente, a capacidade diminuída na ressíntese de triacilglicerol nas células musculares exercitadas favoreceria uma depleção mais rápida dos estoques endógenos de lípides neutros. Os mecanismos por trás de uma possível diminuição na taxa de formação do triacilglicerol poderiam ser multifatoriais. Em virtude da grande captação de ácidos graxos pela mitocôndria muscular, menos acil graxo CoA estará disponível para a síntese de triacilglicerol. O aumento no volume mitocondrial nas células mitocondriais nos indivíduos treinados favorece especialmente a captação de ácidos graxos em detrimento da reincorporação citoplasmática no *pool* de lípides neutros. A atividade aumentada na atividade da CPT observada no músculo de ratos treinados favoreceria a captação dos ácidos graxos e sua conversão de acil-CoA graxo para acil carnitina, permitindo a captação pela matriz mitocondrial e prevenindo a incorporação do resíduo de ácido graxo do acil-CoA graxo no *pool* de triacilglicerol.

O treinamento causa uma redução na quantidade de lactato produzido nos indivíduos treinados em relação aos não treinados na mesma intensidade. A força de formação do lactato no exercício prolongado é dada, especialmente, pelo aumento citoplasmático na razão $NADH/NAD^+$. O aumento na concentração de NADH intracelular também força o equilíbrio entre dididróxicetona fosfato e glicerol 3-fosfato na direção do último composto, o qual é um substrato indispensável para a ressíntese de triacilglicerol. Assumindo que em indivíduos altamente treinados, quando comparados aos não treinados, a produção tanto de lactato como glicerol 3-fosfato seja menos pronunciada durante o exercício intenso em consequência de uma menor razão citoplasmática de $NADH/NAD^+$, os baixos níveis intracelulares de glicerol 3-fosfato dificultarão a reincorporação do acil no *pool* de lípides neutros, resultando em uma depleção mais rápida do triacilglicerol intramuscular. A razão citoplasmática $NADH/NAD^+$ no músculo treinado deve estar diminuída em virtude do aumento induzido pelo treinamento na capacidade de lançar equivalentes reduzidos através da membrana mitocondrial. No coração, altos níveis de lactato são responsáveis pela diminuição na oxidação de ácidos graxos pelo bloqueio da carnitina aciltransferase, resultando em uma elevada concentração nos níveis de acil-CoA que, por sua vez, favorece a ressíntese de triacilglicerol. Se esses resultados puderem ser extrapolados para o músculo esquelético, então, a atenuação na inibição da carnitina aciltransferase pelos baixos níveis de lactato nos indivíduos treinados também estaria favorecendo a depleção do conteúdo de triacilglicerol intracelular.

## 5.6 Inter-relação entre o metabolismo de carboidratos e lipídico-muscular

### 5.6.1 O ciclo da glicose-ácido graxo ou ciclo de Randle

Até agora, foram apresentados inúmeros exemplos de seleção do combustível pelas fibras musculares em repouso e exercitadas. Em geral, o aumento no suprimento de lipídios diminui a utilização de carboidratos como substrato, enquanto o aumento na oxidação de carboidratos exerce um efeito negativo sobre a utilização de ácidos graxos. Há quatro décadas, Randle et al.[92] observaram, no diafragma e no coração de ratos, que o aumento na oxidação de ácidos graxos inibia a utilização aeróbica e anaeróbica de glicose. Achava-se que os mecanismos envolvidos eram que a oxidação de ácidos graxos aumentava os níveis de acetil-CoA e/ou reduzia o CoA livre nas células musculares e que, portanto, o aumento na razão acetil-CoA/CoA inibiria por fosforilação a enzima piruvato desidrogenase, diminuindo, assim, a conversão dos derivados glicolíticos do piruvato a acetil-CoA. Além disso, o acúmulo de citrato impede a atividade da fosfofrutoquinase, resultando em níveis citoplasmáticos elevados de glicose-6-fosfato, inibidor da hexoquinase. O efeito geral seria uma redução na utilização de glicose como substrato oxidável, conhecido como ciclo de Randle ou da glicose-ácido graxo.

### 5.6.2 A existência do Ciclo de Randle no músculo esquelético

Embora haja vários estudos sobre a seleção do substrato pelo músculo esquelético, a existência e os mecanismos do ciclo de Randle nos miócitos durante o repouso e no exercício têm sido assunto de contínuo debate.

Estudos *in vitro* com células sustentam o conceito de que as atividades do piruvato desidrogenase e da fosfofrutoquinase são regulados pelas taxas de acetil-CoA/CoA e citrato, respectivamente, mas os resultados obtidos no músculo intacto são menos consistentes e incapazes de detectar um efeito inibitório do ácido graxo sobre a captação de glicose no músculo esquelético de ratos em repouso.

Rennie e Holloszy[93] argumentaram que esses resultados negativos podem ter ocorrido em razão da metodologia empregada, e também mostraram que, no músculo perfundido de ratos, um suprimento adequado de oxigênio na preparação foi suficiente para demonstrar o efeito inibitório do oleato sobre a captação de glicose e a utilização intracelular de glicogênio e que esse efeito foi mais pronunciado quando o músculo sofreu contração. No entanto, os resultados apontam que o ciclo da glicose-ácido graxo é apenas operante nas fibras musculares com uma taxa relativamente alta de metabolismo oxidativo e alta densidade mitocondrial, ou seja, em músculos vermelhos bem oxigenados. As observações de que no músculo exercitado os acúmulos do citrato e glicose 6-fosfato são menos pronunciados que no tecido miocardial e que a depleção de glicogênio é apenas parcialmente inibida no músculo esquelético e completamente bloqueada no coração suportam a hipótese de que, no músculo esquelético, o citrato e a glicose 6-fosfato têm um papel regulatório no ciclo da glicose-ácido graxo.

Os estudos mais recentes demonstram que, no músculo esquelético de ratos, a inibição na captação de glicose não é apenas dependente dos níveis circulantes de ácidos graxos, mas também dos níveis plasmáticos de insulina. Esses achados indicam que a influência hormonal sobre a seleção de combustível no músculo não pode ser ignorada.

Para os estudos em seres humanos, no intuito de revelar a ação regulatória da oxidação lipídica sobre a captação de glicose e a utilização intramuscular de carboidratos, são usadas quatro diferentes ferramentas para elevar os níveis plasmáticos de ácidos graxos: jejum, exercício de intensidade moderada e intensa, dietas ricas em gordura e infusão de triacilglicerol com heparina. A maioria dos estudos em seres humanos sustenta a hipótese de que o aumento na disponibilidade de ácidos graxos afeta o consumo de carboidratos intramuscular e extracelular.

### 5.6.3 Possíveis mecanismos para explicar o ciclo de Randle no músculo esquelético

Os estudos sobre o possível efeito poupador dos ácidos graxos sobre a glicose e o glicogênio ainda são inconclusivos. Segundo Hargreaves et al.,[94] que foram incapazes de detectar mudanças na liberação muscular de citrato e no conteúdo tecidual de glicose 6-fosfato, os ácidos graxos têm mais um efeito direto sobre o transporte de glicose para dentro da célula muscular que uma influência regulatória no metabolismo intracelular de carboidratos, como sugerido por Randle et al.[92] Os resultados sugerem que, no músculo de seres humanos, os compostos citrato e acetil-CoA não são responsáveis pela redução na utilização de glicogênio nos indivíduos exercitados que apresentam um aumento na disponibilidade plasmática de ácidos graxos, como proposto pela teoria do ciclo da glicose-ácido graxo. Segundo Bowtell et al.,[95] o aumento nas concentrações de $Ca^{+2}$, piruvato e ADP no músculo exercitado excede o efeito inibitório da elevação concomitante da razão acetil-CoA/CoA sobre o piruvato desidrogenase. Propõe-se que os ácidos graxos exerçam uma ação regulatória em nível da glicogênio fosforilase muscular, possivelmente pela diminuição nos níveis citoplasmáticos de AMP, tornando-se um potente estimulador da glicogênio fosforilase *a* e *b*. Em favor da teoria do ciclo da glicose-ácido graxo, está a observação de que o jejum prolongado, que está associado ao aumento plasmático de ácidos graxos e à diminuição na utilização da glicose muscular, provoca uma queda na proporção de piruvato desidrogenase ativo no tecido muscular.

### 5.6.4 Papel do malonil-CoA na seleção do combustível nas células musculares

Recentemente, outros estudos sugeriram que outros fatores, além daqueles propostos pelo ciclo da glicose-ácido graxo, estão envolvidos na seleção tanto de gordura quanto de carboidratos como combustível nas fibras musculares. Um importante candidato é o malonil-CoA regulando a atividade da carnitina aciltransferase I. Uma vez que o músculo esquelético possui propriedades lipogênicas muito fracas, a síntese endógena de malonil serve para outros propósitos, como o controle da taxa de oxidação de lipídios. A sensibilidade da enzima CPT I ao seu inibidor fisiológico é cerca de 10 vezes maior do que aquela encontrada no fígado. Portanto, acredita-se que a mitocôndria muscular possua quantidades substanciais de proteínas ligadoras para malonil-CoA com sítios de fraca e forte afinidade para os compostos derivados do malonil. Essa ligação tem um papel crucial na modulação da disponibilidade do malonil-CoA a CPT I e, portanto, na oxidação lipídica. Os níveis musculares de malonil são dependentes da concentração de insulina e glicose; altos níveis desses compostos elevam a concentração intracelular de malonil. Esse fenômeno poderia oferecer uma explicação para o efeito depressivo dos carboidratos sobre a oxidação lipídica muscular. O aumento no suprimento de ácidos graxos para a mitocôndria muscular também é um modo de atenuar o efeito inibitório do malonil sobre a oxidação lipídica, uma vez que o aumento nos níveis de acil-CoA torna a CPT I menos sensível ao malonil-CoA. Como consequência, a oxidação lipídica aumenta, com um aumento concomitante das razões $NADH/NAD^+$ e acetil-CoA/CoA, teoricamente resultando na inativação de piruvato desidrogenase e queda na utilização da glicose, segundo a teoria proposta no ciclo de Randle. A observação de que o citrato promova a produção do malonil-CoA mediada pela acetil-CoA carboxilase cria um mecanismo negativo nas células musculares em esforço para controlar efetivamente o fluxo de ácido graxo acil através das vias catabólicas.

## Referências


1. Wolinsky I. Nutrition in Exercise and Sports. 3. ed. CRC Press; 1998.

2. Berggren JR, Boyle KE, Chapman WH, Houmard JA. Skeletal muscle lipid oxidation and obesity: influence of weight loss and exercise. Am J Physiol Endocrinol Metab. 2008; 294(4):E726-32.

3. Horowitz JF, Klein S. Lipid metabolism during endurance exercise. Am J Clin Nutr. 2000; 72 (Suppl 2):558-63.

4. Saltin B, Ästrand P. Free fatty acids and exercise. Am J Clin Nutr. 1993;57:752-8.

5. Jensen MD. Fate of fatty acids at rest and during exercise: regulatory mechanisms. Acta Physiol Scand. 2003;178(4):385-90.

6. Abernethy PJ, Thayer R, Taylor AW. Acute and chronic responses of skeletal muscle to endurance and sprint exercise [review]. Sports Med. 1990;10(6):365-89.

7. Jong-Yeon K, Hickner RC, Dohm GL, Houmard JA. Long and medium-chain fatty acid oxidation is increased in exercise-trained human skeletal muscle. Metabolism. 2002;51(4):460-4.

8. Weber JM. Pathways for oxidative fuel provision to working muscles: ecological consequences of maximal supply limitations. Experientia. 1992;15:557-64.

9. Daussin FN, Ponsot E, Dufour SP, et al. Improvement of $VO_2$max by cardiac output and oxygen extraction adaptation during intermittent versus continuous endurance training. Eur J Appl Physiol. 2007;101(3):377-83.

10. Bjorntorp P. Importance of fat as a support nutrient for energy: metabolism of athletes. J Sports Sci. 1991;9:71-6.

11. Laughlin MH, Roseguini B. Mechanisms for exercise training-induced increases in skeletal muscle blood flow capacity: differences with interval sprint training versus aerobic endurance training. J Physiol Pharmacol. 2008;59(7S):71-88.

12. Kaufmann M, Simoneau JA, Veerkamp JH, Pette D. Electrostimulation-induced increases in fatty acid-binding protein and myoglobin in rat fast-twitch muscle and comparison with tissue levels in heart. FEBS Lett. 1989;13;245(1-2):181-4.

13. Holloszy JO. Biochemical adaptations in muscle. Effects of exercise on mitochondrial oxygen uptake and respiratory enzyme activity in skeletal muscle. J Biol Chem. 1967;10.242(9):2.278-82.

14. Kiens B. Effect of endurance training on fatty acid metabolism: local adaptations. Med Sci Sports Exerc. 1997;29(5):640-5.

15. Yamashita AS, Lira FS, Lima WP, et al. Influência do treinamento físico aeróbico no transporte mitocondrial de ácidos graxos de cadeia longa no músculo esquelético: papel do complexo carnitina palmitoil transferase. Rev Bras Med Esporte. 2008;14(2):150-4.

16. Tikkanen HO, Näveri HK, Härkönen MH. Alteration of regulatory enzyme activities in fast-twitch and slow-twitch muscles and muscle fibres in low-intensity endurance-trained rats. Eur J Appl Physiol Occup Physiol. 1995;70(4):281-7.

17. Turcotte LP, Richter EA, Kiens B. Increased plasma FFA uptake and oxidation during prolonged exercise in trained vs. untrained humans. Am J Physiol. 1992;262(6):E791-9.

18. Brooks GA, Mercier J. Balance of carbohydrate and lipid utilization during exercise: the "crossover" concept. J Appl Physiol. 1994;76(6):2.253-61.

19. Martin III WH. Effects of acute and chronic exercise on fat metabolism. Exerc Sport Sci Rev. 1996;24:203-31.

20. Jeukendrup AE, Saris WH, Wagenmakers AJ. Fat metabolism during exercise: a review. Part I: fatty acid mobilization and muscle metabolism. Int J Sports Med. 1998;9:231-44.

21. Jeukendrup AE. Regulation of fat metabolism in skeletal muscle [review]. Ann N Y Acad Sci. 2002;967:217-35.

22. Phillips SM, Green HJ, Tarnopolsky M.A, Heigenhauser GJF, Hill RE, Grant SM. Effects of training duration on substrate turnover and oxidation during exercise. J Appl Physiol. 1996;81:2.182-91.

23. Martin III WH. Effect of endurance training on fatty acid metabolism during whole body exercise. Med Sci Sports Exerc.1997;29:635-9.

24. Klein S, Coyle EF, Wolfe RR. Fat metabolism during low-intensity exercise in endurance-trained and untrained men. Am J Physiol. 1994;267:E934-40.

25. Martin III WH, Dalsky GP, Hurley BF, Matthews DE, Bier DW, Hagberg JM, et al. Effect of endurance training on plasma free fatty acid turnover and oxidation during exercise. Am J Physiol. 1993;265:E708-14.

26. Kanaley JA, Mottram CD, Scanlon PD, Jensen MD. Fatty acid kinetic responses to running above or below lactate threshold. J Appl Physiol. 1995;79(2):439-47.

27. Sial S, Coggan AR, Hickner RC, Klein S. Training-induced alterations in fat and carbohydrate metabolism during exercise in elderly subjects. Am J Physiol. 1998;274(5):E785-90.

28. Romijn JA, Coyle EF, Sidossis LS, Rosenblatt J, Wolfe RR. Substrate metabolism during different exercise intensities in endurance-trained women. J Appl Physiol. May 2000;88(5):1.707-14.

29. Romijn JA, Coyle EF, Sidossis LS, et al. Regulation of endogenous fat and carbohydrate metabolism in relation to exercise intensity and duration. Am J Physiol. 1993;265(3):E380-91.

30. Ranallo RF, Rhodes EC. Lipid metabolism during exercise. Sports Med. 1998;26(1):29-42.

31. Fredrickson DS, Gordon RS Jr. The metabolism of albumin-bound C14-labeled unesterified fatty acids in normal human subjects. J Clin Invest. 1958;37(11):1.504-15.

32. Fredrickson DS, Gordon RS Jr. Transport of fatty acids. Physiol Rev. 1958;38(4):585-630.

33. Havel RJ, Naimark A, Borchgrevink CF. Turnover rate and oxidation of free fatty acids of blood plasma in man during exercise: studies during continuous infusion of palmitate-1-C14. J Clin Invest. 1963;42:1.054-63.

34. Owen OE, Reichard GA Jr. Human forearm metabolism during progressive starvation. J Clin Invest. 1971;50(7):1.536-45.

35. Hagenfeldt L, Wahren J. Human forearm muscle metabolism during exercise. VII: FFA uptake and oxidation at different work intensities. Scand. J Clin Lab Invest. 1972;30:429-36.

36. Tsutsumi K. Lipoprotein lipase and atherosclerosis. Curr Vasc Pharmacol. 2003;1(1):11-7.

37. Takahashi S, Sakai J, Fujino T, et al. The very low-density lipoprotein (VLDL) receptor: characterization and functions as a peripheral lipoprotein receptor. J Atheroscler Thromb. 2004;11(4):200-8.

38. Bishop JR, Stanford KI, Esko JD. Heparan sulfate proteoglycans and triglyceride-rich lipoprotein metabolism. Curr Opin Lipidol. 2008;19(3):307-13.

39. Oörni K, Kovanen PT. Enhanced extracellular lipid accumulation in acidic environments. Curr Opin Lipidol. 2006;17(5):534-40.

40. Quintão ECR. Colesterol e Aterosclerose. Rio de Janeiro: Qualitmark; 1992.

41. Bergman BC, Jensen DR, Pulawa LK, Ferreira LD, Eckel RH. Fasting decreases free fatty acid turnover in mice overexpressing skeletal muscle lipoprotein lipase. Metabolism. 2006;55(11):1.481-7

42. Ruge T, Svensson M, Eriksson JW, Olivecrona G. Tissue-specific regulation of lipoprotein lipase in humans: effects of fasting. Eur J Clin Invest. 2005;35(3):194-200.

43. Teusink B, Voshol PJ, Dahlmans VE, et al. Contribution of fatty acids released from lipolysis of plasma triglycerides to total plasma fatty acid flux and tissue-specific fatty acid uptake. Diabetes. 2003;52(3):614-20.

44. Ruge T, Svensson A, Eriksson JW, Olivecrona T, Olivecrona G. Food deprivation increases post-heparin lipoprotein lipase activity in humans. Eur J Clin Invest. 2001;31(12):1.040-7.

45. Hamilton MT, Areiqat E, Hamilton DG, Bey L. Plasma triglyceride metabolism in humans and rats during aging and physical inactivity. Int J Sport Nutr Exerc Metab. 2001;11(Suppl):S97-104.

46. Ladu MJ, Kapsas H, Palmer WK. Regulation of lipoprotein lipase in adipose and muscle tissues during fasting. Am J Physiol. 1991;260(5):953-9

47. Pedersen SB, Bak JF, Holck P, Schmitz O, Richelsen B. Epinephrine stimulates human muscle lipoprotein lipase activity in vivo. Metabolism. 1999;48(4):461-4.

48. Richelsen B. Effect of growth hormone on adipose tissue and skeletal muscle lipoprotein lipase activity in humans. J Endocrinol Invest. 1999;22(5):10-5.

49. Nawrocki A, Górski J. Effect of plasma free fatty acid concentration on the content and composition of the free fatty acid fraction in rat skeletal muscles. Horm Metab Res. 2004;36(9):601-6

50. Sacchetti M, Saltin B, Olsen DB, van Hall G. High triacylglycerol turnover rate in human skeletal muscle. J Physiol. 2004;15;561(3):883-91.

51. Van der Vusse GJ, Roemen TH. Gradient of fatty acids from blood plasma to skeletal muscle in dogs. Van der Vusse GJ, Roemen TH. J Appl Physiol. 1995;78(5):1.839-43.

52. Turcotte LP, Petry C, Kiens B, Richter EA. Contraction-induced increase in Vmax of palmitate uptake and oxidation in perfused skeletal muscle. J Appl Physiol. 1998;84(5):1.788-94.

53. Koonen DP, Glatz JF, Bonen A, Luiken JJ. Long-chain fatty acid uptake and FAT/CD36 translocation in heart and skeletal muscle. Biochim Biophys Acta. 2005;1.736(3):163-80

54. Hargreaves M, Thompson M. Biochemistry of Exercise. 1. ed. EUA: Human Kinetics; 1999.

55. Glatz JF, van Nieuwenhoven FA, Luiken JJ, Schaap FG, van der Vusse GJ. Role of membrane-associated and cytoplasmic fatty acid-binding proteins in cellular fatty acid metabolism. Prostaglandins Leukot Essent Fatty Acids. 1997;57(4-5):373-8.

56. Glatz JF, Luiken JJ, van Nieuwenhoven FA, Van der Vusse GJ. Molecular mechanism of cellular uptake and intracellular translocation of fatty acids. Prostaglandins Leukot Essent Fatty Acids. 1997;57(1):3-9.

57. Glatz JF, Luiken JJ, van Bilsen M, van der Vusse GJ. Cellular lipid binding proteins as facilitators and regulators of lipid metabolism. Mol Cell Biochem. 2002;239(1-2):3-7.

58. Woolf TB, Tychko M. Simulations of fatty acid-binding proteins. II. Sites for discrimination of monounsaturated ligands. Biophys J. 1998;74(2):694-707.

59. Clavel S, Farout L, Briand M, Briand Y, Jouanel P. Effect of endurance training and/or fish oil supplemented diet on cytoplasmic fatty acid binding protein in rat skeletal muscles and heart. Eur J Appl Physiol. 2002;87(3):193-201.

60. Blaak EE, Wagenmakers AJ, Glatz JF, et al. Plasma FFA utilization and fatty acid-binding protein content are diminished in type 2 diabetic muscle. Am J Physiol Endocrinol Metab. 2000;279(1):E146-54.

61. Hansen JS, Faergeman NJ, Kragelund BB, Knudsen J. Acyl-CoA-binding protein (ACBP) localizes to the endoplasmic reticulum and Golgi in a ligand-dependent manner in mammalian cells. Biochem J. 2008;410(3):463-72.

62. Fritz IB, Yue KTN. Long chain carnitine acyltransferase and the role of acylcarnitine derivates in the catalytic increase of fatty acid oxidation induced by carnitine. J Lipid Res. 1963;4:279-88.

63. Guzmán M, Geelen, MJH. Regulation of fatty acid oxidation in mammalian liver. Biochim. Biophys Acta. 1993;1.167:227-41.

64. Kerner J, Hoppel C. Fatty acid import into mitochondria. Biochim Biophys Acta 2000;26:1-17.

65. Winder WW. Energy-sensing and signaling by AMP-activated protein kinase in skeletal muscle. J Appl Physiol [review]. 2001;91(3):1.017-28.

66. Lima WP, Carnevali Jr. LC, Eder R, Costa Rosa LFBP, Bacchi EM, Seelaender MCL. Lipid metabolism in trained rats: Effect of guarana (Paullinia cupana Mart.). Clinical Nutr. 2005;24 (Suppl):1.019-28.

67. Belmonte MA, Aoki MS, Tavares FL, Seelaender MCL. Rat myocellular and perimysial intramuscular triacylglycerol: a histological approach. Med Sci Sports Exerc. 2004;36(1):60-7.

68. Oscai LB, Essig DA, Palmer WK. Lipase regulation of muscle triglyceride hydrolysis. J Appl Physiol [review]. 1990;69(5):1.571-7.

69. Chan TM, Dehaye JP, Tatoyan A. Activation of lipolysis by epinephrine and electrical stimulation in the perfused hindquarters of lean and obese-diabetic (db/db) mice. Biochim Biophys Acta. 1983;751(3):384-92

70. Bonen A, Luiken JJ, Liu S, et al. Palmitate transport and fatty acid transporters in red and white muscles. Am J Physiol. 1998;275(3):E471-8.

71. Helge JW, Stallknecht B, Richter EA, Galbo H, Kiens B. Muscle metabolism during graded quadriceps exercise in man. J Physiol. 2007;581(3):1.247-58.

72. Achten J, Gleeson M, Jeukendrup AE. Determination of the exercise intensity that elicits maximal fat oxidation. Med Sci Sports Exerc. 2002;34:92-7

73. Galbo H. Exercise physiology: Humoral function. Sport Sci Rev. 1992;1:65-93.

74. O'Brien MJ, Viguie CA, Mazzeo RS, Brooks GA. Carbohydrate dependence during marathon running. Med Sci Sports Exerc. 1993;25(9):1.009-17.

75. Gollnick PD, Saltin B. Significance of skeletal muscle oxidative enzyme enhancement with endurance training. Clin Physiol. 1982;2(1):1-12.

76. Terjung RL, Mackie BG, Dudley GA, Kaciuba-Uscilko H. Influence of exercise on chylomicron triacylglycerol metabolism: plasma turnover and muscle uptake. Med Sci Sports Exerc. 1983;15(4):340-7.

77. Kiens B, Roepstorff C, Glatz JF, et al. Lipid-binding proteins and lipoprotein lipase activity in human skeletal muscle: influence of physical activity and gender. J Appl Physiol. 2004;97(4):1.209-18.

78. Greiwe JS, Holloszy JO, Semenkovich CF. Exercise induces lipoprotein lipase and GLUT-4 protein in muscle independent of adrenergic-receptor signaling. J Appl Physiol. 2000;89(1):176-81.

79. Kiens B, Lithell H. Lipoprotein metabolism influenced by training-induced changes in human skeletal muscle. J Clin Invest. 1989;83(2):558-64.

80. Wendling PS, Peters SJ, Heigenhauser GJ, Spriet LL. Variability of triacylglycerol content in human skeletal muscle biopsy samples. J Appl Physiol. 1996;81(3):1.150-5.

81. Kiens B, Richter EA. Utilization of skeletal muscle triacylglycerol during postexercise recovery in humans. Am J Physiol. 1998;275(2Pt 1):E332-7.

82. Guo Z, Burguera B, Jensen MD. Kinetics of intramuscular triglyceride fatty acids in exercising humans. J Appl Physiol. 2000;89(5):2.057-64.

83. Hurley BF, Nemeth PM, Martin WH 3rd, Hagberg JM, Dalsky GP, Holloszy JO. Muscle triglyceride utilization during exercise: effect of training. J Appl Physiol. 1986;60(2):562-7.

84. Stellingwerff T, Boon H, Jonkers RA, et al. Significant intramyocellular lipid use during prolonged cycling in endurance-trained males as assessed by three different methodologies. Am J Physiol Endocrinol Metab. 2007;292(6):E1.715-23.

85. Bergman BC, Butterfield GE, Wolfel EE, Casazza GA, Lopaschuk GD, Brooks GA. Evaluation of exercise and training on muscle lipid metabolism. Am J Physiol. 1999;276(1):E106-17.

86. Tunstall RJ, Mehan KA, Wadley GD, Collier GR, Bonen A, Hargreaves M, Cameron-Smith D. Exercise training increases lipid metabolism gene expression in human skeletal muscle. Am J Physiol Endocrinol Metab. 2002;283(1):E66-72

87. Magkos F. Basal very low-density lipoprotein metabolism in response to exercise: mechanisms of hypotriacylglycerolemia. Prog Lipid Res; 2009.

88. Chapados NA, Seelaender M, Levy E, Lavoie JM. Effects of exercise training on hepatic microsomal triglyceride transfer protein content in rats. Horm Metab Res. 2009;41(4):287-93.

89. Helge JW, Biba TO, Galbo H, Gaster M, Donsmark M. Muscle triacylglycerol and hormone-sensitive lipase activity in untrained and trained human muscles. Eur J Appl Physiol. 2006;97(5):566-72.

90. Buckenmeyer PJ, Goldfarb AH, Partilla JS, Pineyro MA, Dax EM. Endurance training, not acute exercise, differentially alters β-receptors and cyclase in skeletal fiber types. Am J Physiol. 1990;258:E71-7.

91. Friedlander AL, Casazza GA, Horning MA, Buddinger TF, Brooks GA. Effects of exercise intensity and training on lipid metabolism in young women. Am Physiol Soc. 1998;275(5):E853-63.

92. Randle PJ, Garland PB, Hales CN, Newsholme EA. The glucose fatty-acid cycle. Its role in insulin sensitivity and the metabolic disturbances of diabetes mellitus. Lancet. 1963;13.1(7.285):785-9.

93. Rennie MJ, Holloszy JO. Inhibition of glucose uptake and glycogenolysis by availability of oleate in well-oxygenated perfused skeletal muscle. Biochem J. 1977;168(2):161-70.

94. Hargreaves M, Keins B, Richter E.A. Effect on increased plama free fatty acid concentrations on muscle metabolism in exercising men. J Appl Physiol. 1991;70:194-201.

95. Bowtell JL, Marwood S, Bruce M, Constantin-Teodosiu D, Greenhaff PL. Tricarboxylic acid cycle intermediate pool size: functional importance for oxidative metabolism in exercising human skeletal muscle [review]. Sports Med. 2007;37(12):1.071-88.

# Capítulo 6

## Estrutura, função e biogênese das lipoproteínas associadas ao exercício

*Fabio Luiz Tavares*

A atividade física exige um fornecimento energético eficiente para o músculo em atividade cujas fontes podem derivar do metabolismo lipídico, em especial, no exercício de intensidade moderada. Sabe-se que os ácidos graxos são derivados da mobilização do triacilglicerol (TAG) armazenado no tecido adiposo, dos estoques intramusculares ou aqueles associados às lipoproteínas plasmáticas.

O transporte de lipídios pela circulação exige uma associação com outras proteínas, visto que são moléculas hidrofóbicas. No caso dos ácidos graxos mobilizados do tecido adiposo, eles estão associados com a albumina. Outra forma de transporte de lipídios na circulação é realizada pelas lipoproteínas, que são partículas formadas por lipídios associados a proteínas.

Atualmente, muita atenção é dada às doenças cardíacas relacionadas a altas concentrações de lipídios no sangue. A etiologia dessas doenças é complexa e envolve diversos fatores, como a concentração plasmática dos diversos tipos de lipoproteínas. Neste capítulo, serão observadas as diversas classes de lipoproteínas existentes e seu metabolismo, sua função durante a realização do exercício, bem como as modificações promovidas pela prática de atividade física.

## 6.1 Classes de lipoproteínas

As lipoproteínas são partículas esféricas que apresentam um núcleo central contendo lipídios apolares – TAG e ésteres de colesterol – circundado por uma monocamada de lipídios anfipáticos – fosfolipídios e colesterol livre –, onde estão as proteínas, denominadas *apolipoproteínas*. As apolipoproteínas apresentam diversas classes, como A, B, C, D, que possuem importância tanto para a solubilização das partículas como para o metabolismo das lipoproteínas no organismo (Figura 6.1). As lipoproteínas também contêm outros constituintes de menor importância, incluindo glicolipídios, e são importantes carreadores de substâncias hidrofóbicas, como vitaminas lipossolúveis e drogas. A presença de diferentes apolipoproteínas é de fundamental importância, visto que cada uma delas apresenta funções específicas, seja para a secreção da partícula ou sua remoção, ao ativar enzimas específicas e se ligar a receptores nas células.

As lipoproteínas são classificadas de acordo com sua composição lipídica e proteica, e sua nomenclatura é baseada na densidade que apresentam. Ao separar as lipoproteínas plasmáticas por ultracentrifugação por meio de um gradiente de densidade, elas formam um espectro de partículas que variam em densidade de, aproximadamente, 0,95 a 1,21 g/ml. Dessa forma, foi possível classificá-las em cinco classes, de acordo com sua composição e metabolismo: quilomícrons, lipoproteínas de densidade muito baixa (VLDL), lipoproteínas de densidade intermediária (IDL), lipoproteínas de densidade baixa (LDL) e lipoproteínas de densidade alta (HDL). A Tabela 6.1 sumariza as características físico-químicas, bem como a composição lipídica e proteica das classes de lipoproteínas.

Na Figura 6.2, observamos um esquema simplificado do metabolismo das lipoproteínas plasmáticas, em que podemos notar alguns dos pontos principais: a síntese hepática e intestinal, a formação de remanescentes de lipoproteínas após a transferência de lipídios para tecidos periféricos, a troca de lipídios entre diferentes classes de lipoproteínas, a recaptação e o catabolismo das partículas por receptores específicos. As lipoproteínas são, portanto, partículas dinâmicas que estão em constante processo de síntese, degradação e catabolismo. Elas interagem entre si, trocando classes de lipídios e apolipoproteínas, e assim se tornam drasticamente alteradas em tamanho e composição. Todos os mecanismos moleculares envolvidos nesses processos, bem como as proteínas envolvidas, serão descritas para cada classe de lipoproteínas.

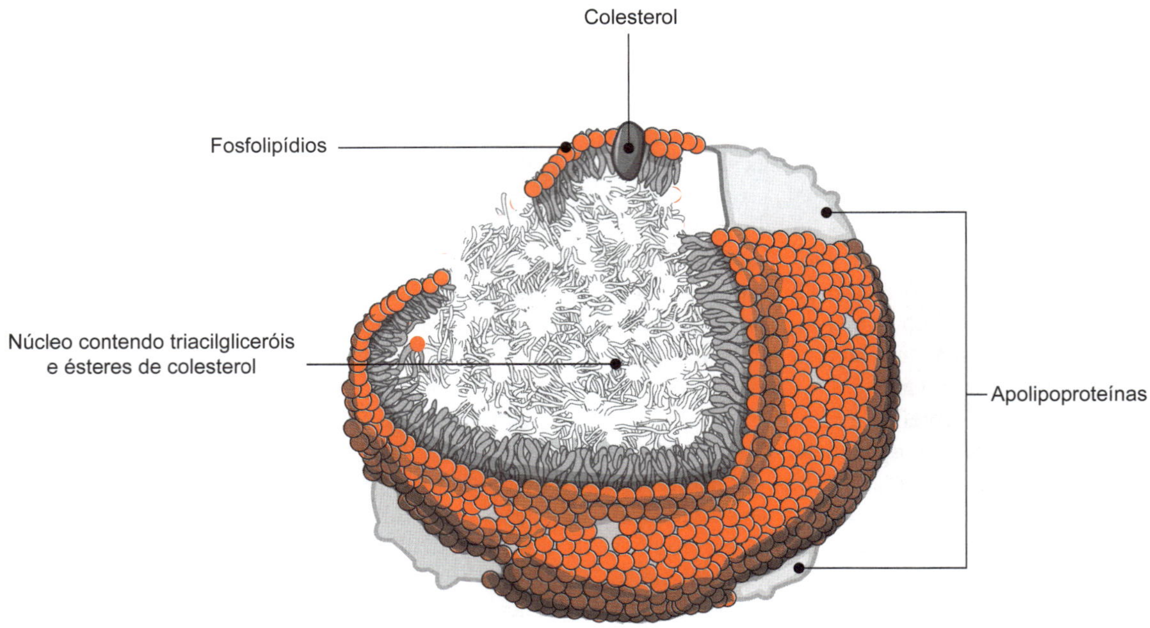


Figura 6.1 – Componentes estruturais de uma lipoproteína.

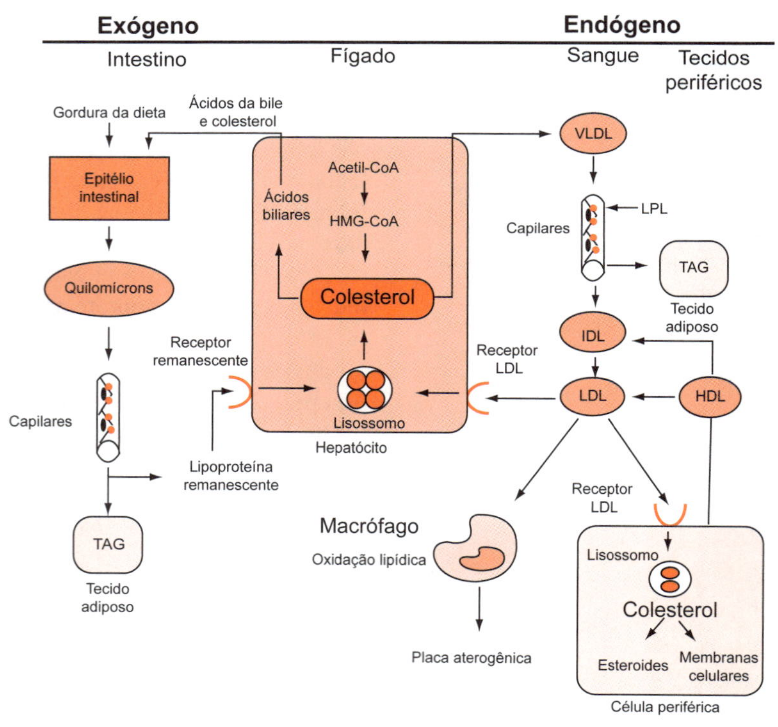


Figura 6.2 – Metabolismo simplificado das lipoproteínas.

Tabela 6.1 – Composição das proteínas no plasma sanguíneo

| Lipoproteína | Proteína % | Lipídios | | | |
|---|---|---|---|---|---|
| | | Total | Colesterol | Fosfolipídios | Triacilglicerol |
| Quilomicron | 1 | 99 | 4 | 7 | 66 |
| VLDL | 8 | 92 | 22 | 16 | 54 |
| LDL | 21 | 79 | 46 | 22 | 11 |
| Lp(a) | 36 | 64 | 37 | 18 | 9 |
| HDL | 50 | 50 | 20 | 26 | 4 |
| AGL-Albumina | 99 | 1 | 0 | 0 | 0 |

J. Nutr. 128:439S, 1998.

## 6.1.1 Quilomícrons

São partículas sintetizadas na mucosa intestinal e têm como função o transporte dos lipídios absorvidos da dieta e de vitaminas lipossolúveis (A, D, E, K), mobilizando lipídios exógenos para o fígado. Eles são secretados pelos enterócitos nos vasos linfáticos e entram na circulação através do duto torácico. Os quilomícrons são as maiores lipoproteínas presentes e, por apresentarem grande quantidade de lipídios, em especial TAG (cerca de 90%), apresentam a mais baixa densidade.

A apolipoproteína característica dessas partículas é a apoB-48, apesar de também apresentar outros tipos de apolipoproteínas, como apoA, apoC e apoE.

## 6.1.2 VLDL

São as partículas secretadas pelo fígado, após a síntese hepática de TAG e colesterol. Elas participam do transporte endógeno de lipídios, especialmente TAG, para tecidos extra-hepáticos, como o tecido adiposo ou o músculo esquelético, para armazenar ou produzir energia por meio da oxidação. Apresentam as apolipoproteínas apoB-100, apoC e apoE. Essas lipoproteínas possuem subclasses, que variam em tamanho e concentração de TAG, denominadas $VLDL_1$, as maiores e menos densas, $VLDL_2$ e $VLDL_3$, menores e mais densas. A importância dessa divisão é em virtude do diferente metabolismo que essas partículas apresentam, dando origem a diferentes tipos de LDL, com consequente relevância clínica. Pacientes com hipertriacilglicerolemia têm excesso nas concentrações de $VLDL_1$.[1]

## 6.1.3 IDL

Estas partículas são formadas após o metabolismo das VLDLs. Após a lipólise do TAG associado à VLDL e sua distribuição para os tecidos periféricos, elas são convertidas em IDL, que apresenta uma menor razão de TAG para colesterol. Essas partículas podem ser convertidas em LDL ou removidas pelo fígado. As apolipoproteínas presentes são as mesmas da VLDL. Essas partículas também apresentam subclasses: $IDL_1$, maiores e menos densas e $IDL_2$.[2] O significado clínico para o desenvolvimento de doenças vasculares dessa classe de lipoproteína ainda não está bem esclarecido.

## 6.1.4 LDL

Essas são as partículas responsáveis pelo transporte plasmático de colesterol para os tecidos. Assim como as IDLs, também se originam do metabolismo da VLDL, que, com sucessiva delipidação após distribuição de TAG para os tecidos, forma as IDLs e LDLs. As LDLs apresentam apenas a apolipoproteína B100, que é fundamental para a captação pelos tecidos, principalmente fígado, adrenais e tecido adiposo. Como para as outras classes de lipoproteínas, as LDLs também apresentam subclasses definidas; $LDL_1$, maiores e menos densas, $LDL_2$, intermediárias, e $LDL_3$, menores e mais densas,[1] sendo estas últimas consideradas as mais aterogênicas e com maior risco para o desenvolvimento de doenças cardiovasculares.[3] São essas as partículas conhecidas popularmente como "colesterol ruim" em virtude de seu papel no desenvolvimento da aterosclerose e de doenças vasculares.

### 6.1.5 HDL

Essa classe de lipoproteína é responsável pelo transporte reverso do colesterol, ou seja, atua removendo o colesterol das paredes de artérias de tecidos periféricos e transportando para o fígado, onde será excretado no trato intestinal incorporado à bile. Por essa razão, ao contrário das LDLs, as HDLs são chamadas de "colesterol bom". Têm grande importância clínica, pois há uma relação inversa entre sua concentração e o risco para o desenvolvimento de doenças vasculares.[4]

Essas partículas são secretadas pelo intestino e fígado na forma de uma partícula nascente, formada, inicialmente, pela apolipoproteína A-1, que, associada a quantidades pequenas de fosfolipídios, adquire uma forma discoide e absorve o colesterol das membranas plasmáticas. As subclasses de HDL são a HDL nascente, também conhecida como pré-β-HDL e, conforme a partícula adquire colesterol, torna-se menos densa e maior, caracterizando as outras subclasses, $HDL_3$ e $HDL_2$. Além da apoA, as HDLs também apresentam em sua composição apoE e apoC, que são obtidas de outras lipoproteínas no plasma.

### 6.1.6 Lipoproteína A

Uma nova classe de lipoproteína semelhante à LDL, mas caracterizada pela presença de apoA, que possui ligações dissulfídicas à apoB; possui similaridade com plasminogênio e está sendo considerada como fator independente para o desenvolvimento de doenças vasculares.

## 6.2 Secreção das lipoproteínas ricas em TAG

A secreção das lipoproteínas ricas em TAG e que apresentam apoB em sua composição, como quilomícrons e VLDL, apresenta processos semelhantes em sua montagem e secreção. Os quilomícrons são montados e secretados pelas células da mucosa intestinal, que utilizam lipídios da dieta como fonte, participando assim do transporte exógeno, enquanto as VLDLs são secretadas pelo fígado e transportam lipídios endógenos, ou seja, sintetizados pelo organismo.

A apoB ocorre em duas formas, apoB-100 e apoB-48.[5] A apoB-100 consiste em 4.536 aminoácidos, enquanto a apo-B48 corresponde a 48% da porção N-terminal da apoB-100. Ambas as proteínas são codificadas pelo mesmo gene,[6] e o RNAm da apoB-100 é editado por uma desaminase que converte o códon 2.153 em um códon de parada.[7] Em seres humanos, a apoB-100 está associada à secreção hepática de VLDL, enquanto a apoB-48 é secretada junto com os quilomícrons. No estado pós-prandial, há um aumento da secreção de quilomícrons pelos enterócitos, existindo uma relação entre a taxa de absorção de lipídios e o tamanho do quilomícron secretado.[8] A composição de ácidos graxos presentes no TAG secretado nessas partículas reflete a dos ácidos graxos da dieta,[9,10] enquanto a composição de fosfolipídios e ésteres de colesterol não reflete aquela da dieta.[10,11]

A montagem e a secreção dessas lipoproteínas dependem da síntese da apoB, seu principal componente estrutural, da disponibilidade de lipídios suficientes para a formação da monocamada (fosfatidilcolina e colesterol livre) e do núcleo lipídico central (triacilglicerol e éster de colesterol) e, ainda, da proteína de transferência de triacilglicerol microssomal (MTP), uma proteína intraluminal necessária para produzir a partícula dentro do retículo endoplasmático[12] e que participa da transferência de lipídios para a apoB.[13]

Esse processo de montagem tem início no retículo endoplasmático rugoso, com a associação de domínios da apoB com lipídios, sob mediação da MTP.[14] A translocação da apoB através da membrana do retículo endoplasmático depende de um peptídio sinal da proteína recém-sintetizada, que se liga a uma partícula de reconhecimento de sinal, ligando-se, assim, a proteínas na membrana do retículo. A aquisição de lipídios ocorre simultaneamente durante a tradução da apoB,[15] uma vez que apoBs pequenas e truncadas montam uma lipoproteína rica em fosfolipídios. Além disso, com o aumento do comprimento da apoB, a quantidade de triacilglicerol aumenta.[16]

A apoB pode ser direcionada para a montagem ou a degradação da lipoproteína enquanto estiver associada ao ribossomo durante o processo de montagem.[14] Dessa forma, a transferência de lipídios é essencial para direcionar a apoB para a secreção e não para a degradação proteassomal. Cerca de 50% a 60% das apoBs recém-sintetizadas são degradadas após vinte a sessenta minutos no retículo endoplasmático. A degradação ocorre em virtude da falta da disponibilidade de lipídios ou deficiência de MTP.

Esse modelo de montagem das lipoproteínas propõe que o TAG se torne associado à apoB em dois estágios distintos do processo de montagem.[17] No primeiro, dependente da atividade da MTP, uma pequena quantidade de TAG associa-se à apoB durante sua tradução e translocação na membrana do retículo endoplasmático rugoso. A maior parte do TAG, no entanto, é transferida para a apoB durante a segunda fase do processo de montagem, quando há uma adição de lipídios no retículo endoplasmático liso. A seguir, a apoB é transferida para o complexo de Golgi, onde recebe mais lipídios. Enfim, a apoB recém-sintetizada na membrana do retículo forma um precursor lipoproteico de maior densidade, como HDL, que, depois, recebe mais moléculas de lipídios para ser, portanto, secretado como VLDL ou quilomícron.

A seguir, na Tabela 6.2, encontram-se algumas das características estruturais das diversas lipoproteínas.

Tabela 6.2 – Propriedades e composição das lipoproteínas do plasma humano

| Propriedades e composição | Classe de Lipoproteínas | | | |
|---|---|---|---|---|
| | Quilomicrons | VLDLs | LDLs | HDLs |
| Tamanho (A°) | 750-12,000 | 300-700 | 180-300 | 50-120 |
| Densidade (g/ml) | 0,94 | 0,94-1.006 | 1.019-1.063 | 1.063-1.21 |
| Triacilglicerol (% total) | 80-95 | 45-65 | 4-8 | 2-7 |
| Fosfolipídios (% total) | 3-6 | 15-20 | 18-24 | 26-32 |
| Colesterol livre (% total) | 1-3 | 4-8 | 6-8 | 3-5 |
| Colesterol esterificado (% total) | 2-4 | 16-22 | 45-50 | 15-20 |
| Proteínas (% total) | 1-2 | 6-10 | 18-22 | 45-55 |
| Apoproteínas principais | A-I; A-IV; B; C-I; C-III; E | B; E; C-I; C-II; C-III | B | A-I; A-II; E |
| Apoproteínas secundárias | A-II; CII | A-I; A-II; A-IV | C-I; C-II; C-III; E | C-I; C-II; C-III; D; E |

## 6.2.1 Mobilização lipídica para a secreção das lipoproteínas

Quanto à origem do *pool* de TAG utilizado para a secreção das lipoproteínas, sabe-se que a maioria do TAG a ser secretado deriva de uma via indireta, que envolve mobilização lipolítica do *pool* estocado e reesterificação dos ácidos graxos liberados no lúmen do retículo.[18] A hidrólise de TAG citosólico é o primeiro passo para que os ácidos graxos sejam secretados nas lipoproteínas. Essa hidrólise é incompleta até diacilglicerol (DAG), que é reesterificado em TAG e secretado com as lipoproteínas.[19] A lipólise do TAG intracelular hepático depende da atividade do triacilglicerol hidrolase.[20] Pelo menos 70% do TAG secretado nas VLDLs derivam dessa rota de lipólise-reesterificação.

Após a lipólise do triacilglicerol hepático, os ácidos graxos precisam atravessar a membrana do retículo endoplasmático para a montagem da VLDL. Existe a carnitina aciltransferase, responsável pelo transporte de ácidos graxos para o lúmen do retículo endoplasmático para ali serem reesterificados com DAG.[21]

Existem duas isoformas de enzima diacilglicerol aciltransferase (DGAT), responsável pela síntese de TAG: DGAT-1, presente na face citossólica do retículo endoplasmático, que participa da síntese de TAG para armazenamento, e DGAT-2, presente na face luminal, sintetizando TAG para a secreção como VLDL.[22,23]

A disponibilidade de ésteres de colesterol, sintetizados pela enzima acil-CoA aciltransferase (ACAT), localizada no retículo endoplasmático, é um dos requisitos para a secreção das VLDLs.[24] Os ésteres de colesterol são substratos importantes para a MTP e protegem a apoB da degradação. Também existem duas isoformas para essa enzima, ACAT-1 e ACAT-2,[25] sendo ACAT-2 a responsável pela síntese de ésteres de colesterol que serão secretados na VLDL.[26]

Após a secreção dessas lipoproteínas na circulação, elas obtêm as apolipoproteínas C e E por meio de interações com a HDL e são direcionadas para os tecidos periféricos, onde sofrerão catabolismo, como detalhado a seguir.

## 6.3 Metabolismo das lipoproteínas ricas em TAG

O primeiro passo no catabolismo de quilomícrons e VLDL é a remoção do TAG por meio da hidrólise promovida pela enzima lipase lipoproteica (LPL), que está presente na parede dos capilares de tecidos, como o muscular e o adiposo. A apoC-II tem papel fundamental nesse processo, pois ativa a LPL, liberando durante o processo de hidrólise de ácidos graxos livres para os tecidos, enquanto as apoA e apoC são transferidas para as HDLs, evitando uma contínua hidrólise do TAG. O conteúdo remanescente de quilomícron, que agora contém, sobretudo, colesterol, apoE e apoB-48, é direcionado ao fígado, onde, com o auxílio da apoE, será captado por receptores específicos.

Da mesma forma, as VLDLs secretadas pelo fígado também sofrem a ação da LPL e, com a perda de TAG e da transferência de apoC e HDL, são convertidas em uma nova classe de lipoproteína, a IDL.

As IDLs conservam a apoB-100 e parte das apoC e apoE. Elas podem ser captadas no fígado pela ação do receptor hepático LRP, dependente da presença de apoE ou, sobre tudo, por meio do receptor de LDL (LDLR), que é reconhecido tanto pela apoB como pela apoE; por isso, também é conhecido como receptor para apoB-100/apoE. Uma parte das IDLs não é captada pelo fígado e permanece no plasma, onde, na sequência, sofre hidrólise pela ação de outra lipase, a lipase hepática, com perda das apoC e apoE, que serão convertidas em partícula enriquecida em colesterol, a LDL.

Elas constituem uma reserva circulante de colesterol no organismo, permanecendo no plasma por dois a três dias. Quando há necessidade de colesterol nas células, elas expressam o LDLR em sua membrana, que é captado por endocitose. A concentração de LDL no plasma é fator de risco para o desenvolvimento de doenças vasculares; sua concentração plasmática depende tanto da taxa de produção como da sua captação. A regulação exata desses processos é necessária e, quando há um desequilíbrio, desenvolve-se um quadro de hipercolesterolemia. Grande parte das LDLs, cerca de 75%, são captadas pelo LDLR no fígado, onde o colesterol é utilizado para a síntese de ácidos biliares.

Sabe-se que o metabolismo dessas lipoproteínas é um processo dinâmico, onde ocorrem interações entre as diversas classes de lipoproteínas. Uma proteína importante nesse processo de remodelamento das lipoproteínas é a que transfere ésteres de colesterol (CETP). Ela está presente no plasma, sobretudo, associada com HDL, e tem como função permitir a transferência de lipídios neutros, TAG e ésteres de colesterol, entre as diferentes classes de lipoproteínas plasmáticas. A transferência de TAG ocorre das partículas ricas em TAG, especialmente VLDLs, para aquelas ricas em ésteres de colesterol, principalmente HDLs. Da mesma forma, ésteres de colesterol são transferidos das HDLs para as VLDLs em troca.

É importante notar que o metabolismo das lipoproteínas depende da composição dessas partículas. Conforme já mencionado, as diversas classes de lipoproteínas apresentam subclasses, possuindo um catabolismo diferente. O tamanho das VLDLs secretadas pelo fígado relaciona-se aos tipos de LDL, notadamente as VLDLs maiores, conhecidas como $VLDL_1$, ricas em triacilglicerol e que originam LDLs pequenas e densas, com maior potencial aterogênico,[27] enquanto as $VLDL_2$, menores, induzem a formação de LDL de densidades inferiores.[28,29]

Evidências sugerem que as LDLs menores e mais densas são mais aterogênicas [3,30,31,32] e se relacionam diretamente com a concentração plasmática de TAG.[6,29,44,49]

O destino catabólico da VLDL depende do tamanho da partícula; em geral, as partículas maiores, com maiores concentrações de TAG, sofrem catabolismo mais rápido pela LPL e captação final por outros receptores, apresentando menor tempo de permanência no plasma.[33] Diferentes subfrações de VLDL apresentam afinidade diferente para a hidrólise pela LPL do tecido adiposo. As partículas de VLDL maiores e mais ricas em TAG são hidrolisadas mais rapidamente pela LPL[34] e possuem diferenças nas concentrações de apoC-II e apoC-III, favorecendo uma remoção mais rápida da circulação.[35] O tamanho da partícula de VLDL é também fator determinante na troca de apolipoproteínas, uma vez que a apoE permanece mais associada em partículas de tamanhos maiores, mais ricas em TAG.[36]

A presença de diferentes tipos de apolipoproteínas altera, significativamente, a regulação do metabolismo das lipoproteínas. Camundongos transgênicos para apoC-III e apoC-I desenvolvem um estado de hipertriacilglicerolemia em razão de um defeito na remoção de TAG.[37,38,39] Isso ocorre em virtude da ação inibitória dessas apolipoproteínas sobre a LPL.[40,41] A apolipoproteína E também participa da regulação da montagem e secreção da VLDL.[42,43]

O tamanho das VLDLs secretadas influencia a distribuição das apolipoproteínas,[36] sendo possível observar uma modificação na composição da VLDL secretada, mais rica em colesterol nos animais desnervados. Sabe-se que a composição das VLDLs, tanto na fração lipídica como nos tipos de apolipoproteínas, afeta o metabolismo dessas partículas e pode contribuir para as diferentes concentrações plasmáticas de TAG e colesterol observados nesse estudo. Assim, como as VLDLs secretadas pelos animais desnervados eram relativamente mais ricas em colesterol do que TAG, a composição de outras apolipoproteínas pode estar modificada, o que contribuiria para as diferenças que foram observadas nas concentrações plasmáticas de TAG e colesterol, que estiveram elevadas nesse grupo de animais.

As $VLDLs_1$ associadas ao estado de hipertriacilglicerolemia também são substratos melhores para a ação da CETP, tornando-se, assim, enriquecidas em ésteres de colesterol, que, com seu catabolismo, gerará LDLs pequenas e densas. Ao mesmo tempo, com concentrações elevadas de TAG na circulação, a CETP promove uma diminuição na HDL plasmática.

## 6.4 Síntese de HDL e transporte reverso do colesterol

A HDL participa do transporte de colesterol no sentido centrípeto, ou seja, dos tecidos periféricos para o fígado. A apoA-I, principal apolipoproteína presente na HDL, é sintetizada no fígado e no intestino. A apoA-I é secretada junto com uma pequena quantidade de fosfolipídios, desprovida de colesterol e denominada pré-β HDL. Essa partícula é responsável pela captação de colesterol dos tecidos periféricos, processo dependente da ação da proteína ABC-1.[44] Essa proteína faz parte de uma família de proteínas transmembrana, responsável pelo transporte de diversos substratos. No caso, a ABC-1 disponibiliza o colesterol para o lado externo da membrana plasmática dos tecidos, onde será sequestrado pela pré-β HDL nascente. Esse processo é dependente da hidrólise de ATP.

A seguir, começa o processo de amadurecimento, no qual as HDLs são convertidas em partículas esféricas por meio do acúmulo de ésteres de colesterol. A enzima lecitina colesterol aciltransferase (LCAT), associada à HDL, participa da esterificação de colesterol que entra no núcleo da partícula, e a apoA-I ativa a enzima LCAT. Com o acúmulo de ésteres de colesterol, a partícula torna-se maior e passa a ser denominada $HDL_3$, que segue aceitando colesterol e fosfolipídios, aumentando de tamanho, convertendo-se em $HDL_2$ e transportando o colesterol para o fígado. As HDLs sofrem a ação da CETP, promovendo a transferência de ésteres de colesterol para as lipoproteínas que contém apoB, ao mesmo tempo em que adquirem TAG dessas partículas.

O processo de catabolismo das partículas de HDL envolve uma via direta e outra indireta.[45] Na indireta, ocorre a transferência de colesterol para as lipoproteínas ricas em TAG (VLDL, IDL, LDL) pela mediação da CETP, que, então, será removido, sobretudo, pelo LDLR. No caso da captação direta, há o receptor SR-BI em hepatócitos, que se liga à HDL e participa da remoção do éster de colesterol, sem haver a degradação da apoA-I. Dessa forma, a apoA-I, agora depletada de colesterol, pode novamente entrar na circulação e participar da remoção de mais colesterol dos tecidos periféricos.

O TAG da partícula de HDL é removido pela ação da lipase hepática, transformando a partícula de $HDL_2$ em $HDL_3$, que sofrerá a perda da apoA-I, estando novamente pronta para o reinício do ciclo.

## 6.5 Modificações causadas pelo exercício

A prática de exercício físico é recomendada como uma terapia simples e eficaz tanto na prevenção como no tratamento de doenças vasculares associadas com altas concentrações de lipoproteínas.

Em virtude do impacto positivo que o exercício promove no metabolismo das lipoproteínas, é necessário o entendimento da quantidade e da intensidade necessária de exercício para a promoção dessas mudanças. Dessa forma, o estudo das relações entre diferentes tipos de treinamento e lipoproteínas, assim como os possíveis efeitos do destreinamento, passa a ser considerado.

Para a avaliação do melhor programa de treinamento que causaria modificações nas classes de lipoproteínas, Kraus et al.[46] subdividiram pessoas sedentárias e com excesso de peso em três diferentes grupos, cada um praticando exercícios por oito meses:

- Alto volume, intensidade alta (equivalente a uma corrida de 32 km/semana de 65% a 80% do $VO_2$máx).
- Baixo volume, intensidade alta (equivalente a uma corrida de 19 km/semana de 65% a 80% do $VO_2$máx).
- Baixo volume, intensidade moderada (equivalente a uma corrida de 19 km/semana de 40% a 55% do $VO_2$máx).

Os resultados obtidos indicam modificações nas subfrações de lipoproteínas encontradas entre os diferentes grupos. As pessoas que praticaram exercícios em altos volumes tiveram concentrações de LDL pequenas e TAG e VLDL grandes, diminuídas, mas aumentaram o tamanho médio das partículas de LDL e as concentrações de HDL. A maior contribuição para essas modificações é o volume de exercício realizado ao invés da intensidade em que foi praticado. Mudanças na massa corporal são encontradas com a prática de exercício físico e relacionadas com as mudanças encontradas nas lipoproteínas. Nesse estudo, no entanto, as diferenças de massa corporal foram muito pequenas, indicando que não foi esse fator o responsável pelas mudanças encontradas. Os grupos de alta intensidade apresentaram a mesma mudança na aptidão física, demonstrada pelo consumo de oxigênio, mas apenas aqueles que praticaram maiores volumes de exercício foram capazes de modificar, favoravelmente, as classes de lipoproteínas, ao mesmo tempo em que pequenos volumes de exercício proporcionaram as mesmas modificações no perfil lipídico, tanto quando realizadas em intensidades altas ou moderadas.

Confirmando os achados desse trabalho, Duncan et al.[47] também observaram o efeito do volume de exercício praticado sobre as lipoproteínas. No caso, apenas pessoas que praticaram o exercício em alta intensidade, com uma frequência alta, ou seja, um maior volume de exercício praticado, obtiveram aumento significativo nas concentrações de HDL após seis meses de treinamento.

Da mesma maneira, outro estudo[48] verificou o efeito que o destreinamento causaria no perfil lipoproteico de pessoas treinadas em diferentes intensidades e quantidades de exercício. Os grupos estudados foram:

- Altos volumes = 2.000 kcal gastas por semana (23 kcal/kg massa/semana).
- Baixos volumes = 1.200 kcal gastas por semana (14 kcal/kg massa/semana).
- Intensidade moderada = 40% a 55% do $VO_2$máx.
- Intensidade alta = 65% a 80% do $VO_2$máx.

Nesses estudos, realizados em pessoas com excesso de peso, observou-se que exercícios de intensidade moderada promoveram uma maior redução nas concentrações de TAG e VLDL-TAG, assim como nas concentrações de VLDL maiores. Na intensidade moderada, ao contrário de intensidade intensa, esses efeitos se mantiveram por mais tempo (até 14 dias) após as pessoas pararem de treinar. No caso do metabolismo da HDL, o exercício de alta intensidade e grande volume promoveu aumento nas concentrações de HDL e de seu tamanho que se manteve por 14 dias após o treinamento. Esse efeito também é evidente em pessoas que praticaram exercício em menores volumes. O exercício preveniu mudanças negativas no perfil de LDL, como aumento das concentrações e da fração de LDL menores que ocorreram em pessoas que permanecem sedentárias e, mesmo após 14 dias sem treinamento, os efeitos se mantiveram. O diagnóstico das anormalidades no metabolismo de lipoproteínas é importante, de modo a maximizar os efeitos desejados. Um treinamento com grande quantidade é recomendável para aumentar as concentrações de HDL. Para o quadro de hipertriacilglicerolemia, recomenda-se a prática de exercícios de intensidades moderadas.

Já foram observadas reduções em TAG e aumento das HDL após uma única sessão de exercício. Ferguson et al.[49] avaliaram quatro diferentes sessões agudas de exercício em pessoas treinadas, com diferentes quantidades de gasto calórico, para verificar o limiar necessário a provocar alterações nas lipoproteínas. Foram realizadas sessões a 70% do $VO_2$máx com gastos de 800, 1.100, 1.300 e 1.500 kcal. As concentrações de TAG estavam reduzidas 24 horas após o exercício em todos os grupos, mas só se mantiveram nesses valores reduzidos por 48 horas com o gasto de 1.500 kcal. O mesmo ocorreu para as concentrações de VLDL-colesterol, indicando que maior gasto energético é necessário para a manutenção de concentrações reduzidas dessas frações aterogênicas. O aumento de HDL observado após 24 horas só ocorreu em sessões de exercício com gasto acima de 800 kcal, e a sessão de 1.500

kcal foi a única que permitiu um aumento na HDL imediatamente após o exercício, incluindo aumento na fração de $HDL_2$. A atividade da enzima LPL aumentou em sessões acima de 1.100 kcal. Em relação às concentrações de LDL, gastos de 1.300 e 1.500 kcal causaram uma redução nessas lipoproteínas.

Esses estudos deixam claro que as mudanças nas classes de lipoproteínas dependem de intensidade, frequência e, em especial, volume de exercício realizado.

Em virtude da grande variação nos estudos relacionando exercícios de diferentes intensidades com o perfil lipoproteico, o grupo de Kelley fez uma revisão ampla de vários estudos controlados usando o método estatístico quantitativo da metanálise, de modo a avaliar qual o efeito do exercício aeróbico sobre classes de lipoproteínas em diferentes grupos de indivíduos, incluindo mulheres, crianças e obesos.

Em indivíduos obesos, com IMC $\geq$ 26 kg/m$^2$, a prática de exercício físico aeróbico foi capaz de reduzir apenas as concentrações de TAG após a análise estatística. Em relação às concentrações de HDL, apesar de não serem observados aumentos significativos em pessoas obesas, pode-se obter uma relação entre diminuição no peso corporal e aumento do $VO_2$máx com maiores concentrações de HDL. Da mesma forma, o exercício aeróbico promove, ao reduzir o peso corporal, diminuições nas concentrações de LDL nesses indivíduos. Embora o exercício *per se* possa não modificar as concentrações de LDL, os subtipos dessas partículas sofrem alterações. Em pessoas obesas, a prática de exercício aumenta as concentrações de LDL maiores e menos densas, mesmo sem mudanças nas concentrações de colesterol total.

Outro grupo importante para o qual a prática de exercício aeróbico é recomendável é o de pacientes com diabetes tipo 2. Esse grupo apresenta maiores concentrações de LDL, em especial, menores e mais densas, maiores concentrações de TAG e menores de HDL. Nesses pacientes específicos, houve uma redução de 5% nas concentrações de LDL, com grande importância clínica para a redução da mortalidade de doenças vasculares.

Em indivíduos hipercolesterolêmicos, com o treinamento, observam-se menos LDLs pequenas e densas, substituídas por LDLs grandes e menos densas.[50]

Não foram observadas, em crianças, melhoras significativas em diversas classes de lipoproteínas após a prática de exercícios aeróbicos. Apenas para TAG foram encontradas tendências a reduções significativas, quando foram examinadas crianças com excesso de peso ou obesas. Nessas mesmas crianças, ocorre um aumento na HDL promovido pelo exercício. Outras conclusões são obtidas: o maior aumento nas concentrações de HDL ocorre quando as concentrações iniciais são menores; há reduções na LDL em crianças mais velhas; e as intensidades de exercícios maiores reduzem mais LDL. O exercício aeróbico em crianças tem diversos outros benefícios, como redução da gordura corporal e aumento do $VO_2$máx, diminuindo, assim, o risco para o desenvolvimento de doenças vasculares, apesar de, praticamente, não serem observadas diferenças nas concentrações de lipoproteínas.

Outro estudo teve como objetivo a avaliação de exercício em mulheres. Foi muito eficaz, pois promoveu uma redução nas concentrações de colesterol total, LDL e TAG, e ainda promoveu um aumento significativo nas concentrações de HDL.

A variação encontrada entre os diversos estudos deve-se ao fato de que alguns fatores, como a intensidade do exercício, duração e gasto energético, além dos valores iniciais das lipoproteínas, podem influenciar o efeito do exercício. De qualquer forma, existe uma relação clara entre a prática de um exercício aeróbico com a redução das classes de lipoproteínas aterogênicas, reduzindo o risco para o desenvolvimento de doenças cardiovasculares.

Segundo as recomendações da Sociedade Brasileira de Cardiologia, "o programa de treinamento físico, para a prevenção ou para a reabilitação, deve incluir exercícios aeróbicos, tais como caminhadas, corridas leves, ciclismo, natação. Os exercícios devem ser realizados de três a seis vezes por semana, em sessões de duração de trinta a sessenta minutos. Nas atividades aeróbicas, recomenda-se como intensidade a zona-alvo situada entre 60% e 80% da frequência cardíaca máxima (FCmáx), estimada em teste ergométrico.".

Dessa forma, podemos observar que, realmente, existe uma relação direta entre a prática de exercício, em especial aeróbico, e as concentrações das classes de lipoproteínas. É interessante também avaliar os mecanismos responsáveis por essas modificações.

O exercício é capaz de aumentar as concentrações de $HDL_2$, bem como apoA-I, em indivíduos treinados. Uma única sessão de exercício foi capaz de aumentar o pré-β HDL, em razão do aumento do transporte reverso do colesterol. Ao mesmo tempo, a maturação da partícula de HDL é maior em atletas, pois possuem uma maior atividade da enzima LCAT. Uma única sessão de exercício (duas horas a 60% do $VO_2$máx) é capaz de provocar mudanças favoráveis no perfil lipoproteico. As concentrações de VLDL-TAG e apoB estavam reduzidas após o exercício, assim como o catabolismo da VLDL esteve aumentado, apesar de haver também um aumento na IDL.[51]

O exercício também é aconselhável para a diminuição da lipemia pós-prandial, quando estão presentes grandes concentrações plasmáticas de TAG associadas à VLDL e aos quilomícrons. Dessa forma, durante esse período, deve-se procurar aumentar a captação dessas lipoproteínas por meio da ativação da enzima LPL ou diminuir a secreção hepática de VLDL. A recomendação proposta para a atenuação da lipemia pós-prandial inclui a prática de uma atividade aeróbica de intensidade moderada e gasto energético de, pelo menos, 500 kcal, realizado até noventa minutos após a ingestão.[52]

A atividade contrátil do músculo durante a atividade física estimula a LPL, bem como os hormônios, já que as catecolaminas participam na regulação dessa enzima, estimulando-a durante o exercício. As VLDLs têm papel importante no exercício físico, pois entregam ácidos graxos para o músculo em atividade, além de também participarem da reposição de TAG intramuscular utilizado durante a atividade contrátil.

O aumento da atividade enzimática da LPL favorece um maior catabolismo das lipoproteínas ricas em TAG e a formação de menos partículas de LDL, elevando a produção de HDL nascente, além do aumento da LCAT e da diminuição da atividade da lipase hepática, que favorecem a formação de HDL. A redução de atividade da proteína CETP, associada a reduções na atividade da lipase hepática com o exercício aeróbico, também parece ocorrer, permitindo uma prevenção na formação das LDLs pequenas e densas. A menor transferência de TAG das VLDLs para HDL e LDL permite que essas partículas não sofram lipólise pela lipase hepática, impedindo assim a formação de LDLs pequenas e permitindo que as concentrações de HDL não sejam reduzidas.

## 6.5.1 Treinamento de resistência

Existem poucos trabalhos relacionando o treinamento de resistência ao perfil lipoproteico. Não parece haver melhora nas concentrações das lipoproteínas na maioria dos estudos; o treinamento de força por vinte semanas, três vezes por semana, com 10 a 15 repetições máximas por exercício, não propiciou mudanças significativas no perfil lipídico em comparação ao exercício aeróbico.[53] Também não foram encontradas mudanças nas concentrações de HDL e LDL em mulheres obesas participando de um treinamento de força com duas séries de seis a oito repetições, três vezes por semana, durante 12 semanas.[54]

Outros estudos encontraram modificações nas lipoproteínas com esse tipo de treinamento. Pessoas saudáveis realizando treinamento de hipertrofia apresentaram aumento nas concentrações de HDL, bem como na atividade da LCAT.[55]

No entanto, em um estudo realizado com mulheres, o treinamento de resistência diminuiu as concentrações de colesterol total e LDL, sem causar modificações expressivas na composição corporal ou na porcentagem de gordura. As concentrações de TAG e HDL não se modificaram com esse tipo de exercício.[56]

## 6.5.2 Exercício intermitente

O efeito da prática de um exercício intermitente sobre as lipoproteínas foi alvo de estudo em poucos trabalhos comparados àqueles utilizando exercício contínuo. Gill et al.[57] demonstraram que tanto o exercício contínuo como o intermitente foram capazes de atenuar a lipemia pós-prandial em pessoas hipercolesterolêmicas. Um estudo de Altena et al.[58], comparando diferentes tipos de exercício, concluiu que atividade intermitente de intensidade moderada produz uma redução na lipemia em pessoas normolipidêmicas. O gasto calórico foi o mesmo durante o exercício contínuo e intermitente, apesar de apenas o exercício intermitente ter sido capaz de reduzir significativamente a lipemia pós-prandial. A prática de exercício intermitente em intensidade moderada modifica as concentrações das diferentes classes de lipoproteínas.[59] Observa-se uma mudança de subfrações de lipoproteínas aterogênicas, como LDLs pequenas para lipoproteínas maiores, menos aterogênicas.

Em relação ao mecanismo responsável por essas mudanças, não são observadas mudanças na atividade da LPL promovidas pelo exercício intermitente. Outra possível alteração provocada pelo exercício intermitente responsável pela redução das lipoproteínas é o consumo de oxigênio pós-exercício (EPOC). Almuzaini et al.[60] demonstraram EPOC 40% maior ao comparar duas sessões de ciclismo por 15 minutos com uma única sessão por 30 minutos.

## 6.5.3 Lipoproteína A

A Lp(A) é considerada fator independente de risco para o desenvolvimento de doenças vasculares, quando suas concentrações estão acima de 30mg/dl. Assim, é importante notar a influência que diversos tipos de exercício podem ter nas concentrações dessa classe de lipoproteínas. A grande maioria dos estudos não conseguiu demonstrar qualquer relação entre as concentrações de Lp(A) e a prática de atividade física, nem com outras variáveis como capacidade aeróbica, intensidade de treinamento, composição corporal ou concentrações de outras lipoproteínas. O exercício moderado parece não influenciar a concentração de Lp(A), enquanto altera favoravelmente as outras classes de lipoproteínas, como HDL e LDL. Apenas em crianças consegue-se observar uma relação inversa entre as concentrações de Lp(A) e exercício físico. No entanto, ainda são poucos os estudos demonstrando tal relação e ainda não se pode explicar tais resultados.

No entanto, as concentrações de Lp(A) aumentam com a prática de exercícios de alta intensidade por um longo período (9 a 12 meses). Esses aumentos são modestos, não alcançando as concentrações consideradas de risco para o desenvolvimento de doenças vasculares. Dessa forma, são necessários mais estudos para avaliar o possível aumento em pessoas treinadas com o risco aumentado desse tipo de doença. Uma única sessão de exercício não é capaz de alterar as concentrações de Lp(A), indicando que essa lipoproteínas não apresenta uma regulação aguda pelo exercício.

# Referências


1. Packard CJ, Shepherd J. Lipoprotein heterogeneity and apolipoprotein B metabolism. Arterioscler Thromb Vasc Biol. 1997;17:3.542-56.

2. Musliner TA, Giotas C, Krauss RM. Presence of multiple subpopulations of lipoproteins of intermediate density in normal subjects. Arteriosclerosis. 1986;6:79-87.

3. Austin MA, Breslow JL, Hennekens CH, Buring JE, Willett WC, Krauss RM. Low-density lipoprotein subclass patterns and risk of myocardial infarction. JAMA. 1988;260:1.917-21.

4. Gordon DJ, Rifkind BM. High-density lipoprotein: the clinical implications of recent studies. N Engl J Med. 1989;321:1.311-6.

5. Kane JP, Hardman DA, Paulus HE. Heterogeneity of apolipoprotein B: isolation of a new species from human chylomicrons. Proc Natl Acad Sci USA. 1980;77:2.465-9.

6. Innerarity TL, Boren J, Yamanaka S, Olofsson SO. Biosynthesis of apolipoprotein B48 containing lipoprotein. Regulation by novel post-transcriptional mechanisms. J Biol Chem. 1996;271:2.353-6.

7. Powel LM, Wallis SC, Pease RJ, Edwards YH, Knott TJ, Scott J. A novel form of tissue specific RNA processing produces apolipoprotein B48 in intestine. Cell. 1987;50:831-40.

8. Redgrave TG, Dunne KB. Chylomicron formation and composition in unanaesthetised rabbits. Atherosclerosis. 1975;22:389-400.

9. Parks JS, Atkinson D, Small DM, Rudel LL. Physical characterization of lymph chylomicrons and very low density lipoproteins from nonhuman primates fed saturated dietary fat. J Biol Chem. 1981;256:12.992-9.

10. Zilversmit DB. Formation and transport of chylomicrons. Fed Proc. 1967;26:1.599-605.

11. Whyte M, Karmen A, Goodman DS. Fatty acid esterification and chylomicron formation during fat absorption. 2. phospholipids. J Lipid Res. 1963;4:322-9.

12. Gordon DA. Recent advances in elucidating the role of the microsomal triglyceride transfer protein in apolipoprotein B lipoprotein assembly. Curr Opin Lipidol. 1997;8:131-7.

13. Wetterau JR, Lin MC, Jamil H. Microsomal triglyceride transfer protein. Biochim Biophys Acta. 1997;1.345:136-50.

14. Mitchell DM, Zhou M, Pariyarath R, Wang H, Aitchison JD, Ginsberg HN, et al. Apoprotein B100 has a prolonged interaction with the translocon during which its lipidation and translocation change from dependence on the microsomal triglyceride transfer protein to independence. Proc Natl Acad Sci USA. 1998;95:14.733-8.

15. Davis RA. Cell and molecular biology of the assembly and secretion of apolipoprotein B-containing lipoproteins by the liver. Biochim Biophys Acta. 1999;1.440:1-31.

16. Rusinol AE, Jamil H, Vance JE. In vitro reconstitution of assembly of apolipoprotein B48-containing lipoproteins. J Biol Chem. 1997;272:8.019-25.

17. Shelness GS, Sellers JA. Very-low-density lipoprotein assembly and secretion. Curr Opin Lipidol. 2001;12:151-7.

18. Gibbons GF, Bartlett SM, Sparks CE, Sparks JD. Extracellular fatty acids are not utilized directly for the synthesis of very low density lipoprotein in primary cultures of rat hepatocytes. Biochem J. 1992;287:749-53.

19. Yang LY, Kuksis A, Myher JJ, Steiner G. Origin of triacylglycerol moiety of plasma very low density lipoprotein in the rat: structural studies. J Lipid Res. 1995;36:125-36.

20. Gilham D, Ho S, Rasouli M, Martres P, Vance DE, Lehner R. Inhibitors of hepatic microsomal triacylglycerol hydrolase decrease very low density lipoprotein secretion. Faseb J. 2003;17:1.685-7.

21. Zammit VA. Carnitine acyltransferases: functional significance of subcellular distribution and membrane topology. Prog Lipid Res. 1999;38:199-224.

22. Owen MR, Orstorphine CC, Zammit VA. Overt and latent activities of diacylglycerol acytransferase in rat liver microsomes: possible roles in very-low-density lipoprotein triacylglycerol secretion. Biochem J. 1997;323:17-21.

23. Owen MR. Evidence for overt and latent forms of DGAT in rat liver microsomes. Implications for the pathways of triacylglycerol incorporation into VLDL. Biochem Soc Trans. 1997;25:21S.

24. Buhman KF, Accad M, Farese RV. Mammalian acyl-CoA:cholesterol acyltransferases. Biochim Biophys Acta. 2000;1.529:142-54.

25. Chang TY, Chang CC, Lin S, Yu C, Li BL, Miyazaki A. Roles of acyl-coenzyme A: cholesterol acyltransferase-1 and 2. Curr Opin Lipidol. 2001;12:289-96.

26. Lee RG, Shah R, Sawyer JK, Hamilton RL, Parks JS, Rudel LL. ACAT2 contributes cholesteryl esters to newly secreted VLDL, whereas LCAT adds cholesteryl ester to LDL in mice. J Lipid Res. 2005;46:1.205-12.

27. Ambrosch A, Muhlen I, Kopf D, et al. LDL size distribution in relation to insulin sensitivity and lipoprotein pattern in young and healthy subjects. Diabetes Care. 1998;21:2.077-84.

28. Ikewaki K, Tohyama J, Nakata Y, Wakikawa T, Kido T, Mochizuki S. Fenofibrate effectively reduces remnants, and small dense LDL, and increases HDL particle number in hypertriglyceridemic men - a nuclear magnetic resonance study. J Atheroscler Thromb. 2004;11:278-85.

29. Koba S, Murayama S, Kotani T, Tsunoda F, Iso Y, Ban Y, et al. Small dense LDL phenotype is associated with postprandial increases of large VLDL and remnant-like particles in patients with acute myocardial infarction. Atherosclerosis. 2003;170:131-40.

30. Koba S, Hirano T, Kondo T, Shibata M, Suzuki H, Murakami M, et al. Significance of small dense low-density lipoproteins and other risk factors in patients with various types of coronary heart disease. Am Heart J. 2002;144:1.026-35.

31. Lamarche B, Lemieux B, Despres JP. The small, dense LDL phenotype and the risk of coronary heart disease: epidemiology, patho-physiology and therapeutic aspects. Diabetes Metab. 1999;25:199-211.

32. Packard CJ, Caslake M. The role of small, dense low density lipoprotein (LDL): a new look. Int J Cardiol. 2000;74:S17-22.

33. Windler E, Greeve J, Robenek H, Rinninger F, Greten H, Jackle S. Differences in the mechanisms of uptake and endocytosis of small and large chylomicron remnants by rat liver. Hepatology. 1996;24:344-51.

34. Shepherd J, Packard CJ. Metabolic heterogeneity in very low density lipoproteins. Am Heart J. 1987;113:503-8.

35. Fisher EA, Zhou M, Mitchell DM, Wu X, Omura S, Wang H, et al. The degradation of apolipoprotein B100 is mediated by the ubiquitin-proteasome pathway and involves heat shock protein 70. J Biol Chem. 1997;272:20.427-34.

36. Breyer ED, Le NA, Li X, Martinson D, Brown WV. Apolipoprotein C-III displacement of apolipoprotein E from VLDL: effect of particle size. J Lipid Res. 1999;40:1.875-82.

37. De Silva HV, Lauer SJ, Wang J, Simonet WS, Weisgraber KH, Mahley RW, et al. Overexpression of human apolipoprotein C-III in transgenic mice results in an accumulation of apolipoprotein B48 remnants that is corrected by excess apolipoprotein E. J Biol Chem. 1994;269:2.324-35.

38. Ebara T, Ramakrishnan R, Steiner G, Shachter NS. Chylomicronemia due to apolipoprotein CIII overexpression in apolipoprotein E-null mice. Apolipoprotein CIII-induced hypertriglyceridemia is not mediated by effects on apolipoprotein E. J Clin Invest. 1997;99:2.672-81.

39. Shachter NS, Ebara T, Ramakrishnan R, Steiner G, Breslow JL, Ginsberg HN, et al. Combined hyperlipidemia in transgenic mice overexpressing human apolipoprotein Cl J Clin Invest. 1996;98:846-55.

40. Berbee JF, Van der Hoogt CC, Sundararaman D, Havekes LM, Rensen PC. Severe hypertriglyceridemia in human APOC1 transgenic mice is caused by apoC-I-induced inhibition of LPL. J Lipid Res. 2005;46:297-306.

41. McConathy WJ, Gesquiere JC, Bass H, Tartar A, Fruchart JC, Wang CS. Inhibition of lipoprotein lipase activity by synthetic peptides of apolipoprotein C-III. J Lipid Res. 1992;33:995-1.003.

42. Kuipers F, Jong MC, Lin Y, Eck M, Havinga R, Bloks V, et al. The small, dense LDL phenotype and the risk of coronary heart disease: epidemiology, patho-physiology and therapeutic aspects. Diabetes Metab. 1999;25:199-211.

43. Mensenkamp AR, Van Luyn MJ, Havinga R, Teusink B, Waterman IJ, Mann CJ, et al. The transport of triglycerides through the secretory pathway of hepatocytes is impaired in apolipoprotein E deficient mice. J Hepatol. 2004;40:599-606.

44. McNeish J, Aiello RJ, Guyot D, Turi T, Gabel C, Aldinger C, et al. High density lipoprotein deficiency and foam cell accumulation in mice with targeted disruption of ATP-binding cassette transporter-1. Proc Natl Acad Sci USA. 2000;97:4.245-50.

45. Willnow TE, Nykjaer A, Herz J. Lipoprotein receptors: new roles for ancient proteins. Nat Cell Biol. 1999;1:157-62.

46. Kraus WE, Houmard JA, Duscha BD, Knetzger KJ, Wharton MB, Mccartney JS, et al. Effects of the amount and intensity of exercise on plasma lipoproteins. N Engl J Med. 2002;347:1.483-92.

47. Duncan GE, Anton SD, Sydeman SJ, Newton RL, Corsica JA, Durning PE, et al. Prescribing exercise at varied levels of intensity and frequency: a randomized trial. Arch Intern Med. 2005;165:2.362-9.

48. Slentz CA, Houmard JA, Johnson JL, Bateman LA, Tanner CJ, Mccartney JS, et al. Inactivity, exercise training and detraining, and plasma lipoproteins. STRRIDE: a randomized, controlled study of exercise intensity and amount. J Appl Physiol. 2007;2:432-42.

49. Ferguson MA, Alderson NL, Trost SG, Essig DA, Burke JR, Durstine JL. Effects of four different single exercise sessions on lipids, lipoproteins, and lipoprotein lipase. J Appl Physiol. 1998;85:1.169-74.

50. Halle M, Berg A, Konig D, Keul J, Baumstark MW. Differences in the concentration and composition of low-density lipoprotein subfraction particles between sedentary and trained hypercholesterolemic men. Metabolism. 1997;46:186-91.

51. Magkos F, Wright DC, Patterson BW, Mohammed BS, Mittendorfer B. Lipid metabolism response to a single, prolonged bout of endurance exercise in healthy young men. Am J Physiol Endocrinol Metab. 2006;290:355-62.

52. Katsanos CS. Prescribing aerobic exercise for the regulation of postprandial lipid metabolism: current research and recommendations. Sports Med. 2006;36:547-60.

53. Hurley BF. Effects of resistive training on lipoprotein-lipid profiles: a comparison to aerobic exercise training. Med Sci Sports Exerc. 1989;21:689-93.

54. Manning JM, Dooly-Manning CR, White K, Kampa I, Silas S, Kesselhaut M, et al. Effects of a resistive training program on lipoprotein-lipid levels in obese women. Med Sci Sports Exerc. 1991;23:1.222-6.

55. Wallace MB, Moffatt RJ, Haymes EM, Green NR. Acute effects of resistance exercise on parameters of lipoprotein metabolism. Med Sci Sports Exerc. 1991;23:199-204.

56. Prabhakaran B, Dowling EA, Branch JD, Swain DP, Leutholtz BC. Effect of 14 weeks of resistance training on lipid profile and body fat percentage in premenopausal women. Br J Sports Med. 1999;33:190-5.

57. Gill JM, Murphy MH, Hardman AE. Postprandial lipemia: effects of intermittent versus continuous exercise. Med Sci Sports Exerc. 1998;30:1.515-20.

58. Altena TS, Michaelson JL, Ball SD, Thomas TR. Single sessions of intermittent and continuous exercise and postprandial lipemia. Med Sci Sports Exerc. 2004;36:1.364-71.

59. Altena TS, Guilford BL. Lipoprotein subfraction changes after continuous or intermittent exercise training. Med Sci Sports Exerc. 2006;38:367-72.

60. Almuzaini KS, Potteiger JA, Green SB. Effects of split exercise sessions on excess postexercise oxygen consumption and resting metabolic rate. Can J Appl Physiol. 1998;23:433-43.

# Capítulo 7

## Lipídios, patologias associadas e exercício: câncer/caquexia

*Érico Caperuto*
*Francisco Navarro*

## 7.1 Câncer

O câncer é uma patologia de etiologia diversa e difícil tratamento. As inúmeras causas e influências podem gerar, promover ou até mesmo reforçar a patologia. O fato de se manifestar em células do próprio corpo, a dificuldade em conseguir direcionar o tratamento apenas para as células desequilibradas, os efeitos colaterais dos medicamentos quimioterápicos e o estilo de vida adotado pela sociedade atual, entre outros fatores, são elementos que conferem ao câncer qualidades bastante sofisticadas e aumentam muito sua dificuldade de erradicação.

Essa patologia está intimamente associada aos desequilíbrios orgânicos, voluntários ou não, bastante comuns no dia a dia dos indivíduos, desde padrões alimentares, passando pelo estresse e seguindo até mesmo para o ar, cada vez mais poluído, das grandes metrópoles. Pode afetar praticamente todos os tecidos do corpo e tem, até mesmo no tipo mais simples de câncer, um tratamento bastante invasivo. É uma das patologias que mais mata atualmente, justificando as pesquisas e buscas por tratamentos menos invasivos, porém eficientes.

Os lipídios têm uma dupla relação com o câncer. A obesidade, o excesso de ingestão de lipídios, bem como seu metabolismo e, até mesmo, sua participação direta em outras doenças crônico-degenerativas, têm associação com o surgimento do câncer. No entanto, a ingestão de determinados lipídios pode ajudar tanto na prevenção quanto no tratamento do paciente com câncer.

A prática regular de atividades físicas, bem como uma dieta equilibrada, estão entre os fatores de prevenção do câncer. O papel profilático da atividade física já foi descrito e é consenso mundial atualmente. A prática de atividades físicas também é muito importante no tratamento de outras doenças crônico-degenerativas, principalmente aquelas que têm participação dos lipídios. Além de o exercício ser uma prática que influencia diferentes aspectos do estilo de vida do indivíduo, tornando-o mais saudável, estuda-se, atualmente, outro papel do exercício sobre o câncer, além do profilático: seu papel como tratamento adjuvante.

Assim, parece que o câncer tem probabilidades de ser evitado, levando-se em consideração a dieta e o estado de aptidão física do indivíduo. Ainda assim, quando do estabelecimento da patologia, os lipídios e a prática de exercícios parecem ter efeitos sobre seu tratamento. Esse assunto será abordado com mais detalhes a seguir.

### 7.1.1 Progressão do câncer como epidemia

As taxas de pacientes com câncer podem aumentar em 50%, subindo para 15 milhões de novos casos no ano de 2020, de acordo com o Relatório Mundial sobre Câncer, o mais amplo relatório mundial sobre essa doença atualmente. Entretanto, o relatório também dá evidências claras de que estilos de vida mais saudáveis e ações de saúde da parte do governo e de profissionais da saúde podem alterar essa tendência e prevenir até um terço dos casos pelo mundo.

Em 2000, tumores malignos foram responsáveis por 12% de cerca de 56 milhões de mortes de diversas causas mundialmente. Em muitos países, mais de um quarto das mortes é atribuído ao câncer. Nesse mesmo ano, 5,3 milhões de homens e 4,7 milhões de mulheres desenvolveram um tumor maligno e cerca de 6,2 milhões deles morreram em virtude da doença. O relatório também revela que o câncer tem sido colocado como um problema de saúde pública principal, tanto nos países em desenvolvimento quanto em nações industrializadas.

O Relatório Mundial sobre Câncer é um manual conciso que descreve a carga global, as causas de câncer, os principais tipos de doença, os métodos de detecção ou os diagnósticos antecipados e o tratamento. O relatório de 351 páginas é emitido pela IARC (Agência Internacional de Pesquisas em Câncer), que é parte da Organização Mundial da Saúde.

### 7.1.2 Impacto na saúde pública

De acordo com as tendências de prevalência do fumo e da adoção de estilos de vida não saudáveis, espera-se que o número de novos casos duplique nos próximos 20 anos e alcance 15 milhões em 2020.[1] Em uma estimativa mundial, 12% da população morrem de câncer e, nos países industrializados, mais de 25% morrerão dessa doença. De alguma forma, com o passar dos anos, o câncer atingirá todos nós, ou como pacientes ou como familiares ou amigos.

Em países desenvolvidos, a mortalidade geral pelo câncer é duas vezes mais alta do que em países em desenvolvimento. As principais razões para uma maior influência do câncer em sociedades emergentes são o estabelecimento do fumo como uma epidemia, a exposição a carcinógenos e a dieta e o estilo de vida ocidentais. Nos países em desenvolvimento, até um quarto dos tumores é causado por agentes infecciosos, incluindo o vírus da hepatite (HBV e HCV) e o papilomavírus humano (HPV). A vacinação contra o HBV se mostrou eficaz na prevenção do câncer de fígado em países com alta incidência e é bem provável que a vacinação contra o HPV se torne uma realidade nos próximos três a cinco anos. Hoje, mais de 80% das mulheres afetadas pelo câncer de cólon vivem em países em desenvolvimento. A prevenção bem-sucedida contra a infecção por HPV seria uma contribuição imensa para a saúde das mulheres.

O consumo de tabaco ainda é o fator de risco para o câncer mais importante de ser evitado. Durante o século XX, aproximadamente cem milhões de pessoas morreram por doenças associadas ao fumo ao redor do mundo. Metade de todos os fumantes regulares acaba morrendo por conta do hábito e um quarto morrerá prematuramente antes dos setenta anos.

Durante a década de 1990, pesquisas sobre as causas de câncer, as bases moleculares de transformação maligna e as interações entre gene e meio ambiente, que contribuem isoladamente para riscos de câncer, têm tido um progresso significativo. Observações das vias de sinalização celular levaram ao desenvolvimento de novas drogas anticâncer que são mais específicas e têm menos efeitos colaterais para os pacientes. É possível prevenir pelo menos um terço dos casos que ocorrem todos os anos pelo mundo por meio do uso mais sábio do conhecimento existente. Onde existem recursos suficientes, o conhecimento atual permite a detecção prematura e um tratamento eficiente para mais um terço dos pacientes. Alívio da dor e cuidados paliativos podem melhorar a qualidade de vida de pacientes e suas famílias, mesmo em lugares com poucos recursos.[1]

## 7.1.3 Etiologia

O câncer é uma proliferação celular descontrolada. Existem diversos fatores que podem provocar esse desequilíbrio, como anomalias no material genético de células normais. Essas anomalias podem ser resultado dos efeitos de carcinógenos como tabaco, radiação, substâncias químicas ou agentes infecciosos. Outros tipos de anormalidades genéticas podem ser adquiridas por meio de erros na replicação do DNA ou são herdadas e, consequentemente, presentes em todas as células ao nascimento. As células que, porventura, perdem o controle de sua proliferação ou ainda apresentam alguma alteração funcional ou metabólica relevante são encaminhadas para o processo de morte celular programada, chamado *apoptose*. Quando esse processo de controle falha ou, ainda, quando os estímulos dados para a proliferação celular acelerada continuam e são mais fortes do que a capacidade do organismo de se adaptar, a célula passa a ser considerada cancerosa, tornando-se, mais adiante, um tumor, que pode receber o nome de câncer.

É o aumento no número de células tumorais e, portanto, de carga tumoral, que, em última instância, provoca os efeitos colaterais no hospedeiro. Na realidade, a meta da maior parte das terapias contra o câncer é reduzir o número de células tumorais e prevenir seu acúmulo. Para melhor atingir esse objetivo, uma descrição mais completa das características singulares da proliferação das células tumorais se faz necessária. Essa tarefa apresenta alguma dificuldade pelo fato de os mecanismos que compõem a proliferação celular das células normais e das células tumorais serem muito semelhantes.

Uma característica única do câncer é que a maioria de suas células é clone genético, sugerindo que elas surgem da expansão de uma única célula. Em cânceres com lesões paraneoplásicas distinguíveis, as células paraneoplásicas são geneticamente distintas das células neoplásicas. Essas observações sugerem um modelo de gênese de câncer que passa por uma evolução genética contínua de células mutantes por um processo de seleção natural. Células geneticamente anormais são geradas como resultado de estímulos ambientais ou erros normais na replicação. Alguma pequena fração dessas células escapa dos mecanismos de controle normal e aumenta seu número. Conforme esse conjunto de células mutantes prolifera, variantes mutantes adicionais são geradas continuamente. Se o resultado dessas mutações contínuas gerar uma vantagem de crescimento seletivo, então, a variável mutante aumentará seu número relativo. Depois de múltiplas rodadas de proliferação, mutação e seleção, uma variante neoplásica evolui, gerando câncer.

O fato de as células normais terem potencial genético para evoluir para células cancerosas tem sua lógica baseada em argumentos biológicos. Por exemplo, é claro que as células humanas possuem a capacidade proliferativa intrínseca que excede, e muito, a demanda necessária para um crescimento e desenvolvimento normal. Células humanas normais podem se dividir tão frequentemente quanto uma ou duas vezes por dia *in vivo*. Uma célula que se divide nesse ritmo geraria um número de células igual ao total de células de um ser humano adulto em menos de dois meses. Desenvolvemos mecanismos de controle altamente regulados para restringir essa capacidade proliferativa para momentos e locais apropriados. É essa capacidade proliferativa excessiva que dá a base genética para formação do câncer. A chave no entendimento da proliferação tumoral, então, é caracterizar os mecanismos que são geralmente usados para restringir a proliferação de células normais e entender por que eles falham durante o câncer.[2]

As anomalias genéticas encontradas no câncer afetam tipicamente duas classes gerais de genes. Os genes promotores de câncer, os oncogenes, estão, geralmente, ativados nas células cancerígenas, fornecendo a elas novas propriedades, como crescimento e divisão hiperativa, proteção contra morte celular programada, perda do respeito aos limites teciduais normais e habilidade em se tornar estáveis em diversos ambientes teciduais. Os genes supressores de tumor estão, geralmente, inativados nas células cancerígenas, resultando na perda das funções normais dessas células, como uma replicação de DNA exata, controle sobre o ciclo celular, orientação e adesão nos tecidos e interação com as células protetoras do sistema imune.

Qualquer tumor acaba por ser constituido pela proliferação de uma única célula inicial que acumulou mutações em genes suficientes para burlar os mecanismos antitumorais e ganhar autonomia na replicação.

### 7.1.4 Progressão da patologia e tipos de tumor

Durante sua progressão, podemos identificar os seguintes estágios: a iniciação, momento em que acontece a alteração no material genético da célula; a promoção, estágio de estabelecimento dessas alterações e a progressão, caracterizada pela descontrolada diferenciação e proliferação celular.

O câncer é geralmente classificado de acordo com o tecido do qual as células cancerígenas se originaram, bem como o tipo normal de célula com que mais se parecem. Um diagnóstico definitivo geralmente requer examinação histológica do tecido, embora indicações iniciais da malignidade possam ser os sintomas ou as anormalidades nas imagens radiográficas. A maioria pode ser tratada e alguns curados, dependendo do tipo específico, da localização e do estadiamento. Além disso, a graduação histológica e a presença de marcadores moleculares específicos podem também ser úteis em estabelecer o prognóstico, bem como determinar tratamentos personalizados. O estadiamento do tumor varia entre os graus I a IV e leva em consideração o tamanho e o tipo do tumor, a existência de metástases e o comprometimento dos linfonodos periféricos. Em relação à graduação, o tumor pode ser classificado como baixo, médio ou alto, tendo como referência a malignidade das células que o compõem.

Assim como possuímos vários tecidos diferentes, existem diversos tipos de câncer. O câncer pode ser classificado de acordo com sua aparência em relação ao tecido original e sua origem histológica, ou seja, o tecido onde está localizado.

Conforme descrito pelo patologista Wallace H. Clark, um tumor (maduro) é um grupo de células anormais caracterizadas pelo crescimento temporariamente irrestrito e pela habilidade de crescer em, pelo menos, três compartimentos teciduais diferentes – o compartimento original, o mesênquima (tecido que origina o tecido conjuntivo específico) do tecido onde ele se originou (caracterizando a capacidade de invasão tecidual) e um mesênquima distante (caracterizando a capacidade de se espalhar – metástase).[3] Essa definição enfatiza de maneira útil a natureza progressiva do crescimento tumoral, a origem comum (porém não exclusiva) como células de crescimento natural ou benigno, sua aquisição gradativa de autonomia e, em algum ponto, sua habilidade em crescer em novos tecidos, distantes do seu tecido de origem, ou seja, de gerar metástase.

Embora alguns tumores (como leucemias e tumores ascíticos) cresçam como suspensões celulares, a maior parte dos tumores cresce como massas sólidas de tecido. Tumores sólidos têm uma estrutura distinta que mimetiza aquela de tecidos normais e abrange dois compartimentos diferentes, porém, interdependentes: o parênquima (células neoplásicas) e o estroma, induzido pelas células neoplásicas e no qual elas estão distribuídas.[4,5,6] Em muitos tumores, incluindo aqueles que se originam de células epiteliais, uma lâmina basal separa grupos de células tumorais do estroma. Entretanto, a lâmina basal é geralmente incompleta, especialmente nos pontos de invasão tumoral.

Tumores de células do mesênquima são sarcomas, que tendem a metastizar pelo sangue: lipossarcoma (morfologia semelhante aos adipócitos); fibrossarcoma (semelhante a fibrócitos); rabdomiossarcoma (músculo esquelético); e leiomiossarcoma (músculo liso).

Tumores de células epiteliais podem ser carcinomas; adenocarcinomas, se tiverem morfologia glandular; carcinomas epidermoides (ou de células escamosas), se forem constituídas por células semelhantes às da pele, com queratina; carcinoma hepatocelular; e carcinoma de células renais.

Linfomas e leucemias são tumores das células da linfa e do sangue, que têm origem na medula óssea. A maioria das células neoplásicas que se concentra em órgãos linfoides é linfoma; se estiver na medula óssea, será leucemia.

Já os tumores carcinoides se originam de células neuroendócrinas. Das células dos endotélios se originam hemangiossarcomas (vasos sanguíneos), linfangiossarcomas (vasos linfáticos) e colangiossarcomas (vasos biliares).

De qualquer modo, todos os tumores têm estroma, que é importante para o suporte nutricional e a remoção de subprodutos. No caso das leucemias, o plasma sanguíneo serve de estroma, embora uma resposta adicional, a angiogênese, possa se desenvolver na medula óssea.[7] Quando os tumores crescem em cavidades, um exsudato plasmático (como a ascite, por exemplo) fornece o estroma.[8,9,10] Em tumores sólidos, o estroma inclui tecido conjuntivo, vasos sanguíneos e, geralmente, células inflamatórias, que estão interpostas entre as células cancerosas e o tecido normal. Em todos os tumores, o estroma é um produto do indivíduo e é induzido como resultado das interações entre o tumor e o hospedeiro. Tumores sólidos, independentemente de seu tipo celular de origem, precisam do estroma para crescer além de um tamanho mínimo de 1 a 2 mm. O estroma de tumores sólidos pode também limitar o fluxo de células inflamatórias ou limitar a saída de células tumorais (invasão). Portanto, o estroma é, ao mesmo tempo, uma fina linha entre o necessário para o crescimento tumoral e uma barreira que inibe e pode regular o intercâmbio de fluidos, gases e células.[2]

### 7.1.5 Tratamentos

A tríade clássica no tratamento do câncer é composta por: cirurgia (para remoção do tumor), quimioterapia e radioterapia.

Apesar de esses tratamentos serem as armas atuais contra o câncer, eles são bastante invasivos e, entre seus efeitos colaterais (da quimio e da radioterapia), está o desenvolvimento de novas neoplasias.

## 7.2 Caquexia

A síndrome de caquexia é um estado metabólico que apresenta anorexia, perda de peso, astenia, anemia, anormalidades do metabolismo intermediário, que incluem uma utilização anormal dos substratos energéticos pelo organismo, prejuízo na absorção intestinal, balanço nitrogenado e calórico negativos, degradação de proteínas teciduais, perda de água e eletrólitos e consequente degeneração do organismo do paciente como características.[1,11]

O tecido adiposo sofre importantes modificações em decorrência do estado da caquexia. Resultados prévios do nosso grupo indicam modificação na composição dos ácidos graxos e aumento na dimensão dos adipócitos do tecido adiposo mesentérico e retroperitoneal nos animais caquéticos em relação aos animais controle[12] e diminuição na concentração plasmática de insulina.[13] Sabidamente, a instalação desse quadro induz o aumento no conteúdo de proteínas relacionadas ao quadro inflamatório, como no caso do fator de necrose tumoral alfa (TNFα) e de seus receptores (TNFR1 e TNFR2) no tecido adiposo. Esse aumento pode contribuir para o agravamento da inflamação sistêmica.[14]

## 7.3 Papel dos lipídios no câncer

Embora a literatura científica atual ainda hesite em afirmar categoricamente que os lipídios guardam uma íntima relação com a incidência de câncer em virtude de os desdobramentos dessa hipótese serem complexos, existem fortes associações entre o excesso de ingestão de lipídios e alguns tipos de câncer. Quando observamos o tipo de lipídio ingerido, podemos notar, ainda, outras correlações relevantes, como um papel protetor atribuído a determinado tipo de lipídio. De modo geral, existem evidências suficientes para levantar um alerta sobre o tipo e a quantidade de lipídios ingeridos e sua relação com uma maior ou menor incidência ou, ainda, proteção contra o câncer. Mesmo sem definições precisas sobre essas relações, orientações gerais devem ser levadas em consideração.

Desde 1960, estudos epidemiológicos apontam para os efeitos do consumo elevado de lipídios sobre a tumorigênese.[15] Da mesma forma, estudos atuais consideram alguns tipos específicos de ácidos graxos como elementos citotóxicos, podendo ser auxiliares no tratamento do câncer. Há uma correlação entre os tipos de ácidos graxos consumidos e a ocorrência de cânceres de diversas etiologias, além do processo metastático e da caquexia, decorrente do processo de desenvolvimento da patologia. Além do tipo e da quantidade de gordura, o estágio de desenvolvimento do tumor também é fator de influência em seu metabolismo. Chlebowsky (2007)[16] traz elementos conflitantes sobre o câncer de mama e a ingestão de lipídios, assim como Duncan (2004)[17] também faz afirmações baseadas em revisões e que são, além de levarem em considerações os lipídios, mais abrangentes em termos de nutrientes estudados.

Quando se consideram os ácidos graxos como elementos de tratamento, estudos apontam que sua efetividade é maior nos estágios iniciais da patologia ou imediatamente após a sua manifestação, ou seja, os estágios de promoção e progressão.[18,19,20] Os diferentes tipos de tumor sofrem influência de maneira diferente dos diferentes tipos de ácidos graxos; por exemplo, estudos com células tumorais cultivadas mostram que o consumo ou a administração de dietas ricas em óleo de soja e milho (óleos ricos em ácidos graxos ω-6) geralmente induzem ou favorecem o desenvolvimento tumoral, enquanto dietas ricas em óleo de peixe (ricos em ω-3) têm efeito contrário.[21,22,23] Existem alguns relatos, entretanto, que dietas com ácido γ-linolênico (C18:3, ω-6) têm efeito inibitório sobre alguns tipos de neoplasias.[16]

Algumas populações com alta ingestão de lipídios têm, entretanto, baixa incidência de câncer. Esquimós e japoneses, bem como populações do Alasca e Groenlândia, consomem grande quantidade de produtos do mar, o que pode proporcionar um efeito protetor contra o câncer, em consequência do alto consumo de ácidos graxos poli-insaturados ω-3 de cadeia longa, como o eicosapentanoico (EPA – C20:5) e o docosaexanoico (DHA – C22:6).[15] Um estudo de Kimura et al. (2007)[24] confirma essa afirmação, mostrando dados obtidos de um estudo de caso com controles baseados em uma população com 782 indivíduos e 793 controles cujos resultados não apoiam a hipótese de que o consumo de carne vermelha aumenta o risco de câncer colorretal, mas sugerem que a alta ingestão de peixe (e, consequentemente, de ω-3) pode diminuir o risco, especialmente de câncer de cólon.

No Ocidente, entretanto, o consumo elevado de ácidos graxos ω-6 contribui para uma maior incidência de câncer na população. Um estudo maior, realizado por Norat et al. (2005), com 478 mil participantes na Europa,[25] evidencia esse fenômeno, mostrando que seus resultados também apoiam a relação inversa entre a ingestão de peixe e o surgimento de câncer de cólon. Entretanto, esse mesmo estudo mostra uma forte correlação entre o consumo de carne vermelha e a incidência dessa patologia específica.

Não existe ainda um consenso sobre a proporção ótima entre ω-3 e ω-6 na dieta dos indivíduos, mas a recomendação é que o consumo de ácido linoleico ω-6 não ultrapasse 10% do total de calorias diárias.[26] A incidência de carcinomas mais agressivos parece ser mais elevada quanto maior for o consumo de ácidos graxos ω-6,[27] com um aumento na incidência registrado com quantidades de 4% a 5% desses ácidos graxos na dieta.[18] Com essa ingestão, os ácidos graxos passam a ter um efeito promotor do crescimento tumoral. Simopoulos (2008)[28] observa que em dietas cuja proporção entre ω-3 e ω-6 é igual a 1, o risco de surgimento de doenças crônico-degenerativas, incluindo o câncer, é menor. Nas dietas ocidentais (15/1 – 16,7/1), existe uma deficiência em ω-3 e quantidades excessivas de ω-6. A alta proporção entre ω-6/ω-3 promove a patogênese de diversas doenças, como as cardiovasculares, o câncer e as doenças inflamatórias e autoimunes. Já o nível mais alto de ω-3 (uma razão mais baixa entre os dois) exerce um efeito supressor em relação a essas patologias. Parece haver uma variação na proporção ideal, que está relacionada ao tipo de patologia e seu grau de gravidade. Essa afirmação é corroborada pelo fato de que a maior parte dessas doenças é multigênica e multifatorial. Assim, a dose terapêutica de ω-3 pode ser dependente da gravidade da doença que é influenciada pela predisposição genética.

## 7.4 Mecanismos de ação dos ácidos graxos nas células tumorais

Tanto na promoção quanto na supressão, os ácidos graxos parecem influenciar o metabolismo das células tumorais; em especial no cólon, nas mamas, na próstata, no pâncreas e no fígado, os ácidos graxos podem funcionar como promotores (agentes que não causam câncer, mas auxiliam em seu estabelecimento promovido por outro agente causador).

Um fator de confusão do controle de tumores por meio da dieta é o fato de que alguns nutrientes podem estimular o crescimento tumoral, enquanto outros nutrientes e não nutrientes podem inibir esse crescimento. Tanto os estimuladores quanto os inibidores podem estar presentes nos mesmos alimentos. A identificação dessas substâncias, a determinação de seus mecanismos de ação e sua potência, assim como suas interações, são tópicos de pesquisas atuais.[29]

O ácido linoleico (ω-6) parece ter efeitos promotores por meio de sua influência no aumento da produção de prostaglandinas,[30] uma vez que o crescimento e a disseminação tumorais podem ser impedidos por anti-inflamatórios não esteroidais. Alguns tumores convertem o ácido linoleico em ácido araquidônico, formando uma série de eicosanoides, como os tromboxanos e as prostaglandinas, principalmente a prostaglandina $E_2$. As prostaglandinas são compostos ativos na proliferação celular, tendo papel importante na metástase e na promoção tumorais.[30,31] A alta ingestão de óleo de peixe (ω-3) reduz a carcinogênese por reduzir a ciclooxigenase induzível (COX-2) e, consequentemente, a síntese das prostaglandinas.[32]

O transporte e a absorção de ω-6 são controlados, intracelularmente, pelos receptores de proteína G inibitória e pelo AMP cíclico. A absorção de ácido linoleico e araquidônico e a geração de mediadores lipídicos a partir desses ácidos graxos, que podem estimular o crescimento tumoral, são controladas pelo transporte de ácidos graxos e estimulam a formação do mitógeno ácido 13-hidroxioctadecadienoico (13 HODE). Além disso, também promovem o aumento da fosforilação da ERK1/2, a incorporação de timidina radiomarcada e o crescimento tumoral. O ritmo de transporte de ω-6 poli-insaturados, monoinsaturados e saturados é controlado pelos receptores dessa proteína G, que é inibida pelos ácidos graxos ω-3, melatonina, CLA e ácidos graxos *trans*. Entretanto, a absorção de ω-3, CLA e ácidos graxos *trans* não parece ser controlada pelos mesmos elementos, evidenciando papéis diferentes de ácidos graxos específicos em relação ao desenvolvimento ou inibição de tumores.[29]

O EPA inibe competitivamente o metabolismo do ácido araquidônico por meio das vias da ciclooxigenase e da lipooxigenase. Os eicosanoides formados a partir dos ácidos graxos participam dos processos inflamatórios, das reações alérgicas, da aterosclerose e também são moduladores de crescimento e disseminação das células tumorais.[30] Desse modo, o conteúdo de ω-3 e ω-6 na dieta é determinante da supressão ou da indução do desenvolvimento tumoral, via alteração da síntese de eicosanoides. Uma outra possibilidade é a alteração na composição lipídica das membranas das células tumorais promovida por esses ácidos graxos. A composição das membranas é essencial para a capacitação de algumas linhagens para a metástase.[33] Acredita-se que a citotoxicidade dos ω-3 esteja relacionada a produtos de sua oxidação, os lipoperóxidos, que têm propriedades citotóxicas quando os sitemas antioxidantes estão deficientes. Assim, DHA, ácido γ-linolênico, EPA e CLAs são os inibidores mais potentes do crescimento de células tumorais em cultura.

O efeito antioxidante da vitamina E bloqueia parcialmente a formação dos produtos da peroxidação dos ω-3 e, consequentemente, sua citotoxicidade.

Os produtos de peroxidação lipídica ainda não têm seu mecanismo de diminuição ou inibição totalmente definido, mas acredita-se que eles promovam danos nas membranas celulares e no arranjo do citoesqueleto. Essas alterações podem promover inativação de sistemas enzimáticos e de transporte associados à membrana. Outras reações que alteram a sinalização celular promovidas por subprodutos dos lipoperóxidos também podem levar não somente à inibição da proliferação, mas também à morte celular.

Os efeitos anticarcinogênicos dos CLAs são os mais potentes. Inicialmente, seus efeitos eram atribuídos à sua atividade antioxidante, mas hoje, acredita-se que sua conversão para ácido araquidônico e consequente produção de prostaglandinas, inibida naturalmente, sejam os principais promotores de seus efeitos.[34,35,36] Esses ácidos graxos se mostraram efetivos na prevenção de vários tipos de tumor, como papilomas de pele, tumores mamários e do estômago, com uma concentração de 1% na dieta.[37,38]

## 7.5 Lipídios, inflamação e exercício

A inflamação crônica tem sido relacionada com a maior parte das doenças crônico-degenerativas, inclusive diabetes tipo 2 e doenças cardiovasculares. Como um órgão endócrino e inflamatório, o tecido adiposo é uma importante fonte de citocinas pró-inflamatórias circulantes. Evidências atuais reforçam a ligação entre a inflamação crônica e uma massa de gordura corporal aumentada. Além disso, a inflamação é independentemente ligada com a gordura abdominal e visceral, possivelmente em virtude da produção de citocinas do tecido adiposo, que varia conforme sua localização. Além da abordagem farmacológica, as modificações de estilo de vida têm sido prescritas para o tratamento da inflamação crônica. Diversos estudos indicam que a perda de peso, tanto por meio da restrição calórica como da restrição associada a outras estratégias (exercício aeróbico, terapia e lipoaspiração), poderia reduzir a inflamação crônica. Alguns estudos relataram que a perda de peso diminui a produção de citocinas pró-inflamatórias (IL-6, TNFα) e aumenta a produção de anti-inflamatórias (IL-10; IL-1ra). Embora a quantidade de peso perdido seja importante, o exercício e outras estratégias podem ter efeitos adicionais.

Nessa mesma linha de pesquisa, um artigo de Nicklas et al. (2005)[39] sugere que a diminuição na ingestão calórica e o aumento na realização de atividades físicas podem ser terapias eficazes para reduzir a inflamação geral. Dados de diversos estudos grandes mostram uma associação inversa entre os marcadores da inflamação crônica e os de prática de atividade física ou nível de aptidão, e alguns estudos menores mostram que o exercício pode promover a diminuição da inflamação.

A inflamação crônica geralmente age como um promotor do tumor, resultando em crescimento e disseminação agressivos do tumor. Muitos dos fatores inflamatórios que promovem o crescimento tumoral são também responsáveis por síndrome de caquexia/anorexia, dor, perda da funcionalidade e tempo de sobrevida abreviado. Deve ser levado em consideração um ataque à inflamação com outras medidas anticancerígenas em um diagnóstico inicial, com as prováveis consequências de melhora da qualidade de vida do paciente, bem como de aumento do seu tempo de sobrevida. Níveis altos de proteína C reativa ou fibrinogênio e contagem de leucócitos elevada estão relacionados com um prognóstico ruim e podem ser usados como um índice para estabelecer a necessidade de intervenção metabólica/nutricional. Entre as medidas que estão sendo consideradas nos dias de hoje estão o aconselhamento nutricional, a suplementação nutricional e vitamínica (quando prescritos), a prática de exercícios (de acordo com o estado físico do paciente), a suplementação com ácidos graxos ω-3, se existir um quadro inflamatório e o controle dos sintomas gerais.[40]

## 7.6 Exercício, lipídios e câncer

A massa corporal pode ser medida por meio do índice de massa corporal (IMC), calculado pela divisão do peso corporal em quilogramas pela altura em metros (ao quadrado). A faixa normal é entre 18,5 e 25; o excesso de peso corresponde a um IMC maior que 25 e a obesidade a um valor maior do que 30. Em muitos países desenvolvidos, metade da população adulta pode estar com excesso de peso e mais de 25%, obesos. Estudos epidemiológicos têm mostrado, com diversos graus de consistência, que o excesso de massa corporal está associado a um maior risco de câncer. A associação mais comum e consistente feita entre a massa corporal e o câncer, até agora, foi com o câncer de útero, sendo o risco de aparecimento da doença de duas a seis vezes maior em mulheres obesas em comparação a mulheres magras, tanto antes quanto depois da menopausa. Uma explicação biológica possível para essa associação é que o tecido adiposo é rico em aromatase, uma enzima que converte androstenediona a estrona, aumentando, dessa forma, a estimulação estrogênica da mucosa do endométrio.

Vários estudos investigaram marcadores de distribuição de gordura, como a relação cintura/quadril ou a relação entre as dobras cutâneas subescapular/coxa em relação ao risco de câncer de útero, com resultados inconsistentes. Alguns estudos encontraram maiores riscos para pessoas com obesidade androide ou obesidade abdominal (altos valores na relação cintura/quadril ou na proporção entre as dobras subescapular/coxa) depois do ajuste para o índice de massa corporal, enquanto outros estudos não encontraram riscos. A relação entre o índice de massa corporal e o câncer de mama é ainda mais complexa.

A maioria dos casos controlados e dos estudos prospectivos descobriu que altos valores de índice de massa corporal estão relacionados ao aumento do risco de câncer de mama em mulheres após a menopausa. Entretanto, esses valores parecem reduzir suavemente esse risco nessas mulheres. Uma explicação possível para esse aparente paradoxo é que o excesso de peso antes da menopausa poderia estar relacionado a ciclos não ovulatórios, e um número menor de ciclos ovulatórios (como determinado pela gravidez e lactação) está geralmente associado a um menor risco de câncer de mama. Depois da menopausa, a obesidade pode agir a favor do surgimento do câncer de útero, aumentando a produção periférica (ao contrário da produção gonadal e adrenal) de estrógenos. Existem evidências crescentes de que fatores metabólicos relacionados com dieta, estado nutricional, composição corporal e atividades físicas têm influência sobre o desenvolvimento e a manifestação clínica de várias formas de câncer. Estudos epidemiológicos sugerem que padrões dietéticos específicos podem estar relacionados a um risco maior de alguns tipos específicos de câncer. A dieta e o estilo de vida ocidental estão geralmente relacionados com uma alta incidência de câncer de cólon e reto, mama, próstata e útero, mas também estão relacionados com uma menor incidência de câncer no estômago, esôfago, fígado e colo de útero.

De acordo com Hoffman-Goetz e Pedersen (1994),[28] a dificuldade no estabelecimento preciso da relação da atividade física com a resistência ao câncer não é surpreendente em razão da extensa diversidade de tipos de câncer e de seus processos de iniciação, progressão e metástase. Woods e Davis (1994)[21] complementam mencionando que a maior parte dos dados obtidos de estudos com animais experimentais e estudos epidemiológicos em seres humanos apresenta inúmeras limitações metodológicas e pouco controle sobre variáveis importantes como a intensidade do exercício, as condições de estresse dos indivíduos analisados, o estado nutricional e a composição corporal.

Lucia et al. (2003)[20] trazem uma revisão abrangente sobre os benefícios do exercício para pacientes com câncer. O primeiro relato dos benefícios do exercício para pacientes com câncer mostrou que indivíduos que se exercitavam durante o tratamento apresentavam melhoras significativas de humor.[41] Outros estudos também mostram os efeitos positivos no aspecto psicossocial dos exercícios regulares para pacientes em quimioterapia.[42] Vários estudos foram feitos para investigar os efeitos do treinamento na capacidade funcional e na tolerância à fadiga de pacientes de câncer[43,44,45,46,47,48,49] ou pessoas que foram tratadas.[50,51]

A maior parte dos estudos compõe-se de um modelo de treinamento partindo de duas semanas até quatro a seis meses de duração. Geralmente, o programa inclui de três a cinco sessões de treino por semana e, na maior parte das vezes, a sessão é gradativa até atingir um volume de trinta minutos de exercício contínuo. A modalidade mais comum é a caminhada em esteira ou ambiente externo, embora ergômetros de braço para pacientes acamados também possam ser usados. A intensidade do treinamento variou de 50% a 85% da FCmáx, sendo classificados como moderados.

Os resultados desses estudos foram unânimes e mostraram ausência de efeitos negativos no treinamento de pacientes e tratados, além da melhora em sua capacidade funcional e tolerância à fadiga. Isso foi demonstrado por indicadores práticos, como capacidade de realizar suas tarefas diárias sem fadiga, e indicadores metabólicos, como aumento no $VO_2$máx e diminuição na frequência cardíaca e do lactato em tarefas submáximas.

Estudos atuais[52] apontam a prevalência da obesidade, um fator de risco epidemiológico estabelecido para vários tipos de câncer, principalmente entre crianças, como uma tendência de aumento para os casos de câncer relacionados a essa patologia. A modulação do balanço energético, por meio do aumento na atividade física, tem sido considerada em diversas revisões como um fator de redução do risco de câncer. Infelizmente, os efeitos e os alvos das intervenções por meio da atividade física no processo de carcinogênese ainda não estão totalmente caracterizados. Estudos atuais sugerem que o exercício possa exercer seu efeito preventivo contra o câncer em diversos estágios do processo, incluindo a iniciação e a progressão. O artigo discute o papel do exercício na alteração de eventos da iniciação do tumor, como a ativação de carcinógenos, por meio do aumento do sistema de prevenção do citocromo p450 e da ação de enzimas seletivas na via de detoxificação de carcinógenos, incluindo, por exemplo, a glutationa S transferase. Além disso, o exercício pode reduzir o estresse oxidativo por meio do aumento de uma série de enzimas antioxidantes, aumentando o sistema de reparo de DNA e o sistema intracelular de reparo de proteínas.

Além dos processos relacionados com a iniciação do tumor, o exercício pode também exercer um efeito preventivo, modulando os estágios envolvidos na promoção e na progressão da carcinogênese, incluindo remoção de espécies reativas de oxigênio (EROs), alterações no processo de proliferação celular, apoptose e diferenciação, diminuição da inflamação, melhora do sistema imune e supressão da angiogênese. Uma quantidade razoável de informações existe apontando o exercício como uma estratégia capaz de alterar a promoção por meio da redução de EROs em modelos pré-neoplásiscos ou iniciados. Os estudos que investigaram a proliferação e a apoptose mostraram que o exercício pode agir em ambos os processos. Estudos relacionando o exercício e a inflamação crônica sugerem que a estratégia pode reduzir os mediadores pró-inflamatórios e reduzir o estado de inflamação crônica, de baixa intensidade. Além disso, o exercício melhora os componentes da resposta imune inata (função de macrófagos e células natural *killer*). Em resumo, o exercício pode alterar os processos biológicos que contribuem para eventos anti-iniciação e antiprogressão no processo de carcinogênese.[52]

Ainda sobre a influência do exercício sobre diferentes tipos de câncer, Demarzo et al. (2008)[53] trazem evidências apontando um efeito protetor do exercício sobre o risco de câncer de cólon. Esse estudo usa o processo inflamatório como uma ligação entre o risco de câncer e as influências do meio ambiente. Concluíram que o exercício tem efeitos antiproliferativos e anti-inflamatórios (principalmente por redução na expressão da COX2) na mucosa do cólon e que esses efeitos podem funcionar como proteção contra o surgimento do câncer de cólon.

A prática de exercícios físicos e a adoção de uma dieta equilibrada são componentes importantes de um estilo de vida saudável. Associado a esse estilo de vida, encontramos longevidade, manutenção da saúde e qualidade de vida no seu aspecto mais amplo. A prática de exercícios e a dieta são variáveis que podem influenciar de maneira mais direta o surgimento, ou não, de doenças crônico-degenerativas como o câncer.

A ciência do exercício tem tomado um rumo diferente, nos últimos anos, além dos aspectos de *performance* e dos desafios ao organismo humano. Pesquisadores têm investigado os efeitos do exercício na manutenção da saúde e, mais ainda, na sua restauração por meio das adaptações metabólicas que o exercício pode promover. Tem sido mais frequente, então, o uso do exercício como terapia adjuvante, além do aspecto profilático, já conhecido.

Entre as diversas doenças crônico-degenerativas nas quais o exercício tem mostrado um papel terapêutico, o câncer é uma das mais sofisticadas. Com muitas variáveis a serem levadas em consideração, a determinação de uma dose ideal de exercícios que promova ganhos na funcionalidade do paciente sem sobrecarregar o organismo é, muitas vezes, uma tarefa difícil.

Diversos estudos têm focado essa relação do paciente com o câncer e o exercício, e a maioria tem se mostrado favorável à prática, ao considerar os aspectos de segurança e melhora geral da qualidade e estilo de vida posterior ao tratamento. Entretanto, ainda não existe um consenso entre os diversos protocolos de exercícios utilizados com esses pacientes, sendo necessários mais estudos que tenham como foco essa dificuldade, sem, no entanto, esquecer as demais variáveis da doença.

Já em relação aos lipídios, existem informações mais detalhadas. Sabe-se hoje que o tipo de lipídio, bem como a quantidade ingerida, tem influências diversas nos indivíduos, em relação ao surgimento ou a profilaxia do câncer. Da mesma forma, as relações entre lipídios, inflamação e sua relação com o câncer, bem como os mecanismos envolvidos nesse processo, também merecem mais atenção e estudos.

Podemos concluir que a prática de exercícios, assim como a dieta, em especial os lipídios, podem ter papéis na prevenção contra o câncer e também em seu tratamento, e, embora os resultados das pesquisas atuais sejam bastante promissores, as doses ideais e os mecanismos de ação das duas terapias ainda representam um campo aberto à pesquisa.

## Referências

1. IARC Handbooks of Cancer Prevention. Weight Control and Physical Activity. 2002;6.

2. Lima MMR, Moreira NX, Santos BMA, Mancini Filho J, Fernandes LC. Ácidos graxos e câncer. In: Curi R, Pompéia C, Miyasaka CK, Procopio J. Entendendo as gorduras, os ácidos graxos. São Paulo: Manole; 2002.

3. Dickson DJ, Shami PJ. Angiogenesis in acute and chronic leukemias. Leuk Lymphoma. 2001;42:847-53.

4. Senger DR, Galli SJ, Dvorak AM, et al. Tumor cells secrete a vascular permeability factor that promotes accumulation of ascites fluid. Science. 1983;219:983-5.

5. Williams CM, Dickerson JWT. Nutrition and cancer, some biochemical mechanisms. Nutr Res Rev. 1990;3:75-100.

6. Black HS, Thornby JI, Gerguis J, Lenger W. Influence of dietary omega 3-6 fatty acid sources on the initiation and promotion stages of photocarcinogenesis. Photochem. Photobiol. 1992;56:195-9.

7. Dvorak HF, Nagy JA, Dvorak AM. Structure of solid tumors and their vasculature. Implications for therapy with monoclonal antibodies. Cancer Cells. 1991;3:77-85.

8. Seelaender M, Kazantzis M, Costa Rosa L. The effect of adrenaline and Walker-256 tumour-induced cachexia upon Kupffer cell metabolism. Cell Biochem Funct. 1999;17(3):151-6.

9. Jiang J, Wolk A, Bengt V. Relation between the intake of milk fat and occurrence of conjugated linoleic acid in human adipose tissue. Am J Clin Nutr. 1999;70:21-7.

10. Dimeo F, Fetscher S, Lange W, et al. Effects of aerobic exercise on the physical performance and incidence of treatment related complications after high dose chemotherapy. Blood. 1997;90:3.390-4.

11. Dimeo F, Rumberger BG, Keul J. Aerobic exercise as therapy for cancer fatigue. Med Sci Sports Exerc. 1998;30:475-8.

12. Kufe DW, Pollock RE, Weichselbaum RR, Bast RC, Gansler TS, Holland JF, et al. Cancer Medicine. Hamilton (Canada): BC Decker Inc; 2001.

13. Kimura Y, Kono S, Toyomura K, Nagano J, Mizoue T, Moore MA, et al. Meat, fish and fat intake in relation to subsite-specific risk of colorectal cancer: the fukuoka colorectal cancer study. Cancer Sci. Apr 2007;98(4):590-7.

14. Norat T, Bingham S, Ferrari P, Slimani N, Elio R, et al. Meat, fish, and colorectal cancer risk: the european prospective investigation into cancer and nutrition. J Nath Cancer Inst. Jun 2005;97(12):906-16.

15. Demarzo MM, Martins LV, Fernandes CR, Herrero FA, Perez SE, Turatti A, et al. Exercise reduces inflammation and cell proliferation in rat colon carcinogenesis. Med Sci Sports Exerc. 2008;40(4):618-21.

16. Burns CF, Spector AA. Biochemical effects of of lipids on cancer therapy. J Nutr Biochem. 1994;5:114-23.

17. Reddy BS. Dietary fat and colon cancer: animal model studies. Lipids. 1992;27:807-13.

18. Oldervoll LM, Kaasa S, Knobel H, Loge JH. Exercise reduces fatigue in chronically fatigued Hodgkin's disease survivors: results from a pilot study. Eur J Cancer. 2003;39:57-63.

19. Clark WH. Tumour progression and the nature of cancer. Br J Cancer. 1991;64:631-44.

20. Lucia A, Earnest C, Pérez M. Cancer-related fatigue: can exercise physiology assist oncologists? The Lancet. 2003;4:616-25.

21. Woods JA, Davis JM. Exercise, monocyte/macrophage function, and cancer. Med Sci Sports Exerc. 1994;26:147-57.

22. Winningham ML, MacVicar M.G. Exercise as a tension reduction mechanism in cancer patients. (Ohio) J Sci. 1983;83:75.

23. Eritsland J. Safety consideration of polyunsaturated fatty acids. Am J Clin Nutr. 2000;71:197-201.

24. Erickson KI, Hubbard N, Cakrabarti R. Modulation of signal transduction in macrophages by dietary fatty acids. J Nutr 1995;125:1.683S-86.

25. Nicklas BJ, You T, Pahor M. Behavioural treatments for chronic systemic inflammation: effects of dietary weight loss and exercise training. CMAJ. Apr 26 2005;172(9):1.199-209.

26. Rose DP. Effects of dietary fatty acids on breast and prostate cancer: evidence from in vitro experiments and animal studies. Am J Clin Nutr. 1997;66:1.513S-22.

27. Fritsche KL, Johnston PV. Effect of a dietary a-linoleic acid on growth methastasis fatty acid profile and prostaglandin production of two murine mammary adenocarcinomas. J Nutr. 1990;120:1.601-9.

28. Simopoulos AP. The importance of the omega-6/omega-3 fatty acid ratio in cardiovascular disease and other chronic diseases. Exp Biol Med (Maywood). Jun 2008;233(6):674-88.

29. Dimeo F, Tilmann MH, Bertz H, et al. Aerobic exercise in the rehabilitation of cancer patients after high dose chemotherapy and autologous peripheral stem cell transplantation. Cancer. 1997;79:1.717-22.

30. Dvorak HF. Tumors, wounds that do not heal: similarities between tumor stroma generation and wound healing. N Engl J Med. 1986;315:1.650-9.

31. Rao CV, Simi B, Wynn TT, Garr K, Reddy B. Modulating effect of amount and type of fat on colonic mucosal phospholipase A2 phosphatidylinositol-specific phospholipase C activities and ciclooxigenase metabolite formation during different stages of colon promotion in male F344 rats. Cancer Res. 1996;56:532-7.

32. Coloumbe J, Pelletier G, Tremblay P, Mercier G, Oth D. Influence of lipid diets on the number of metastasis and ganglioside content of H59 variant tumors. Clin Exp Metastasis. 1997;15:410-7.

33. Nagy JA, Masse EM, Herzberg KT, et al. Pathogenesis of ascites tumor growth. Vascular permeability factor, vascular hyperpermeability, and ascites fluid accumulation. Cancer Res. 1995;55:360-8.

34. Hoffman-Goetz L, Pedersen BK. Exercise and the immune system: a model of the stress response? Immunol. Today. 1994;15:382-7.

35. Falconer JS, Ross JA, Fearon KC, Hawkins RA, O'Riordain MG, Carter DC. Effect of eicosapentanoic acid and other fatty acids on the growth in vitro of human pancreatic cancer cell lines. Br J Cancer. 1994;69:826-32.

36. Dimeo F, Bertz H, Finke J, et al. An aerobic exercise program for patients with hematological malignancies alter bone marrow transplantation. Bone Marrow Transplant. 1996;18:1.157-60.

37. Petrik MBH, McEntee MF, Johnson BT, Obukowicz MG, Whelan J. Highly unsaturated (n-3) fatty acids, but not w-linolenic conjugated linoleic or w-linolenic acids reduce tumorigenesis in Apc Min/+mice. J Nutr. 2000;130:2.434-43.

38. Chapkin RS, Hubbard NE, Buckman DK, Erickson KL. Linoleic acid metabolism in metastatic and nonmetastatic murine mammary tumor cells. Cancer Res. 1989;49:4.724-8.

39. You T, Nicklas BJ. Chronic inflammation: role of adipose tissue and modulation by weight loss. Curr Diabetes Rev. Feb 2006;2(1):29-37.

40. Satory DL, Smith SB. Conjugated linoleic acid inhibits proliferation but stimulates lipid filling of murine 3T3-L1 preadipocytes. J Nutr. 1999;129:92-7.

41. Burhanm TR, Wilcox A. Effects of exercise on physiological and psychological variables in cancer survivors. Med Sci Sports Exerc. 2002;34:1.863-7.

42. Bertevelo P, Seelaender M. Heterogeneous response of adipose tissue to cancer cachexia. Braz J Med Biol Res. 2001;34(9):1.161-7.

43. Fernandes L, Machado U, Nogueira C, Carpinelli A, Curi R. Insulin secretion in Walker 256 tumor cachexia. Am J Physiol. 1990;258(6):E1033-6.

44. Figueiras M, Busquets S, Carbó N, Almendro V, Argilés J, López-Soriano F. Cancer cachexia results in an increase in TNF-alpha receptor gene expression in both skeletal muscle and adipose tissue. Int J Oncol. 2005;27(3):855-60.

45. Woutersen RA, Appel MJ, Garderen-Hoetmer A, Wijnands, MVW. Dietary fat and carcinogenesis. Mut Res. 1999;443:111-27.

46. Chlebowsky R; Lifestyle Change Including Dietary Fat Reduction and Breast Cancer Outcome 1, 2. American Society for Nutrition. J Nutr. 2007;137:233S-5.

47. Duncan AM. The role of nutrition in the prevention of breast cancer AACN clinical issues. 2004;15(1):119-35.

48. Loor JJ, Herbein JH. Exogenous conjugated linoleic acid isomers reduce bovine milk fat concentration and yeld by inhibiting de novo fatty acid synthesis. J Nutr. 1998;128:2.411-9.

49. MacVicar MG, Winningham ML, Nickel JL, et al. Effects of aerobic interval training on cancer patients' functional capacity. Nurs Res. 1989;38:348-51.

50. Cotran RS, Kumar V, Collins T. Robbins pathologic basis of disease. Philadelphia: WB Saunders; 1999.

51. MacDonald N. Cancer cachexia and targeting chronic inflammation: a unified approach to cancer treatment and palliative/supportive care. J Support Oncol. Apr 2007;5(4):157-62.

52. Dimeo F. Effects of exercise on cancer-related fatigue. Cancer. 2001;92(Suppl 6):1.689-93.

53. Argiles J, Aavares B, López-Soriano F. The metabolic basis of cancer cachexia. Med Res Rev. 1997;17(5):477-98.

# Capítulo 8

## Lipídios, patologias associadas e exercício: obesidade

*Alexandre Romero*

## 8.1 Prevalência da obesidade no Brasil e no mundo

Com a industrialização, a urbanização, o desenvolvimento econômico e a globalização, o ser humano adotou dietas mais calóricas e estilo de vida sedentário, o que contribuiu para o aparecimento de diversas doenças.[1] Entre elas está a obesidade, que tem afetado tanto pessoas de países desenvolvidos quanto de países em desenvolvimento.[2,3,4]

Em países de baixa renda, a obesidade é mais comum em mulheres de meia-idade, pessoas de maior nível socioeconômico e naqueles que vivem em comunidades urbanas. No caso dos países mais ricos, observa-se que a obesidade também é comum na meia-idade e está, cada vez mais, aumentando sua prevalência entre adolescentes e crianças.[1] De acordo com a Organização Pan-Americana da Saúde,[5] o aumento da prevalência da obesidade ocorre em, praticamente, todas as faixas etárias e grupos sociais.

Estima-se que, no mundo, exista 1,6 bilhão de indivíduos adultos com excesso de peso, dos quais quatrocentos milhões são obesos. Conforme projeção feita pela Organização Mundial da Saúde, em 2015 haverá 2,3 bilhões de indivíduos com excesso de peso e setecentos milhões de obesos.[6]

Nos Estados Unidos, verificou-se que, entre 1976-1980 e 2003-2004, a prevalência da obesidade em adultos aumentou de 15% para 32,9%.[7] No Reino Unido, a prevalência da obesidade em adultos era de 6% para os homens e 8% para as mulheres, em 1980. Já em 2000, constatou-se 21% para homens e 23,5% para mulheres.[8]

A tendência de crescimento das taxas de prevalência de excesso de peso e obesidade infantil também tem sido observada no mundo inteiro.[3] Nos Estados Unidos, observou-se um aumento de 6,5% (1976-1980) para 18,8% (2003-2004) na prevalência de excesso de peso em crianças e adolescentes de 6 a 11 anos de idade.[7] No caso da Inglaterra, entre 1984 e 2003, pôde-se constatar um aumento da prevalência de obesidade de 1,2% para 6% nos meninos e de 1,8% para 6,6% nas meninas. A população estudada tinha entre 5 e 10 anos de idade.[9]

Estudo realizado em 34 países com adolescentes de 10 a 16 anos de idade mostrou que a prevalência de excesso de peso e obesidade foi particularmente alta nos países localizados ao norte da América, Grã-Bretanha e na parte sul-ocidental da Europa.[10]

No Brasil, a prevalência de excesso de peso em crianças e adolescentes de 6 a 18 anos aumentou de 4,1% (1974-1975) para 13,9% (1996-1997).[11] Em levantamento feito em 2002, com crianças de 7 a 10 anos, constatou-se que 23% dos meninos e 21,1% das meninas tinham excesso de peso ou estavam obesas.[12]

De acordo com a mais recente Pesquisa de Orçamentos Familiares (POF), realizada em 2002 a 2003, o excesso de peso é um problema relevante em todas as regiões do país, em meio urbano ou rural e em todas as classes de rendimentos. Na mesma pesquisa, constatou-se que a frequência de adolescentes brasileiros com excesso de peso foi de 16,7%, sendo um pouco mais frequente em meninos (17,9%) do que em meninas (15,4%). Verificou-se, também, que havia um menino obeso para cada dez meninos com excesso de peso e uma menina obesa para cada cinco meninas com excesso de peso.[13] Em relação aos adultos brasileiros, constatou-se que 38,8 milhões (40,6%) estão com excesso de peso, dos quais 10,5 milhões são considerados obesos.[14]

## 8.2 Diagnóstico da obesidade

Um recurso amplamente utilizado para verificar o estado nutricional é o índice de massa corporal (IMC), que é definido como o peso em quilogramas dividido pelo quadrado da estatura em metros.[15] O IMC é bastante utilizado, principalmente em estudos populacionais, em virtude do baixo custo, da simplicidade para a realização das medidas e da alta reprodutibilidade.[4,16]

Para a Organização Mundial da Saúde,[17] adultos que apresentam valores de IMC maior ou igual a 25 kg/m$^2$ estão com excesso de peso e aqueles que apresentam valores de IMC maior ou igual a 30 kg/m$^2$ são obesos. A Organização Mundial da Saúde classifica a obesidade de acordo com o IMC e apresenta o risco de desenvolver doenças associadas conforme essa classificação (Tabela 8.1).

Tabela 8.1 – Índice de massa corporal (IMC) e riscos de co-morbidades

| Classificação | IMC (kg/m$^2$) | Riscos de co-morbidades |
|---|---|---|
| Baixo peso | < 18,5 | Baixo (risco aumentado de outros problemas clínicos) |
| Normal | 18,5 – 24,9 | Ausente |
| Excesso de peso | ≥ 25 | - |
| Pré-obeso | 25 - 29,9 | Aumentado |
| Obeso classe I | 30 - 34,9 | Moderado |
| Obeso classe II | 35 - 39,9 | Alto |
| Obeso classe III | ≥ 40 | Muito alto |

Adaptado de WHO, 1998.

A Organização Mundial da Saúde[18] também sugeriu a utilização do IMC para triagem de adolescentes com excesso de peso e obesidade em virtude da praticidade, da possibilidade de usar o mesmo critério quando adulto e por ser bem correlacionado com a gordura corporal. A alternativa proposta por essa organização para diagnosticar o excesso de peso e a obesidade em adolescentes foi a de utilizar uma distribuição de referência baseada na distribuição do IMC da população norte-americana de adolescentes. Quando o IMC é superior ao 85º percentil da distribuição norte-americana de referência, entende-se que o adolescente está com excesso de peso e, para diagnosticar obesidade, além do IMC acima do 85º percentil, o adolescente deve apresentar dobras cutâneas (tricipital e subescapular) superiores ao 90º percentil da mesma distribuição norte-americana de referência.

Recentemente, Cole et al.[19] propuseram uma nova definição de pontos de corte para excesso de peso e obesidade, baseado em um estudo que utilizou IMC de crianças e adolescentes de 2 a 18 anos de idade em seis nações (Brasil, Grã-Bretanha, Hong Kong, Holanda, Singapura e Estados Unidos). A definição dos pontos de corte é derivada das curvas de percentil que passam pelos pontos 25 kg/m$^2$ (excesso de peso) e 30 kg/m$^2$ (obesidade) aos 18 anos, proporcionando pontos de corte específicos para sexo e idade em crianças e adolescentes (Tabela 8.2). Esses valores são recomendados para uso internacional em comparações da prevalência de excesso de peso e obesidade.

Tabela 8.2 – Valores de IMC para excesso de peso e obesidade de acordo com o sexo e a faixa etária

| Idade (anos) | IMC de 25 (excesso de peso) | | IMC de 30 (obesidade) | |
|---|---|---|---|---|
| | Masculino | Feminino | Masculino | Feminino |
| 2,0 | 18,41 | 18,02 | 20,09 | 20,09 |
| 2,5 | 18,13 | 17,76 | 19,80 | 19,55 |
| 3,0 | 17,89 | 17,56 | 19,57 | 19,36 |
| 3,5 | 17,69 | 17,40 | 19,39 | 19,23 |
| 4,0 | 17,55 | 17,28 | 19,29 | 19,15 |
| 4,5 | 17,47 | 17,19 | 19,26 | 19,12 |
| 5,0 | 17,42 | 17,15 | 19,30 | 19,17 |
| 5,5 | 17,45 | 17,20 | 19,47 | 19,34 |
| 6,0 | 17,55 | 17,34 | 19,78 | 19,65 |
| 6,5 | 17,71 | 17,53 | 20,23 | 20,08 |
| 7,0 | 17,92 | 17,75 | 20,63 | 20,51 |
| 7,5 | 18,16 | 18,03 | 21,09 | 21,01 |
| 8,0 | 18,44 | 18,35 | 21,60 | 21,57 |
| 8,5 | 18,76 | 18,69 | 22,17 | 22,18 |
| 9,0 | 19,10 | 19,07 | 22,77 | 22,81 |
| 9,5 | 19,46 | 19,45 | 23,39 | 23,46 |
| 10,0 | 19,84 | 19,86 | 24,00 | 24,11 |
| 10,5 | 20,20 | 20,29 | 24,57 | 24,77 |
| 11,0 | 20,55 | 20,74 | 25,10 | 25,42 |
| 11,5 | 20,89 | 21,20 | 25,58 | 26,05 |

Continua

Continuação

| Idade (anos) | IMC de 25 (excesso de peso) | | IMC de 30 (obesidade) | |
|---|---|---|---|---|
| | Masculino | Feminino | Masculino | Feminino |
| 12,0 | 21,22 | 21,68 | 26,02 | 26,67 |
| 12,5 | 21,56 | 22,14 | 26,43 | 27,24 |
| 13,0 | 21,91 | 22,58 | 26,84 | 27,76 |
| 13,5 | 22,27 | 22,98 | 27,25 | 28,20 |
| 14,0 | 22,62 | 23,34 | 27,63 | 28,57 |
| 14,5 | 22,96 | 23,66 | 27,98 | 28,87 |
| 15,0 | 23,29 | 23,94 | 28,30 | 29,11 |
| 15,5 | 23,60 | 24,17 | 28,60 | 29,29 |
| 16,0 | 23,90 | 24,37 | 28,88 | 29,43 |
| 16,5 | 24,19 | 24,54 | 29,14 | 29,56 |
| 17,0 | 24,46 | 24,70 | 29,41 | 29,69 |
| 17,5 | 24,73 | 24,85 | 29,70 | 29,84 |
| 18,0 | 25,00 | 25,00 | 30,00 | 30,00 |

Fonte: Cole et al.[19]

Para diagnosticar a obesidade por meio de métodos que permitam verificar a porcentagem de gordura corporal, tem-se utilizado como ponto de corte os valores 20% e 33% para homens e mulheres, respectivamente.[20] No caso de crianças e adolescentes, os valores ainda estão em debate.

## 8.3 Origem multifatorial da obesidade

Caracterizar a etiologia da obesidade tem sido uma tarefa extremamente difícil, pois essa doença é de cunho multifatorial e suas causas diferem de uma pessoa à outra. Estudar as causas da obesidade é de fundamental importância, pois com base nesses conhecimentos é possível promover ações e aprimorar estratégias para combatê-la.

De forma geral, a obesidade é consequência de uma ingestão calórica que excede o gasto calórico durante um período considerável. São vários os fatores que contribuem para um balanço de energia positivo, sendo uma condição importante para o desenvolvimento da obesidade a interação entre uma série de fatores como os genéticos, comportamentais, fisiológicos e psicológicos.[15,21]

### 8.3.1 Fatores genéticos

Há muitos anos, são realizadas pesquisas para compreender como os aspectos genéticos influenciam o desenvolvimento da obesidade. Com o objetivo de verificar a influência genética separadamente da ambiental, vários estudos com gêmeos foram realizados.

Uma das evidências mais fortes da influência da genética na etiologia da obesidade foi apresentada no estudo de Bouchard et al.[22] Os pesquisadores realizaram um estudo com 12 pares de gêmeos adultos monozigotos do sexo masculino (idade média = 21; DP = 2). Os gêmeos ficaram em um estabelecimento da Universidade de Laval (Quebec) sob monitoração constante por aproximadamente 120 dias. Os 14 dias iniciais foram utilizados para determinar a ingestão calórica básica e, de tempos em tempos, os gêmeos eram alimentados com 1.000 kcal a mais do que a ingestão calórica básica, previamente determinada. Como resultado, verificou-se que todos os indivíduos aumentaram a massa corporal, apresentando uma variação de 4,2 kg a 13,3 kg. No entanto, esse aumento foi similar quando a comparação foi feita entre os irmãos e diferente quando distintos pares de gêmeos foram comparados.

Com o avanço tecnológico na área da biologia molecular, está sendo possível entender melhor o papel dos fatores genéticos na obesidade. Atualmente, sabe-se que o mapa genético da obesidade humana contém mais de 127 genes candidatos a se relacionar à obesidade e que mais de seiscentos genes, genes marcadores e regiões cromossômicas, têm sido associados ou ligados ao fenótipo da obesidade humana. Também foi verificado que, em 176 casos de obesidade ocorridos em virtude de mutações únicas nos genes, 11 genes diferentes se manifestavam com frequência nessas mutações. Em relação às síndromes hereditárias relacionadas à obesidade, foram mapeados cinquenta locais específicos que os genes ocupam nos cromossomos, além de 52 regiões do genoma que contêm traços quantitativos específicos replicados relacionados ao desenvolvimento da obesidade.[23,24]

Pode-se dizer que o aumento da obesidade está relacionado à interação entre fatores genéticos, ambientais e comportamentais.[25] Além disso, entende-se que existam indivíduos mais suscetíveis do que outros a se tornar obesos, e essa suscetibilidade pode ser determinada geneticamente.

A suscetibilidade genética pode ocorrer em razão da influência nos seguintes mecanismos:[26]

- Gasto energético: por exemplo, redução do metabolismo basal e efeito térmico dos alimentos.
- Utilização de substratos: por exemplo, oxidação de gordura reduzida.
- Fibras musculares: por exemplo, pequena quantidade de massa magra.
- Preferência alimentar: por exemplo, preferência por alimentos ricos em gordura.

Sendo assim, entende-se que alguns indivíduos, quando expostos à ambientes "obesogênicos", tenham maior facilidade de serem influenciados do que outros, em virtude de sua condição genética.

Tem-se observado que alguns indivíduos emagrecem mais rápido do que outros quando praticam exercícios físicos regularmente. Uma possível explicação é que, para algumas pessoas, o exercício físico altera mais facilmente a expressão de um ou mais genes, relacionados à alteração da taxa metabólica, que contribuem indiretamente para o emagrecimento.[27]

Segundo Bray,[27] a interação entre a ação gênica e os exercícios físicos pode ser em virtude de genes que participam dos sistemas metabólicos e fisiológicos ou de polimorfismos* (Fragmentos de tamanhos diferentes formados durante a replicação do DNA.) responsáveis pela síntese de enzimas reguladoras do metabolismo celular como quinase e ATPase ou da síntese de determinadas proteínas importantes, como colágeno e insulina.

Além disso, os exercícios físicos podem influenciar a expressão gênica por meio da modulação de proteínas de ligação e de fatores de transcrição de proteínas que favorecem a ação dos neurotransmissores envolvidos no metabolismo de lipídios, no controle da fome etc. Dessa forma, percebe-se que a alteração da composição corporal provocada pela prática regular do exercício físico depende, também, da predisposição genética.

Por fim, apesar da influência de genes alterados que modificam o metabolismo e induzem o desenvolvimento da obesidade, entende-se que os principais motivos para o expressivo aumento da prevalência da obesidade no mundo são os fatores ambientais e comportamentais, pois esse aumento ocorreu em um período muito curto de tempo para ter havido alterações genéticas substanciais nas populações.[15]

É importante salientar que, embora exista influência genética na obesidade, isso não indica que o acúmulo excessivo de gordura seja inevitável para quem tem maior suscetibilidade genética para engordar.[28]

## 8.3.2 Fatores fisiológicos

### 8.3.2.1 Maturação sexual

Durante a adolescência ocorre a maturação sexual, que provoca mudanças na composição corporal. Em relação ao tecido adiposo, pode-se afirmar que tanto a quantidade quanto a distribuição da gordura corporal são fortemente influenciadas pela maturação sexual.[29,30]

Entre as varias alterações que ocorrem nesse período, constata-se em meninos um aumento significativo no desenvolvimento ósseo e muscular, em razão, principalmente, da presença da testosterona. Já para as meninas, observa-se uma alteração da composição corporal, principalmente, por meio do aumento da quantidade de gordura corporal em virtude da ação do hormônio estrógeno.[31] Essas alterações provocam o ganho de massa corporal, tornando a maturação sexual um fator importante para o aumento do IMC em adolescentes.[32]

Em estudo realizado por Coelho et al. no Rio de Janeiro,[33] foram avaliados o IMC e o estágio puberal de 466 crianças e jovens entre 10 e 20 anos. Os autores puderam verificar uma associação positiva e significativa entre IMC e estágio puberal para ambos os sexos. Hegg e Hegg[34] constataram que meninas púberes possuíam valores de dobras cutâneas significativamente maiores do que as não púberes, ao analisarem os dados de um grupo de

543 alunas entre 8 e 16 anos, de um colégio na cidade de São Paulo.

É interessante destacar que as meninas que amadurecem precocemente têm maior chance de apresentar excesso de peso ou obesidade.[35,36,37] Remsberg et al.[38] avaliaram 391 meninas entre 8 e 21 anos de idade e puderam constatar que aquelas que apresentaram maturação sexual precoce tiveram níveis mais elevados de percentual de gordura, pressão arterial, insulina e glicose, quando comparadas com aquelas que não apresentaram maturação sexual precoce.

Diante desses conhecimentos, percebe-se a necessidade de avaliar a maturação sexual em estudos que tenham como objetivo avaliar o estado nutricional e elaborar ações para a prevenção e o tratamento da obesidade nesse período da vida.

### 8.3.2.2 Regulação neuroendócrina

Sabe-se que o hipotálamo regula tanto a ingestão alimentar quanto o gasto energético. Nele, há dois grupos de neuropeptídios (orexígenos e anorexígenos), que são expressos por neurônios que interagem com sinalizadores periféricos como a leptina, a insulina, a grelina e os glicocorticoides.[39]

O hormônio leptina, produto do gene ob, é produzido, sobretudo, no tecido adiposo branco[40] e tem como importante fonte de estímulo a insulina, os glicocorticoides e as citocinas.[41] Esse hormônio é um marcador do tecido adiposo: quanto maior é a massa gorda, maior é a produção de leptina.[42]

A leptina é considerada como um dos principais hormônios reguladores do balanço energético, pois reduz a ingestão alimentar e aumenta o gasto energético. Ela atua no hipotálamo, onde provoca a diminuição da produção de NPY (neuropeptídio Y), reconhecido como um importante orexígeno, e aumenta o gasto energético pelo aumento da atividade nervosa simpática.[43] A secreção da leptina aumenta após a ingestão alimentar e diminui durante o jejum.[44]

Defeitos nos receptores de leptina ou resistência à sua ação podem desenvolver a obesidade. A administração de leptina exógena parece contribuir para a redução da massa corporal e do apetite,[45,46] porém, são poucos os obesos que têm deficiência de leptina. A maioria dos obesos apresenta elevados valores de leptina, indicando resistência à sua ação.[47,48]

Vários sinais humorais que vão do fígado ao intestino ajudam no controle da fome. Um peptídio sacietógeno gastrintestinal, bastante estudado, que contribui no controle da fome é a colecistoquinina (CCK). Esse peptídio diminui o esvaziamento gástrico e dá saciedade, contribuindo para interrupção da ingestão alimentar.[49]

A grelina é um hormônio secretado, sobretudo, pelo estômago, que aumenta o apetite por meio da estimulação dos neuropeptídios Y (NPY) e proteína agout-relacionada (AGRP).[50,51] Esse hormônio também aumenta a lipogênese, a adiposidade e a secreção do hormônio de crescimento (GH).[52]

Ao contrário da leptina, as concentrações plasmáticas de grelina sobem durante o jejum e diminuem após a refeição.[51] Pode-se citar como sinais inibitórios a leptina, a interleucina-1β, o hormônio de crescimento e a dieta hiperlipídica. Já a dieta hipoproteica favorece o aumento da concentração plasmática de grelina.[53,48]

Estudos têm demonstrado que a administração de grelina em indivíduos aparentemente saudáveis aumentou a fome e a ingestão alimentar.[54] No entanto, indivíduos obesos apresentam concentrações plasmáticas de grelina mais baixas do que os indivíduos magros.[55]

Quanto à relação dos exercícios físicos com os hormônios leptina e grelina, observa-se, em revisão feita por Mota e Zanesco,[56] que o efeito do exercício físico sobre a concentração plasmática de leptina não está esclarecido, pois enquanto alguns estudos mostram redução dos seus níveis, outros não mostram qualquer alteração. No caso da grelina, a maioria dos estudos mostra que não existiu alteração dos níveis plasmáticos com o exercício.

A grelina tem um efeito potente sobre a liberação de GH, porém a forma como ela atua para estimular essa secreção não está completamente esclarecida. O GH promove o crescimento linear, tem efeito anabólico proteico e acentua a oxidação dos ácidos graxos por meio do aumento da lipólise do tecido adiposo e/ou redução do estoque de triacilgliceróis, reduzindo a massa de gordura corporal.[57]

Tem-se observado que, em indivíduos obesos, a concentração de GH é quatro vezes mais baixa que em indivíduos eutróficos e que, com o emagrecimento, essas concentrações retornam aos valores normais. Apesar dos efeitos do GH favoráveis ao emagrecimento, não se recomenda o uso exógeno desse hormônio, pois sua eficácia e segurança em longo prazo ainda não foram comprovadas.[57]

Outro sinalizador importante no controle do balanço energético é a insulina, um hormônio produzido pelas células β do pâncreas que aumenta a captação de glicose da corrente sanguínea e estimula o armazenamento de lipídios no tecido adiposo.[58,59] Além disso, esse hormônio age no sistema nervoso central favorecendo a saciedade e o aumento do gasto energético, regulando a ação da leptina.[60]

A insulina inibe a expressão de NPY, favorecendo a redução da ingestão de alimentos e, por meio de suas ações centrais, estimula a atividade nervosa simpática e a termogênese.[61] É importante ressaltar que indivíduos obesos apresentam elevadas concentrações de insulina,[58] porém esse aumento parece não ter efeito em virtude da resistência à sua ação, desenvolvida pela obesidade.

### 8.3.3 Fatores comportamentais e ambientais

Para Hill e Melanson[62] e Colditz,[63] a redução do gasto de energia diário, causada pela falta de atividade física, e o excesso alimentar, contribuem para o desenvolvimento da obesidade. Nesse sentido, Bouchard e Blair[64] afirmam que a prevalência da obesidade e do excesso de peso tem aumentado nas últimas décadas em virtude das seguintes circunstâncias:

- Grande parte da população está consumindo mais calorias do que gerações passadas, sem mudar o dispêndio de energia diária.
- Um grande número de pessoas diminuiu o gasto energético diário e mantiveram a mesma ingestão calórica.
- Para outros, a ingestão calórica é menor do que a esperada, se comparada com gerações anteriores, porém, o dispêndio de energia é muito menor.

Segundo esses autores, nessas três circunstâncias, o dispêndio de energia por meio da atividade física é o maior determinante.

#### 8.3.3.1 Inatividade física

Facilidades da vida moderna, como máquinas de lavar roupa, máquinas de lavar louça, micro-ondas, controle remoto e computadores, têm favorecido a redução do gasto energético diário. Apesar de cada aparelho reduzir sutilmente o gasto energético, quando utilizado isoladamente, observa-se um significativo impacto na diminuição do gasto energético diário, quando utilizados em conjunto no dia a dia.[62] Além dessas facilidades modernas, verificam-se dois importantes fatores inibidores da atividade física:

- A violência urbana[65] que inibe as pessoas de praticarem atividade física em locais públicos e leva os pais a proibir seus filhos de brincar na rua ou se deslocar até locais mais adequados para a prática de atividade física de lazer em virtude do risco de serem vítimas.
- O trânsito intenso de veículos nas ruas e avenidas[65] aumenta o risco de acidentes como atropelamentos e impede que os jovens pratiquem algum tipo de atividade física nesses locais.

Pode-se dizer que o sedentarismo, definido como um estilo de vida que não inclui atividades físicas regulares, no qual predominam o trabalho na posição sentada e o lazer passivo,[66] é um fator extremamente importante para o aumento da obesidade, pois é consenso na literatura que quanto menos ativo for o indivíduo maior será a chance de desenvolver a obesidade.[67,26]

É importante ressaltar que a relação positiva entre inatividade física e adiposidade ocorre também entre crianças e adolescentes. Manios et al.[68] investigaram o nível de atividade física e o estado nutricional de 510 adolescentes entre 12 e 13 anos e constataram que meninos e meninas com excesso de peso tinham um nível de atividade física mais baixo do que os adolescentes eutróficos. Resultados semelhantes foram encontrados por Al-Hazzaa[69] ao avaliar o nível de atividade física de 296 meninos entre 8 e 12 anos e verificar que os meninos obesos eram menos ativos do que os não obesos.

Assistir à televisão é um tipo de atividade sedentária que está fortemente correlacionada ao aumento do excesso de peso e da obesidade em ambos os sexos.[70] Uma possível explicação para esse fato é que o tempo destinado para assistir à TV parece contribuir tanto para o sedentarismo[71,72] quanto para o aumento do consumo alimentar.[73,74] Para Epstein et al.,[75] reduzir as atividades sedentárias parece ser uma importante estratégia para obter valores de IMC adequados para saúde, pois, assim, o indivíduo tem mais tempo para praticar exercícios físicos e diminuir a ingestão de alimentos que geralmente ocorre durante as atividades sedentárias.

### 8.3.3.2 Comportamento alimentar

Outro fator de alta relevância para a etiologia da obesidade é a excessiva ingestão alimentar, uma vez que o balanço energético positivo tem extrema importância no desenvolvimento dessa doença.[65,15] Segundo Dâmaso et al.,[65] a alimentação merece muita atenção, pois, em razão das mudanças no estilo de vida, decorrentes da industrialização e da urbanização, as pessoas têm menos tempo para realizar refeições adequadas e balanceadas. Com essas alterações, a sociedade passou a consumir alimentos de restaurantes *fast-food,* que são ricos em gordura e com alto valor calórico. Além disso, esses alimentos são mais palatáveis e agradam também às crianças e aos adolescentes, que podem adquirir esse hábito e mantê-lo por toda a vida.

Na adolescência, o consumo alimentar pode ser influenciado por vários fatores como: convivências sociais, preferências alimentares, ambiente físico, influência da mídia e fatores biológicos.[76] Nessa fase, os indivíduos parecem preferir a ingestão de alimentos rápidos e as dietas ricas em gordura e açúcares simples. Grande parte dos adolescentes prefere alimentos mais calóricos e que favorecem o desenvolvimento da obesidade como, por exemplo, bolachas, batatas fritas, chocolates e refrigerantes.[77,78]

O comportamento alimentar dos jovens, também, pode ter forte influência do ambiente familiar, pois a criança imita os adultos desde os primeiros anos de vida, fazendo que o exemplo dos pais seja fundamental para a formação de hábitos e preferências alimentares.[79]

Estudos têm relatado que o aumento do consumo de bebidas adocicadas (refrigerantes, sucos etc.) contribui para o desenvolvimento da obesidade ao longo dos anos, provavelmente por favorecer um aumento no total de energia ingerida diariamente.[80,81]

A excessiva ingestão de gordura tem sido associada ao excesso de peso.[15] Entre os macronutrientes, a gordura dietética é a que possui maior quantidade de energia.[15] Além disso, indivíduos que consomem alimentos com alto teor de gordura podem ser estimulados à maior ingestão de energia em virtude da palatabilidade.[82] Vale ressaltar que a palatabilidade favorece o aumento do consumo alimentar, bem como a sensação de fome durante e entre as refeições.[15]

Para Willett,[83] apenas a redução da ingestão de calorias e, particularmente, da ingestão de gordura, não soluciona o problema da obesidade, pois foi observado, nos Estados Unidos, no período de 1971 a 1991, que, enquanto a ingestão de gordura declinou, a prevalência da obesidade aumentou muito. O autor sugere que o aumento da atividade física seja uma estratégia fundamental para o combate à obesidade.

### 8.3.3.3 Nível social

Nos países em desenvolvimento, observa-se que o menor número de indivíduos obesos se concentra nos grupos de condição socioeconômica inferior, provavelmente porque têm menos acesso aos alimentos, estão comprometidos com o trabalho manual e se deslocam para o trabalho caminhando, apresentando, assim, condição que favorece os baixos valores de IMC, ou seja, baixa ingestão de energia e alto gasto energético.[15]

No caso dos países desenvolvidos, verifica-se que o maior número de obesos está nos grupos de condição socioeconômica inferior, possivelmente porque essas pessoas também têm acesso à alimentação e às facilidades modernas (transporte motorizado, aparelhos domésticos, televisão etc.), porém se comprometem muito menos com a atividade física de lazer e realizam refeições mais ricas em gordura quando comparados com aqueles de condição socioeconômica superior.[15] Cabe ressaltar que alimentos de alta densidade energética, ricos em gordura e em açúcar, têm um custo relativamente baixo e são de fácil acesso.

Com o objetivo de verificar como nível socioeconômico (renda familiar, escolaridade e profissão dos pais), comportamentos relacionados à atividade física realizada no tempo livre (jogos, corrida, caminhada etc.) e comportamentos relacionados ao sedentarismo (televisão e *video game*) poderiam influenciar o IMC de adolescentes. Hanson e Chen[84] avaliaram essas variáveis em 113 adolescentes de ambos os sexos entre 16 e 19 anos de uma escola pública de St. Louis nos Estados Unidos; os autores puderam constatar uma correlação negativa entre nível socioeconômico e IMC, uma associação positiva entre nível socioeconômico e atividade física praticada no momento de lazer e uma associação negativa entre nível socioeconômico e comportamentos sedentários. Dessa forma, os pesquisadores concluíram que os valores mais altos de IMC estão entre os adolescentes de nível socioeconômico mais baixo, provavelmente, porque o baixo nível socioeconômico parece estimular o comportamento sedentário em países desenvolvidos.

No entanto, em estudo realizado na China por Shi et al.[85] com 824 adolescentes de 12 a 14 anos, observou-se uma associação fraca, mas significativa e positiva, entre a condição socioeconômica da família e o IMC dos adolescentes. Os autores relatam que essa associação é comum em países que passaram por um rápido crescimento econômico, mas ainda apresentam características de país em desenvolvimento e que, provavelmente, os jovens de famílias com condição socioeconômica privilegiada consomem mais energia e têm mais acesso a atividades sedentárias.

## 8.4 Consequências da obesidade

A obesidade é definida como uma condição de acúmulo anormal ou excessivo de gordura no tecido adiposo, em uma magnitude que se torna prejudicial à saúde do indivíduo ou de grupos populacionais.[17] Como consequência, o excesso de peso e a obesidade podem levar crianças, adolescentes e adultos a desenvolver distúrbios físicos, sociais e psicológicos (Figura 8.1).[86,87]

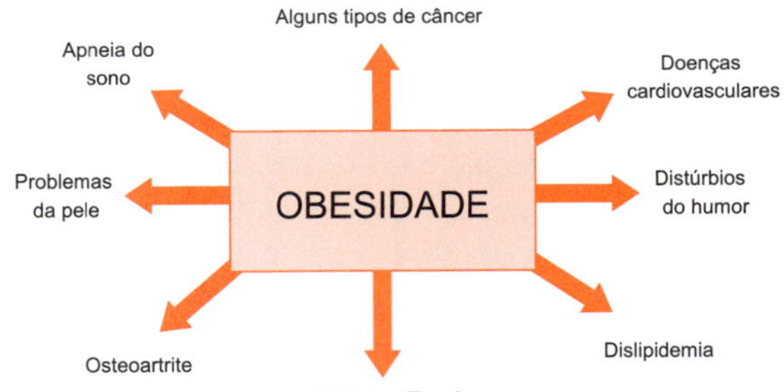


Figura 8.1 – Problemas de saúde associados à obesidade.

Os vários graus de obesidade podem produzir significativas consequências metabólicas.[88] A obesidade é um dos principais fatores de risco para o desenvolvimento da *síndrome metabólica*, que é caracterizada, principalmente, por intolerância à glicose, hipertensão arterial e dislipidemia.[21] A mortalidade e a morbidade decorrentes das alterações metabólicas provocadas pelo excesso de peso estão diretamente relacionadas à magnitude, à duração e à distribuição da gordura corporal.[89]

Daniels et al.[87] verificaram que, da mesma forma como acontece para o adulto, o excesso de peso e a obesidade em crianças e adolescentes estão associados a várias co-morbidades, como diabetes tipo 2, doenças pulmonares, osteoartrite, depressão, dislipidemia, resistência à insulina e doenças cardiovasculares.

Friedman et al.[90] relatam que o IMC na infância apresenta associação com a adiposidade na fase adulta. Dessa forma, além do surgimento precoce das doenças associadas à obesidade, esses indivíduos têm maior chance de apresentar elevada incidência de doenças na vida adulta.[91]

### 8.4.1 Doenças cardiovasculares

A obesidade está associada a vários outros fatores de risco para doenças cardiovasculares,[92] como hipertensão,[93,94] dislipidemia[93] e diabetes melito tipo 2.[87] Sabe-se que, para indivíduos obesos, o risco de morte por doenças cardiovasculares é maior quando comparado a indivíduos eutróficos.[95]

Indivíduos obesos têm maior chance de desenvolver hipertensão quando comparados a indivíduos eutróficos.[96] Estudos têm demonstrado que a obesidade apresenta uma relação positiva com a atividade nervosa simpática muscular e a resistência vascular periférica, além da associação negativa com os níveis de fluxo sanguíneo muscular.[97,98] Essas relações contribuem para o desenvolvimento da hipertensão.

O excesso de gordura na região central do corpo, conhecido como obesidade androide, é considerado um importante fator de risco para doenças cardiovasculares.[99,100] A sensibilidade da gordura visceral à ação das catecolaminas favorece a liberação de grande quantidade de ácidos graxos livres resultantes da lipólise. Os ácidos graxos livres inibem a captação de glicose levando a uma hiperglicemia, que provoca hiperinsulinemia. Dessa forma, a grande quantidade de insulina na corrente sanguínea ativa o sistema nervoso simpático e estimula a reabsorção de sódio pelos rins, o que favorecerá a vasoconstrição e a retenção hídrica, respectivamente, desencadeando a hipertensão.[101]

É importante ressaltar, conforme já mencionado, que a insulina parece perder seu efeito vasodilatador em indivíduos que apresentam resistência à sua ação.

Utilizando dados do Bogalusa Heart Study, no qual foram avaliados adolescentes entre 13 e 17 anos, reavaliados após 12 a 14 anos, Srinivasan et al.[102] puderam constatar que 58% dos adolescentes obesos permaneceram obesos na fase adulta e que houve um aumento significativamente maior dos valores de pressão arterial sistólica e diastólica, níveis de LDL e VLDL, triacilglicerol, insulina e glicemia no grupo de indivíduos com excesso de peso, quando comparado ao grupo de eutróficos. Diante desses resultados, os autores acreditam que o excesso de peso na adolescência persiste na fase adulta e contribui para o aumento dos fatores de risco cardiovascular.

Essa relação entre fatores de risco cardiovascular e excesso de peso foi verificada por Reinehr et al.[103] ao estudar 1.004 crianças e adolescentes com excesso de peso entre 4 e 18 anos de ambos os sexos. Nessa pesquisa, pode-se observar que fatores de risco para doença cardiovascular como hipertensão e dislipidemia são frequentes em adolescentes com excesso de peso e que 70% dos indivíduos estudados demonstraram pelo menos um fator de risco cardiovascular (além do excesso de peso).

## 8.4.2 Diabetes melito tipo 2

Indivíduos obesos apresentam maior chance de desenvolver diabetes tipo 2.[104] Tanto o aumento da gordura visceral quanto da gordura subcutânea e muscular contribuem para a resistência à insulina.[105]

A obesidade central favorece a liberação de grandes quantidades de ácidos graxos livres, que podem provocar resistência à insulina e prejuízo para as células β, no pâncreas.[106]

Em indivíduos obesos com resistência à insulina, uma das explicações para a redução da captação de glicose no músculo é a perda do efeito vasodilatador da insulina.[107]

Além de armazenar energia na forma de triacilglicerol e atuar como isolante térmico, o tecido adiposo desempenha a função de um órgão endócrino.[52,108] O tecido adiposo secreta várias substâncias, como leptina, resistina, fator de necrose tumoral alfa (TNFα) e interleucina-6 (IL-6). Essas substâncias interferem na sensibilidade à insulina, contribuindo para o desenvolvimento do diabetes tipo 2.[109,110] A interleucina-6 e o fator de necrose tumoral são considerados como as substâncias mais importantes para a resistência à insulina.[111,112]

Pode-se observar, no estudo de Bruun et al.,[113] que o exercício físico combinado à dieta reduz a concentração plasmática de interleucina-6.

O diabetes tipo 2 é, sobretudo, uma doença de adultos, porém, tem-se observado seu desenvolvimento em adolescentes com IMC acima de 30 kg/m.[2,87] Weiss et al.[114] afirmam que a prevalência da síndrome metabólica, que tem a resistência à insulina como uma de suas características, é maior entre crianças e adolescentes obesos, quando comparadas a pessoas eutróficas, e tende a crescer conforme o grau da obesidade aumenta.

## 8.4.3 Aspectos ortopédicos

A obesidade está associada à osteoartrite, sobretudo, em mulheres obesas de meia-idade durante ou após a menopausa.[15] Acredita-se que, quando essa complicação se apresenta nos tornozelos ou joelhos, o causador seja o estresse mecânico relacionado à carga aumentada pelo excesso de massa corporal. No entanto, quando essa doença aparece em articulações que não necessariamente precisam suportar o peso corporal, existem mecanismos ligados ao excesso de gordura corporal que alteram o metabolismo de cartilagens e ossos.[86] Além disso, hiperlordose e diversos desvios posturais estão associados à obesidade.

Geralmente, em virtude do excesso de massa corporal, crianças e adolescentes obesos apresentam complicações ortopédicas e dificuldades nas atividades locomotoras. A criança obesa pode apresentar protrusão do abdômen, acompanhada do deslocamento anterior do centro de gravidade, e aumento da inclinação anterior da pelve, cifose dorsal e lordose cervical, provocando deslocamento anterior da cabeça, projeções dos ombros à frente e flexores do quadril fracos, fazendo que os quadris sofram rotação medial, favorecendo joelhos valgos e pés planos.[115]

Esses problemas posturais podem causar dor, deformidade, incapacidade, cansaço físico e restrição da função respiratória.[116]

### 8.4.4 Dislipidemia

A obesidade apresenta forte correlação com um perfil lipídico plasmático desfavorável à saúde. Indivíduos obesos e, sobretudo, os que têm maior acúmulo de gordura na região central do corpo, geralmente, apresentam níveis elevados de triacilglicerol e baixos de HDL.[117]

É importante ressaltar que perfil lipídico desfavorável, ou seja, hipertriacilglicerolemia, valores elevados de LDL-c e baixos valores de HDL-c aumentam a chance de o indivíduo apresentar doenças cardiovasculares.[118]

Os ácidos graxos livres liberados pela gordura visceral chegam ao fígado pela circulação portal, onde poderão ser utilizados como substratos para síntese de VLDL e favorecer elevados níveis séricos de colesterol e triacilglicerol.[119] Conforme já mencionado, a alta concentração de ácidos graxos livres provoca a hiperglicemia e, por consequência, a hiperinsulinemia, que aumenta a síntese de VLDL, favorecendo a hipertriacilglicerolemia e o aumento do LDL.[120]

A influência da gordura visceral no perfil lipídico desfavorável para a saúde em crianças e adolescentes pode ser verificada no estudo realizado por Daniels et al.[121] com 127 crianças e adolescentes de 9 a 17 anos. Os autores constataram que, conforme aumentava a quantidade de gordura na região central do corpo, maior eram os valores de triacilglicerol e menores eram os valores de HDL.

Em estudo realizado por Freedman et al.,[122] constatou-se que, para 2.996 crianças e adolescentes entre 5 e 17 anos de idade, a gordura visceral estava relacionada a elevados valores de triacilglicerol e LDL-c e a baixos valores de HDL-c e resistência à insulina.

### 8.4.5 Apneia do sono

As repetidas obstruções das vias aéreas durante o sono são chamadas de apneia obstrutiva do sono. O acúmulo de gordura na região cervical e no abdômen pode provocar estreitamento das vias aéreas superiores e limitação do trabalho do músculo diafragma, o que dificultará a respiração. Os episódios de apneia geralmente são acompanhados de engasgos e breve despertar. Essa doença pode gerar cansaço, prejuízo cognitivo e dano social e ocupacional.[21]

Cabe ressaltar que a apneia pode levar à redução da quantidade de horas de sono, o que tem forte associação com a obesidade.[123] Não estão bem esclarecidos os mecanismos pelos quais a redução do sono favorece o desenvolvimento da obesidade, mas acredita-se que o indivíduo aumente a ingestão alimentar durante a noite e reduza o nível de atividade física durante o dia em virtude do maior cansaço.[124] Outros estudos sugerem que possa ocorrer alteração na concentração de leptina e grelina, resultando no aumento da fome.[125]

## 8.5 Exercício físico na prevenção e tratamento da obesidade

Variadas formas de tratamento podem contribuir significativamente para o combate à obesidade. O trabalho deve ser multiprofissional e, de acordo com a necessidade do paciente, devem fazer parte do tratamento a orientação nutricional, os programas de exercícios físicos, os fármacos, as cirurgias e a alteração do estilo de vida.

Vale ressaltar que intervenções isoladas não serão suficientes para o emagrecimento saudável e a manutenção da composição corporal adequada, pois, conforme já discutido, a etiologia da obesidade é multifatorial.

Uma das dificuldades encontradas nas várias formas de tratamento tem sido a redução da quantidade de gordura corporal e a manutenção da composição corporal saudável em longo prazo. Vários estudos têm demonstrado que a inserção do exercício físico nos programas de emagrecimento favorece a manutenção da massa corporal, após emagrecimento, em médio e longo prazo.[126,127,128]

A atividade física desempenha um papel importante na prevenção da obesidade em virtude de sua influência nas funções metabólicas.[129] O exercício físico contribui para o balanço energético negativo, assim como previne ou minimiza os efeitos das enfermidades associadas à obesidade.[130]

A contribuição do exercício físico para o balanço energético negativo não ocorre apenas durante a atividade, pois a taxa metabólica permanece elevada durante algum tempo após o término do exercício. Sendo assim, no cálculo do gasto energético provocado pelo exercício físico, deve-se levar em consideração a energia gasta para recuperação do organismo após o exercício físico, período conhecido como consumo excessivo de oxigênio pós-exercício (EPOC – *excess post-exercise oxygen consumption*).[131] A magnitude e a duração desse consumo de oxigênio elevado estão intimamente ligados à intensidade do exercício.

A combinação do exercício físico com a orientação alimentar tem sido bastante eficiente e, por isso, frequentemente recomendada como forma de tratamento não farmacológico para indivíduos obesos. O exercício físico associado à restrição alimentar é fundamental para reduzir a perda de massa isenta de gordura e aumentar a perda de gordura corporal.[131]

O exercício físico também tem apresentado bons resultados em relação à redução da gordura visceral,[132] provavelmente em virtude do grande número de receptores β3-adrenérgicos nessa região. Tanto a sensibilidade β-adrenérgica, na célula adiposa, como a atividade do sistema nervoso simpático são aumentadas pela prática do exercício físico,[133] o que favorece a lipólise provocada pelas catecolaminas.

Durante os exercícios aeróbios, verifica-se um aumento progressivo da lipólise no tecido adiposo, da captação de ácidos graxos e da sua oxidação.[134] No músculo esquelético, a enzima lipase lipoproteica tem sua atividade aumentada após exercícios físicos prolongados.[135]

O treinamento aeróbio promove importantes adaptações no sistema cardiovascular, as quais ocorrem, por exemplo, na regulação da frequência cardíaca, na regulação do volume de ejeção, na estrutura do coração e no fluxo sanguíneo. Em relação ao músculo esquelético, podemos citar quatro alterações musculares importantes:[131]

- Aumento do número de capilares que circundam cada fibra muscular. Essa alteração favorece um ambiente adequado para a produção de energia, pois aumentam a troca gasosa, a de calor, a de produtos metabólicos e a de nutrientes entre o sangue e as fibras musculares em atividade.
- Aumento do conteúdo de mioglobina, um composto similar à hemoglobina encontrado na fibra muscular. A mioglobina transporta o oxigênio da membrana celular para as mitocôndrias.
- Aumento da quantidade e do tamanho das mitocôndrias no músculo, além da melhora da eficiência dessa organela em produzir ATP (adenosina trifosfato);
- Aumento da atividade das enzimas oxidativas mitocondriais. Essas enzimas aceleram a degradação de nutrientes para formar ATP.

Dessa forma, as alterações que ocorrem nos músculos e no sistema cardiovascular melhoram o funcionamento do sistema oxidativo e o rendimento em atividades aeróbicas, facilitando, assim, o maior gasto energético.

É importante ressaltar que atividades aeróbicas de baixa intensidade não necessariamente contribuirão para maior gasto de energia derivada da gordura. No entanto, atividades aeróbicas mais intensas contribuirão para maior gasto energético total. Para ilustrar, podemos citar um exemplo hipotético: um indivíduo de 23 anos exercitou-se durante trinta minutos, a 50% do $VO_2$máx e, em um outro dia, exercitou-se durante trinta minutos a 75% do $VO_2$máx. Em ambas as intensidades, ele gastou 110 calorias provenientes da gordura durante os trinta minutos de exercício. Porém, para a intensidade mais baixa, foram utilizadas 220 calorias totais e, para a intensidade mais alta, 332 calorias totais.[131]

Apesar de as atividades mais intensas apresentarem maior gasto energético, o que é bastante interessante para induzir o emagrecimento, deve-se respeitar a condição física de cada indivíduo e prescrever o volume e a intensidade dos exercícios, sem exageros para evitar lesões e, por consequência, interrupção desse tipo de tratamento. Deve-se sempre verificar a possibilidade de aumentar gradativamente a carga de trabalho para que se atinja o objetivo almejado e ocorra a manutenção da composição corporal saudável, com segurança.

Os exercícios com peso também apresentam vários benefícios para o tratamento da obesidade. Pode-se citar o aumento do gasto energético tanto durante quanto após o exercício físico, e, no período de recuperação, a gordura também é oxidada.[136]

Em tratamentos realizados com dieta restritiva isolada, costuma-se observar a perda de massa muscular, que pode ser reduzida ou evitada com o treinamento de força, pois esse tipo de treinamento tem como benefício o aumento ou a manutenção da massa muscular.[66]

O treinamento de força também pode proporcionar melhora da postura, menor risco de problemas articulares e dores lombares, prevenção de lesões e bom desempenho das atividades diárias e esportivas em geral,[66] benefícios importantíssimos para o bom desempenho de indivíduos obesos em programas de emagrecimento.

Percebe-se que, em programas de exercícios físicos para o emagrecimento, é importante combinar a prática de exercícios aeróbios com o treinamento de força desde o início do programa, para obter os resultados de forma segura. Deve-se, também, incluir exercícios de alongamento e atividades prazerosas que motivarão o indivíduo obeso a permanecer no programa.

De acordo com o documento elaborado pelo *American College of Sports Medicine* e pela *American Heart Association*[137] sobre as recomendações para a atividade física e saúde pública em adultos, verificou-se que praticar sessenta minutos de atividade de intensidade moderada a vigorosa, praticamente todos os dias da semana, parecem prevenir o ganho de massa corporal. No mesmo documento, observa-se que sessenta a noventa minutos de atividade física de intensidade moderada diariamente podem contribuir para a manutenção da massa corporal após uma grande perda dela.

## 8.5.1 Exercício físico como parte do tratamento da obesidade na infância e na adolescência

Para Epstein e Goldfield,[138] o exercício físico é uma das principais intervenções no tratamento da obesidade infantil. Patrick et al.,[139] após avaliarem 878 adolescentes de ambos os sexos, entre 11 e 15 anos, verificaram que, independentemente da idade, da etnia e do consumo de nutrientes, a atividade física vigorosa se associou com a redução da chance dos adolescentes apresentarem excesso de peso, tanto em meninos quanto em meninas.

Dowda et al.[140] avaliaram a participação em programas de exercícios físicos e equipes esportivas de 2.791 jovens entre 8 e 16 anos de idade envolvidos no Third National Health and Nutrition Examination Survey. Foram considerados com excesso de peso os jovens que apresentavam IMC maior ou igual ao 85º percentil, de acordo com o sexo e a idade. Os autores verificaram que tanto os meninos (8 a 16 anos) quanto as meninas (14 a 16 anos) que participavam de programas de exercícios físicos e equipes esportivas apresentavam menor chance de ter excesso de peso, quando comparados aos jovens que não participavam dessas atividades.

Em concordância com esses resultados, Péres et al.,[141] Levin et al.[142] e Trost et al.[143] relatam que adolescentes fisicamente ativos têm menor chance de apresentar excesso de peso e obesidade, quando comparados a pessoas sedentárias.

Crianças obesas apresentam uma condição física atenuada quando comparadas às crianças eutróficas.[144] Por isso, devem-se adaptar as atividades para essas crianças e criar estratégias para que o exercício físico seja estimulante e eficiente.

Antes de iniciar o programa de exercícios físicos, é fundamental que a criança faça uma avaliação física que examine a composição corporal, os padrões neuromotores, a postura e o sistema cardiorrespiratório.

Para manter um ambiente agradável e seguro para a prática da atividade física, o profissional de Educação Física deve se preocupar com alguns aspectos importantes, como ventilação adequada, temperatura agradável, vestimenta confortável que permita movimentos amplos e respeito ao horário do dia em que a criança geralmente apresente maior disposição para praticar atividades físicas.

Os programas devem incluir exercícios aeróbios, exercícios de fortalecimento muscular, flexibilidade e muita brincadeira. O caráter lúdico é um aspecto importante para aderência das crianças e dos adolescentes aos programas de atividade física e esportiva, já que contribui para o aprendizado do esporte e proporciona aos alunos a oportunidade de conhecer, aprender e manter o interesse pela prática de exercícios físicos.

Nahas[145] cita a informação e as experiências agradáveis como fatores importantes para a mudança do comportamento. O autor também sugere que o conhecimento sobre os benefícios de determinada prática, como a do exercício físico, pode contribuir para atitudes positivas relacionadas à própria prática.

Em um estudo realizado com 43 crianças obesas entre 7 e 10 anos, no município de Santo André (SP), observou-se que, após 16 semanas de orientação sobre a importância do exercício físico para o emagrecimento e para a saúde, o nível de conhecimento das crianças sobre esse assunto melhorou consideravelmente.[146] Nesse sentido, pode-se concluir que programas de exercícios físicos para crianças e adolescentes obesos devem ser agradáveis e as orientações sobre os benefícios dessa atividade devem ser transmitidas constantemente.

Sendo assim, percebe-se a necessidade de que políticas públicas auxiliem a criança e o adolescente a desenvolver um estilo de vida ativo e saudável, pois, nesse período, o ser humano tem facilidade para adquirir hábitos saudáveis que deverão ser mantidos por toda a vida.

## 8.5.2 Exercício físico no tratamento dos problemas de saúde associados à obesidade

Conforme já mencionado, indivíduos obesos apresentam um perfil lipídico desfavorável à saúde. Para melhorar esse perfil lipídico, é preciso praticar exercícios físicos como os aeróbios, já que reduzem os níveis de triacilglicerol tanto em adultos[147] como em crianças e adolescentes.[148] Uma das explicações para esse efeito é a maior ativação da enzima lipase lipoproteica que ocorre após os exercícios físicos.[135]

Cabe ressaltar que, enquanto os exercícios de longa duração ou alta intensidade provocam redução dos triacilgliceróis,[149] os exercícios de baixa intensidade e curta duração não favorecem essa redução.[150]

O exercício aeróbio também pode contribuir para o aumento da HDL-colesterol.[126] Grandjean et al.[135] prescreveram exercícios aeróbios a 70% do $VO_2$ pico para dois grupos, homens sedentários entre 35 e 55 anos, sendo um dos grupos de hipercolesterolêmicos e o outro de normocolesterolêmicos. Os autores constataram que em ambos os grupos houve aumento nos níveis de HDL-c, 24 e 48 horas após o exercício. Esse benefício é fundamental, uma vez que o baixo nível de HDL-colesterol é considerado um potente preditor de doenças cardiovasculares.[151]

Além da redução dos triacilgliceróis e do aumento da HDL-c, os exercícios aeróbios contribuem para a redução do colesterol total e da LDL-c.[152]

De acordo com Trombetta et al.,[153] programas de exercícios físicos com gasto energético de 1.200 a 2.200 kcal por semana podem aumentar a HDL-c e reduzir os triacilgliceróis. Já para melhorar o colesterol total e a LDL-c, é preciso combinar exercício físico e dieta balanceada.

Apesar de os exercícios vigorosos ou de longa duração apresentarem bons resultados em relação à melhora do perfil lipídico, os exercícios de intensidade leve ou moderada podem proporcionar grandes benefícios sobre o metabolismo lipídico, quando se trata de indivíduos sedentários.[154]

É importante ressaltar que, mesmo quando as concentrações plasmáticas de LDL-c não se alteram com o exercício físico, pode-se observar uma predominância de partículas com maior diâmetro e peso molecular que caracterizam a LDL-c menos aterogênica,[155] sendo esse um benefício do exercício físico.

Goldestein[156] relata que uma modesta redução da massa corporal (acima de 10%) pode contribuir para a melhora do perfil lipídico, o controle da glicemia e a redução na pressão arterial. Nesse sentido, observa-se mais um benefício do exercício físico na contribuição para a redução da massa corporal, por meio da diminuição da gordura do corpo.

Em relação ao treinamento de força como intervenção para melhorar o perfil lipídico, a literatura ainda precisa de estudos mais conclusivos.

Como se sabe, o indivíduo obeso tem mais chance de desenvolver diabetes tipo 2, sendo o exercício físico uma forma muito eficaz de tratamento. Em estudo de revisão feito por Sigal et al.,[157] pôde-se verificar que a prática de exercícios físicos associada à orientação alimentar reduz a incidência de diabetes tipo 2 em pessoas com intolerância à glicose. No mesmo estudo, constatou-se que tanto exercícios aeróbios quanto treinamento de força melhoram o controle da glicemia.

A melhora na sensibilidade à insulina e na captação da glicose, por meio da prática regular do exercício físico, pode ser explicada por alguns mecanismos como aumento do fluxo sanguíneo muscular, que facilita a chegada e a ação da insulina,[158] aumento do número de receptores de insulina e maior concentração de proteína transportadora de glicose (GLUT4) na membrana celular.[158] Além disso, o exercício físico parece reduzir o efeito antilipolítico da insulina no tecido adiposo.[133]

Exercícios de intensidade moderada desempenham importante papel na redução do risco de desenvolver diabetes tipo 2.[159] Os exercícios aeróbios de longa duração contribuem para a melhora da sensibilidade à insulina.[160]

É importante salientar que a combinação de exercícios aeróbios com uma dieta restritiva alimentar foi mais eficiente do que a dieta isolada para reduzir riscos associados à síndrome metabólica.[161]

O exercício físico também traz benefícios para o coração do indivíduo obeso, pois reduz os fatores de risco para a doença arterial coronariana[46] e diminui a pressão arterial ou facilita seu controle.[162]

Vários estudos têm relatado, como benefício para a pressão arterial, a hipotensão pós-exercício,[163,162] ou seja, uma queda da pressão arterial abaixo dos valores de repouso por algum tempo após o exercício físico. Os mecanismos que explicam esse efeito não estão totalmente esclarecidos. Acredita-se que a diminuição da atividade nervosa simpática, a redução da resistência vascular periférica, a ação do óxido nítrico (vasodilatador) e a redução do débito cardíaco[164] sejam alguns dos fatores que contribuem para o efeito hipotensor do exercício físico. Para a redução da pressão arterial, tem-se verificado que exercícios de maior duração e intensidade abaixo de 70% do $VO_2$máx são mais eficazes do que exercícios acima de 75% do $VO_2$máx.[162]

Benefícios do exercício físico como a melhora da autoestima, da imagem corporal e do humor[165] parecem favorecer a adesão a outros tipos de tratamento da obesidade, como a orientação alimentar e psicológica. Esses benefícios tornam indispensável a inserção do exercício físico em qualquer programa de emagrecimento.

## Referências

1. WHO – World Health Organization. Diet, nutrition and the prevention of chronic diseases: report of a join WHO/FAO expert consultation. Geneva; 2003. [Technical Report Series, 916].

2. Endres W. Obesity in childhood and adolescence. Nestlé Nutrition Workshop Series Pediatric Program. 2002;49:vii.

3. Ebbeling CB, Pawlak DB, Ludwig DS. Childhood obesity: public-health crisis, common sense cure. Lancet. 2002;360(9.331):473-82.

4. Fisberg M. Atualização em obesidade na infância e adolescência. São Paulo: Atheneu; 2004.

5. OPAS – Organização Pan-Americana da Saúde. Doenças crônico-degenerativas e obesidade: estratégia mundial sobre alimentação saudável, atividade física e saúde. Brasília (DF); 2003.

6. WHO – World Health Organization. Obesity and overweight. [acesso em 21 nov 2007]. Disponível em: http://www.who.int/mediacentre/factsheets/fs311/en/index.html.

7. CDC – Center of Disease Control and Prevention. Physical activity and good nutrition essential elements to prevent chronic diseases and obesity. [acesso em 21 nov 2007] Disponível em: http://www.cdc.gov/nccdphp/dnpa.

8. Deitel M. Overweight and obesity worldwide now estimated to involve 1.7 billion people. Obesity Surgery. 2003;13(3):329-30.

9. Stamatakis E, Primatesta P, Chinn S, et al. Overweight and obesity trends from 1974 to 2003 in English children: what is the role of socioeconomic factors? Archives of Disease in Childhood. 2005;90:999-1.004.

10. Janssen I, Katzmarzyk PT, Boyce WF, et al. Comparison of overweight and obesity prevalence in school-aged youth from 34 countries and their relationships with physical activity and dietary patterns. Obesity [review]. 2005;6(2):123-32.

11. Wang Y, Monteiro C, Popkin BM. Trends of obesity and underweight in older children and adolescents in the United States, Brazil, China, and Russia. Am J Clin Nutr. 2002;75(6):971-7.

12. IASO – International Association for the Study of Obesity. Childhood Overweight. [acesso em 21 nov 2007]. Disponível em: www.iotf.org/database/ChildhoodOverweightGlobal.htm.

13. IBGE – Instituto Brasileiro de Geografia e Estatística. Pesquisa de orçamentos familiares 2002-2003: antropometria e análise do estado nutricional de crianças e adolescentes no Brasil. Rio de Janeiro; 2006.

14. IBGE – Instituto Brasileiro de Geografia e Estatística. Pesquisa de orçamentos familiares 2002-2003: excesso de peso atinge 38,8 milhões de brasileiros adultos. [acesso em 21 nov 2007]. Disponível em: http://www.ibge.gov.br/home/presidencia/noticias/noticia.

15. OMS – Organização Mundial da Saúde. Obesidade: prevenindo e controlando a epidemia global. São Paulo: Roca; 2004 [série de relatos técnicos da OMS, 894].

16. Queiroga MR. Avaliação da composição corporal. In: Queiroga MR. Testes e medidas para avaliação da aptidão física relacionada à saúde em adultos. Rio de Janeiro: Guanabara Koogan; 2005. 5-54.

17. WHO – World Health Organization. Obesity: preventing and managing the global epidemic. Report of a WHO consultation on obesity. 98.1. Geneva; 1998.

18. WHO – World Health Organization. Physical status: the use and interpretation of anthropometry. Geneva; 1995. [Technical Report Series, 854].

19. Cole TJ, Bellizzi MC, Flegal KM, et al. Establishing a standard definition for child overweight and obesity wordwide: international survey. BMJ. 2000;320:1.240-3.

20. Guedes PG, Guedes, JERP. Controle do peso corporal: composição corporal, atividade física e nutrição. 2. ed. Rio de Janeiro: Shape; 2003.

21. Diretrizes Brasileiras de Obesidade. Associação Brasileira para o estudo da Obesidade e da Síndrome Metabólica. Érika Paniago Guedes; 2007.

22. Bouchard C, Tremblay A, Després JP, et al. The response to long-term overfeeding in identical twins. N Engl J Med. 1990;322(21):1.477-82.

23. Pérusse L, Rankinen T, Zuberi A, et al. The human obesity gene map: the 2004 update. Obesity Research. 2005;13(3):381-490.

24. Rankinen T, Rankinen T, Zuberi A, et al. The human obesity gene map: the 2005 update. Obesity. 2006;14(4):529-644.

25. Comuzzie AG, Allison BD. The search for human obesity genes. Science. 1998; 280(5.368):1.374-7.

26. Weinsier RL, Hunter GR, Heini AF, et al. The etiology of obesity: relative contribution of metabolic factors, diet, and physical activity. Am J Med. 1998;105(2):145-50.

27. Bray MS. Genomics, genes, and environmental interaction: the role of exercise. J Appl Physiol. 2000;88:788-92.

28. Wardle J. Obesity and behavior change: matching problems to practice. International Journal of Obesity. 1996;20(Suppl 1):S1-8.

29. Holst D, Grimaldi PA. New factors in the regulation of adipose differentiation and metabolism. Curr Opin Lipidol. 2002;13:241-5.

30. Ibanez L, Ong KZF, Marcos MV, et al. Fat distribution in non-obese girls with and without precocious pubarche: central adiposity related to insulineamia and androgenaemia from prepuberty to postmenarche. Clin Endocrinol. 2003;58:372-9.

31. Rogol AD, Roemmich JN, Clark PA. Growth at puberty. J Adolesc Health. 2002;31(Suppl 6):S192-200.

32. Adair LS, Gordon-Larsen P. Maturational timing and overweight prevalence in US adolescent girls. Am J Public Health. 2001;91(4):642-4.

33. Coelho KSC, Sichieri R, González HC. Influencia de la maturación sexual en el índice de massa corporal en adolescentes de bajo nível sócioeconomico del Rio de Janeiro. Rev Chil Nutr. 2002;29(1):33-9.

34. Hegg RV, Hegg R. Biometria e puberdade feminina. Pediatr. 1980;2:127-36.

35. Laitinen J, Power C, Jarvelin M. Family social class, maternal body mass index, and age at menarche as predictors of adult obesity. Am J Clin Nutr. 2001;37:119-32.

36. Barbosa KBF, Franceschini S, Priore SE. Influência dos estágios de maturação sexual no estado nutricional, antropometria e composição corporal de adolescentes. Rev Bras Saúde Matern Infant. 2006;6(4):375-82.

37. Terres NG. Prevalência e fatores associados ao sobrepeso e à obesidade em adolescentes. Rev Saúde Pública. 2006;40(4):627-33.

38. Remsberg KE, Demerath EW, Schubert CM, et al. Early menarche and the development of cardiovascular disease risk factors in adolescent girls: the fels longitudinal study. J Clin Endocrinol Metab. 2005;90:2.718-24.

39. Sainsbury A, Cooney GJ, Herzog H. Hypothalamic regulation of energy homeostasis. Best Pract Res Clin Endocrinol Metab. 2002;16(4):623-37.

40. Maffei M, Halaas J, Ravussin E, et al. Leptin levels in human and rodent: measurement of plasma leptin and ob-RNA in obese and weight-reduced subjects. Nat Med. 1995;1:1155-61.

41. Falorni A, Bini V, Molinari D, et al. Leptin serum levels in normal weight and obese children and adolescents: relationship with age, sex pubertal development, body mass index and insulin. International Journal of Obesity. 1997;21:881-90.

42. Considine RV, Sinha MK, Heiman ML, et al. Serum imunoreactive-leptin concentrations in normal-weight and obese humans. N Engl J Med. 1996;334:292-5.

43. Hall JE. Role of sympathetic nervous system and neuropeptides in obesity hypertension. Rev Bras Hipertens. 2000;3:212-24.

44. Kolaczynski JW, Considine RV, Ohannesian J, et al. Responses of leptin to short-term fasting and refeeding in humans. Diabetes. 1996;45:1.511-5.

45. McMinn JE, Baskin DG, Schwartz MW. Neuroendocrine mechanisms regulating food intake and body weight. Obes [review]. 2000;1:37-46.

46. Fontana L, Villareal DT, Weiss EP, et al. Calorie restriction or exercise: effects on coronary heart disease risk factors. A randomized, controlled trial. Am J Physiol Endocrinol Metab. 2007;293:E197-202.

47. Heymsfield SB, Greenberg AS, Fujioka K, et al. Recombinant leptin for weight loss in obese and lean adults: a randomized, controlled, dose-escalation trial. JAMA. 2000;283(12):1.567-8.

48. Lee DM, Leinung MC, Rozhavskaya-Arena M, et al. Leptin and the treatment of obesity: plasma fatty acid metabolism: its current status. Eur J Pharmacol. 2002;440:129-39.

49. Mistry AM, Swick AG, Romsos DR. Leptin rapidly lowers food intake and elevates metabolic rates in lean and ob/ob mice. J Nutr. 2007;127:2.065-72.

50. Kamegai J, Tamura H, Shimizu T, et al. Chronic central infusion of ghrelin increases hypothalamic neuropeptide Y and agouti-related protein mRNA levels and body weight in rats. Diabetes. 2001;12:118-22.

51. Konturek SJ, Konturek JW, Pawlik T, et al. Braingut axis and its role in the control of food intake. J Physiol Pharmacol. 2004;55:137-54.

52. Dâmaso A, Bernardes D, Cheik NC, et al. Morfologia do tecido adiposo. In: Dâmaso A, et al. Obesidade. São Paulo: MEDSI; 2003. 205-20.

53. Shintani M, Ogawa Y, Ebihara K, et al. Ghrelin, an endogenous growth hormone secretagogue, is a novel orexigenic peptide that antagonizes leptin action through the activation of hypothalamic neuropeptide Y/Y1 receptor pathway. Diabetes. 2001; 50:227-32.

54. Arvat E, Di Vito L, Papotti M, et al. Preliminary evidence that ghrelin, the natural GH secretagogue (GHS)-receptor ligand, strongly stimulates GH secretion in humans. J Endocrinol Invest. 2000;23:493-5.

55. Tschop M, Smiley DL, Heiman ML. Ghrelin induces adiposity in rodents. Nature. 2000; 407:908-13.

56. Mota GR, Zanesco A. Leptina, ghrelina e exercício físico. Arq Bras Endocrinol Metab. 2007;51(1):25-33.

57. Cercato C. Hormônios na obesidade. In: Lancha Jr AH. Obesidade: uma abordagem multidisciplinar. Rio de Janeiro: Guanabara Koogan; 2006. 47-63.

58. Woods SC, Seeley RJ, Porte D Jr, et al. Signals that regulate food intake and energy homeostasis. Science. 1998;280:1.378-83.

59. Guedes PG, Guedes, JERP. Controle do peso corporal: composição corporal, atividade física e nutrição. 2. ed. Rio de Janeiro: Shape; 2003.

60. Schwartz MV. Staying slim with insulin in mind. Science. 2000;289:2.066-7.

61. Ribeiro EB, Telles MM. Obesidade e regulação neuroendócrina na ingestão alimentar. In: Dâmaso A, et al. Obesidade. São Paulo: MEDSI; 2003. 433-49.

62. Hill JO, Melanson EL. Overview of the determinants of overweight and obesity: current evidence and research issues. Medicine and Science in Sports and Exercise. 1999;31(11):515-21.

63. Colditz GA. Economic cost of obesity and inactivity. Medicine and Science in Sports and Exercise. 1999;31(11):663-7.

64. Bouchard C, Blair SN. Introductory comments to the consensus on physical activity and obesity. Medicine and Science in Sports and Exercise. 1999;31(11):498-501.

65. Dâmaso A, Guerra RLF, Botero JP, et al. Etiologia da obesidade. In: Dâmaso A, et al. Obesidade. São Paulo: MEDSI; 2003.3-15.

66. Nahas MV. Introdução: por que medir atividades físicas habituais? In: Barros MVG, Nahas MV. Medidas da atividade física: teoria e aplicação em diversos grupos populacionais. Londrina: Midiograf; 2003.10-6.

67. Roberts SB, Dallal GE. Effects of age on energy balance. Am J Clin Nutr. 1998;68(Suppl 4):975S-9.

68. Manios Y, Kolotourou M, Moschonis G, et al. Macronutrient, physical activity, serum lipids and increased body weight in primary schoolchidren in Instanbul. Pediatr Int. 2005;47(2):159-66.

69. Al-Hazzaa HM. Pedometer-determined physical activity among obese and non-obese 8- to 12-year-old saudi schoolboys. J Physiol Anthropol. 2007;26(4):459-65.

70. Eisenmann JC, Bartee RT, Wang MQ. Physical activity, TV viewing, and weight in U.S. youth: 1999 youth risk behavior survey. Obes Res. 2002;10(5):379-85.

71. Gomes VB, Siqueira KS, Sichieri R. Atividade física em uma amostra probabilística da população do município do Rio de Janeiro. Cad Saúde Pública. 2001;17(4):969-76.

72. Matheson DM, Killen JD, Wang Y, et al. Children's food consumption during television viewing. Am J Clin Nutr. 2004;79(6):1.088-94.

73. Coon KA, Goldberg J, Rogers BL, et al. Relationships between use of television during meals and children's food consumption patterns. Pediatrics. 2001;107(1):1-9.

74. Van den Bulck J, Van Mierlo J. Energy intake associated with television viewing in adolescents, a cross sectional study. Appetite. 2004;43(2):181-4.

75. Epstein LH, Paluch RA, Kilanowski CK, et al. The effect of reinforcement or stimulus control to reduce sedentary behavior in the treatment of pediatric obesity. Health Psychol. 2004;23(4):371-80.

76. Story M, Neumark-Sztainer D, French S. Individual and environmental influences on adolescents eating behaviors. J Am Diet Assoc. 2002;102(Suppl 3):S40-51.

77. Fisberg M, Bandeira CRS, Bonilha EA, et al. Hábitos alimentares na adolescência. Pediatr Mod. 2000;36(11):724-34.

78. Cho S, Dietrich M, Brown CJP, et al. The effect of breakfast type on total daily energy intake and body mass index: results from the Third National Health and Nutrition Examination Survey (NHANES III). J Am Coll Nutr. 2003;22(4):296-302.

79. Valverde MA, Patin RV. Aconselhamento dietético e mudança de comportamento. In: Fisberg M. Atualização em obesidade na infância e adolescência. São Paulo: Atheneu; 2005.79-88.

80. Berkey CS, Rockett HRH, Field AE. Et al. Sugar-Added Beverages and Adolescent Weight Change. Obesity Research. 2004;12(5):778-88.

81. Malik VS, Schulze MB, Hu FB. Intake of sugar-sweetened beverages and weight gain: a systematic review. Am J Clin Nutr. 2006;84:274-88.

82. Tock L. Obesidade e doenças correlacionadas. In: Dâmaso A, Tock L. Obesidade: perguntas e respostas. Rio de Janeiro: MEDSI. Guanabara Koogan; 2005.27-40.

83. Willett WC. Is dietary fat a major determinant of body fat? Am J Clin Nutr. 1998;67:556S-62.

84. Hanson MD, Chen E. Socioeconomic status, race, and body mass index: the mediating role of physical activity and sedentary behaviors during adolescence. J Pediatr Psychol. 2007;32(Suppl 3);250-9.

85. Shi Z, Lien N, Kumar BN, et al. The sociodemographic correlates of nutritional status of school adolescents in Jiangsu Province, China. J Adolesc Health. 2005;37(4):313-22.

86. Bray JA. Sobrepeso, mortalidade e morbidade. In: Bouchard C. Atividade física e obesidade. São Paulo: Manole; 2003.35-62.

87. Daniels SR, Arnett DK, Eckel RH, et al. Overweight in children and adolescents: pathophysiology, consequences, prevention, and treatment. Circulation. 2005; 111(15):1.999-2.012.

88. Grundy SM. Multifactorial causation of obesity: implications for prevention. Am J Clin Nutr. 1998;67:563S-72.

89. Rabelo LM, Martinez TLR. Obesidade e risco para doenças cardiovasculares. In: Fisberg M. Atualização em obesidade na infância e adolescência. São Paulo: Atheneu; 2005.

90. Friedman JM. The function of leptin in nutrition, weight and physiology. Nutrition Rev. 2002;60(10):S1-14.

91. Must A. Morbidity and mortality associated with elevated body weight in children adolescents. Am J Clin Nutr. 1996;63(Suppl):445S-7S.

92. Thomas F, Bean K, Pannier B, et al. Cardiovascular mortality in overweight subjects the key role of associated risk factors. Hypertension. 2005;46(4):654-9.

93. Mokdad AH, Ford ES, Bowman BA, et al. Prevalence of obesity, diabetes, and obesity-related health risk factors, 2001. JAMA. 2003;289(1):76-9.

94. Baldinger B, Schwarz C, Jaggy C. Cardiovascular risk factors, BMI and mortality in a cohort of Swiss males (1976-2001) with high-sum-assured life insurance cover. J Insur Med. 2006;38(1):44-53.

95. Máchová L, Cizek L, Koutná J., et al. The impact of obesity on cardiovascular disease mortality in the District Sumperk, Czech Republic. Int J Public Health. 2007;52(4):255-8.

96. Pi-Sunyer FX. Health implications of obesity. Am J Clin Nutr. 1991;53(Suppl. 6):1.595S-1.603.

97. Ribeiro MM, Trombetta IC, Batalha LT, et al. Sympathetic nerve activity and hemodynamic alterations in middle-age obese women. B J Med Biol Res. 2001;34:475-8.

98. Scherrer U, Randin D, Tappy L, et al. Body fat and sympathetic nerve activity in healthy subjects. Circulation. 1994;89:2.634-40.

99. Sharma AM. Adipose tissue: a mediator of cardiovascular risk. Int J Obes Relat Metab Disord. 2002;26:S5-7.

100. Klein S, Allison DB, Heymsfield SB, et al. Waist circumference and cardiometabolic risk. Diabetes Care. 2007;30(6):1.647-52.

101. Rosa EC, Zanella MT, Ribeiro AB, et al. Obesidade visceral, hipertensão arterial e risco cárdio-renal [revisão]. Arq Bras Endocrinol Metab. 2005;49(2):196-204.

102. Srinivasan SR, Bao W, Wattigney WA, et al. Adolescent overweight is associated with adult overweight and related multiple cardiovascular risk factors: the bogalusa heart study. Metabolism. 1996;45(2):235-40.

103. Reinehr T, Andler W, Denzer C, et al. Cardiovascular risk factors in overweight German Children and adolescents: relation to gender, age and degree of overweight. Nutrition, Metabolism & Cardiovascular Diseases. 2005;15:181-7.

104. Rana TY, Jamal S, Joann L. Adiposity compared with physical inactivity and risk of type 2 diabetes in women. Diabetes Care. 2007;30:53-8.

105. Goodpaster BH, Thaete FL, Kelley DE. Composition of skeletal muscle evaluated with computed tomography. Ann NY Acad Sci. 2000;904:18-24.

106. Charles MA, Eschwege E, Thibult N, et al. The role of non-esterified fatty acids in the deterioration of glucose tolerance in Caucasian subjects: results of the Paris Prospective Study. Diabetologia. 1997;40:1.101-6.

107. Vollenweider P, Randin D, Tappy L, et al. Impaired insulin-induced sympathetic neural activation and vasodilatation in skeletal muscle in obese humans. J Clin Invest. 1994;93:2.365-71.

108. Mohamed-Ali V, Goodrick S, Rawesh A, et al. Subcutaneous adipose tissue releases interleukin-6, but not tumor necrosis factor-alpha, in vivo. J Clin Endocrinol Metab. 1997;82(12):4.196-200.

109. Yudkin JS, Stehouwer CD, Emeis JJ, et al. C-reactive protein in healthy subjects: associations with obesity, insulin resistance, and endothelial dysfunction: a potential role for cytokines originating from adipose tissue? Arterioscler Thromb Vasc Biol. 1999;19(4):972-8.

110. Rattarasarn C. Physiological and pathophysiological regulation of regional adipose tissue in the development of insulin resistance and type 2 diabetes. Acta Physiol. 2006;186:87-101.

111. Kahn BB, Flier JS. Obesity and insulin resistance. J Clin Invest. 2000;106:473-81.

112. Hotamisligil GS. Inflammatory pathways and insulin action. Inter J Obes. 2003;27(Suppl 3):S53-5.

113. Bruun JM, Helge JW, Richelsen B, et al. Diet and exercise reduce low-grade inflammation and macrophage infiltration in adipose tissue but not in skeletal muscle in severely obese subjects. Am J Physiol Endocrinol Metab. 2006;290(5):E961-7.

114. Weiss R, Dziura J, Burgert TS, et al. Obesity and the metabolic syndrome in children and adolescents. N Engl J Med. 2004;350(23):2.362-73.

115. Bruschini S, Nery CAS. Aspectos ortopédicos da obesidade na infância e adolescência. In: Fisberg M, et al. Obesidade na infância e adolescência. São Paulo: Fundação BYK; 1995.105-25.

116. Campos FS, Silva AS, Anhesim GA. Alterações posturais e abordagem fisioterapêutica. In: Fisberg M. Atualização em obesidade na infância e adolescência. São Paulo: Atheneu; 2005.

117. Gidding SS, Bao W, Srinivasan SR, et al. Trends in obesity and lipoproteins: the Bogalusa Heart Study. Circulation. 1994;90:1-8.

118. Stamler J, Daviglus ML, Garside DB, et al. Relationship of baseline serum cholesterol levels in 3 large cohorts of younger men to long-term coronary, cardiovascular, and all-cause mortality and to longevity. JAMA. 2000 Jul 19;284(3):311-8.

119. Ferreira SRG, Zanella MT. Epidemiologia da hipertensão arterial associada à obesidade. Rev Bras Hipertens. 2000;2:128-35.

120. Tock L. Obesidade e doenças correlacionadas. In: Dâmaso A, Tock L. Obesidade: perguntas e respostas. Rio de Janeiro: MEDSI. Guanabara Koogan; 2005.27-40.

121. Daniels SR, Morrison JA, Sprecher DL, et al. Association of body fat distribution and cardiovascular risk factors in children and adolescents. Circulation. 1999;99:541-5.

122. Freedman DS, Khan LK, Serdula MK, et al. The relation of childhood BMI to adult adiposity: the Bogalusa Heart Study. Pediatr. 2005;115(1):22-7.

123. Hasler G, Buysse DJ, Klaghofer R, et al. The association between short sleep duration and obesity in young adults: a 13-year prospective study. Sleep. 2004;27(4):661-6.

124. Patel SR, Malhotra A, White DP, et al. Association between reduced sleep and weight gain in women. American J Epidemiol. 2006;164(10):947-54.

125. Patel SR, Ayas NT, Malhotra MR, et al. A prospective study of sleep duration and mortality risk in women. Sleep. 2004;27:440-4.

126. Kodama S, Tanaka S, Saito K, et al. Effect of aerobic exercise training on serum levels of high-density lipoprotein cholesterol: a meta-analysis. Arch Intern Med. 2007;167(10):999-1.008.

127. Weinsier RL, Desmond RA, et al. Free-living activity energy expenditure in women successful and unsuccessful at maintaining a normal body weight. Am J Clin Nutr. 2002;75:499-504.

128. Wing RR, Phelan S. Long-term weight loss maintenance. Am J Clin Nutr. 2005; 82:222S-5.

129. Torùn B. Patrones de actividad física en América Central. In: OPS. La obesidad em la pobreza: un nuevo reto para la salud pública. Washington: (DC) OPS; 2000.

130. Nieman DC. Exercício e saúde. São Paulo: Manole; 1999.

131. Wilmore JH, Costill DL. Metabolismo e sistemas energéticos básicos. In: Wilmore JH, Costill DL. Fisiologia do esporte e do exercício. São Paulo: Manole; 2001.114-55.

132. Samaras K, Kelly PJ, Chiano MN, et al. Genetic and environmental influences on total-body and central abdominal fat: the effect of physical activity in female twins. Ann Intern Med. 1999;130(11):873-82.

133. De Glisezinski I, Crampes F, Harant I, et al. Endurance training changes in lipolytic responsiveness of obese adipose tissue. Am J Physiol. 1998;275(6):E951-6.

134. Garcia Júnior JR, Lagranha CJ, Pithon-Curi TC. Metabolismo dos ácidos graxos no exercício físico. In: Curi R, et al. Entendendo a gordura: os ácidos graxos. São Paulo: Manole; 2002.199-214.

135. Grandjean PW, Crouse SF, Rohack JJ. Influence of cholesterol status on blood lipid and lipoprotein enzyme responses to aerobic exercise. J Appl Physiol. 2000;89:472-80.

136. Roschel H, Lancha LOP, Vieira P. Obesidade e atividade física. In: Lancha Junior AH. Obesidade: uma abordagem multidisciplinar. Rio de Janeiro: Guanabara Koogan; 2006.98-124.

137. ACSM – American College of Sports Medicine. Physical activity and public health: updated recommendation for adults from the American College of Sports Medicine and the American Heart Association. Official J American College Sports Medic. 2007;1.423-34.

138. Epstein LH, Goldfield GS. Physical activity in the treatment of childhood overweight and obesity: current evidence and research issues. Med Sci Sports Exerc. 1999;31(Suppl 11):S553-9.

139. Patrick K, Norman GJ, Calfas KJ, Sallis JF, Zabinski MF, Rupp J, et al. Diet, physical activity, and sedentary behaviors as risk factors for overweight in adolescence. Arch Pediatr Adolesc Med. 2004;158(Suppl 4):S385-90.

140. Dowda M, Ainsworth BE, Addy CL, et al. Environmental influences, physical activity and weight status in 8-to 16-years-old. Arch Pediatr Adolesc Med. 2001;155(6):711-7.

141. Pérez A, Reininger BM, *Flores* MIA, et al. Physical activity and overweight among adolescents on the Texas-Mexico border. Rev Panam Salud Publica. 2006;19(4):244-52.

142. Levin S, Lowry R, Brown DR, et al. Physical activity and body mass index among US adolescents: youth risk behanior survey, 1999. Arch Pediatr Adolesc Med. 2003;157(8):816-20.

143. Trost SG, Kerr LM, Ward DS, et al. Physical activity and determinants of physical activity in obese and non-obese children. Int J Obes Relat Metab Disord. 2001;25(6):822-9.

144. Villares SMF, Ribeiro MM, Silva AG. Obesidade infantil e exercício. In: Negrão CE, Barretto ACP. Cardiologia do exercício. São Paulo: Manole; 2005.293-305.

145. Nahas MV. Atividade física, saúde e qualidade de vida: conceitos e sugestões para um estilo de vida ativo. 2. ed. Londrina: Midiograf; 2001.

146. Romero A. Impacto de um programa semanal de atividades físico-desportivas para mudança de estilo de vida de crianças obesas. Corpoconsciência. 2005;9(1):57-75.

147. Kelley GA, Kelley KS, Tran ZV. Aerobic exercise, lipids and lipoproteins in overweight and obese adults: a meta-analysis of randomized controlled trials. International J Obesity. 2005;29:881-93.

148. Kelley GA, Kelley KS. Aerobic exercise and lipids and lipoproteins in children and adolescents: a meta-analysis of randomized controlled trials. Atherosclerosis. 2007;191(2):447-53.

149. Kujala UM, Ahotupa M, Vasankari T, Kaprio J, Tikkanen MJ. Low LDL oxidation in veteran endurance athletes. Scand J Med Sci Sports. 1996 Oct;6(5):303-8.

150. Davis PG, Bartoli WP, Durstine JL. Effects of acute exercise intensity on plasma lipids and apolipoproteins in trained runners. J Appl Physiol. 1992 Mar;72(3):914-9.

151. Bruckert E, Hansel B. HDL-c is a powerful lipid predictor of cardiovascular diseases HDL-c is a powerful lipid predictor of cardiovascular diseases. International J Clinical Practice. 2007;61(11):1.905.

152. Kelley GA, Kelley KS, Tran ZV. Aerobic exercise and Lipids and Lipoproteins in Women: a meta-analysis of randomized controlled trials. J Women's Health. 2004;13(10):1.148-64.

153. Trombetta IC, Batalha LT, Halpern A. Exercício físico e obesidade. In: Negrão CE, Barretto ACP. Cardiologia do exercício. São Paulo: Manole; 2005.148-66.

154. Bernardes D, Contin PC, Tenório NM. Efeito dos diferentes tipos, intensidades e frequências de treinamento físico no controle de peso. In: Dâmaso A, et al. Obesidade. São Paulo: MEDSI; 2003. 287-304.

155. Holme I, Høstmark AT, Anderssen SA. ApoB but not LDL-cholesterol is reduced by exercise training in overweight healthy men. Results from the 1-year randomized Oslo diet and exercise study. J Internal Medic. 2007;262(2):235-43.

156. Goldestein DJ. Beneficial health effects of modest weight loss. International J Obesity. 1992;16:397-415.

157. Sigal RJ, Kenny GP, Wasserman DH, et al. Physical activity/exercise and type 2 diabetes. Diabetes Care. 2004;27(10):2.518-33.

158. Hardin DS, Azzarelli B, Edwards J, et al. Mechanisms of enhanced insulin sensitivity in endurance-trained athletes: effects on blood flow and differential expression of GLUT 4 in skeletal muscles. J Clin Endocrinol Metab. 1995;80(8):2.437-46.

159. Jeon CY, Lokken RP, Hu FB, et al. Physical activity of moderate intensity and risk of type 2 diabetes. Diabetes Care. 2007;30(3):744-52.

160. Van Loon LJC, Koopman R, Manders R, et al. Intramyocellular lipid content in type 2 diabetes patients compared with overnight sedentary men and highly trained endurance athletes. Am J Physiol Endocrinol Metab. 2004;287:E558-65.

161. Okura T, Nakata Y, Ohkawara K, et al. Effects of aerobic exercise on metabolic syndrome improvement in response to weight reduction. Obesity. 2007;15(10):2.478-84.

162. Wallace JP. Exercise in hypertension: a clinical [review]. Sports Med. 2003;33(8):585-98.

163. Brandão Rondon MUP, Alves MJNN, Braga AMFW, et al. Postexercise blood pressure reduction in elderly hypertensive patients. J American College Cardiol. 2002;39(4):676-82.

164. Gava NS, Véras-Silva AS, Negrão CE, et al. Low-intensity exercise training attenuates cardiac ß-adrenergic tone during exercise in spontaneously hypertensive rats. Hypertension. 1995;26:1.129-33.

165. Brownell KD. Exercise and obesity treatment: psychological aspects. Int J Obes Relat Metab Disord. 1995 Oct;19(Suppl 4):S122-5.

# Capítulo 9

## Lipídios, patologias associadas e exercício: diabetes e dislipidemia

*João Paulo Gabriel Camporez*

*Ricardo Zanuto*

*Victor Alexandre Ferreira Tarini*

O diabetes melito é tido hoje como uma das principais ameaças à saúde humana no século XXI.[1] Nas últimas duas décadas, tem ocorrido um explosivo aumento no número de pessoas diagnosticadas com diabetes em todo mundo. Enormes mudanças no ambiente, comportamento e estilo de vida dos seres humanos que acompanham a globalização têm resultado em males como obesidade e diabetes. Em 2000, existiam cerca de 151 milhões de pessoas diagnosticadas com diabetes em todo mundo, e a previsão é de que, até 2010, esse número aumente cerca de 46%.[2,3,4,5] Nos Estados Unidos, essa doença afeta aproximadamente 6% da população. A prevalência de diabetes aumenta com a idade, a obesidade e o estilo de vida sedentário. Aumenta ainda mais a partir dos quarenta anos.

O índice de mortalidade é muito maior na população que possui diabetes em relação aos não diabéticos.[1] O alto índice de mortalidade está associado, sobretudo, ao desenvolvimento de doenças cardiovasculares associadas à dislipidemia.

Essa doença é uma síndrome que possui alterações em componentes metabólicos, vasculares e neuropáticos, que estão relacionados entre si. O diabetes é caracterizado por alterações no metabolismo secundário de carboidratos, lipídios e proteínas em virtude da deficiência ou ausência da secreção e/ou ação da insulina.[1,6,7,8]

A doença vascular, que é hoje a principal causa de morbidade e mortalidade no mundo, também está associada ao diabetes.[9,10,11] Essa doença consiste em anormalidades tanto nos grandes vasos (macroangiopatia) quanto nos pequenos vasos (microangiopatia). A macroangiopatia (ou doença aterosclerótica) pode levar a diversas complicações, como acidente vascular cerebral (AVC), infarto agudo do miocárdio e doença vascular periférica. Apesar de essas complicações poderem afetar também pessoas que não possuem diabetes, o risco e a gravidade são muito maiores para aqueles que a possuem. As consequências clínicas da microangiopatia são, entre outras, o desenvolvimento de retinopatia e a nefropatia diabética.[9,10,11,12]

## 9.1 Efeitos metabólicos da insulina

A insulina é um hormônio peptídico secretado pelo pâncreas e, apesar de promover efeitos diretos ou indiretos em, praticamente, todos os tecidos do corpo, sua principal função é estimular o armazenamento dos nutrientes ingeridos (carboidratos, lipídios e proteínas), sendo o músculo esquelético, o tecido adiposo e o fígado os principais compartimentos para esse armazenamento.

A insulina age em, praticamente, todas as células do corpo, iniciando sua sinalização por meio de um receptor específico, localizado na membrana celular, que é ativado por meio da ligação da insulina. Ao ser ativado, esse receptor a princípio, se autofosforila, ativando assim sua atividade enzimática. Em seguida, esse receptor fosforila proteínas intracelulares, conhecidas como IRS (substrato do receptor de insulina), sobretudo, os IRS-1 e IRS-2. Essas proteínas fosforiladas se ligam a enzimas com domínio SH2, como a PI 3-K e a Grb2.[4,13,14]

A PI 3-K ativada estimula a produção dos fosfatidilinositóis (PIP), que são essenciais para a ativação de uma outra enzima, a Akt.[2,13] Essa enzima ativa pode exercer diversas funções, como estimular a translocação de transportadores de glicose (GLUT-4) para a membrana celular, no tecido adiposo e nos músculos esquelético e cardíaco, e, também, estimular a síntese proteica, a expressão gênica e o crescimento celular.

Outra proteína com domínio SH2 é a Grb2, que está constitutivamente associada à outra proteína, a SOS. Quando as proteínas IRS se associam à Grb2, a SOS ativa uma outra proteína, a Ras, que fosforila as enzimas da família MAP cinases, ativando-as. A ativação dessa via estimula a síntese proteica, a expressão gênica e o crescimento e a diferenciação celular. A Figura 9.1 ilustra essa sinalização da insulina.[4]

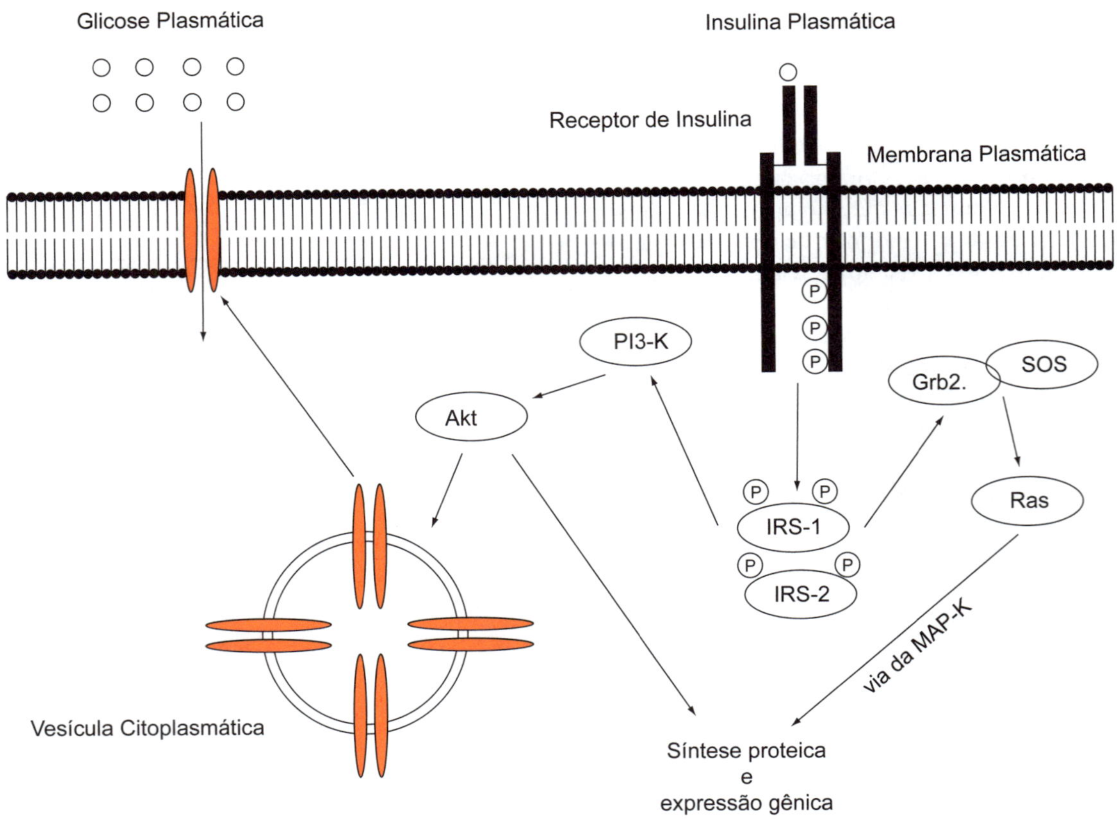


FIGURA 9.1 – Vias de sinalização da insulina.

## 9.1.1 Efeitos no fígado

A insulina, após sua secreção pelo pâncreas, é levada, a princípio, através da corrente sanguínea até o fígado, exercendo duas principais ações.

Ela promove o anabolismo, estimulando a síntese e o armazenamento de glicogênio, ao mesmo tempo em que inibe sua degradação. Esse efeito é mediado por meio de alterações em enzimas envolvidas nesse processo. A capacidade máxima de armazenamento do fígado é de 90 a 110 gramas de glicogênio.

A insulina também estimula a atividade de enzimas da via glicolítica, aumentando o metabolismo da glicólise no fígado, além de inibir a gliconeogênese.

A síntese de proteínas, triacilgliceróis e de VLDL pelo fígado também é estimulada pela insulina.[15,16]

Pode-se dizer que a insulina também possui efeitos anticatabólicos no fígado, pois ela inibe a gliconeogênese, a glicogenólise (quebra do glicogênio) e a cetogênese hepática no estado pós-absortivo.

## 9.1.2 Efeitos no músculo

No músculo, a insulina estimula a captação de aminoácidos e a síntese proteica, sendo, dessa forma, um dos hormônios mais anabólicos. Ela também estimula a captação de glicose sanguínea por meio do estímulo da translocação de GLUT-4 para a membrana celular e do armazenamento da glicose em forma de glicogênio. Esse efeito é importante para repor as reservas energéticas consumidas durante a atividade muscular. A insulina, além de promover o anabolismo através desses efeitos, inibe o catabolismo por meio da inibição da atividade da enzima fosforilase, responsável pela quebra do glicogênio.

Em um homem de 70 kg, cerca de quinhentos a seiscentos gramas de glicogênio são armazenados nas células musculares esqueléticas.[17,18,19]

### 9.1.3 Efeitos no tecido adiposo

A gordura sob a forma de triacilglicerol é a forma mais eficiente de armazenamento de reservas energéticas, já que 1 grama de triacilglicerol fornecem 9 kcal, enquanto 1 grama de glicose fornecem 4 kcal.

A insulina age estimulando o armazenamento de triacilglicerol nas células do tecido adiposo (adipócitos), e estimula a atividade da lipase lipoproteica, presente no endotélio dos vasos sanguíneos do tecido adiposo. A lipase lipoproteica hidrolisa os triacilgliceróis das lipoproteínas, permitindo a entrada de ácidos graxos livres nos adipócitos. Ao mesmo tempo, facilita a entrada de glicose nessas células através da translocação de GLUT-4. A glicose serve de substrato para a produção de α-glicerol, composto necessário para a esterificação dos ácidos graxos livres que entraram nos adipócitos, e o armazenamento na forma de triacilglicerol. Além disso, a insulina inibe a lipólise no tecido adiposo por meio da inibição da lipase hormônio sensível. Essa enzima, que é comumente estimulada pela adrenalina e GH, atua fazendo a quebra dos triacilgliceróis dos adipócitos, liberando ácidos graxos livres na corrente sanguínea.[7,8,20,21]

## 9.2 Classificação do diabetes

Anteriormente, a denominação do diabetes era dada de acordo com a idade do paciente no início da patogenia (diabetes juvenil *versus* de adulto). Posteriormente, foi proposta uma outra classificação, de acordo com a terapia farmacológica, a de diabetes insulino-dependente e diabetes não dependente de insulina. Porém, essa classificação terapêutica mostrou-se insatisfatória, à medida que se acumulavam informações patofisiológicas e etiológicas do diabetes. Em 1997, endossada pela American Diabetes Association[1] e pela Organização Mundial da Saúde, as denominações insulino-dependente e não insulino-dependente foram abolidas. As denominações que passaram a ser utilizadas para as duas principais formas dessa patogênese foram diabetes tipo 1 e diabetes tipo 2.

### 9.2.1 Diabetes tipo 1

Esse tipo de diabetes ocorre a partir da destruição total ou parcial das células responsáveis pela secreção de insulina, as células β do pâncreas. Essa patogenia é a forma mais grave de diabetes e está associada à cetose no paciente não tratado, em virtude da ausência total ou parcial de insulina. Assim, o paciente desenvolve distúrbios graves no metabolismo dos nutrientes, deixando de captar glicose, lipídios e aminoácidos. Além disso, ele está constantemente liberando esses nutrientes para a corrente sanguínea a partir de seus estoques endógenos. Com a alteração no metabolismo de gorduras, ocorre o acúmulo de corpos cetônicos.

Esse tipo de diabetes atinge cerca de 9% da população diagnosticada diabética. Geralmente, seu início ocorre na juventude, podendo ocasionalmente ocorrer no indivíduo já adulto.[1]

### 9.2.2 Diabetes tipo 2

O diabetes tipo 2 ocorre em virtude da resistência periférica à insulina e da deficiência relativa desse hormônio. Ou seja, a insulina nesse indivíduo não é capaz de realizar suas funções adequadamente em suas células-alvo em razão da deficiência em seu mecanismo de ação. Além disso, as células β do pâncreas não são capazes de secretar insulina suficiente para suprir a sua deficiência na ação. O desenvolvimento dessa doença está diretamente associado ao estilo de vida. O aumento de sua prevalência está relacionado principalmente à obesidade central, ao envelhecimento e ao sedentarismo.

Cerca de 90% das pessoas diagnosticadas diabéticas são portadoras de diabetes tipo 2.[1]

### 9.2.3 Outros tipos de diabetes

Existem outros tipos de diabetes, que podem ocorrer em virtude de deficiências genéticas específicas, que levam à deficiência na secreção de insulina ou em sua ação nas células-alvo em razão de endocrinopatias, como acromegalia (secreção aumentada de GH) e síndrome de Cushing (secreção aumentada de cortisol) ou de doenças no pâncreas exócrino, como pancreatite e fibrose cística. Também existe um outro tipo, o diabetes gestacional, que ocorre exclusivamente durante a gestação e acomete cerca de 4% das gestantes.[1]

Cerca de 1% da população diagnosticada diabética possui algum tipo específico de diabetes.

## 9.3 Metabolismo das lipoproteínas

As lipoproteínas são partículas esféricas compostas por um núcleo contendo lipídios (colesterol e triacilglicerol) e uma camada externa recobrindo o núcleo, composta por fosfolipídios e apolipoproteínas.[22,23,24] Sua principal função é o transporte de lipídios, substância não solúvel em meio aquoso, no plasma. Podemos dividir as lipoproteínas em cinco diferentes tipos, de acordo com seu tamanho, densidade, composição e função (Tabela 9.1).

Tabela 9.1 – Características das lipoproteínas plasmáticas humana

| Lipoproteína | Densidade (g/ml) | Diâmetro (nm) | Colesterol (%) | Triacilglicerol (%) | Proteína (%) |
|---|---|---|---|---|---|
| Quilomícrons | 0,95 | 75 - 1.200 | 6 | 86 | 2 |
| VLDL | < 1,006 | 30 - 80 | 15 | 55 | 10 |
| LDL | 1,019 - 1,063 | 18 - 25 | 50 | 5 | 22 |
| Lp(a) | 1,010 - 1,063 | 25 - 35 | 45 | 4 | 36 |
| HDL | 1,063 - 1,210 | 5 - 12 | 19 | 3 | 48 |

### 9.3.1 Quilomícrons

Os quilomícrons são as maiores partículas de lipoproteínas. São responsáveis pelo transporte de colesterol e triacilglicerol ingeridos na dieta. Os lipídios ingeridos são hidrolisados no trato gastrintestinal, liberando ácidos graxos livres que são, posteriormente, reesterificados nas células da mucosa intestinal. Esses lipídios absorvidos são levados por quilomícrons que, primeiramente, caem na circulação linfática e, posteriormente, entram na corrente sanguínea. Os triacilgliceróis podem ser transferidos para o HDL ou, preferencialmente, depositados no tecido adiposo. Os triacilgliceróis e o colesterol restantes formam os denominados "quilomícrons remanescentes", que serão captados pelo fígado para formar, posteriormente, VLDL.[24,25]

### 9.3.2 Lipoproteínas de muito baixa densidade (VLDL)

O VLDL é outra lipoproteína com função de carregar os triacilgliceróis. Ela é secretada pelo fígado e carrega os triacilgliceróis produzidos endogenamente. Essa lipoproteína é metabolizada no plasma pela enzima lipase lipoproteica, liberando ácidos graxos livres que são captados principalmente pelo tecido adiposo. O VLDL remanescente após metabolização possui seus triacilgliceróis depletados, sendo rico em colesterol e denominado IDL. Ele é retirado do plasma, sobretudo, pelo fígado, podendo posteriormente ser metabolizado em LDL.[24, 25,26]

### 9.3.3 Lipoproteínas de baixa densidade (LDL)

O LDL é uma lipoproteína derivada do metabolismo do VLDL, sendo a principal lipoproteína plasmática transportadora de colesterol. Sua concentração no plasma humano está diretamente relacionada ao risco e ao desenvolvimento de complicações cardiovasculares. A captação do colesterol proveniente do LDL pelas células é mediada por receptores específicos, denominados receptores B/E, localizados nas membranas das células de grande parte dos tecidos, principalmente do fígado. O acúmulo de colesterol nas células inibe a síntese desses receptores específicos, limitando a captação do colesterol do LDL e levando a um aumento em sua concentração plasmática.[24,25]

### 9.3.4 Lipoproteínas de alta densidade (HDL)

O HDL é a menor e mais densa lipoproteína encontrada no plasma humano. Apesar de essa lipoproteína transportar quantidades relativamente altas de colesterol no plasma, sua concentração plasmática é inversamente relacionada ao risco, ao desenvolvimento e à mortalidade por doenças cardiovasculares. Essa lipoproteína é secretada pelo fígado como uma partícula contendo pouco colesterol e rica em proteínas.[24,25]

### 9.3.5 Lp(a)

A lipoproteína Lp(a) é uma subclasse de uma fração do LDL, complexada com uma glicoproteína semelhante ao plasminogênio. Essa lipoproteína é originalmente produzida no fígado, como uma partícula rica em triacilglicerol que é rapidamente metabolizada. Ainda se sabe pouco sobre os detalhes de seu metabolismo, mas dados sugerem que sua captação pelas células é realizada pelos mesmos receptores do LDL (receptor B/E). Tem sido relatado que altas concentrações plasmáticas de Lp(a) estão associadas ao desenvolvimento de aterosclerose, uma das principais complicações cardiovasculares provenientes da dislipidemia.[24,25]

## 9.4 Alterações lipoproteicas no diabetes

A dislipidemia é muito frequente no diabetes, principalmente o tipo 2. Existem estudos mostrando que a prevalência de lipídios plasmáticos nas concentrações limites altas, nesses pacientes, chega de 54% a 77%. Além disso, cerca de 20% dos diabéticos tipo 2 possuem dislipidemia, principalmente aumento de triacilglicerol ou redução de lipoproteína de alta densidade.[19,27,28]

### 9.4.1 Alterações na VLDL

A alteração lipoproteica no diabetes mais comum é a elevação plasmática de VLDL e triacilglicerol, em virtude de uma superprodução hepática de VLDL, talvez decorrente de um maior fluxo de substratos para sua síntese em direção ao fígado, como glicose e ácidos graxos livres. Com a falta de ação adequada da insulina, decorrente da resistência à insulina no diabetes tipo 2, ou em razão de sua ausência no diabético tipo 1 não tratado, a lipólise aumenta. Não é apenas por essa razão que ocorre superprodução de VLDL, já que a insulina possui efeito permissivo na síntese de VLDL no fígado. O estado de resistência à insulina, que é caracterizado pela presença de hiperinsulinemia, pode levar a uma maior síntese dessa lipoproteína. Além disso, em virtude, principalmente, da resistência à insulina, a remoção de VLDL e triacilglicerol no plasma está prejudicada, pois a insulina é capaz de estimular a enzima endotelial lipase lipoproteica, que hidrolisa os lipídios das lipoproteínas para captação tecidual de ácidos graxos livres.[29,30,31,32,33]

### 9.4.2 Alterações no LDL

Alguns dados demonstram que elevações na concentração de LDL são mais comuns em pacientes com diabetes tipo 2 do que em indivíduos não diagnosticados diabéticos. Porém, estudos sugerem que tanto o colesterol total quanto o LDL não são comumente elevados nos diabéticos, ou são apenas levemente alterados, comparados com indivíduos controle.

Apesar de, em geral, os indivíduos diabéticos não apresentarem alteração na concentração do LDL, é normal que demonstrem alterações na partícula do LDL. A alteração mais comum nesses indivíduos é uma maior concentração de uma partícula de LDL mais densa e menor, conhecida como subclasse B. Atualmente, existem evidências demonstrando que maiores concentrações dessa partícula estão associadas ao risco de desenvolvimento de doença coronariana.[31,32,33]

Outra alteração observada em indivíduos diabéticos é o aumento no conteúdo de triacilglicerol no LDL. Isso ocorre em razão da menor ligação com seus receptores específicos, responsáveis pela captação de seus lipídios.

### 9.4.3 Alterações no HDL

A concentração de HDL plasmático está geralmente reduzida em pacientes com diabetes, comparados com indivíduos controle. Uma possível causa dessa redução de HDL é um maior ritmo de retirada dessa lipoproteína do plasma, o que confirmaria sua redução. Outro fator que poderia levar a essa redução é a alteração no metabolismo de VLDL, por meio da redução de sua retirada do plasma em razão da baixa atividade da lipase lipoproteica.

Não só com o LDL como também com o HDL ocorre alteração em suas partículas. O HDL, em indivíduos diabéticos, apresenta uma partícula com conteúdo de lipídios aumentado.

A redução do HDL e sua alteração comumente encontrada em diabéticos estão associadas ao maior risco de doenças cardiovasculares.[31,32,33]

### 9.4.4 Alterações na Lp(a)

A Lp(a) é uma partícula com interesse relativamente recente em estudos, pois alguns trabalhos têm mostrado sua relação com o risco de doenças cardiovasculares, quando presente no plasma em altas concentrações. Em indivíduos diabéticos, os resultados são controversos até o momento. Alguns pesquisadores demonstraram altos níveis de Lp(a) em diabéticos não tratados associados a doenças cardiovasculares. Também foi demonstrado que diabéticos tipo 2 com elevados níveis de Lp(a) possuem incidência maior de aterosclerose, em comparação com diabéticos que não possuem elevação dessa lipoproteína. Porém, existem outros dados demonstrando nenhuma alteração nos níveis de Lp(a) em indivíduos diabéticos em relação aos não diabéticos e ao controle da glicemia.[21,34]

## 9.5 Tratamento da dislipidemia em diabéticos

Pode-se dizer que existem duas razões para a correção dos níveis de lipoproteínas em indivíduos diabéticos. Uma delas é a prevenção de pancreatite, causada em virtude de elevadas concentrações de triacilgliceróis. A outra é a profilaxia do risco de desenvolvimento de complicações macrovasculares.[29]

A ADA[1] tem publicado trabalhos com metas clínicas das concentrações plasmáticas de lipoproteínas consideradas ideais (Tabela 9.2).

Tabela 9.2 – Concentrações ideais de lipoproteínas no plasma

| Partículas | Concentração (mg/dl) |
|---|---|
| Triacilglicerol | < 150 |
| Colesterol total | < 200 |
| LDL | < 100 |
| HDL | > 60 |

### 9.5.1 Tratamento não farmacológico

A redução do peso corporal em indivíduos diabéticos possui muitos efeitos benéficos, pois existe grande prevalência de obesidade nessa população. Isso reduz a resistência à insulina e à hiperinsulinemia. Assim, benefícios na hiperglicemia e na dislipidemia podem ser esperados. Essa redução de peso diminui a triacilglicerolemia, eleva a concentração de HDL e até mesmo pode reduzir o LDL plasmático.[25]

A ADA[1] tem recomendado dieta para a redução do peso e o tratamento de dislipidemia em diabéticos, que inclui redução da ingestão total de gorduras para menos que 30% das calorias totais da dieta, sendo as gorduras saturadas menos que 10% das calorias totais. A ingestão total de colesterol deve ser reduzida a menos de 300 mg/dia. A proteína deve ser, aproximadamente, 15% das calorias ingeridas e o carboidrato, de 50% a 60%. A ingestão de fibras, principalmente as fibras solúveis, deve ser aumentada, atingindo cerca de 40 g/dia.

Além disso, a prática regular de atividade física, de pelo menos quatro horas semanais, em intensidade moderada a alta, diminui em média 70% a incidência de diabetes em relação a indivíduos sedentários.[28,35] Sendo assim, programas de exercícios físicos têm demonstrado eficiência no controle glicêmico de diabéticos, melhorando a sensibilidade insulínica e a tolerância à glicose com consequente diminuição da glicemia desses indivíduos.

Além disso, é preciso ressaltar que indivíduos portadores de diabetes melito devem submeter-se a uma rigorosa bateria de testes antes de iniciar qualquer programa de exercícios. Aos portadores de diabetes do tipo 2, além da avaliação cardiovascular, recomenda-se avaliar a presença de doença arterial periférica (sinais e sintomas de claudicação intermitente, diminuição ou ausência de pulsos, atrofia de tecidos subcutâneos etc.), retinopatia, doença renal e neuropatia periférica.[28,35] Deve-se verificar também o aparecimento de bolhas e/ou qualquer outro tipo de ferimento, antes e no final de cada sessão de exercício. Em indivíduos que utilizam insulina ou outro hipoglicemiante, deve-se estar atento ao horário dos medicamentos, para que o paciente não realize a atividade em estado hipo ou hiperglicêmico.

Averiguar a glicemia é fundamental para a prescrição de programas de exercícios para diabéticos, pois, se um indivíduo diabético iniciar uma caminhada com glicemia de 80 mg/dl durante quarenta minutos, no final desse período poderá apresentar hipoglicemia induzida pelo exercício. Nessa ocasião, deve-se estabelecer alimentação orientada pelo nutricionista ou pelo médico. Além disso, é imprescindível realizar as medições de glicemia antes e depois das atividades para auxiliar o médico a respeito da dose de insulina ou de hipoglicemiantes orais e a alimentação no dia da atividade. Se o diabético, durante o exercício, apresentar tontura, tremores, visão turva, fome, suor excessivo e palidez, estará com hipoglicemia e deverá parar de se exercitar e ingerir carboidratos de alto índice glicêmico. Também pode acontecer hiperglicemia, mais comum no tipo 1, quando o aluno apresenta sede excessiva, poliúria, fome e outros sintomas. Cabe, dessa maneira, ao profissional de Educação Física e ao aluno conhecerem bem esses sinais e sintomas, sendo imprescindível o trabalho multidisciplinar.

Tanto as atividades aeróbicas como os exercícios resistidos aumentam a sensibilidade insulínica, sendo necessário obedecer à regularidade da atividade para contribuir na prevenção da resistência à insulina.[8] Um estudo[36] mostrou que após oito semanas da realização de um programa de exercícios houve diminuição da hemoglobina glicosilada de maneira significativa, quando comparado com um grupo sedentário controle. O mais interessante desse achado é que não houve diferenças significativas quanto ao peso corporal dos grupos, indicando que a melhora na hemoglobina glicosilada ocorreu por um efeito direto do exercício físico, independentemente de alterações do peso corporal. Em uma metanálise,[37] evidências mostraram que pacientes submetidos a intensidades maiores de exercício físico apresentaram valores menores de hemoglobina glicosilada do que pacientes submetidos a sessões com menores intensidades e maior volume. Esses resultados dão suporte para encorajar indivíduos portadores de diabetes do tipo 2 que já se exercitam em intensidade moderadas a considerar o aumento na intensidade de suas atividades.

Segundo o ADA,[1] indivíduos portadores de intolerância à glicose devem realizar um programa para perda de peso, incluindo, ao menos, 150 minutos de atividades físicas moderadas a vigorosa, além de dieta balanceada com moderada ingestão calórica. Quanto aos exercícios aeróbicos, de acordo com o mesmo órgão, a intensidade e o volume das atividades aeróbicas variarão de acordo com o objetivo do aluno. Para a melhora do controle glicêmico, da manutenção do peso corporal e da redução do desenvolvimento de doenças cardiovasculares, recomenda-se ao menos 150 minutos/semana de atividade física aeróbica de intensidade moderada (40% a 60% do $VO_2$máx ou 50% a 70% da FCmáx e/ou ao menos noventa minutos/semana de exercício aeróbico intenso (acima de 60% do $VO_2$máx ou acima de 70% da FCmáx). Essa prescrição deve ser distribuída em mais de três vezes por semana e não deve ser realizada mais do que dois dias consecutivos de atividade física, sendo o repouso imprescindível. A realização de exercícios moderados e intensos e/ou a realização de exercícios de resistência acima de quatro horas semanais estão associados a uma grande diminuição de doenças cardiovasculares do que quando comparados somente com atividades de baixo volume. Para perda de peso maior (acima de 13,6 kg), a prescrição de atividades físicas com grande volume (sete horas semanais de atividade aeróbica moderada à intensa) pode ser mais satisfatória.[35] De acordo com o ADA (2006), na ausência de contraindicações, qualquer paciente portador de diabetes tipo 2 deve ser estimulado a praticar exercícios resistidos ao menos três vezes por semana, exercitando, preferencialmente, os grandes grupos musculares, realizando três séries de oito a dez repetições ou com carga que seja suficiente para a realização completa de, no mínimo, oito movimentos.

### 9.5.2 Tratamento farmacológico

Quando o tratamento da dislipidemia diabética apenas por dieta e exercício, após alguns meses, não for suficiente para o controle/melhora do perfil lipoproteico, a ADA[1] recomenda a inclusão do tratamento com drogas, capazes de controlar a dislipidemia.

Os derivados de ácido fíbrico são drogas capazes de aumentar a atividade da enzima lipase lipoproteica, a retirada do VLDL do plasma e, em alguns casos, também a retirada do LDL. Assim, ocorre um aumento nos níveis de HDL.[15,24,26,38]

Os inibidores da HMG-CoA, uma enzima limitante na via de síntese de colesterol, como sinvastatina, lovastatina e pravastatina, são capazes de reduzir a produção de colesterol. A conversão dos remanescentes do VLDL em LDL é reduzida com a administração dessas drogas, que são as mais eficientes na redução do LDL plasmático, com uma pequena redução também nos triacilgliceróis. Além disso, também são capazes de aumentar a concentração de HDL plasmático.[15,24]

Sequestradores de ácidos da bile são outra classe de drogas utilizadas para o tratamento de dislipidemias. Essas drogas não são absorvidas quando ingeridas, agindo no trato intestinal e se ligando aos ácidos da bile. Essas drogas, ao interferirem na absorção do colesterol, forçam o fígado a utilizar o substrato endógeno para o metabolismo das lipoproteínas, sendo, dessa forma, capazes de reduzir os níveis de LDL circulante por meio da maior parte já retirada do plasma.

O ácido nicotínico (Niacin) é uma droga capaz de reduzir a síntese hepática de VLDL, reduzir a concentração plasmática de triacilgliceróis e LDL e elevar os níveis de HDL. Seu uso como droga para o controle da dislipidemia vem sendo reduzido, pois pode levar a diversos efeitos colaterais. A disfunção hepática se enquadra nos mais sérios.

Outra droga que pode ser utilizada para combater a dislipidemia é o Probucol, capaz de reduzir tanto o colesterol total quanto o LDL. Porém, essa droga pode reduzir os níveis de HDL em até 25%.[15,24,26,38]

Em conjunto com a hipertensão e o fumo, altas concentrações de colesterol total e LDL são importantes fatores de risco para doenças cardiovasculares. Além disso, a hipertriacilglicerolemia e a redução dos níveis de HDL também aparecem como fortes preditores de risco de desenvolvimento de complicações cardiovasculares, assim como as alterações da composição da partícula de LDL, em pacientes diabéticos.

Com essas alterações no perfil lipoprotéico e, consequentemente, uma elevada prevalência de complicações cardiovasculares associada à elevada taxa de mortalidade em indivíduos diabéticos, grande atenção deve ser dada ao controle da dislipidemia nessa população, por meio das terapias tanto farmacológicas como não farmacológicas (dieta e exercício) para a manutenção do perfil lipídico adequado.

## Referências

1. American Diabetes Association: Physical Activity/Exercise and Type 2 Diabetes. Diabetes Care. Jun 2006;29(6).

2. Alessi DR, Downes CP. The role of PI 3-Kinase in insulin action. Biochim Biophys Acta. 1998;1.436(1-2):151-64.

3. Gimeno SGA, Ferreira SRG, Franco LJ, Iunes M, Osiro K. Incremento na mortalidade associada à presença de diabetes mellitus em nipo-brasileiros. Rev Saúde Pública. 1998;32(2):118-24.

4. Saltiel AR, Kahn CR. Insulin signalling and the regulation of glucose and lipid metabolism. Nature. 2001;414:799-806.

5. Zimmet P, Alberti KGMM, Shaw J. Global and Societal Implications of the Diabetes Epidemic. Nature. 2001;414:782-7.

6. Arcanjo CL, Piccirillo LJ, Machado IV, Andrade Jr. CRM, Clemente EL, Gomes MB. Avaliação de Dislipidemia e de Índices Antropométricos em Pacientes com Diabetes Mellitus Tipo 1. Arq Bras Endocrinol Metab. 2005;49(6):951-8.

7. Dâmaso A. Obesidade. Rio de Janeiro: Guanabara Koogan; 2003:590.

8. Duarte AC, Farllace, GBD, Wadi MT, Pinheiro, RL. Síndrome Metabólica: Semiologia, Bioquímica e Prescrição Nutricional. 1. ed. Rio de Janeiro: Axcel Books; 2005.

9. Association, AD. Clinical practice recommendations. Position statement: management of dyslipidemia in adults with diabetes. Diabetes Care. 2000;23(Suppl 1).

10. Bortolotto LA. Alterações das propriedades funcionais e estruturais de grandes artérias no Diabetes Mellitus. Arq Bras Endocrinol Metab. 2007;51(2):176-84.

11. Franca E, Alves JGB. Dislipidemia entre crianças e adolescentes de pernambuco. Arq Bras Cardiol. 2006;87(6):722-7.

12. Siqueira AFA, Almeida-Pititto B, Ferreira SRG. Doença cardiovascular no Diabetes Mellitus: análise dos fatores de risco clássicos e não clássicos. Arq Bras Endocrinol Metab. 2007;51(2):257-67.

13. Folli F, Saad MJA, Backer JM, Kahn CR. Insulin Stimulation of Phosphatidylinositol 3-Kinase Activity and Association with Insulin Receptor Substrate 1 in Liver and Muscle of the Intact Rat. J Biol Chem. 1992;267(31):22.171-7.

14. Kahn CR. The molecular mechanism of insulin action. Annu Rev Med. 1985;36:429-51.

15. Silva RA, Kanaan S, Silva LE, Peralta RHE. Estudo do perfil lipídico em crianças e jovens do ambulatório pediátrico do Hospital Universitário Antônio Pedro associado ao risco de dislipidemias. J Bras Patol Med Lab. 2007;43(2):95-101.

16. Tenenbaum A, Fisman EZ, Motro M, Adler Y. Atherogenic dyslipidemia in metabolic syndrome and type 2 diabetes: therapeutic options beyond statins. Cardiovascular Diabetology. 2006;5(20):1-8.

17. Araki E, Lipes MA, Patti ME, Bruning JC, Haag B, Johnson RS, et al. Alternative pathway of insulin signaling in mice with targeted disruption of IRS-1 gene. Nature. 1994;372:186-90.

18. Cheatham B, Kahn CR. Insulin Action and the Insulin Signaling Network. Endocrine [review]. 1995;16(2):117-42.

19. Saad MJA, Araki E, Miralpeix M, Rothenberg PL, White MF, Kahn CR. Regulation of insulin receptor substrate-1 in liver and muscle of animal models of insulin resistance. J Clin Invest. 1992;90:1.839-49.

20. Saad MJA. Insulin resistance in the pathogenesis of Dyslipidemia. Diabetes Care. 1996;19(4):387-9.

21. Yoshino G, Hiranob T, Kazumi T. Dyslipidemia in Diabetes Mellitus. Diubrtes Rrseurch und Clinical Pructicr. 1996;33:1-14.

22. Harris MI. Hypercholesterolemia in diabetes and glucose intolerance in the U.S. population. Diabetes Care. 1991;14:366-74.

23. Ronnemaa T, Laakso M, Kallio V, Pyorala K, Marniemi J, Puukka P. Serum lipids, lipoproteins, and apolipoproteins and the excessive occurrence of coronary heart disease in non-insulin-dependent diabetic patients. Am J Epidemiol. 1989;130:632-45.

24. Corrêa FHS, Taboada GF, Júnior CRMA, et al. Influência da gordura corporal no controle clínico e metabólico de pacientes com Diabetes Mellitus Tipo 2. Arq Bras Endocrinol Metab. 2003;47(1):62-8.

25. Rashid S, Watanabe T, Sakaue T, Lewis GF. Mechanisms of HDL lowering in insulin resistant, hypertriglyceridemic states: the combined effect of HDL triglyceride enrichment and elevated hepatic lipase activity. Clinical Biochemistry. 2003;36:421-9.

26. Lima LM, Carvalho MG, Soares AL, Lasmar MC, Novelli BA, Sousa MO. Correlação entre os níveis plasmáticos de apolipoproteínas A-I e B e o perfil lipídico em indivíduos com e sem Diabetes Mellitus tipo 2 e hipertensão arterial. J Bras Patol Med Lab. 2005;41(6):411-7.

27. Cefalu WT, Wang ZQ, Werbel S, Bell-Farrow A, Crouse JR, Hinson WH et al. Contribution of visceral fat mass to the insulin resistance of aging. Metabolism. 1995;44(7):954-9.

28. Colberg SR. Atividade física e diabetes. 1. ed. São Paulo: Manole; 2003.

29. Boyle PJ. Diabetes Mellitus and macrovascular disease: mechanisms and mediators. American J Med. 2007;120(9b):S12-7.

30. Greenspan FS, Gardner DG. Endocrinologia básica e clínica. Rio de Janeiro: McGraw-Hill Interamericana do Brasil; 2006:795.

31. Howard BV, Howard WJ. Dyslipidemia in Non-Insulin-dependent Diabetes Mellitus. Endocrine [reviews]. 1994;15(3):263-74.

32. Jenkins AJ, Lyons TJ, Zheng D, Otvos JD, Lackland DT, McGee D, et al. Serum lipoproteins in the diabetes control and complications trial/ epidemiology of diabetes intervention and complications cohort. Diabetes Care. 2003;26(3):810-8.

33. Laakso M. Dyslipidemia, morbidity, and mortality in non-insulin-dependent Diabetes Mellitus: lipoproteins and coronary heart disease in non-insulin-dependent Diabetes Mellitus. J Diab Comp. 1997;11(2):137-41.

34. Pankow JS, Duncan BB, Schmidt MI, Ballantyne CM, Couper DJ, Hoogeveen RC, Golden SH. Fasting plasma free fatty acids and risk of type 2 diabetes. Diabetes Care. 2004;27(1):77-82.

35. Saris WH, Blair SN, Van Baak MA, Eaton SB, Davies PS, Di Pietro L, Fogelholm M, Rissanen A, Schoeller D, Swinburn B, Tremblay A, Westerterp KR, Wyatt H. How much physical activity is enough to prevent unhealthy weight gain? Outcome of the IASO. 1st Stock Conference and consensus statement. Obes Rev. 2003;4:101-14.

36. Boulé NJ, Haddad E, Kenny, GP, Wells, GA, Sigal, RJ. Effects of exercise on glycemic control and body mass in type 2 Diabetes Mellitus: a meta-analysis of controlled clinical trials. JAMA. 2001;286:1.218-27.

37. Boulé NJ. Meta-analysis of the effect of structured exercise training on cardiorespiratory fitness in type 2 Diabetes Mellitus. Diabetologia. 2003;46:1.071-81.

38. Boulé NJ, Ronnemaa T, Pyorala K, Kallio V, Puukka P, Penttila I. Atherosclerotic vascular disease and its risk factors in non-insulin-dependent diabetic and nondiabetic subjects in Finland. Diabetes Care. 1988;11:449-63.

# Capítulo 10

## Lipídios, patologias associadas e exercício: hipertensão arterial

*Newton Nunes*

*João Paulo Gabriel Camporez*

*Ricardo Zanuto*

Apesar de todos os avanços na área da fisiologia cardiovascular, os determinantes primários da hipertensão arterial ainda são pouco elucidados; pode-se dizer que é uma síndrome multifatorial, na qual interações complexas entre fatores genéticos e ambientais causam elevação sustentada da pressão arterial. Um pequeno número de pacientes (entre 2% e 5%) tem doença renal ou adrenal como causa da elevação da pressão arterial, levando à hipertensão secundária. Em aproximadamente 90% a 95% dos casos, a hipertensão não tem etiologia conhecida (classificada como primária ou idiopática), sendo o tratamento feito por meio de mudanças no estilo de vida e/ou medicamentos.[1]

Não há uma causa única para a hipertensão em todos os indivíduos. Os fatores que produzem alterações no débito cardíaco ou alteram a resistência ao fluxo sanguíneo interferirão na pressão arterial. Hiperatividade simpática, fatores ambientais (como ingestão de sal ou estresse), resistência periférica à insulina, associada ou não à obesidade, e sistema renina-angiotensina-aldosterona são alguns dos elementos que levam à hipertensão primária.[2] Nos últimos anos, outros fatores têm sido avaliados, incluindo genética,[3] disfunção endotelial,[4] sistema cinina-calicreína[5] e anormalidades neurovasculares.[6] Em aproximadamente 30% dos casos, a hipertensão está associada à obesidade, à dislipidemia e às alterações do metabolismo da glicose, ou seja, à síndrome metabólica.[1,7]

A pressão arterial representa a força exercida pelo sangue contra as paredes arteriais durante um ciclo cardíaco e é determinada por uma combinação de processos ligados ao débito cardíaco e à resistência vascular periférica. De acordo com Michelini (1999),[8] o controle da pressão é complexo e envolve mecanismos hemodinâmicos, neurais e hormonais que interagem para regular a pressão quando ocorrem variações causadas por vários estímulos. Diferentes mecanismos estão envolvidos tanto na manutenção como na variação momento a momento da pressão arterial, regulando o calibre e a reatividade vascular, além da distribuição de fluido dentro e fora dos vasos e o débito cardíaco.[7]

## 10.1 Sistema nervoso simpático

Tem sido postulado que, nos estágios precoces da hipertensão, a elevação da pressão arterial é causada por um aumento do débito cardíaco, relacionado a uma hiperatividade simpática. O subsequente aumento da resistência vascular periférica, provavelmente, se desenvolve como uma forma compensatória para prevenir que essa pressão elevada seja transmitida ao leito capilar, onde afetaria substancialmente a homeostase celular.[8] O aumento persistente da resistência vascular periférica é o fator mais importante na hipertensão arterial primária, condição na qual ocorre desequilíbrio entre os elementos vasoconstritores e vasodilatadores. Entre os fatores de maior impacto na vasoconstrição (contração da musculatura que regula a luz do vaso) e também no crescimento vascular (espessura do vaso) estão o sistema nervoso simpático e o sistema renina-angiotensina.[1,7]

Sabe-se que pelo menos três arcos reflexos maiores estão envolvidos na modulação da atividade simpática e, consequentemente, na regulação do tônus vascular, do débito cardíaco e do volume de sangue. Eles estão ligados aos barorreceptores arteriais, aos receptores cardiopulmonares e aos quimiorreceptores arteriais. Uma importante alteração no sistema nervoso autônomo, que pode influenciar diretamente o tônus simpático, é a alteração do controle barorreflexo. Os barorreceptores arteriais são um importante mecanismo pelo qual o sistema nervoso central regula a pressão arterial momento a momento, provocando alterações na atividade vagal e no fluxo simpático para o coração e a vasculatura. Na hipertensão sustentada, esses pressorreceptores (ou barorreceptores) sofrem adaptação, reajustando sua faixa de funcionamento para um novo nível de pressão arterial. Dessa forma, sua sensibilidade é reduzida, provocando, consequentemente, uma deficiência na regulação da pressão arterial. Essa menor sensibilidade dos barorreceptores é, provavelmente, o maior determinante do aumento da variabilidade da pressão arterial nos hipertensos e, indiretamente, das consequentes lesões de órgãos-alvo.[9]

## 10.2 Sistema cinina-calicreína

O sistema cinina-calicreína também tem sido descrito como relevante na etiologia da hipertensão e na patogênese dos danos cardíacos e renais a ela associados.[10] As cininas são hormônios peptídios, que agem por meio de dois tipos de receptores, o tipo 1 (B-1) e o tipo 2 (B-2). Os receptores B-2 geralmente predominam, enquanto os receptores B-1 são ativados por danos nos tecidos, como os que ocorrem após uma isquemia do miocárdio ou inflamação. Uma complexa variedade de cininas age por meio desses receptores.

No ser humano, a calicreína plasmática forma a bradicinina a partir do cininogênio, enquanto a calicreína nos tecidos forma a calidina.[5] Os peptídios cininas têm ação importante nos vasos sanguíneos, no coração e nos rins. Um efeito hemodinâmico relevante das cininas, *in vivo*, é a vasodilatação produzida pela estimulação dos receptores endoteliais B-2, nas artérias e arteríolas, com subsequente liberação de óxido nítrico e prostaglandinas. As cininas estão implicadas em vários processos fisiológicos e patológicos, podendo exercer uma influência significativa na regulação da pressão arterial, na homeostase do sódio e no tônus vascular, em virtude de sua potente atividade vasodilatadora, natriurética e moduladora do crescimento vascular.[10] O sistema renina-angiotensina e cinina-calicreína interagem-se em vários níveis. O aumento nas concentrações séricas da enzima conversora da angiotensina (ECA) pode resultar em maior síntese de angiotensina II e desativação das cininas.

Enquanto a angiotensina II age estimulando a reabsorção de quantidades elevadas de sódio, aumentando a pressão arterial e causando danos nos órgãos-alvo, as cininas têm um efeito oposto, regulando o equilíbrio de água e sódio e a pressão arterial.[9] Além disso, em estudo realizado com ratos normotensos, foi verificado que a bradicinina é importante na manutenção do metabolismo normal da glicose e que, sob condições de hiperinsulinemia, sua ação vasodilatadora pode ser o mais importante mecanismo contrarregulatório para prevenir uma elevação da pressão arterial.[11]

Nesse contexto, é interessante lembrar que, frequentemente, a hipertensão primária é uma condição preexistente no diabetes melito tipo 2. Possíveis razões para esse fenômeno, além da presença da síndrome da resistência à insulina/hiperinsulinemia ligadas à hipertensão, poderia ser um defeito no sistema calicreína-cinina, conhecido por estar envolvido tanto na regulação da pressão arterial como na sensibilidade periférica à insulina.[12] Apesar de todas essas descobertas sobre as propriedades das cininas e da importância do sistema cinina-calicreína, parece ainda faltar estudos que indiquem como a redução dessas substâncias poderia levar ao desenvolvimento da hipertensão.

## 10.3 Características do exercício sobre a hipotensão pós-exercício

Foi demonstrado[13] em ratos hipertensos que 40 minutos de exercício provocavam hipotensão maior e mais duradoura do que 20 minutos de exercício. Da mesma forma, em outro estudo[14], foi observado em jovens normotensos que 45 minutos de exercício a 50% do consumo máximo de oxigênio provocava diminuição da pressão arterial mais precoce, duradoura e maior do que 25 minutos de exercício em uma mesma intensidade.

Com relação ao efeito da intensidade do exercício, os dados parecem mais controversos. Foi verificado[15] em idosos hipertensos que o exercício físico mais intenso (70% do consumo máximo de oxigênio) provocava diminuição na pressão arterial maior do que uma sessão menos intensa (40% do consumo máximo de oxigênio). Em contraste, em outro estudo,[14] observou-se em jovens hipertensos que uma sessão de exercício a 40% e 70% do consumo máximo de oxigênio provocava diminuições na pressão arterial semelhantes. Em indivíduos normotensos, os resultados também são controversos. Foi encontrado[2] que apenas o exercício mais intenso provocava hipotensão pós-exercício.

No entanto, em outros estudos[16,17], foi observado que diferentes intensidades de exercício (30%, 50% e 80% do consumo máximo de oxigênio) provocavam diminuições na pressão arterial semelhantes em indivíduos jovens normotensos. Entretanto, quando a medida da pressão arterial era realizada simultaneamente à medição do débito cardíaco e da resistência vascular periférica, a diminuição da pressão arterial era maior após a sessão mais intensa.

## 10.4 Mecanismos envolvidos na hipotensão pós-exercício

Em virtude de a pressão arterial ser o produto do débito cardíaco e da resistência vascular periférica, reduções na pressão arterial sanguínea observadas após a realização de uma sessão de exercício físico devem resultar da diminuição do débito cardíaco, da resistência vascular periférica ou de ambos. Alguns autores[17,18] verificaram que a hipotensão pós-exercício se devia principalmente à redução da resistência vascular periférica, apesar da elevação no débito cardíaco.

Da mesma forma, foi relatado,[18] em indivíduos normotensos, diminuições significantes na pressão arterial diastólica e média, após sessão de exercício submáximo em esteira. Entretanto, nesse estudo, a redução da resistência vascular ocorreu na musculatura ativa, visto que foi observada a diminuição na resistência vascular da panturrilha.

Porém, outros autores[15] observaram, em idosos hipertensos, que a diminuição da pressão arterial produzida por uma sessão de exercício físico se devia à diminuição do débito cardíaco, apesar do aumento da resistência vascular periférica. Nesse estudo, a diminuição do débito cardíaco ocorria em razão da diminuição do volume sistólico, apesar de a frequência cardíaca aumentar.

Alguns fatores neurais e humorais podem também estar relacionados às alterações hemodinâmicas responsáveis pela diminuição da pressão arterial no período de recuperação. Foi observado[18] que a atividade nervosa simpática muscular e as concentrações plasmáticas de adrenalina permaneciam inalteradas em relação à concentração de controle após uma sessão de exercício submáximo, sugerindo que a hipotensão pode ocorrer em indivíduos normotensos na ausência de reduções da atividade nervosa simpática. Entretanto, foi observada[19] redução significativa da atividade nervosa simpática muscular após o exercício físico avaliado pela técnica da microneurografia.

Foram relatadas[18] reduções na pressão arterial diastólica e arterial média após o exercício, apesar de as concentrações plasmáticas do peptídio atrial natriurético não estarem aumentadas quando comparadas à concentração do grupo controle.

O exercício físico eleva a taxa metabólica e a temperatura corporal interna. Para dissipar esse calor, o organismo utiliza a transpiração e a dilatação dos vasos sanguíneos da pele. A ativação desses mecanismos eleva a condutância vascular cutânea, diminui a resistência vascular sistêmica e, portanto, pode ter papel importante na redução da pressão arterial induzida pelo exercício.[20]

Um possível mecanismo para a hipotensão pós-exercício é a maior liberação dos fatores relaxantes derivados do endotélio, como o óxido nítrico na promoção dessa hipotensão. A menor responsividade α-adrenérgica pós-exercício também pode contribuir para a diminuição dos níveis de pressão arterial nesse período.[20]

## 10.5 Resposta da frequência cardíaca no período pós-exercício

Apesar de a diminuição da pressão arterial pós-exercício estar bem descrita na literatura, a resposta da frequência cardíaca nesse momento apresenta resultados controversos. Em outros estudos,[13,21] foi observada a diminuição da frequência cardíaca pós-exercício, enquanto, em outros estudos[15,17], foi observado o aumento da frequência cardíaca nesse momento.

De fato, em outro estudo[22], foi observado que, após uma sessão de 45 minutos de exercício físico realizado em cicloergômetro a 30%, 50% e 80% do consumo máximo de oxigênio, a magnitude da diminuição da pressão arterial observada não foi diferente entre as intensidades, mas a frequência cardíaca diminuiu após o exercício a 30% do consumo máximo de oxigênio e aumentou após o exercício em 50% e 80% do consumo máximo de oxigênio, sendo esse efeito taquicárdico maior após o exercício mais intenso.

Além disso, a redução da pressão arterial não acompanhada por insignificante redução ou inalteração da frequência cardíaca tem sido observada durante o período de recuperação de exercícios executados em intensidades leves.[13] No entanto, o aumento da frequência cardíaca concomitante à redução da pressão arterial tem sido observado após a execução de exercícios moderados e intensos.[23]

As diferentes respostas cronotrópicas observadas após os exercícios de diferentes intensidades sugerem que a intensidade pode ser um fator importante na modulação do barorreflexo pós-exercício e, talvez, possa explicar a discrepância dos resultados observados nos estudos citados. Entretanto, pelo nosso conhecimento, esse aspecto ainda não foi analisado.

Como a resposta da frequência cardíaca momento a momento é regulada principalmente pelo controle barorreflexo e cardiopulmonar, as diferentes respostas dessa variável após o exercício de diferentes intensidades sugerem que a intensidade do exercício influencie na regulação desses reflexos pós-exercício.

## 10.6 Barorreflexo arterial e exercício físico

As respostas de pressão arterial, frequência cardíaca e resistência vascular periférica pós-exercício não apresentam sempre um padrão coerente ao esperado pelo controle barorreflexo. Dessa forma, torna-se importante verificar o efeito do exercício físico no controle barorreflexo cardiopulmonar. Foi observado[20] que após uma sessão aguda de exercício físico ocorre diminuição da atividade nervosa simpática muscular com diminuição concomitante na resistência vascular periférica. Isso indica alteração no controle barorreflexo arterial, pois o fluxo simpático está diminuído para um nível de pressão arterial idêntico. Portanto, essas modificações na sensibilidade dos barorreceptores arteriais estão relacionadas a mecanismos neurais e vasculares.

De fato, há aumento na atividade nervosa simpática e na pressão arterial média no início do exercício dependente de rápido ajuste no ponto de operação do barorreflexo arterial. Além disso, foi verificado que o barorreflexo arterial é necessário para que haja redução na pressão arterial média pós-exercício. Uma sessão aguda de exercício físico dinâmico, com 40 minutos de duração em ratos espontaneamente hipertensos, reduziu a pressão arterial média; contudo, em ratos com desnervação sinoaórtica, não houve hipotensão pós-exercício. Esse estudo demonstrou que o barorreflexo arterial é exigido no período pós-exercício para reduções na pressão arterial média e no tônus simpático em ratos espontaneamente hipertensos. Essas reduções resultam de um novo ajuste no ponto de operação dos barorreceptores, ou seja, em um novo ponto inferior de referência. Assim, ocorre uma diminuição no ganho do barorreflexo arterial. Essas alterações ocasionam uma inibição do sistema simpático e a hipotensão pós-exercício.

Foi sugerido[21] que o ponto de operação do barorreflexo arterial sofra uma alteração para níveis inferiores após a realização de um exercício físico. Nessa situação, a pressão arterial após o exercício, embora menor que a pré-exercício, está acima do novo ponto de operação dos barorreceptores arteriais e, portanto, resulta na inibição do sistema nervoso simpático, o que poderia ser a causa da diminuição na atividade nervosa simpática pós-exercício.

Desse modo, se a diminuição da pressão arterial pós-exercício está acima do novo ponto de operação dos barorreceptores arteriais, seria esperado encontrar um aumento no tônus parassimpático pós-exercício. Contudo, não foi observado esse resultado no estudo em questão. Uma possível resposta para tal mecanismo pode ser encontrada no ganho reduzido na sensibilidade do barorreflexo arterial pós-exercício. Nessa situação, a alteração na pressão arterial pode não ser um estímulo suficiente para ativar a resposta dos barorreceptores arteriais.

Em outro estudo,[21,24] os autores inferem que essa alteração nos barorreceptores arteriais pode ocorrer no núcleo do trato solitário por alteração na resposta dos neurônios sensíveis dessa região. Uma alteração nos neurônios pode ocorrer como resultado das aferências de um grupo de receptores periféricos. Uma vez alterados, há uma elevada atividade no núcleo do trato solitário a um dado sinal dos barorreceptores arteriais. Essa elevada atividade pode alterar o ponto de operação dos barorreceptores arteriais para um nível inferior de pressão arterial. Esse efeito poderia reduzir a sensibilidade do barorreflexo arterial.

Em virtude desses fatores, foi estudado[21] o efeito de uma sessão aguda de exercício físico dinâmico em ratos espontaneamente hipertensos. Foi verificado que o barorreflexo arterial pode ter ganhos reduzidos ou sensibilidade diminuída após o exercício, ou seja, o exercício físico altera o ponto de operação do barorreflexo arterial para um valor de pressão menor, que é considerado, no momento, como o novo valor a ser utilizado como referência. Os resultados desse estudo sugerem que as reduções na pressão arterial no período pós-exercício são mediadas por redução na sensibilidade e por ajuste no ponto de operação do barorreflexo arterial para pressão arterial menor.

Foi observado,[25,26] em indivíduos normotensos, que a sensibilidade do barorreflexo arterial estava elevada após uma sessão de exercício progressivo até a exaustão. Resultados semelhantes foram observados em outros estudos.[20,27] Entretanto, outros autores[1] não observaram modificações na sensibilidade do barorreflexo após uma sessão de 30 minutos de exercício em cicloergômetro a 50% do consumo máximo de oxigênio em indivíduos hipertensos.

Pelos estudos apresentados, pode-se verificar que o efeito do exercício físico sobre o controle barorreflexo durante o período pós-exercício é controverso. Essa controvérsia pode ser explicada pelas diferentes populações estudadas, pela forma de avaliar o reflexo ou, ainda, pelo exercício executado. Quanto às características do exercício, sua intensidade pode ser um fator importante, visto que em estudo anterior[22] foi verificado, em indivíduos normotensos jovens, que diferentes intensidades de exercício (30%, 50% e 80% do consumo máximo de oxigênio) provocavam diminuição da pressão arterial semelhante. Essa diminuição, porém, foi acompanhada de redução da frequência cardíaca após o exercício leve e elevação da frequência cardíaca após o exercício moderado e intenso.

## 10.7 Hipertensão associada à obesidade

A obesidade, caracterizada como o acúmulo excessivo da gordura corporal, e, mais especificamente, a obesidade central (ou abdominal), caracterizada como o acúmulo excessivo de tecido adiposo na região abdominal, é, talvez, o maior fator de risco para o desenvolvimento de hipertensão.[16] Além disso, a hipertensão em indivíduos obesos é geralmente complicada pela presença de outros fatores metabólicos que estão comumente associados à obesidade, como dislipidemia, hiperinsulinemia e tolerância à glicose reduzida.[25]

O aumento da prevalência da hipertensão ocorre em indivíduos obesos, além de a obesidade ser um importante fator preditor de doenças cardiovasculares, aumentando a morbidade e a mortalidade. Isso pode ocorrer, em parte, em virtude de alterações no sistema renina-angiotensina (RAS) e no sistema nervoso simpático (SNS).

O ganho excessivo de peso corporal está associado com o aumento da retenção de sódio e a expansão do volume extracelular, fatores determinantes para aumento da pressão arterial. Isso pode estar associado à elevação da atividade da renina plasmática, do angiotensinogênio plasmático, da atividade da enzima conversora de angiotensina (ACE) e da concentração plasmática de angiotensina 2.[19]

O papel do RAS na hipertensão associada à obesidade é subsidiado pelo possível papel benéfico do bloqueio do RAS no tratamento da hipertensão.[23] Diversos estudos, em modelos animais e humanos, demonstram o bloqueio do RAS como estratégia. O tratamento de cães obesos com um antagonista do receptor de angiotensina 2 ou um inibidor da ACE inibiu a retenção de sódio e a expansão do volume extracelular, geralmente observado na obesidade, assim como a elevação da pressão arterial.[13] Ademais, o angiotensinogênio (precursor direto da angiotensina) pode ser produzido localmente no tecido adiposo, estimulando o crescimento e a diferenciação dos adipócitos, além de também poder ser secretado na corrente sanguínea e contribuir para a concentração plasmática de angiotensinogênio circulante.[15] Também foi demonstrado que uma dieta hiperlipídica induzindo a obesidade aumentou a expressão gênica do angiotensinogênio no tecido adiposo intra-abdominal de camundongos.[28] Esses dados poderiam explicar o aumento do angiotensinogênio plasmático comumente encontrado na obesidade e, consequentemente, o aumento da angiotensina 2.

Estudos em seres humanos também demonstram o papel do bloqueio do RAS como estratégia para tratamento da hipertensão. A utilização de inibidores da ACE é eficiente em reduzir a pressão arterial em pessoas obesas, sobretudo, em pacientes jovens.[29] Além disso, outro estudo dá suporte ao envolvimento do RAS com a hipertensão associada à obesidade. Foi demonstrado que, em mulheres na menopausa que reduziram 5% no peso corporal por meio de dieta, houve uma redução de 7 mmHg na pressão arterial. Esses resultados foram acompanhados também de uma redução no agiotensinogênio sérico, na renina, no ACE e na expressão da angiotensina no tecido adiposo.[30]

Além disso, a aldosterona também tem sido associada ao desenvolvimento da hipertensão associada à obesidade,[28] pois foram encontradas concentrações elevadas de aldosterona em indivíduos obesos e hipertensos, sobretudo, naqueles com obesidade abdominal.[24] Esse envolvimento da aldosterona na hipertensão associada à obesidade também foi demonstrado por meio do bloqueio do receptor de mineralocorticoide em cães obesos por dieta hiperlipídica. Esse procedimento atenuou marcadamente a retenção de sódio e a hipertensão.[18] Esses resultados indicam um papel importante da aldosterona na patogênese da hipertensão associada à obesidade.

Outro mecanismo que pode estar implicado no desenvolvimento da hipertensão associada à obesidade é a hiperativação do sistema nervoso simpático (SNS), importante sistema de controle da pressão arterial. Conforme já demonstrado, a alta ingestão calórica, fator importante para o desenvolvimento da obesidade, está associada a um aumento na concentração plasmática de noradrenalina e na resposta da noradrenalina a estímulos externos.[14] A atividade do SNS foi associada com o aumento do índice de massa corporal (IMC) em seres humanos,[27] e indivíduos obesos normotensos apresentaram aumento da atividade do SNS comparados com indivíduos magros.[21] Ademais, não foi demonstrado apenas aumento da atividade sistêmica do SNS, mas foi observado em indivíduos obesos um aumento da atividade do SNS nos rins,[31] órgãos importantes de controle do sistema cardiovascular. Essa elevada atividade do SNS nos rins também foi descrita em modelos animais de obesidade induzida por dietas hiperlipídicas.[19] Dando suporte a essas afirmações, outro estudo demonstrou que o SNS está envolvido na inicialização, na manutanção e na progressão da hipertensão.[21]

Corroborando com as informações já descritas, estudos demonstram que o bloqueio farmacológico da ação do SNS é uma estratégia eficiente para a redução da pressão arterial. O bloqueio dos receptores α e β do SNS reduziu a pressão arterial em cães alimentados com dieta hiperlipídica.[22] Esses resultados foram mais evidentes nos animais obesos do que nos magros. Em outro estudo que utilizou uma droga que age centralmente e reduz a atividade do SNS, foi observada uma redução da pressão arterial também em cães obesos por dieta hiperlipídica.[32] Em seres humanos, o bloqueio combinado dos receptores α e β do SNS por um mês reduziu a pressão arterial em indivíduos obesos hipertensos mais pronunciadamente do que em indivíduos magros também hipertensos.[33] Em resultados que confirmam essas descobertas, foi demonstrado, em outro estudo, que 6 meses de tratamento com bloqueadores do SNS melhorou o controle da pressão arterial em pacientes com hipertensão essencial, independentemente da resistência à insulina.[20]

Os resultados dos estudos mencionados reforçam a hipótese de que a ativação elevada do SNS possui um papel importante na patogênese da hipertensão associada à obesidade.

## Referências

1. Barreto-Filho JAS, Krieger JE Genética e hipertensão arterial: conhecimento aplicado à prática clínica? Rev Soc Cardiol Est. SP. 2003;13(1):46-55.

2. Mancia G, Staesses JA, Thijs L, Fagard D. Predicting cardiovascular risk using conventional versus ambulatory blood pressure in older patients with systolic hypertension. JAMA. 1999;282:539-46.

3. Turner ST, Boerwinkle E. Positional genomic analysis identifies the B2 adrenergic receptor gene as a susceptibility locus for human hypertension. Circulation, 2000;101:2.871-7.

4. Perticone F, Ceravolo R, Pujia A, Ventura G, Iacopino S, Scozarafa A, et al. Prognostic significance of endothelial dysfunction in hypertensive patients. Circulation. 2001;104:187-91.

5. Campbell M, Fitzpatrick R, Haines A, Kinmonth AL, Sandercock P, et al. Framework for design and evaluation of complex interventions to improve health. BMJ, 2000; 16(321):694-6.

6. Beevers G, O´Brien E, Lip GYH. Blood pressure measurement. BMJ. 2001;5(322): 1.110-4.

7. Krieger EM, Brum PC, Negrão CE. Baroreceptor function cardiovascular adjustments cardiac b-adrenergic tone during exercise in spontaneously hypertensive rats. Hypertension. 1999;26:1.129-33.

8. Michelini, L. Regulação neuro-humoral da pressão arteiral. Fisiologia. Rio de Janeiro: Guanabara Koogan; 1999.

9. Irigoyen MC, Lacchini S, De Angelis K, Michelini L. Fisiopatologia da hipertensão arterial: o que avançamos. Rev Soc Card Est. SP. 2003;1:30-45.

10. Brown NJ, Roberts LJ. Histimine, bradykinin, and their antagonists. In: Hardman JG, Limbird LE, Editores. Pharmacol Basis Therapeutics. 10. ed; 2001.

11. Kohlman O, Neves FAR, Gindza M, Tavares A, Cezaretti ML, Zanella MT, et al. Role of bradykinin in insulin sensitivity and blood pressure regulation during hyperinsulinemia. Hypertension. 1995;25:1.003-7.

12. Wicklmayr M, Rett K, Fink E, Tschollar W, Baldermann H, Tymiec M, et al. Bradykinin is not liberated by working skeletal muscle in diabetes type II. Horm Metab Res. 1989;21(4):212-23.

13. Robles RG, Villa E, Santirso R, Martínez J, Ruilope LM, Cuesta C, et al. Effects of captopril on sympathetic activity, lipid and carbohydrate metabolism in a model of obesity-induced hypertension in dogs. Am J Hypertens. 1993;6(12):1.009-15.

14. Landsberg L, Krieger DR. Obesity, metabolism, and the sympathetic nervous system. Am J Hypertens. 1989;2(3 Pt 2):125S-32.

15. Massiéra F, Bloch-Faure M, Ceiler D, Murakami K, Fukamizu A, Gasc JM, et al. Adipose angiotensinogen is involved in adipose tissue growth and blood pressure regulation. FASEB J. 2001;15(14):2.727-9.

16. Freedman DS, Khan LK, Serdula MK, Galuska DA, Dietz WH. Trends and correlates of class 3 obesity in the United States from 1990 through 2000. JAMA. 2002;288(14):1.758-61.

17. Grassi G, Seravalle G, Cattaneo BM, Bolla GB, Lanfranchi A, Colombo M, et al. Sympathetic activation in obese normotensive subjects. Hypertension. 1995;25(4 Pt 1):560-3.

18. De Paula RB, Da Silva AA, Hall JE. Aldosterone antagonism attenuates obesity-induced hypertension and glomerular hyperfiltration. Hypertension. 2004;43(1):41-7.

19. De Paula RB. The kidney, hypertension, and obesity. Hypertension. 2003;41(3 Pt 2):625-33.

20. Nowak Ł, Adamczak M, Wiecek A. Blockade of sympathetic nervous system activity by rilmenidine increases plasma adiponectin concentration in patients with essential hypertension. Am J Hypertens. 2005;18(11):1.470-5.

21. Grassi G. Sympathetic overdrive and cardiovascular risk in the metabolic syndrome. Hypertens Res. 2006;29(11):839-47.

22. Hall JE, Van Vliet BN, Garrity CA, Torrey C, Brands MW. Obesity hypertension: Role of adrenergic mechanisms [abstract]. Hypertension. 1993;21:528.

23. Sharma AM. Is there a rationale for angiotensin blockade in the management of obesity hypertension? Hypertension. 2004;44(1):12-9.

24. Goodfriend TL, Calhoun DA. Resistant hypertension, obesity, sleep apnea, and aldosterone: theory and therapy. Hypertension. 2004;43(3):518-24.

25. Haffner S, Taegtmeyer H. Epidemic obesity and the metabolic syndrome. Circulation. 2003;108(13):1.541-5.

26. Rahmouni K, Correia ML, Haynes WG, Mark AL. Obesity-associated hypertension: new insights into mechanisms. Hypertension. 2005;45(1):9-14.

27. Troisi RJ, Weiss ST, Parker DR, Sparrow D, Young JB, Landsberg L. Relation of obesity and diet to sympathetic nervous system activity. Hypertension. 1991;17(5):669-77.

28. Troisi RJ, Mark AL, Haynes WG, Sigmund CD. Adipose depot-specific modulation of angiotensinogen gene expression in diet-induced obesity. Am J Physiol Endocrinol Metab. 2004;286(6):E891-5.

29. Reisin E, Weir MR, Falkner B, Hutchinson HG, Anzalone DA, Tuck ML. Lisinopril versus hydrochlorothiazide in obese hypertensive patients: a multicenter placebo-controlled trial. Treatment in Obese Patients With Hypertension (TROPHY) Study Group. Hypertension. 1997;30(1 Pt 1):140-5.

30. Engeli S, Böhnke J, Gorzelniak K, Janke J, Schling P, Bader M, et al. Weight loss and the renin-angiotensin-aldosterone system. Hypertension. 2005;45(3):356-62.

31. Vaz M, Jennings G, Turner A, Cox H, Lambert G, Esler M. Regional sympathetic nervous activity and oxygen consumption in obese normotensive human subjects. Circulation. 1997;96(10):3.423-9.

32. Rocchini AP, Mao HZ, Babu K, Marker P, Rocchini AJ. Clonidine prevents insulin resistance and hypertension in obese dogs. Hypertension. 1999;33(1 Pt 2):548-53.

33. Wofford MR, Anderson DC Jr, Brown CA, Jones DW, Miller ME, Hall JE. Antihypertensive effect of alpha and beta-adrenergic blockade in obese and lean hypertensive subjects. Am J Hypertens. 2001;14(7 Pt 1):694-8.

# Capítulo 11

## Recursos ergogênicos nutricionais, lipídios e exercício

*Michel Dacar*
*Waldecir Paula Lima*

O uso de drogas e suplementos nutricionais com o intuito de otimizar o rendimento esportivo e os parâmetros de composição corporal (aumento da massa magra e redução da massa gorda) são estratégias frequentemente utilizadas por atletas e praticantes de atividades físicas engajados nas mais variadas modalidades esportivas.

A melhora da qualidade de vida e da longevidade, além da incessante busca por padrões estéticos considerados "ideais" na atual sociedade, porém, muitas vezes, não saudáveis (como a magreza excessiva), fazem que o consumo de suplementos nutricionais cresça de maneira vertiginosa.

Com a vida agitada da sociedade atual, fatores como dieta equilibrada e atividade física são, muitas vezes, negligenciados pela maioria dos indivíduos, aumentando, assim, a incidência de casos de obesidade, hipertensão, dislipidemias e alterações do metabolismo da glicose, distúrbios que podem, isoladamente ou não, reduzir a qualidade e a expectativa de vida e aumentar a ocorrência de eventos como acidente vascular cerebral (AVC) e infarto agudo do miorcárdio.

Evidências científicas recentes demonstram que vários suplementos nutricionais têm a capacidade de potencializar as diferentes capacidades físicas durante o exercício, além de acelerar o ganho de peso e a força muscular e promover redução da massa gorda. A triste notícia é que nem todos os suplementos nutricionais, para não dizer a maioria, agem como deveriam. Infelizmente, por meio da disseminação de alegações e propagandas enganosas feitas pela mídia, aliadas à falta de conhecimento por parte dos consumidores e à quase inexistente fiscalização por parte de órgãos competentes, o mercado de suplementos torna-se cada vez mais "aquecido".

Entre os suplementos nutricionais mais utilizados com fim de redução da massa gorda, podemos destacar: ácido linoleico conjugado, L-carnitina, chá verde, cafeína, efedrina, ácido hidroxicítrico e triacilglicerol de cadeia média, além do uso de fármacos como o hormônio do crescimento e esteroides anabólicos-androgênicos (análogos de testosterona), que não serão discutidos neste capítulo.

## 11.1 CLA - Ácido linoleico conjugado

O ácido linoleico conjugado (CLA) refere-se a um grupo de isômeros do ácido linoleico, caracterizados pela presença de dienos conjugados. O CLA é um componente natural contido em gorduras de animais ruminantes, disponibilizados na dieta humana através da ingestão de carnes e laticínios.[1] O consumo de CLA pode acarretar vários efeitos biológicos como: anticarcinogênese, antiaterogênese, imunomodulação e alterações da composição corporal.[2] Na natureza, o isômero mais abundante é o *cis*-9, *trans*-11 (*c9,t*11), ao contrário da maioria dos suplementos comercializados, que apresentam, geralmente, concentrações equivalentes às dos isômeros predominantes (*c9*,*t*11 e *t*10,*c*12).[3]

Entre os efeitos fisiológicos do CLA mais estudados em seres humanos, a capacidade em influenciar a composição corporal merece destaque, visto que diversos estudos realizados em animais demonstraram efeito redutor do conteúdo de gordura corporal, sobretudo, quando o CLA era composto predominantemente do isômero *t*10, *c*12.[4,5] Assim, tendo como base os resultados encontrados em animais, o uso de CLA por seres humanos começou a ser visto como uma estratégia promissora em relação à redução dos estoques de gordura corporal. Dos estudos que observaram o efeito do CLA sobre a perda de peso em seres humanos, a maioria não reportou efeito estatisticamente significativo,[6-15] ao passo que outros mostraram redução da massa gorda corporal.[16-22] As explicações para resultados tão divergentes podem residir no fato de que os estudos supracitados utilizaram diferentes tipos e doses de isômeros, além da duração e do sexo estudados nos experimentos diferirem entre si.

Whigham[3] mostrou, por meio de sua metanálise, que o uso de CLA levou a uma modesta, porém significante, redução da massa gorda (0,09 kg/semana), quando comparado ao grupo placebo. Embora esse efeito pareça ser de pequena consequência fisiológica, ele se contrapõe à atual tendência dos norte-americanos em aumentar seus respectivos pesos corporais (0,4 kg/ano ou 0,009 kg/semana).[23]

Quando analisadas as doses de CLA administradas, verificou-se que o consumo de 3,4 g/dia resultou na perda de peso corporal da ordem de 0,14 kg/semana, ao passo que a ingestão de 6,8 g/dia induziu redução da ordem de 0,11 kg/semana. A falha em mostrar uma relação dose-resposta reflete a inerente variabilidade da perda de massa gorda em seres humanos.[16] Há insuficientes dados em seres humanos que permitam determinar se doses superiores produziriam perdas de peso adicionais. Com base em estudos realizados com animais, é possível que doses superiores a 6,8 g/dia produzam perdas de gordura adicionais. Contudo, esse fenômeno é difícil de ser predito, uma vez que os dados obtidos em animais não podem ser extrapolados para seres humanos, aliado ao fato de que a escala de dosagem entre os dois modelos experimentais ainda está longe de ser determinada.

Em animais, os resultados mostram mais efeitos relativos sobre a massa gorda, quando comparados àqueles apresentados por seres humanos, em que doses que variam de 0,1% a 1% sob a forma de CLA foram utilizadas na dieta. Baseadas no peso corporal, as doses utilizadas em animais fornecem de 0,2 a 0,3 g/kg e são muito maiores do que aquelas utilizadas em experimentos com seres humanos (0,015 a 0,1 g/kg). Quando os dados são baseados na ingestão calórica, as doses usadas em camundongos (0,1% a 1%) correspondem a doses que variam entre 0,2% e 2% do teor energético, e isso poderia se traduzir na ingestão de doses entre 0,5 e 5 g/dia para adultos.[3]

Quando levamos em consideração a duração, a maioria dos estudos é finalizada em períodos inferiores a 12 semanas. Em geral, a perda de massa gorda é praticamente linear durante os primeiros 6 meses de tratamento e depois começa a desacelerar, com base em dados de apenas um único estudo, realizado pelo período de 2 anos.[24] Contudo, ainda não é possível extrair conclusões definitivas sobre o potencial benefício do consumo de CLA sobre os parâmetros de composição corporais em longo prazo.

Ao levarmos em consideração o tipo de isômero utilizado, os dados são ainda mais escassos e controversos. Os resultados de três estudos indicam que o isômero *t*10,*c*12 são mais eficazes em relação à alteração da composição corporal.[4,5,25] Para a maioria dos estudos com seres humanos, doses equivalentes dos isômeros *t*10,*c*12 e *c*9,*t*11 foram utilizadas, mas essa mistura não resultou em nenhum efeito deletério, embora um estudo que utilizou apenas o isômero *t*10,*c*12 mostrou efeito transitório de resistência à ação da insulina dentro de 12 semanas.[7] Em contrapartida, muitos estudos não têm demonstrado alterações significantes da glicemia ou insulinemia em jejum, nem alterações da responsividade à insulina,[8,10,14,15,17,19,26-36] ao passo que outros mostraram melhora de tais parâmetros.[13,27,31]

Com respeito à segurança e à eficácia, tem sido sugerido que preparações de CLA enriquecidas com os isômeros *t*10,*c*12 e *c*9,*t*11 são preferíveis em relação ao uso de isômeros isolados.[37]

Em conclusão, quando consideramos as evidências apresentadas, o CLA apresenta capacidade potencial de reduzir a massa gorda e o peso corporal e pode ser considerado uma estratégia nutricional interessante em relação ao controle do excesso de peso e da obesidade, especialmente na sociedade atual, em que o contínuo e gradual ganho de peso é uma característica inerente da população adulta.

## 11.2 L-Carnitina

A L-carnitina é uma amina quaternária (ácido β-hidroxibutírico-γ-trimetilamina) utilizada há mais de dez anos como um recurso ergogênico nutricional.[38] Há boatos de que a suplementação com L-carnitina ajudou os jogadores da seleção italiana de futebol a vencerem a Copa do Mundo de 1982, fato que contribuiu imensamente com a sua popularidade no meio esportivo.[39] A alegação mais importante para o uso de L-carnitina relaciona-se com seu papel no metabolismo dos lipídios, visto que essa amina garante o transporte de ácidos graxos de cadeia longa do citoplasma para o interior da mitocôndria, local em que são oxidados.[40,41] Portanto, a L-carnitina é utilizada em casos em que a redução da massa gorda é um dos principais objetivos, sendo retratada como um agente queimador de gordura (*fat burner*) e utilizada por atletas de *endurance*, no intuito de aumentar a oxidação de gordura durante o exercício e, consequentemente, poupar glicogênio muscular.[39]

Em seres humanos, a carnitina é derivada tanto de fontes dietéticas quanto da biossíntese endógena. A síntese de L-carnitina no organismo ocorre no fígado, rins e cérebro a partir de dois aminoácidos essenciais: lisina e metionina.[42] Carnes e produtos lácteos são a principal fonte dietética desse composto, sendo responsável por cerca de 75% do total de carnitina armazenada no organismo.[43] A homeostase da carnitina no organismo se dá através da absorção da carnitina dietética e da taxa de síntese endógena, associadas à eficiente reabsorção renal. A eficiência da reabsorção da carnitina aumenta quando a ingestão dietética da carnitina diminui. Essa resposta adaptativa serve para a manutenção da concentração de carnitina circulante em face à menor ingestão alimentar. Em contrapartida, a excreção da carnitina aumenta rapidamente e a eficiência da reabsorção diminui quando a carga de carnitina filtrada aumenta acima do normal, como, por exemplo, após a ingestão de suplemento dietético ou por sua infusão intravenosa.[44]

A concentração de L-carnitina nos tecidos é maior que no plasma, e sua distribuição tecidual indica que há um sistema de transporte ativo na membrana celular.[45] O músculo esquelético é o depósito mais proeminente de carnitina no corpo humano adulto, possuindo concentração cinquenta a setenta vezes superior em relação ao plasma.[43]

Apesar da ampla divulgação do uso desse suplemento como um *fat burner*, estudos que avaliem o seu papel no auxílio de redução de gordura corporal ainda são escassos na literatura.

Alguns estudos mostraram que a ingestão de carnitina (doses de até 6 g/dia por 14 dias) não alterou a concentração de carnitina muscular em adultos saudáveis, nem tampouco induziu a redução do peso corporal.[46,47] Villani et al.[47] suplementaram mulheres com excesso de peso (4 g/dia por oito semanas) que praticavam atividade física moderada regularmente e demonstraram que o índice de massa corporal (IMC) e a massa gorda não sofreram alterações significativas. Vale ressaltar que algumas mulheres não completaram o estudo por apresentarem náuseas ou diarreia.

Obici et al.[48] reportaram que o complexo enzimático carnitina palmitoiltransferase (CPT) hipotalâmico, dependente de carnitina, reduz o apetite. Não surpreendentemente, Karlic et al.[49] mostraram que a ingestão de carnitina estimula a atividade transcricional desse complexo, fato que poderia explicar a estimulação do apetite por meio da suplementação com L-carnitina. Portanto, a alegação de que a suplementação com L-carnitina promove perda de peso em adultos saudáveis não está substancialmente sustentada.

Em estudo com animais, em que a carnitina foi administrada em ratos treinados durante 28 dias, essa suplementação não se mostrou eficiente na promoção de perda de massa gorda. Nesse estudo, o treinamento de *endurance* (natação) induziu a redução no conteúdo de gordura na carcaça e nos tecidos adiposos brancos, porém, a suplementação não maximizou a perda induzida pelo treinamento.[50] Outro estudo realizado com animais analisou o efeito da suplementação de L-carnitina em ratos que estavam recebendo dieta hipocalórica. Não houve diferença entre o grupo suplementado e o controle em relação à perda de peso e de gordura, bem como nas concentrações plasmáticas de glicose, triacilglicerol, colesterol total e ácidos graxos circulantes. A síntese endógena de carnitina foi obviamente adequada para garantir eficiente β-oxidação de ácidos graxos durante a fase catabólica.[51]

Dados recentes indicam que altas doses de L-carnitina modulam a função dos receptores de glicocorticoides e, portanto, podem mimetizar algumas atividades biológicas desses hormônios como, por exemplo, aumentar a taxa de lipólise no tecido adiposo.[52] Contudo, esses dados estão longe de serem comprovados cientificamente.

Contrariando a fama da L-carnitina como um *fat burner*, os dados avaliados não mostram efeitos favoráveis do seu uso para o emagrecimento. Esses resultados conflitantes podem estar relacionados ao amplo número de opções inerentes ao processo de suplementação (como a forma de administração, a dose e o período) e também a possíveis diferenças entre os indivíduos participantes dos estudos.

## 11.3 Efedrina (*Ma Huang*)

As espécies de plantas *Ephedra sinica*, *Ephedra equisetina* e *Ephedra intermedia*, coletivamente conhecidas pelo nome chinês *Ma Huang*, são oriundas do Paquistão, da China e do nordeste da Índia.[53] Por séculos, o caule seco dessas plantas é utilizado como remédio para diversas enfermidades, sobretudo, aquelas relacionadas ao trato respiratório.

A efedrina e seus alcaloides (pseudoefedrina, metilefedrina, norpseudoefedrina e norefedrina) são extraídos da planta *Ma Huang* e utilizados em distintas situações. Contudo, a efedrina e a pseudoefedrina são os dois principais componentes ativos encontrados em produtos à base de *Ma Huang*, sendo a efedrina o alcaloide predominante.[3]

Em razão das características estimulatórias do sistema nervoso central e simpatomiméticas, a efedrina é geralmente utilizada em situações em que há aumento da demanda das atividades mental e física (por exemplo, exercício físico). Produtos contendo *Ma Huang* são comercializados com o intuito de otimizar o rendimento em exercícios predominantemente aeróbicos, reduzir a fadiga, aumentar o estado de vigília e a força muscular. Além dos aspectos previamente citados, alega-se que a efedrina possa melhorar parâmetros de composição corporal por meio de seus efeitos termogênicos e lipolíticos. Dadas essas características, a erva *Ma Huang*, muitas vezes, é utilizada no intuito de aumentar a oxidação de gordura e, consequentemente, poupar glicogênio durante o exercício de *endurance*. Dessa forma, é muito comum encontrar no mercado produtos à base de *Ma Huang* que contenham outros suplementos termogênicos e lipolíticos adicionados à sua formulação, como é o caso da cafeína (geralmente encontrada sob a forma de guaraná).[54]

Postula-se que os efeitos termogênicos gerados pela combinação de efedrina e cafeína sejam sinergísticos (efeito de duas drogas combinadas é maior do que seus efeitos aditivos).[55,56] Similarmente à efedrina, a cafeína possui a capacidade de estimular o sistema nervoso central e o metabolismo intermediário.[57] Entretanto, a principal razão para combinar as duas drogas é potencializar os efeitos da efedrina.[58]

A efedrina exerce seus efeitos termogênicos via liberação de catecolaminas (adrenalina e noradrenalina). O aumento da liberação de catecolaminas após a ingestão de efedrina está sujeito a mecanismos de retroalimentação (*feedback*) negativo, que tende a inibir a liberação e a ação delas. Esse mecanismo é modulado por meio da liberação de adenosina e prostaglandina nas junções sinápticas e pelo aumento da ação da enzima fosfodiesterase intracelular, responsável pela degradação de adenosina monofosfato cíclica (AMPc). A cafeína interfere com esse *feedback* negativo por meio da inibição de adenosina e da atividade da fosfodiesterase, impedindo a degradação do AMPc.[58] Outro componente adicionado aos suplementos termogênicos é a aspirina, visto que essa droga possui a capacidade de inibir a síntese de prostaglandinas, favorecendo, assim, a ação da efedrina por um período mais prolongado. Portanto, preconiza-se que essas drogas combinadas possam potencializar os efeitos da efedrina. Assim, alguns dos mais populares suplementos nutricionais recomendados para perda de peso no mercado atual combinam *Ma Huang* (efedrina), guaraná (cafeína) e extrato de salgueiro branco (aspirina).[54]

Muitos das alegações associadas à efedrina originaram de estudos que investigaram seus efeitos antiobesidade e anoréticos. A efedrina e a combinação de efedrina e cafeína são considerados meios efetivos na redução do peso corporal,[59,60,61] embora nem todos os estudos apoiem essa alegação.[62,63,64]

Originalmente, a perda de peso observada era atribuída somente aos efeitos supressores do apetite da efedrina.[65] Em contrapartida, outros mecanismos para a redução do peso corporal foram propostos como, por exemplo, aumento do gasto calórico (principalmente gordura) em repouso e redução do volume de fluidos corporais (desidratação). Porém, como os estudos avaliaram somente a perda de peso total e não os dados de composição corporal dos indivíduos, essas alegações ainda são passíveis de comprovação.[59,60,61]

A medida do consumo de oxigênio ($VO_2$) é a evidência mais aceita e documentada do metabolismo aeróbico e do gasto calórico de um indivíduo. Portanto, as alegações termogênicas associadas à efedrina têm sido sustentadas, visto que o aumento do $VO_2$ de repouso foi observado após o uso agudo e crônico de efedrina.[59] Similarmente, o uso de efedrina ou o combinado de efedrina mais cafeína impediu a redução do metabolismo de repouso durante a dieta hipocalórica.[62,63,64] Contudo, o metabolismo basal elevado encontrado nesses estudos nem sempre está associado à redução do peso corporal.[62,64]

O efeito lipolítico alegado com o uso de efedrina é suportado por meio do aumento da oxidação e da perda de gordura somente quando é utilizada em conjunto com a cafeína,[62] pois, quando a efedrina é ingerida isoladamente, as alterações metabólicas previamente descritas não são verificadas.[59]

Daly et al.[65] demonstraram que a ingestão de efedrina (75 mg), combinada à cafeína (150 mg) e aspirina (330 mg), coletivamente conhecidas como ECA, por um período de quatro semanas, promoveu efeito lipolítico. Entre a quinta e a oitava semana, a dose de efedrina foi elevada para 150 mg/dia e as doses de cafeína e aspirina foram mantidas. Os pesquisadores constataram redução significativa do peso corporal de indivíduos obesos seguindo uma dieta sem restrição calórica, quando comparados aos indivíduos que receberam placebo.

A revisão mais completa, até o momento, que avaliou os estudos que duraram, pelo menos, oito semanas concluiu que o uso de efedrina promove pequena redução de peso em curto espaço de tempo (0,9 kg/mês) em relação ao placebo.[66] Porém, a ingestão de efedrina está associada com o aumento de riscos de eventos psiquiátricos (ansiedade e alteração de humor), gastrintestinais (náusea e vômito) e cardíacos (palpitações).[67]

Segundo Hackman et al.,[68] o consumo de efedrina (40 mg/dia) e cafeína (100 mg/dia), por um período de nove meses, induziu a redução de peso em mulheres obesas, além de melhorar diversos parâmetros fisiológicos (colesterolemia, triacilglicerolemia e insulinemia). Segundo esses pesquisadores, baixas doses de alcaloides de efedrina e cafeína podem ser uma estratégia segura e efetiva para a redução do peso.

Grande parte dos estudos que analisaram a efedrina como agente redutor de peso utilizou, predominantemente, indivíduos obesos como participantes, de forma que esses dados não podem ser extrapolados para indivíduos saudáveis ou com peso um pouco acima do considerado ideal ou normal.[69] Além disso, resultados dos estudos supracitados não podem ser generalizados para outros grupos de populações, sobretudo, aqueles que apresentam enfermidades específicas como, por exemplo, hipertensão arterial, diabetes melito ou histórico familiar de doenças cardiovasculares.[68]

Por meio de vários relatos de morte, infartos de miocárdio, acidentes vasculares cerebrais e doenças psiquiátricas sérias em adultos,[66] o FDA, órgão que regulamenta a venda de suplementos nutricionais e drogas nos Estados Unidos, estabeleceu que produtos que contenham efedrina (*Ma Huang*) não deveriam ser recomendados para a perda de peso e sua comercialização tornou-se proibida desde abril de 2004 nesse país.[70]

Concluindo, o consumo de efedrina isolada é um meio redutor de peso pouco efetivo para a obesidade; quando combinada com aspirina e/ou cafeína, sua efetividade é aumentada. Contudo, a perda de peso é ainda relativamente pequena quando comparada à prescrição de drogas redutoras de peso ou mesmo com dietas restritivas (hipocalóricas). Embora a magnitude dos efeitos colaterais seja geralmente menor do que aqueles verificados com drogas indicadas, especificamente, para a redução de peso, para alguns indivíduos, e em altas dosagens, ou o uso prolongado pode ser grave. Visto que a abstinência geralmente resulta em reganho de peso e que essas drogas estão associadas a alguns efeitos colaterais, a efedrina ou sua combinação com outras drogas não é considerada a melhor estratégia para aqueles que objetivam a redução de peso.[69]

## 11.4 *Citrus aurantium*

Após a proibição da venda de efedrina e de seus alcaloides pela FDA em abril de 2004, muitos fabricantes alteraram a formulação original de seus suplementos nutricionais, substituindo efedrina pela erva *Citrus aurantium*. Esse nome é latino e refere-se a uma planta conhecida como laranja amarga ou laranja azeda. Componentes dessa planta são algumas vezes usados como alimento, mas os extratos obtidos dela são, geralmente, usados como suplemento dietético ou medicinal. Da mesma forma que o *Ma Huang*, o *Citrus aurantium* contém alcaloides que são agonistas adrenérgicos e é frequentemente incorporado em suplementos voltados à perda de peso.[71,72]

O extrato de *Citrus aurantium* contém m-sinefrina (fenilefrina),[73] uma droga simpatomimética que estimula principalmente receptores α-1 adrenérgicos,[74] mas possui algumas propriedades β-agonistas. O fruto da laranja amarga (*Citrus aurantium*) contém inúmeros fitoquímicos interessantes, incluindo *p*-octopamina e alcaloides de sinefrina (parassinefrina e metassinefrina).[75] Essas moléculas são agonistas adrenérgicas e, geralmente, são citadas como ingredientes ativos.

Parassinefrina, ou simplesmente sinefrina, é um agonista α-adrenérgico[76] que apresenta algumas propriedades β-adrenérgicas.[77] É sintetizada em pequenas quantidades no organismo humano e pode agir como um neurotransmissor.[78] Desde 1927, comumente conhecida pelo nome *oxedrina*, a sinefrina é utilizada como um agente farmacológico (colírio).[79] Da mesma forma que a parassinefrina, a metassinefrina, comumente chamada de fenilefrina, também apresenta propriedades agonistas α e β-adrenérgicas e é utilizada em larga escala em descongestionantes nasais.[80] Alega-se que a *oxedrina* é o principal ingrediente ativo no *Citrus aurantium,* responsável pela perda de peso em seres humanos e, dada a similaridade desses componentes, ambos são utilizados em suplementos nutricionais voltados à redução de peso.

Em virtude das atividades agonistas α e β-adrenérgicas, acredita-se que os alcaloides da sinefrina possam aumentar a taxa metabólica de repouso e reduzir a ingestão de alimentos.[81] Além disso, há evidências de que os mesmos alcaloides reduzam a motilidade gástrica,[82] fato que contribui para a redução da ingestão alimentar.

Poucos estudos clínicos examinaram os efeitos dos alcaloides da sinefrina isolados ou combinados com outras substâncias sobre o peso ou composição corporal. Devemos ter em mente que os ensaios são de curta duração e o tamanho amostral é frequentemente inadequado. Em geral, nos estudos de curta duração, as perdas de peso e da gordura corporal parecem ser aumentadas com o uso dos alcaloides da sinefrina, e esses resultados podem ser atribuídos ao efeito supressor de apetite e/ou discreto aumento da taxa metabólica de repouso.[83]

Armstrong et al.[84] administraram um combinado de exercício e uma preparação herbal contendo *Ma Huang*, *Citrus aurantium* (5 mg de alcaloides de sinefrina) e guaraná, por um período de 6 semanas em seres humanos. Reduções significantes foram observadas na massa gorda desses indivíduos. Porém, a taxa metabólica de repouso, parâmetros sanguíneos ou mesmo ingestão alimentar não sofreram alterações significativas quando comparados aos grupos experimental e placebo.

Em outro estudo, Colker et al.[85] mostraram que indivíduos que receberam *Citrus aurantium*, cafeína e erva de São João, em combinação com dieta e exercício, reduziram significativamente seus respectivos pesos corporais. Da mesma forma que o já citado estudo de Armstrong, os indivíduos do estudo de Colker também não apresentaram significativas alterações na pressão arterial, na frequência cardíaca e nos parâmetros sanguíneos e urinários.

Kalman et al.[86] analisaram os efeitos da suplementação de efedrina, alcaloides de sinefrina, cafeína e calicina, em conjunto com exercício e dieta programada, sobre a composição corporal de 30 indivíduos com excesso de peso. Esses pesquisadores mostraram que as perdas de peso e gordura corporal foram maiores no grupo suplementado quando comparado ao grupo placebo.

De modo geral, os estudos reportam perdas de peso corporal que variam de 2,4 a 3,4 kg entre os participantes que usaram alcaloides de sinefrina, enquanto os participantes do grupo placebo perderam em média 0,94 a 2,05 kg. Esses dados sugerem algum benefício do uso de alcaloides de sinefrina sobre a redução do peso corporal. Contudo, os resultados dos poucos estudos existentes não podem ser considerados conclusivos, visto que a maioria deles não separa os efeitos do uso de *Citrus aurantium* ou alcaloides de sinefrina de outros agentes, particularmente efedrina. Além disso, o *Citrus aurantium* contém alcaloides simpatomiméticos como, por exemplo, a fenilefrina, cujo consumo pode levar ao aumento da pressão arterial, da frequência cardíaca e dos riscos de eventos cardiovasculares (infarto do miocárdio).[87]

## 11.5 Ácido hidroxicítrico

O ácido hidroxicítrico (AHC) é um ingrediente ativo extraído da casca da fruta *Garcinia cambogia*, espécie nativa da Índia, utilizado como agente redutor de peso.[88] O ácido hidroxicítrico é um agente inibidor da ATP-citrato liase, enzima citossólica (extramitocondrial) que catalisa a reação de clivagem do citrato em oxaloacetato e acetil-CoA.[89,90] Dessa forma, o AHC reduziria a síntese de acetil-CoA e, subsequentemente, o *pool* de malonil-CoA, limitando a disponibilidade de conjugados de carbono necessários para a síntese de gorduras e colesterol.[91]

Dados de estudos realizados com animais sugerem que o AHC pode promover a manutenção do peso por meio da redução da ingestão alimentar ou pela inibição da capacidade de síntese *de novo* de ácidos graxos.[90] Além disso, o AHC pode induzir a perda de peso por meio do aumento da saciedade em virtude do aumento da oxidação de ácidos graxos,[92] provavelmente pela inibição da formação de acetil-CoA e malonil-CoA, que, por sua vez, poderiam estimular a atividade da enzima carnitina transferase ou aumentar a síntese de glicogênio no fígado.[93]

Chee et al.[94] mostraram que o AHC reduziu a síntese de ácidos graxos tanto no fígado como no tecido adiposo de ratos, enquanto Hamilton et al.[95] reportaram que o uso de AHC promoveu redução da síntese de triacilglicerol, fosfolipídios, colesterol, ésteres de colesterol e ácidos graxos em células isoladas de fígado de ratos normo e hiperlipidêmicos. Entretanto, ao analisarmos os efeitos da suplementação com AHC sobre a ingestão alimentar e sobre o peso corporal em seres humanos, verificamos que os resultados mais uma vez mostram-se controversos e os mecanismos pelos quais o AHC exerce seus efeitos são pobremente embasados.[96]

Em um estudo realizado por Kriketos et al.,[88] foi demonstrado que a suplementação com AHC (3 g/dia por três dias), em adultos sedentários, não alterou a oxidação dos diferentes substratos nem o quociente respiratório e a taxa metabólica durante o repouso e o exercício moderado. Os pesquisadores concluíram que a hipótese da suplementação com AHC sobre o aumento da oxidação de gorduras, durante o repouso e o exercício, não tem fundamento. Contudo, alterações da composição corporal não foram reportadas neste estudo.

Heymsfield et al.[97] mostraram que a suplementação com AHC (1,5 g/dia por três meses) não induziu alteração significativa sobre a redução do peso corporal entre indivíduos obesos e aqueles pertencentes ao grupo placebo.

Kovacs et al.[96] verificaram que o tratamento com AHC resultou em menor (11%) síntese *de novo* de gordura durante um período de dieta hipercalórica (alto teor de carboidratos). Esses pesquisadores suplementaram dez homens, adultos e sedentários, com AHC e placebo (500 mg/dia, três vezes ao dia por dez dias). Foi mostrado que durante a dieta hipercalórica o peso corporal aumentou em ambos os grupos, porém, o grupo suplementado com AHC apresentou menor quociente respiratório durante o último dia de dieta e a capacidade lipogênica foi reduzida. Os autores sugerem que o tratamento com AHC pode reduzir a deposição de gordura durante períodos de ganho de peso. Vale ressaltar que esses resultados são aplicados somente a essa condição experimental e que não podemos extrapolá-los para outras situações.

Portanto, nenhuma evidência científica indica que o AHC seja um suplemento efetivo para a redução de peso corporal ou para o aumento da oxidação de gordura em seres humanos.[88,98]

## 11.6 Triacilglicerol de cadeia média (MCT)

Sabidamente, a dieta hiperlipídica crônica pode estar envolvida diretamente com a etiologia de diversos distúrbios fisiológicos e bioquímicos, como resistência periférica à insulina, doenças cardiovasculares,[99] imunodepressão[100] e obesidade.[101] Fatores como o tipo e a quantidade dos lipídios ingeridos podem modular, positiva ou negativamente, as respostas metabólicas de diferentes sítios orgânicos.[102]

Diversos tipos de acidos graxos são encontrados na natureza e podem ser classificados de acordo com suas propriedades físicas, como grau de saturação (saturado, monoinsaturado ou poli-insaturado) e tamanho da cadeia carbônica (cadeia curta, média e longa). Os ácidos graxos de cadeia curta (AGCC), os de cadeia média (AGCM), os compostos de até seis átomos de carbono e os de oito a doze átomos de carbono geralmente não apresentam duplas ligações em suas estruturas policarbônicas, portanto, são caracterizados como ácidos graxos saturados.[103] Já os ácidos graxos de cadeia longa (AGCL), que apresentam 14 ou mais átomos de carbono, podem se apresentar na forma saturada, monoinsaturada (uma dupla ligação) ou poli-insaturada (duas ou mais duplas ligações).[104]

Em uma dieta típica, grande parte dos lipídios ingeridos está sob a forma de triacilgliceróis de cadeia longa (TCL), que são compostos basicamente por AGCL saturados ou insaturados, provenientes de fontes alimentares vegetais e/ou animais. Em contrapartida, triacilgliceróis de cadeia média (TCM), compostos por AGCM, perfazem somente uma pequena parcela do lipídio ingerido, visto que são encontrados em quantidades inexpressivas em alimentos naturais.[105]

Tem sido possível, desde meados do século passado, aumentar significativamente o conteúdo de AGCM em alimentos comuns, por meio da sua suplementação com óleo de TCM semissintético ou com AGCM obtidos dos óleos de coco e de palma fracionados.[103] Comparado ao TCL, o TCM é rapidamente digerido e absorvido pelo trato gastrintestinal, disponibilizando AGCM diretamente no fígado através do sistema venoso portal. Os AGCMs são oxidados rapidamente pelo fígado e pelo músculo esquelético.[106] Pesquisas com animais demonstram menor ganho de peso corporal e redução dos depósitos de gordura com o consumo de TCM, quando comparado ao de TCL. Esses efeitos do TCM sobre o metabolismo têm levado investigadores a propor seu uso em dietas de controle de peso e na prevenção e tratamento da obesidade.[107]

Muitos estudos com animais[108-111] e seres humanos[112-117] mostraram que o consumo de dietas ricas em TCM resultaram em aumento da termogênese corporal, sugerindo que os AGCMs são rapidamente catabolisados após sua ingestão.

Scalfi et al.[114] analisaram a energia dispendida pelos processos digestórios, ou efeito térmico do alimento (ETA), em resposta ao consumo de uma dieta com 1.300 kcal, contendo trinta gramas de TCM ou TCL, em indivíduos saudáveis. O gasto calórico total aumentou e o quociente respiratório (QR) diminuiu após a ingestão de TCM, resultando de em aumento significativo da resposta termogênica. Já Hill et al.[113] examinaram o balanço energético durante sete dias de dieta hipercalórica contendo 40% de TCM ou TCL em indivíduos saudáveis. O peso corporal, a composição corporal e a taxa metabólica basal (TMB) não alteraram significativamente durante os tratamentos; entretanto, após a ingestão da refeição contendo TCM, o ETA foi significativamente maior no primeiro e sexto dias quando comparados a ingestão de TCL.

Seaton et al.[112] compararam o ETA após a ingestão de dieta contendo 48 gramas de TCM ou 45 gramas de óleo de milho (TCL). A dieta com TCM resultou em um aumento significativo no consumo de oxigênio no período pós-prandial quando comparada à dieta com TCL, induzindo o aumento do gasto calórico (53 kcal ou 17 kcal/h) no repouso. Já Dulloo et al.[115] notaram um aumento de 5% no gasto calórico quando seres humanos foram alimentados com 15 a 30 gramas de TCM, sobre um período de 24 horas.

Yost e Eckel[117] falharam em mostrar diferença na perda de peso entre dois grupos de mulheres obesas, sob dieta hipocalórica, por um período de doze semanas, constituída de 30% das calorias sob a forma de TCL ou 24% das calorias como TCM + 6% com TCL. Como a composição corporal não foi analisada, conclusões a respeito de quaisquer mudanças na gordura corporal total não puderam ser extraídas desse estudo.

Em uma pesquisa realizada por White et al.,[116] foi verificada atenuação do efeito positivo do TCM sobre o gasto calórico pós-prandial, após 14 dias de dieta eucalórica, contendo TCM ou TCL, em mulheres jovens não obesas. Esses dados foram corroborados por Macdougall et al.,[118] que demonstraram que, após a ingestão de TCM ou TCL por 8 e 11 dias, no café da manhã, não houve diferenças no gasto calórico pós-prandial entre os tratamentos dietéticos. Esses pesquisadores sugeriram que o aumento do gasto calórico pode ser transitório a partir do consumo de TCM, ou seja, efeitos adaptativos podem ocorrer rapidamente.

Ainda em seres humanos, um estudo recente indicou que a ingestão de dez gramas de TCM, por um período de doze semanas, suprimiu, de forma eficiente, o acúmulo de gordura corporal na região visceral, em homens e mulheres saudáveis, quando comparado à ingestão de quantidade similar de TCL.[119] Nosaka et al.[120]observaram significativas reduções no depósito de gordura visceral e subcutânea, no peso corporal e na gordura coporal total, após a ingestão de cinco gramas de TCM por homens e mulheres saudáveis por um período de 12 semanas.

Krotkiewski[121] conduziu um experimento que se baseava em dieta hipocalórica (578,5 kcal/dia), constituída de TCM (9,9 gramas) ou TCL (8,0 gramas) em 66 mulheres obesas. Esse pesquisador concluiu que a dieta hipocalórica, associada ao consumo de TCM, suprimiu o acúmulo de gordura corporal. Entretanto, o efeito sobre a gordura visceral não foi analisado nesse estudo.

Muitas hipóteses têm sido criadas para tentar explicar os aumentos do ETA ou do gasto calórico induzido pelo consumo de TCM. Entre essas hipóteses, podemos destacar o aumento da termogênese no tecido adiposo marrom, através da β-oxidação peroxissomal;[110] a fosforilação oxidativa parcial, por meio das proteínas desacopladoras ou UCP (*uncoupling proteins*);[108] a retroconversão de algumas moléculas de ATP em ADP, produzidas durante a oxidação acelerada de AGCM, ajudando a restaurar a razão normal de ATP/ADP;[122] os processos energéticos específicos dentro do fígado, gerados através da síntese de corpos cetônicos[123,124] ou da síntese *de novo* de AGCL ou da elongação do AGCM no fígado.[113]

Hill et al.[113] estimaram que, de todo o gasto calórico induzido pelo AGCM, 3,3% estavam relacionados à sua própria oxidação, 6,7%, com a formação de corpos cetônicos e 32,3%, com a síntese *de novo* de ácidos graxos. Portanto, o custo termogênico obrigatório, a partir da ingestão de AGCM, pode exceder o custo termogênico tradicional baseado nas características das vias metabólicas relacionadas aos AGCL.

Segundo os dados supracitados, pesquisadores que utilizaram modelos animais indicam que o TCM é capaz de exercer pequeno efeito redutor de peso. Esses resultados, no entanto, estão longe de atingir um consenso geral. Em seres humanos, o promissor efeito emegrecedor do TCM é pobremente documentado na literatura atual e os dados clínicos que suportam esse conceito são raros e muito desapontadores.

## 11.6.1 Quitosana

A quitina, extraída do exoesqueleto (carapaça) do camarão e de outros crustáceos, é utilizada para produzir o polissacarídio quitosana. Alega-se que a quitosana possui a capacidade de reduzir a absorção de lipídios dietéticos e, por conseguinte, seja utilizada como um agente redutor de peso corporal. Alguns estudos pré-clínicos suportam tal hipótese.[125-128] Entretanto, dados de uma metanálise recente mostram que essa evidência não é suportada e que a efetividade da quitosana em reduzir o peso corporal não está comprovada, sobretudo, em razão de sérias limitações metodológicas dos estudos supracitados.[129]

Mhurchu et al.[130] mostraram que a suplementação com quitosana, por um período de 24 semanas, não resultou em significante perda de peso corporal em relação ao grupo controle. Em geral, as evidências científicas sugerem que há consideráveis dúvidas sobre a efetividade da quitosana em potencializar a perda de peso em seres humanos. Além disso, efeitos colaterais são frequentemente reportados nas pesquisas. Entre eles, podemos destacar alguns distúrbios gastrintestinais como, por exemplo, constipação e flatulência.

### 11.6.2 Picolinato de cromo

O picolinato de cromo é um composto formado por cromo trivalente e ácido picolínico, um derivado do aminoácido triptofano. O mineral cromo é um cofator da insulina e tem sido foco de estudo em diferentes pesquisas que avaliaram seu papel sobre o metabolismo de carboidratos, lipídios e proteínas.[131-133] Efeitos como aumento da massa magra, redução da porcentagem de gordura corporal e aumento da taxa metabólica basal estão entre os mais reportados.[131,134]

Dados de uma recente metanálise sugerem que a suplementação com picolinato de cromo levou à redução de 1,1 a 1,2 kg, quando comparado ao grupo placebo, durante um período de 6 a 14 semanas (0,08 a 0,2 kg/semana), em pacientes com média de índice de massa corporal de 28 a 33kg/m$^2$.[135] Os resultados dos estudos previamente mencionados concluíram que, quando comparado ao placebo, o grupo suplementado com picolinato de cromo apresentou apenas um discreto efeito redutor de peso, porém, esses dados devem ser interpretados com cuidado, uma vez que poucos estudos confirmaram tal hipótese.

### 11.6.3 Cálcio

O cálcio é outro nutriente que tem sido utilizado na redução de peso, entre outras funções. A adição de cálcio a produtos lácteos para dietas redutoras de peso tem sido alegada como potencializador da perda de peso em algumas pessoas, levantando questões sobre sua real efetividade. Alguns estudos com animais mostraram reduções expressivas na adiposidade com a ingestão de cálcio, contrapondo, novamente, outros que não mostraram alterações. Similarmente aos animais, estudos clínicos com seres humanos também mostraram novamente inconsistência de resultados.

Zemel et al.[136] reportaram que o aumento da ingestão de cálcio dietético (400 a 500 mg de cálcio dietético adicionado de 800 mg de suplementação de cálcio) aceleraram a redução do peso e gordura corporal. Já Melanson et al.[137] mostraram que a ingestão de altas doses de cálcio (1,4 g/dia), em adultos com excesso de peso, engajados em uma dieta hipocalórica, não ofereceu nenhum efeito significativo na redução do peso corporal, nem tampouco sobre a composição corporal, quando comparado à ingestão de doses inferiores (600 mg/dia) de cálcio. Contudo, quando a alta ingestão de cálcio (1,4 g/dia) era acompanhada do consumo de grande quantidade de produtos lácteos (três copos de leite), foi verificado que essa estratégia foi efetiva em acelerar os processos de perda de peso e de gordura corporal.

Dois outros grupos de pesquisadores também demonstraram que a suplementação com cálcio não otimizou a perda de peso.[138-140] Assim, os efeitos positivos do cálcio sobre a perda de peso ou gordura corporal são limitados e mais estudos clínicos com maior número amostral são necessários para esclarecer tais observações. Nos estudos supracitados, nenhum efeito deletério foi verificado com o consumo elevado de altas doses de cálcio.

## 11.7 Guaraná e cafeína

Atualmente, a utilização de guaraná (*Paullinia cupana*) vem crescendo no mundo, principalmente como componente de suplementos nutricionais[141] e produtos que têm por objetivo promover a perda de massa gorda.[142] Outra estratégia amplamente utilizada para a redução da massa gorda é a prática de exercícios. Consequentemente, observa-se um número cada vez maior de indivíduos praticantes de atividade física que utilizam o guaraná como adjuvante no processo de emagrecimento.[143] O extrato de guaraná também tem sido utilizado como importante estimulante em tratamentos de depressão, fadiga e enxaqueca.[144]

Ainda que a cafeína seja considerada o principal componente ativo do guaraná, a possibilidade de seus outros componentes também apresentarem efeitos sobre o metabolismo intermediário não pode ser descartada.[145,146]

Carlini[147] destaca na composição do guaraná a presença das metilxantinas (cafeína - 1,3,7 trimetilxantina; teofilina - 1,3 dimetilxantina; teobromina - 3,7 dimetilxantina), taninos, saponinas e minerais. Salvadori et al.,[148] utilizando a técnica de cromatografia líquida de alta performance para determinação das metilxantinas presentes no extrato de guaraná, verificaram que cada grama contém, aproximadamente, 2,16 mg de teobromina, 1,10 mg de teofilina e 36,78 mg de cafeína, havendo, portanto, predomínio da cafeína entre essas metilxantinas. Essas substâncias apresentam amplo espectro de atividades farmacológicas, exercendo efeitos no sistema nervoso central, cardiovascular, renal e digestório e no metabolismo de carboidratos e lipídios, estimulando a lipólise.[149]

Na musculatura esquelética, a cafeína parece ser a principal metilxantina a exercer ações farmacológicas de destaque.[150,151] A cafeína participa na redução do limiar de excitabilidade e no prolongamento da duração do período ativo da contração muscular, em virtude do aumento da liberação de cálcio do retículo sarcoplasmático para o sarcoplasma e por inibir o mecanismo de recaptação de cálcio pelo retículo sarcoplasmático, tornando o íon $Ca^{++}$ mais disponível para a contração muscular.[152] Porém, Pagala e Taylor[153] afirmam que o mecanismo de ação do cálcio induzido pela ação da cafeína parece afetar de forma diferenciada as fibras musculares dos tipos I e II, uma vez que as fibras musculares predominantemente oxidativas (tipo I) são mais responsivas à ação da cafeína do que as fibras musculares predominantemente glicolíticas (tipo II). Lindinger et al.[154] destacam um efeito da cafeína sobre a atividade da bomba de sódio ($Na^+$) e potássio ($K^+$), mantendo elevada a concentração de $K^+$ no meio intracelular e diminuída no meio extracelular, o que contribui para um retardamento da fadiga muscular, tendo em vista que a baixa concentração de $K^+$ no plasma ajuda a manter a excitabilidade das membranas celulares. A cafeína também inibe a ação da enzima fosfodiesterase, que é responsável pela degradação do mediador químico adenosina monofosfato – APM cíclico.[155] Segundo revisão de Tarnopolsky,[156] um aumento na concentração de AMP cíclico intracelular acelera a lipólise via ativação da enzima lípase hormônio sensível, responsável pela liberação dos ácidos graxos vinculados ao glicerol na molécula de triacilglicerol. Outro efeito importante está associado aos receptores de adenosina, sobretudo, no receptor $A_1$ e $A_{2A}$. A adenosina, ao interagir com esses receptores, inibe a ação da enzima adenilciclase, reduzindo o ciclo do segundo mensageiro intracelular AMP. A cafeína é um antagonista dos receptores $A_1$ e $A_{2A}$, portanto, ao impedir sua interação com a adenosina, causa um aumento na concentração do AMP-cíclico, promovendo uma série de respostas fisiológicas, entre as quais um aumento na liberação e da ação das catecolaminas com consequente lipólise em miócitos e adipócitos.[149,152,155,156,157] Bishop et al.[158] resolveram investigar o efeito da ingestão de cafeína na concentração de epinefrina plasmática e na quantidade e atividade dos linfócitos em praticantes de ciclismo de alta intensidade. Os autores observaram, entre outras respostas fisiológicas, que a ingestão de cafeína promoveu um aumento na concentração de epinefrina plasmática. Dulloo et al.[159] observaram, após 24 horas da administração oral de três doses de chá verde (café da manhã, almoço e jantar), um aumento no gasto energético e na concentração de norepinefrina na excreção urinária e uma diminuição do quociente respiratório em seres humanos, o que sugere um aumento do tônus simpático e, consequentemente, na oxidação dos lipídios. A amostra de chá verde utilizada no estudo era composta por alta concentração de catequinas (epicatequinas) e de cafeína.

Getachew et al.[160] relatam que alguns taninos podem reduzir o consumo alimentar por meio da inibição de algumas enzimas digestórias, da diminuição da digestibilidade e da redução da aceitabilidade, em virtude de sua adstringência. Segundo Reed,[161] a adstringência é a sensação causada pela formação de complexos entre taninos e a glicoproteína salivar, aumentando a salivação e diminuindo a aceitabilidade.

Carlini[147] verificou que o consumo de guaraná mostrou-se eficaz na diminuição de massa corporal em adolescentes e adultos com excesso de peso. Na mesma investigação, o autor enfatizou o papel de vários constituintes do extrato, além da cafeína, nas alterações fisiológicas induzidas por sua utilização.

Lima et al.[162] observaram uma significativa redução na incorporação de oleato nos músculos sóleo e gastrocnêmio de animais sedentários que receberam suplementação do extrato de guaraná descafeinado quando comparados ao grupo tratado com extrato de guaraná integral. Portanto, os resultados encontrados nos animais sedentários tratados com extrato descafeinado indicam menor capacidade muscular de captação de ácidos graxos ou, ainda, uma oxidação aumentada do substrato associada à reduzida reesterificação, ao contrário do observado para o grupo suplementado com extrato de guaraná integral, que mostra um aumento significativo na incorporação de oleato nos músculos estudados quando comparado ao grupo controle. Vale ressaltar que não houve diferença significativa da capacidade de absorção enteral de oleato nos diversos grupos analisados, ou seja, os animais que receberam guaraná integral tiveram maior incorporação de ácidos graxos nas células musculares sem apresentar uma maior absorção enteral deles.

É consenso que a principal etapa de controle na oxidação de um ácido graxo de cadeia longa é representada por sua passagem através das membranas mitocondriais, mediada pelo complexo carnitina palmitoil transferase.[163] A carnitina palmitoil transferase I – CPT I catalisa a formação de uma molécula composta, a acilcarnitina, que penetra no espaço intermembrana mitocondrial através de porinas, sendo transportada pela carnitina acil carnitina translocase – CACT para a matriz mitocondrial, na qual é exposta à ação da enzima carnitina palmitoil transferase II – CPT II, regenerando, assim, a carnitina e o acil-CoA.[164] O grupo acil-CoA segue, então, para a β-oxidação. Lima et al.[162] observaram, em ratos, que a suplementação de 20 mg/kg de peso corporal de extrato de guaraná integral induziu um aumento da atividade da enzima CPT I no músculo sóleo dos animais sedentários, e, como o extrato de guaraná descafeinado não promoveu modificação da atividade enzimática, sugere-se que a cafeína tenha participação na resposta observada.

Lima et al.[162] também observaram que, embora a atividade da CPT I não tenha sido alterada pelo treinamento intermitente, quanto mais pela combinação do treinamento com diversos tipos de suplementação, a expressão de RNAm foi reduzida no músculo gastrocnêmio de ratos treinados que receberam extrato de guaraná descafeinado quando comparados a animais treinados que foram suplementados com extrato de guaraná integral. Esses resultados sugerem que, enquanto no sóleo a cafeína é capaz de induzir modificações na capacidade catalítica da CPT I, no gastrocnêmio, em situação de repouso, a cafeína regula a expressão gênica da enzima, modificando sua concentração. Este último efeito parece ser único em animais treinados. Uma possibilidade que não pode ser abandonada refere-se a outros componentes do guaraná, que não a cafeína, em agir nessa diferença de expressão gênica de RNAm observada entre indivíduos suplementados com guaraná integral e outros suplementados com guaraná descafeinado. Greer et al.[165] relataram melhora do desempenho em atividade física desenvolvida por indivíduos na bicicleta ergométrica após suplementação de teofilina. De fato, Alhomida[166] verificou um aumento na atividade da carnitina palmitoil transferase I no músculo cardíaco de ratos após a administração de teofilina.

Segundo Randle et al.[167], o aumento na taxa de oxidação de ácidos graxos reduz a taxa de oxidação dos carboidratos. Em função disso (ciclo glicose – ácidos graxos), desenvolveram-se várias estratégias, como a suplementação de ácidos graxos,[168] com o objetivo de aumentar a disponibilidade de ácidos graxos livres ou otimizar a capacidade de oxidação de lipídios, visando, dessa forma, promover efeito poupador do glicogênio. Vários estudos, no final da década de 1960, enfatizam que a diminuição na utilização das reservas de glicogênio é de suma importância para a realização de atividade física prolongada, relacionado esse fato à redução da fadiga periférica.[169,170,171] Nishijima et al.[172] observaram, ao final de trinta minutos de atividade de baixa intensidade (50% do limiar anaeróbico ventilatório), uma redução no quociente respiratório em seres humanos suplementados com 300 mg de cafeína, sugerindo uma maior participação dos lipídios como fonte energética quando comparado ao grupo controle. Lima et al.[162] investigaram um eventual efeito poupador de glicogênio nas fibras musculares do músculo gastrocnêmio induzidas pelo tratamento com guaraná por meio da análise feita em cortes histológicos após reação com ácido periódico de Schiff (PAS). A forte positividade da reação obtida no grupo de animais treinados submetidos a tratamento com extrato de guaraná integral sugeriu que a cafeína presente no extrato seja a principal responsável pelo efeito de preservação de maiores estoques de glicogênio nessas células. Boer e Sperling[173] afirmam que a cafeína apresenta importante efeito inibitório sobre a atividade da enzima glicogênio fosforilase, o que acarretaria a diminuição da glicogenólise e, consequentemente, a manutenção dos estoques de glicogênio. Rush e Spriet[174] também observaram o mesmo efeito inibitório sobre a atividade da enzima glicogênio fosforilase a partir da ação da cafeína. Trice e Haymes,[175] estudando alguns efeitos da cafeína em seres humanos submetidos a treinamento intermitente de alta intensidade, observaram que o tempo de trabalho até atingir exaustão aumentou no grupo tratado com cafeína, além de identificarem um aumento na concentração de ácidos graxos livres (AGL) e uma menor diminuição da glicemia nesse grupo, podendo inferir uma alteração na relação, utilização de substrato/geração de energia. Porém, Greer et al.[165] não observaram, em praticantes de atividade física, qualquer efeito da ingestão de cafeína e de teofilina no conteúdo de glicogênio muscular e na concentração de lactato plasmático. Entretanto, os autores observaram que os indivíduos suplementados com cafeína e teofilina mantiveram-se por mais tempo em esforço, resistindo mais à fadiga,[175] e que esses mesmos indivíduos apresentavam aumento na concentração de glicerol plasmático (forte indicativo de lipólise). Vale ressaltar que Greer et al.[165] coletaram o tecido dos participantes através de biópsia, imediatamente após o término da sessão de exercícios.

Dessa forma, parece que a utilização de guaraná (sobretudo pela presença das metilxantinas, principalmente a cafeína) contribui para a ativação de processos metabólicos que resultam em geração de energia na célula muscular durante a atividade física, podendo melhorar o desempenho físico em indivíduos treinados, otimizando a participação dos lipídios como fonte energética.

Por meio da análise dos dados supracitados, podemos verificar que muitas das alegações pertinentes ao uso de diferentes suplementos nutricionais com o intuito de redução de peso ou de gordura corporal não estão totalmente esclarecidas, e quaisquer afirmações sobre a efetividade desse tipo de manipulação nutricional sobre os parâmetros de composição corporal devem ser vistos com cautela, uma vez que poucos estudos foram realizados e, na maioria, o número amostral foi reduzido.

## Referências

1. Chin SF, Liu W, Storkson JM, et al. Dietary sources of conjugated dienoic isomers of linoleic acid, a newly recognised class of anticarcinogens. J Food Compos Anal. 1992;5:187-97.

2. Pariza MW. Perspective on the safety and effectiveness of conjugated linoleic acid. Am J Clin Nutr. 2004;79(Suppl):1.132S-6.

3. Whigham LD, Watras AC, Schoeller DA. Efficacy of conjugated linoleic acid for reducing fat mass: a meta-analysis in humans. Am J Clin Nutr. 2007;85:1.203-11.

4. Park Y, Storkson JM, Albright KJ, et al. Evidence that the trans-10, cis-12 isomer of conjugated linoleic acid induces body composition changes in mice. Lipids. 1999;34:235-41.

5. Gavino VC, Gavino G, LeBlanc MJ, et al. An isomeric mixture of conjugated linoleic aicds but not pure cis-9, trans-111-octadecadienoic acid affects body weight gain and plasma lipids in hamster. J Nutr. 2000;130:27-9.

6. Berven G, Bye A, Hals O,et al. Safety of conjugated linoleic acid (CLA) in overweight or obese human volunteers. Eur J Lipid Sci Technol. 2000;102:455-62.

7. Riserus U, Amer P, Brismar K, et al. Treatment with dietary trans-10cis-12 conjugated linoleic acid causes isomer-specific insulin resistance in obese men with the metabolic syndrome. Diabetes Care. 2002;25:1.516-21.

8. Malpuech-Brugere C, Verboeket-van de Venne WP, Mensink RP, et al. Effecs of two conjugated linoleic acid isomers on body fat mass in overweight humans. Obes Res. 2004;12:591-8.

9. Atkinson RL. Conjugated linoleic acid for altering body composition and treating obesity. In: Yurawecz MP, Mossoba MM, Kramer JKG, Pariza MW, Nelson GJ Editores. Advances in conjugated linoleic acid research vol 1. Champaign: AOCS Press. 1999;348-53.

10. Kreider RB, Ferreira MP, Greenwood M, et al. Effects of conjugated linoleic acid supplementation during resistance training on body composition, bone density, strength, and selected hematological markers. J Strength Cond Res. 2002;16:325-34.

11. Riserus U, Vessby B, Arnlov J, et al. Effects of cis-9, trans-11 conjugated linoleic acid supplementation on insulin sensitivity, lipid peroxidation, and proinflammatory markers in obese men. Am J Clin Nutr. 2004;80:279-83.

12. Petridou A, Mougios V, Sagredos A. Supplementation with CLA: isomer incorporation into serum lipids and effect on body fat of women. Lipids. 2003;38:805-11.

13. Eyjolfson V, Spriet LL, Dyck DJ. Conjugated linoleic acid improves insulin sensitivity in young, sedentary humans. Med Sci Sports Exerc. 2004;36:814-20.

14. Taylor JS, Williams SR, Rhys R, et al. Conjugated linoleic acid impairs endothelial function. Arterioscler Thromb Vasc Biol. 2006;26:307-12.

15. Lambert EV, Goedecke JH, Bluett K, et al. Conjugated linoleic acid (CLA) vs. high-oleic acid sunflower oil: effects on energy metabolism, glucose tolerance, blood lipids, appetite and body composition in regularly exercising individuals. Br J Nutr. 2007;97:1.001-11.

16. Blankson H, Stakkestad JA, Fagerton H, et al. Conjugated linoleic acid reduces body fat mass in overweight and obese humans. J Nutr. 2000;130:2.943-8.

17. Gaullier JM, Halse J, Hoye K, et al. Conjugated linoleic acid supplementation for 1 y reduces body fat mass in healthy overweight humans. Am J Clin Nutr. 2004;79:1.118-25.

18. Mougios V, Matsakas A, Petridou A, et al. Effect of supplementation with conjugated linoleic acid in human serum lipids and body fat. J Nutr Biochem. 2001;12:585-94.

19. Smedman A, Vessby B. Conjugated linoleic acid supplementation in humans-metabolic effects. Lipids. 2001;36:773-81.

20. Gaullier JM, Halse J, Hφivik HO, et al. Six months supplementation with conjugated linoleic acid (CLA) induces regional-specific fat mass decreases in overweight and obese. Br J Nutr. 2007;97:50-60.

21. Watras AC, Buchholz AC, Close RN, et al. The role of conjugated linoleic acid in reducing body fat and preventing holiday weight gain. Int J Obesity. 2007;31:481-7.

22. Pinkoski C, Chilibeck PD, Candow DG, et al. The effects of conjugated linoleic acid supplementation during resistance training. Med Sci Sports Exerc. 2006;38:339-48.

23. Ogden CL, Fryar CD, Carroll MD, et al. Mean bodyweight, height, and body mass index, United States 1960-2002. Advance data from vital and health statistics. Hyattsville: National Center for Health Statistics; 2004.

24. Gaullier JM, Halse J, Hφivik HO, et al. Supplementation with conjugated linoleic acid for 24 months is well tolerated by and reduces body fat mass in healthy, overweight humans. J Nutr. 2005;135:778-84.

25. De Deckere EA, van Amelsvoort JM, McNeill GP, et al. Effects of conjugated linoleic acid (CLA) isomers on lipid levels and peroxisome proliferation in the hamster. Br J Nutr. 1999;82:309-17.

26. Kamphuis MM, Lejeune MP, Saris WH, et al. The effect of conjugated linoleic acid supplementation after weight loss on body weight regain, body composition, and resting metabolic rate in overweight subjects. Int J Obes Relat Metab Disord. 2003;27:840-7.

27. Larsen TM, Toubro S, Gudmundsen O, et al. Conjugated linoleic acid supplementation for 1 y does not prevent weight or body regain. Am J Clin Nutr. 2006;83:606-12.

28. Whigham LD, O´Shea M, Mohede IC, et al. Safety profile of conjugated linoleic acid in a 12-month trial in obese humans. Food Chem Toxicol. 2004;42:1.701-9.

29. Medina EA, Horn WF, Keim NL, et al. Conjugated linoleic acid supplementation in humans: effects on circulating leptin concentrations and appetite. Lipids. 2000;35:783-8.

30. Noone EJ, Roche HM, Nugent AP, et al. The effect of dietary supplementation using isomeric blends of conjugated linoleic acid on lipid metabolism in healthy human subjects. Br J Nutr. 2002;88:243-51.

31. Belury MA. Dietary conjugated linoleic acid in health: physiological effects and mechanisms of action. Annu Rev Nutr. 2002;22:505-31.

32. Belury MA, Mahon A, Banni S. The conjugated linoleic acid (CLA) isomer, t10 c12-CLA, is inversely associated with changes in body weight and serum leptin in subjects with type 2 Diabetes Mellitus. J Nutr. 2003;133(Suppl):257S-60.

33. Basu S, Riserus U, Turpeinen A, et al. Conjugated linoleic acid induces lipid peroxidation in men with abdominal obesity. Clin Sci. 2000;99:511-6.

34. Riserus U, Berglund L, Vessby B. Conjugated linoleic acid (CLA) reduced abdominal adipose tissue in obese middle-aged men with signs of the metabolic syndrome: a randomised controlled trial. Int J Obes Relat Metab Disord. 2001;25:1.129-35.

35. Albers R, Van Der Wielen RP, Brink EJ, et al. Effects of cis-9, trans-11 and trans-10, cis-12 conjugated linoleic acid (CLA) isomers on immune function in healthy men. Eur J Clin Nutr. 2003;57:595-603.

36. Song HJ, Grant I, Rotondo D, et al. Effect of CLA supplementation on imunne function in young healthy volunteers. Eur J Clin Nutr. 2005;59:508-17.

37. Gaullier JM, Berven G, Blankson H, et al. Clinical trial results support a preference for using CLA preparations enriched with two isomers rather than four isomers in human studies. Lipids. 2002;37:1.019-25.

38. Lopes G, Bazotte RB, Curi R, et al. L and DL-carnitine induce tetanic fade in rat neuromuscular preparation. Braz J Med Biol Res. 2003;36:1.255-62.

39. Karlic H, Lohninger A. Supplementation of L-carnitine in athletes: does it make sense? Nutrition. 2004;20:709-15.

40. Ilias I, Manoli I, Blackman MR, et al. L-Carnitine and acetyl-L-carnitine in the treatment of complications associated with HIV infection and antiretroviral therapy. Mitochondrion. 2004;4:163-8.

41. Chang B, Nishikawa M, Nishiguchi S, et al. L-carnitine inhibits hepatocarcinogenesis via protection of mitochondria. Int J Cancer. 2005;113:719-29.

42. Rebouche CJ, Engel AG. Tissue distribution of carnitine biosynthetic enzymes in man. Biochim Biophys Acta. 1980;630:22-9.

43. Benvenga S. Effects of L-carnitine on thyroid hormone metabolism and on physical exercise tolerance. Horm Metab Res. 2005;37:566-71.

44. Rebouche CJ. Kinetics, pharmacokinetics, and regulation of L-carnitine and acetyl-L-carnitine metabolism. Ann N Y Acad Sci. 2004;1.033:30-41.

45. Yokogawa K, Miya K, Tamai I, et al. Characteristics of L-carnitine transport in cultured human hepatoma HLF cells. J Pharm Pharmacol 1999;51:935-40.

46. Barnett C, Costill DL, Vukovich MD, et al. Effect of L-carnitine supplementation on muscle and blood carnitine content and lactate accumulation during high-intensity sprint cycling. Int J Sport Nutr. 1994;4:280-8.

47. Villani RG, Gannon J, Self M, et al. L-Carnitine supplementation combined with aerobic training does not promote weight loss in moderately obese women. Int J Sport Nutr Exerc Metab. 2000;10:199-207.

48. Obici S, Feng Z, Arduini A, et al. Inhibition of hypothalamic carnitine palmitoyltransferase-1 decreases food intake and glucose production. Nat Med. 2003;9:756-61.

49. Karlic H, Lohninger S, Koeck T, et al. Dietary L-carnitine stimulates carnitine acyltransferases in the liver of aged rats. J Histochem Cytochem. 2002;50:205-12.

50. Saldanha AM, Rodriguez AL, Navarro F, et al. Carnitine supplementation fails to maximize fat mass loss induced by endurance training in rats. Ann Nutr Metab 2004;48:90-4.

51. Brandsch C, Eder K. Effect of L-carnitine on weight loss and body composition of rats fed a hypocaloric diet. Ann Nutr Metab. 2002;46:205-10.

52. Alesci S, De Martino MU, Mirani M, et al. L-carnitine: a nutritional modulator of glucocorticoid receptor functions. FASEB J. 2003;17:1.553-5.

53. White LM, Gardner SF, Gurley BJ, et al. Pharmacokinetics and cardiovascular effects of ma-huang (Ephedra sinica) in normotensive adults. J Clin Pharmacol. 1997;37:116-22.

54. Powers ME. Ephedra and its application to sport performance: another concern for the athletic trainer? J Athl Train. 2001;36:420-4.

55. Astrup A, Breum L, Toubro S, et al. The effect and safety of an ephedrine/caffeine compound compared to ephedrine, caffeine and placebo in obese subjects on an energy restricted diet: a double-blindtrial. Int J Obes Relat Metab Disord. 1992;16:269-77.

56. Bell DG, Jacobs I, Zamecnik J. Effects of caffeine, ephedrine, and their combination on time to exhaustion during high-intensity exercise. Eur J Appl Physiol Occup Physiol. 1998;77:427-33.

57. Dodd SL, Herb RA, Powers SK. Caffeine and exercise performance: an update. Sports Med. 1993;15:14-23.

58. Dulloo AG. Ephedrine, xanthines and prostaglandin-inhibitors: actions and interactions in the stimulation of thermogenesis. Int J Obes Relat Metab Disord. 1993;17:35-40.

59. Astrup A, Lundsgaard C, Madsen J, et al. Enhanced thermogenic responsiveness during chronic ephedrine treatment in man. Am J Clin Nutr. 1985;42:83-94.

60. Breum L, Pedersen JK, Ahlstrom F, et al. Comparison of an ephedrine/caffeine combination and fexfenfluramine in the treatment of obesity: a double-blind multi-centre trial in general practice. Int J Obes Relat Metab Disord. 1994;18:99-103.

61. Toubro S, Astrup A, Breum L, et al. The acute and chronic effects of ephedrine/caffeine mixtures on energy expenditure and glucose metabolism in humans. Int J Obes Relat Metab Disord. 1993;17:73-7.

62. Astrup A, Buemann B, Christensen NJ, et al. The effect of ephedrine/caffeine mixture on energy expenditure and body composition in obese women. Metabolism. 1992;41:686-8.

63. Pasquali R, Baraldi G, Cesari MP, et al. A controlled trial using ephedrine in the treatment of obesity. Int J Obes. 1985;9:93.

64. Pasquali R, Casimirri F, Melchionda N, et al. Effects of chronic administration of ephedrine during very-low-calorie diets on energy expenditure, protein metabolism and hormone levels in obese subjects. Clin Sci. 1992;82:85-92.

65. Daly PA, Krieger AG, Dulloo JB, et al. Ephedrine, caffeine and aspirin: safety and efficacy for treatment of human obesity. Int J Obes Relat Metab Disord. 1993;17(Suppl 1): S73-8.

66. Shekelle PG, Hardy ML, Morton SC, et al. Efficacy and safety of ephedra and ephedrine for weight loss and athletic performance: a meta-analysis. JAMA. 2003;289:1.537-45.

67. Haller CA, Benowitz NL. Adverse cardiovascular and central nervous system events associated with dietary supplements containing ephedra alkaloids. N Engl J Med. 2000; 343:1.833-8.

68. Hackman RM, Havel PJ, Schwartz HJ, et al. Multinutrient supplement containing ephedra and caffeine causes weight loss and improves metabolic risk factors in obese women: a randomized controlled trial. Int J Obes. 2006;30:1.545-56.

69. Rawson ES, Clarkson PM. Ephedrine as an ergogenic aid. In: Bahrke MS, Yesalis CE, Editores Performance-enhancing substances in sport and exercise. Champaign: Human Kinetics; 2002.289-98.

70. Food and Drug Administration. Final rule declaring dietary supplements containing ephedrine alkaloids adulterated because they present an unreasonable risk. The Federal Register. 2004;69(28):6787-6854. [acesso em 20 set 2004] Disponível em: http://fr.cos.com/cgi-bin/getRec?id_20040211a160.

71. Preuss HG, DiFerdinando D, Bagchi M, et al. Citrus aurantium as a thermogenic, weight-reduction replacement for ephedra: an overview. J Med. 2002;33:247-64.

72. Moro CO, Basile G. Obesity and medicinal plants. Fitoterapia. 2000. 2002;71(Suppl 1):S73-S82.

73. Penzak SR, Jann MW, Cold JA, et al. Seville (sour) orange juice: synephrine content and cardiovascular effects in normotensive adults. J Clin Pharmacol. 2001;41:1059-63.

74. Hoffman BB, Taylor P. Neurotransmission. In: Hardman JG, Limbird LE, Editor Goodman and Gilman's The Pharmacological Basis of Therapeutics. 10. ed. New York: McGraw-Hill; 2001.115-53.

75. Pellati F, Benvenuti S, Melegari M, et al. Determination of adrenergic agonists from extracts and herbal products of Citrus aurantium L. var. amara by LC. J Pharm Biomed Anal. 2002;29:1.113-9.

76. Brown CM, McGrath JC, Midgley JM, et al. Activities of octopamine and synephrine stereoisomers on alpha-adrenoceptors. Br J Pharmacol. 1988;93:417-9.

77. Jordan R, Midgley JM, Thonoor CM, et al. Betaadrenergic activities of octopamine and synephrine stereoisomers on guinea-pig atria and trachea. J Pharm Pharmacol. 1987;39:752-4.

78. Kim KW, Kim HD, Jung JS, et al. Characterization of antidepressant-like effects of p-synephrine stereoisomers. Naunyn Schmiedebergs Arch Pharmacol. 2001;364:21-6.

79. Starke K. A history of Naunyn-Schmiedeberg's archives of pharmacology. Naunyn Schmiedebergs Arch Pharmacol. 1998;358:1-109.

80. National Toxicology Program. NTP toxicology and carcinogenesis studies of phenylephrine hydrochloride (CAS, No. 61-76-7) in F344/N rats and B6C3F1 mice [Feed Studies]. Natl Toxicol Program Tech Rep Series. 1987;322:1-172.

81. Astrup A. Thermogenic drugs as a strategy for treatment of obesity. Endocrine. 2000;13:207-12.

82. National Toxicology Program. NTP toxicology and carcinogenesis studies of ephedrine sulfate (CAS, 134-72-5) in F344/N rats and B6C3F1 mice [Feed Studies]. Natl Toxicol Program Tech Rep Series. 1986;307:1-186.

83. Haaz S, Fontaine KR, Cutter G, Limdi N, Perumean-Chaney S, Allison DB. Citrus aurantium and synephrine alkaloids in the treatment of overweight and obesity: an update. Obesity Rev. 2006;7:79-88.

84. Armstrong WJ, Johnson P, Duhme S. The effect of commercial thermogenic weight loss supplement in body composition and energy expenditure in obese adults. J Exerc Physiol. 2001;4:28-35.

85. Colker CM, Kalman DS, Torina GC, et al. Effects of Citrus aurantium extract, caffeine, and St. John's Wort on boddy fat loss, lipid levels, and mood states in overweight healthy adults. Current Therapeutic Res. 1999;60:145-53.

86. Kalman D, Incledon T, Gaunaurd I, et al. An acute clinical trial evaluating the cardiovascular effects of an herbal ephedra-caffeine weight loss product in healthy overweight adults. Int J Obes Relat Metab Disord. 2002;26:1.363-6.

87. Bent S, Tiedt TN, Odden MC, et al. The relative safety of ephedra compared with other herbal products. Ann Intern Med. 2003;138:468-71.

88. Kriketos AD, Thompson HR, Greene H, et al. (−)-Hydroxycitrate acid does not affect energy expenditure and substrate oxidation in adult males in a post-absorptive state. Int J Obes. 1999;23:867-73.

89. Watson JA, Fang M, Lowenstein JM. Tricaballylate and hydroxycitrate: substrate and inhibitor of ATP: citrate oxaloacetate lyase. Arch Biochem Biophys. 1969;135:209-17.

90. Sullivan AC, Hamilton JG, Miller ON, et al. Inhibition of lipogenesis in rat liver by (−)-hydroxycitrate. Arch Biochem Biophys. 1972;150:183-90.

91. Abu-Elheiga L, Matzuk MM, Abo-Hashema KAH, et al. Continuous fatty acid oxidation and reduced fat storage in mice lacking acetyl-CoA carboxylase 2. Science. 2001;291:2.613-6.

92. McGarry JD, Foster DW. In support of the roles of malonyl-CoA and carnitine acyltransferase I in the regulation of hepatic fatty acid oxidation and ketogenesis. J Biol Chem. 1979;254:8.163-8.

93. Hellerstein MK, Xie Y. The indirect pathway of hepatic glycogen synthesis and reduction of food intake by metabolic inhibitors. Life Sci. 1993;53:1.833-45.

94. Chee H, Romsos DR, Leveille GA. Influence of (–)-hydroxycitrate on lipogenesis in chickens and rats. J Nutr. 1977;107:112-9.

95. Hamilton JG, Sullivan AC, Kritchevsky D. Hypolipidemic activity of (–)-hydroxycitrate. Lipids. 1977;12:1-9.

96. Kovacs EMR, Westerterp-Plantenga MS. Effects of (–)-hydroxycitrate on net fat synthesis as de novo lipogenesis. Physiol Behav. 2006;88:371-81.

97. Heymsfield SB, Allison DB, Vasseli JR, et al. Garcinia cambogia (hydroxycitric acid) as a potential antiobesity agent: a randomized controlled trial. JAMA. 1998;280:1.596-600.

98. Kovacs EMR, Westerterp-Plantenga MS, Saris WHM. The effects of 2-week ingestion of (–)-hydroxycitrate and (–)-hydroxycitrate combined with medium-chain triglycerides on satiety, fat oxidation, energy expenditure and body weight. Int J Obes. 2001;25:1.087-94.

99. Willett WC. Diet and health: what should we eat? Science. 1994;264:532-7.

100. Peck MD. Interactions of lipids with immune function. Experimental and clinical studies of lipids and immunity. J Nutr Biochem. 1994;5:514-21.

101. Bouchard C. Can obesity be prevented? Nutr Rev. 1996;54:125-30.

102. Pégorier JP, Le May C, Girard J. Control of gene expression by fatty acids. J Nutr. 2004;134:2.444S-9.

103. Bach A, Babayan VK. Medium-chain triglycerides: an update. Am J Clin Nutr. 1982;36:950-62.

104. Duplus E, Glorian M, Forest C. Fatty acid regulation of gene transcription. J Biol Chem. 2000;275:30.749-52.

105. Kaunitz H, Slanetz CA, Johnson RE, et al. Relation of saturated, medium and long-chain triglycerides to growth, appetite, thirst and weight maintenance requirements. J Nutr. 1958;64:513-24.

106. Berning JR. The role of medium-chain triglycerides in exercise. Int J Sport Nutr. 1996;6:121-33.

107. St-Onge M, Bourque C, Jones PJH, et al. Medium versus long-chain triacylglycerides for 27 days increases fat oxidation and energy expenditure without resulting in changes in body composition in overweight women. Int J Obes. 2003;27:95-102.

108. Baba N, Bracco F, Hashim SA. Enhanced thermogenesis and diminished deposition of fat in response to everfeeding with diet containing medium chain triglyceride. Am J Clin Nutr. 1982;35:678-82.

109. Geliebter A, Torbay N, Bracco EF, et al. Overfeeding with medium-chain triglyceride diet results in diminished deposition of fat. Am J Clin Nutr. 1983;37:1-4.

110. Rothwell NJ, Stock MJ. Stimulation of thermogenesis and brown fat activity in rats fed medium chain triglyceride. Metabolism. 1987;36:128-30.

111. Lasekan JB, Rivera J, Hirvonen MD, et al. Energy expenditure in rats maintained with intravenous or intragastric infusion of total parenteral nutrition solutions containing medium or long-chain triglyceride emulsions. J Nutr. 1992;122:1.483-92.

112. Seaton TB, Welle SL, Warenko MK, et al. Thermic effect of medium-chain and long-chain triglycerides in man. Am J Clin Nutr. 1986;44:630-4.

113. Hill JO, Peters JC, Yang D, et al. Thermogenesis in humans during overfeeding with medium-chain triglycerides. Metabolism. 1989;38:641-8.

114. Scalfi L, Coltorti A, Contaldo F. Postprandial thermogenesis in lean and obese subjects after meals supplemented with medium-chain and long-chain triglycerides. Am J Clin Nutr. 1991;53:1.130-3.

115. Dulloo AG, Fathi M, Mensi N, et al. Twenty-four-hour energy expenditure and urinary catecholamines of humans consuming low-to-moderate amounts of medium-chain triacylglycerides: a dose-response study in a human respiratory chamber. Eur J Clin Nutr. 1996;50:152-8.

116. White MD, Papamandjaris AA, Jones PJ. Enhanced postprandial energy expenditure with medium-chain fatty acid feeding is attenuated after 14 d in premenopausal women. Am J Clin Nutr. 1999;69:883-9.

117. Yost TJ, Eckel RH. Hypocaloric feeding in obese women: metabolic effects of medium-chain triglyceride substitution. Am J Clin Nutr. 1989;49:326-30.

118. MacDougall DE, Jones PJ, Vogt J, et al. Utilization of myristic and palmitic acid in humans fed different dietary fats. Eur J Clin Nutr. 1996;26:755-62.

119. Tsuji H, Kasai M, Takeuchi H, et al Dietary medium-chain triacylglycerols suppress accumulation of body fat in a double-blind, controlled trial in healthy men and women. J Nutr. 2001;131:2.853-9.

120. Nosaka N, Maki H, Suzuki Y, et al. Effects of margarine containing medium-chain triacylglycerols on body fat reduction in humans. J Atheroscler Thromb. 2003;10:290-8.

121. Krotkiewski M. Value of VLCD supplementation with medium chain triglycerides. Int J Obes Relat Metab Disord. 2001;25:1.393-400.

122. Johnson RC, Cotter R. Metabolism of medium-chain triglyceride lipid emulsion. Nutr Int. 1986;2:150-8.

123. McCarty MF. Promotion of hepatic lipid oxidation and gluconeogenesis as a strategy for appetite control. Med Hypotheses. 1994;42:215-25.

124. Crozier G, Bois-Joyeux B, Chanez M, et al. Metabolic effects induced by long-term feeding of medium-chain triglycerides in the rat. Metabolism. 1987;36:807-14.

125. Kanauchi O, Deuchi K, Imasato Y, et al. Mechanism for the inhibition of fat digestion by chitosan and for the synergistic effect of ascorbate. Biosci Biotech Biochem. 1995;59:786-90.

126. Nauss JL, Thompson JL, Nagyuvary J. The binding of micellar lipids to chitosan. Lipids. 1983;18:714-9.

127. Nagyvary JJ, Falk JD, Hill ML, et al. The hypolipidemic activity of chitosan and other polysaccharides in rats. Nutr Rep Int. 1979;20:677-84.

128. Vahouny GV, Satchithanandam S, Cassidy MM, et al. Comparative effects of chitosan and cholestyramine on lymphatic absorption of lipids in the rat. Am J Clin Nutr. 1983;38:278-84.

129. Pittler MH, Abbot NC, Harkness EF, et al. Randomised, double blind trial of chitosan for body weight reduction. Eur J Clin Nutr. 1999;53:379-81.

130. Mhurchu CN, Dunshea-Mooij C, Bennett D, et al. Effect of chitosan on weight loss in overweight and obese individuals: a systematic review of randomized controlled trials. Obes Rev. 2005;6:35-42.

131. Anderson RA. Effects of chromium on body composition and weight loss. Nutr Rev. 1998;56:266-70.

132. Offenbacher EG, Pi-Sunyer FX. Chromium in human nutrition. Ann Rev Nutr. 1988;8:543-63.

133. Mertz W. Chromium in human nutrition: a review. J Nutr. 1993;123:626-33.

134. Crawford V, Scheckenbach R, Preuss HG. Effects of niacin-bound chromium supplementation on body composition in overweight African-American women. Diabetes Obes Metab. 1999;1:331-7.

135. Pittler MH, Stevinson C, Ernst E. Chromium picolinate for body weight reduction. Meta-analysis of randomized trials. Int J Obes Relat Metab Disord. 2003;27:522-9.

136. Zemel MB, Thompson W, Milstead A, et al. Calcium and dairy acceleration of weight and fat loss during energy restriction in obese adults. Obes Res. 2004;12:582-90.

137. Melanson EL, Donahoo WT, Dong F, et al. Effect of low- and high-calcium dairy-based diets on macronutrient oxidation in humans. Obes Res. 2005;13:2.102-12.

138. Shapses SA, Heshka S, Heymsfield SB. Effect of calcium supplementation on weight and fat loss in women. J Clin Endocrinol Metab. 2004;89:632-7.

139. Shapses SA, Von Thun NL, Heymsfield SB, et al. Bone turnover and density in obese premenopausal women during moderate weight loss and calcium supplementation. J Bone Miner Res. 2001;16:1.329-36.

140. Barr SI. Increased dairy product or calcium intake: is body weight or composition affected in humans? J Nutr. 2003;133:S245-8.

141. Boozer CN, Nasser JA, Heymsfield SB, Wang V, Chen G, Solomon JL. An herbal supplement containing Ma Huang-Guarana for weight loss: A randomized double-blind trial. Int J Obes. 2001;25:316-24.

142. Haller CA, Duan M, Benowitz NL, Jacob P. Concentrations of ephedra alkaloids and caffeine in commercial dietary supplements. J Anal Toxicol. 2004;28:145-51.

143. Lima WP. A atuação da ingestão aguda e crônica de guaraná no metabolismo lipídico em repouso e exercício aeróbico: uma abordagem exploratória [dissertação]. São Paulo: Universidade de Guarulhos; 2001.

144. Caldas ED, Machado LL. Cadmium, mercury and lead in medicinal herbs in Brazil. Food and Chemical Toxicology. 2004;42:599-603.

145. Espínola EB, Dias RF, Mattei R, Carlini EA, Barros SBM. Pharmacological activity of Guaraná (Paullinia cupana Mart.) in laboratory animals. J Ethnopharmacol. 1997;55:223-9.

146. Mattei R, Dias RF, Espínola EB, Carlini EA, Barros SBM. Guaraná (Paullinia cupana): toxic behavioral effects in laboratory animals and antioxidant activity in vitro. J Ethnopharmacol. 1998;60:111-6.

147. Carlini EA. Plants and the central nervous system. Pharmacol Biochem Beh. 2003;75:501-12.

148. Salvadori MC, Rieser EM, Ribeiro Neto LM, Nascimento E. Determination of xanthines by High-performance Liquid Chromatography in horse urine after ingestion of guarana powder. Analyst. 1994;119(12):2.071-3.

149. Sawynok J. Pharmacological rationale for the clinical use of caffeine. Drugs. 1995;49(1):37-50.

150. Sinclair CJ, Geiger JD. Caffeine use in sports. A pharmacological [review]. J Sports Med Phys Fitness. 2000;40(1):71-9.

151. Spriet LL. Caffeine and performance. Int J Sports Nut. 1995;5:84-99.

152. Nehlig A, Debry G. Caffeine and sports activity: a review. Int J Sports Med. 1994;15:215-23.

153. Pagala MK, Taylor SR. Imaging caffeine induced Ca2+ transients in individual fast-twitch and slow-twitch rat skeletal muscle fibers. Am J Physiol. 1998;274(3):C623-32.

154. Lindinger MI, Graham TE, Spriet L. Caffeine attenuates the exercise-induced increase in plasma [K+] in humans. J Appl Physiol. 1993;74(3):1.149-55.

155. Sawynok J, Yaksh TL. Caffeine as an analgesic adjuvant: a review of pharmacology and mechanisms of action. Pharmacol Rev. 1993;45(1):43-51.

156. Tarnopolsky MA. Caffeine and endurance performance. Sports Med. 1994;18(2)109-25.

157. Fredholm BB, Bättig K, Holmén J, Nehlig A, Zvartau EE. Actions of caffeine in the brain with special reference to factors that contribute to its widespread use. Pharmacol Rev. 1999;51(1):83-133.

158. Bishop NC, Fitzgerald C, Porter PJ, Scanlon GA, Smith AC. Effect of caffeine ingestion on lymphocyte counts and subset activation in vivo following strenuous cycling. Eur J Appl Physiol. 2005;93(5-6):606-13.

159. Dulloo AG, Duret C, Rohrer D, Girardier L, Mensi N, Fathi M, et al. Efficacy of a green tea extract rich in catechin polyphenols and caffeine in increasing 24-h energy expenditure and fat oxidation in humans. Am J Clinical Nut. 1999;70(6):1.040-5.

160. Getachew G, Makkar HPS, Becker K. Effect of polyethylene glycol on in vitro degradability on nitrogen a microbial protein synthesis from tannin-rich browse and herbaceous vegetables. British J Nut. 2000;84:73-83.

161. Reed JD. Nutricional toxicology of tannins and related poliphenols in forage vegetables. J Animal Sci. 1995;75:1.516-28.

162. Lima WP, Carnevali LC Jr, Eder R, Costa Rosa LF, Bacchi EM, Seelaender MC. Lipid metabolism in trained rats: effect of guarana (Paullinia cupana Mart.) (Suppl). Clin Nutr. 2005;24(6):1.019-28.

163. Ramsay RR, Gandour RD, Van Der Leij FR. Molecular enzymology of carnitine transfer and transport. Biochim Biophys Acta. 2001;1.546(1):21-43.

164. Kenner J, Hoople C. Fatty acid import into mitochondrial. Bioch Biophys Acta. 2000;1486:1-17.

165. Greer F, Friars D, Graham TE. Comparison of caffeine and theophylline ingestion: exercise metabolism and endurance. J Appl Physiol. 2000;89:1.837-44.

166. Alhomida AS. Theophylline-induced changes in the activity of carnitine palmitoyltransferase in rat cardiac tissues. Toxicology. 2000;145:185-93.

167. Randle PJ, Hales CN, Garland PB, Newsholme EA. The glucose fatty-acid cycle: Lancet. 1963;1:785-9.

168. Aoki MS, Belmonte MA, Seelaender MCL. Effect of high fat diets and training upon muscle carnitine palmitoyl transferase activity and glycogen content. Med Sci Sports Exerc. 2001;33(5):S213.

169. Ahlborg B, Bergstrom J, Ekelund LG, Hultman E. Muscle glycogen and muscle electrolytes during prolonged physical exercise. Acta Physiologica Scandinavica. 1967;70:129-42.

170. Bergstrom J, Hermansen L, Hultman E, Saltin B. Diet, muscle glycogen, and physical performance. Acta Physiologica Scandinavica. 1967;71:140-50.

171. Hermansen L, Hultman E, Saltin B. Muscle glycogen during prolonged severe exercise. Acta Physiologica Scandinavica. 1967;71:129-39.

172. Nishijima Y, Ikeda T, Takamatsu M, et al. Influence of caffeine ingestion on autonomic nervous activity during endurance exercise in humans. Eur J Appl Physiol. 2002;87(6):475-80.

173. Boer P, Sperling O. Modulation of glycogen phosphorylase activity affects 5-phosphoribosyl-1-pyrophosphate availability in rat hepatocyte cultures. Nucleosides Nucleotides Nucleic Acids. 2004;23(8-9):1.235-9.

174. Rush JW, Spriet LL. Skeletal muscle glycogen phosphorylase a kinetics: effects of adenine nucleotides and caffeine. Appl Physiol. 2001;91(5):2.071-8.

175. Trice I, Haymes EM. Effects of caffeine ingestion on exercise induced changes during high-intensity, intermittent exercise. Int J Sports Nut. 1995;5:37-44.

# Capítulo 12
## Avaliação da composição corporal

*Carlos Alexandre Vieira*

O crescente interesse nos estudos orientados para o esporte, a atividade física e a saúde tem levado inúmeros profissionais, de diferentes formações, a buscar, nos estudos sobre composição corporal, ferramentas que possam caracterizar, descrever e fundamentar as variáveis analisadas. A avaliação das práticas corporais é uma preocupação natural dos profissionais que atuam nesse campo, e as informações disponíveis são muitas; entretanto, algumas vezes, não apresentam uniformidade quanto aos procedimentos didáticos e metodológicos. Nos últimos anos, tem-se verificado uma evolução científica e tecnológica surpreendente na área da composição corporal, o que, por sua vez, pode determinar novas possibilidades e tendências para a área acadêmica e profissional.

As informações associadas à composição corporal são importantes para a população em geral e para as diversas práticas corporais, competitivas ou não, possibilitando a execução de ações direcionadas aos setores privados e públicos. Essas informações podem fornecer subsídios à orientação nutricional e à elaboração dos programas de controle do peso corporal nas diferentes fases da vida, tendo em vista que, dependendo dos hábitos alimentares e da prática de atividades físicas, as quantidades e as proporções dos constituintes que compõem o peso corporal podem sofrer variações, o que torna a composição corporal extremamente dinâmica. Conceitualmente, a composição corporal pode ser definida como o fracionamento do peso corporal em seus diferentes componentes, portanto, pode fornecer valiosas informações sobre o comportamento dos indicadores associados ao crescimento e ao desenvolvimento, mediante as intervenções dos programas de exercício e dietas alimentares.[1] Nesse sentido, a avaliação da composição corporal possibilita a análise dos componentes corporais de forma quantitativa, geralmente expressa em porcentagens de gordura e massa magra, oferecendo dados que possam identificar o grau de desenvolvimento e crescimento de crianças e jovens, bem como os componentes corporais de adultos e idosos.[2]

Considerando a riqueza e a aplicação dessas informações, torna-se necessário a identificação das origens desse conhecimento.

## 12.1 Aspectos históricos

Muito embora a antropometria tenha ganhado destaque modernamente, a história demonstra que a preocupação do homem em mensurar o corpo é bastante antiga.

A antropometria não teve sua origem na Medicina nem na Ciência; suas raízes vieram da arte. A busca da proporcionalidade humana está presente na escultura de *Polyklitus* denominada *Doryphorus*, que representa a forma masculina ideal, desenvolvida há cinco séculos antes de Cristo, a partir da seleção e da superposição das partes anatômicas de vinte indivíduos. Essa obra foi considerada como o primeiro modelo metafórico cineantropométrico.[3]

Hipócrates apresentou a primeira classificação biotipológica conhecida, caracterizando os homens da seguinte forma: corpo comprido e magro, com ênfase colocada na dimensão vertical – *hábito tísico*; e corpo baixo e atarracado com ênfase na dimensão horizontal – *hábito apoplético*.[3]

Na época do Renascimento, Leonardo da Vinci elaborou o desenho baseado nos estudos de Vitruvius, em que evidencia a proporcionalidade do corpo humano. Esse desenho é frequentemente utilizado como logotipo em Ciências do Esporte.[4, 5]

A tese de graduação de Johan Elsholtz, um médico alemão, trazia, em 1654, o termo *antropometria* dentro de um trabalho científico. O texto trazia como tema: *Antropometria – da mútua proporção dos membros do corpo humano: questões atuais de harmonia*, uma das preocupações da época, fruto das influências de Pitágoras e Platão e, sobretudo, das abordagens filosóficas da época.[6,7]

A cineantropometria apresenta suas bases científicas nos estudos de Vesalius, com a obra *De humani Corporis Fabrica*, e Borelli, com a obra *De Motu Animalium*, em que explicita as ações musculares e ósseas. Gauss, em 1794, fundamenta as bases matemáticas da famosa Curva de Gauss e de Quetelet, em 1841. Considerado por alguns autores como o pai da cineantropometria, desenvolve os métodos estatísticos nos estudos com seres humanos, abandonando os padrões subjetivos pela análise científica.[3]

*Cineantropometria* deriva do grego, em que *kines* significa movimento; *anthropo* identifica o homem e *metry*, medida. Surgiu como uma especialidade emergente no Congresso Internacional das Ciências da Atividade Física, realizado em Montreal, em 1976. O conceito de cineantropometria desenvolveu-se como o uso da medida no estudo do tamanho, forma, proporcionalidade, composição e maturação do corpo humano, com o objetivo de ampliar a compreensão do comportamento humano em relação ao crescimento, à atividade física e ao estado nutricional.[3] Outros autores conceituam a cineantropometria de uma forma mais ampla, como sendo o estudo do corpo humano, de forma estática e dinâmica, em relação à estrutura, às funções gerais e às suas relações internas e externas, com o objetivo de análise do desempenho, particularmente nos aspectos da condição física, crescimento, desenvolvimento e análise de fatores intervenientes.[8]

O termo *cineantropometria* foi introduzido pela primeira vez em 1966 por Roch Meyard da Universidade de Laval, Quebec, Canadá. Em 1969, surgiu o jornal *Kinantropologia*, no qual foram publicados diferentes estudos, reforçando e contribuindo para o uso desse termo. Gradativamente, esse termo vem ganhando espaço dentro do campo da Educação Física.[6] Essa área de estudo ganhou legitimidade com a fundação da Sociedade Internacional para o Avanço da Cineantropometria (ISAK). Essa fundação tinha a intenção de organizar indivíduos cujo interesse científico e profissional estivesse relacionado à área.[9] Assim, a cineantropometria apresenta-se como uma possibilidade de estudo, especialmente no campo do Esporte e da Educação Física. Nesses campos, tem-se dado ênfase para os aspectos quantitativos de medida e avaliação das características do ser humano relacionados ao movimento.[10]

Essa disciplina científica pode ser considerada como o estudo da relação entre a estrutura e o movimento humano, como pode ser observado no Quadro 12.1.

Quadro 12.1 – Cineantropometria, uma especialização científica emergente

| **Identificação** | **Especificação** | **Aplicação** | **Relevância** |
|---|---|---|---|
| Cineantropometria implicações: | Para o estudo de: | Para auxiliar no entendimento de: | Com aplicações para: |
| Medida do movimento humano | Tamanho<br>Forma<br>Proporção<br>Composição<br>Função<br>Maturação<br>Função geral do ser humano | Crescimento<br>Exercício<br>Desempenho<br>Nutrição | Medicina<br>Educação<br>Governo, com respeito aos direitos individuais do ser humano |

Fonte: Beunen e Borms (1990)[6].

Atualmente, é possível encontrarmos na literatura científica alguns autores que adotam, de forma didática, uma divisão da cineantropometria em *morfológica* e *funcional*. Na cineantropometria morfológica, são abordados os aspectos da estrutura física, analisada sob o ponto de vista das diferentes medidas somáticas, como massa, estatura, perímetros, diâmetros e comprimentos, e associada à proporcionalidade, ao somatotipo, à composição e à corporal e maturação. Já na cineantropometria funcional, são analisadas as variáveis condicionais: resistência aeróbica, resistência anaeróbica e velocidade, incluindo, ainda, as avaliações de força, potência muscular e flexibilidade.[8]

O termo *cineantropometria* é de origem relativamente recente, porém, com um objeto de estudo bastante expressivo. Tal fato pode ser observado na grande qualidade e quantidade de trabalhos científicos publicados na área. Outro fato relevante foi a criação, em 1999, do primeiro periódico científico brasileiro voltado à cineantropometria, a Revista Brasileira de Cineantropometria e Desempenho Humano (RBCDH), editada pelo Núcleo de Pesquisa em Cineantropometria e Desempenho Humano (NUCIDH) do Centro de Desportos da Universidade Federal de Santa Catarina. Segundo o editorial número 1, a revista surgiu com o objetivo de divulgar a produção científica, as ideias e as preocupações dos pesquisadores da área da Cineantropometria.[11]

## 12.2 Qualidade das informações

O desenvolvimento das Ciências do Esporte e da Atividade Física, nas últimas décadas, possibilitou uma melhor compreensão e aplicação das diferentes técnicas de medidas existentes. Nesse sentido, faz-se necessário rever alguns conceitos básicos, vinculados ao complexo processo de coleta de informações.

Em muitos momentos, de maneira equivocada, os termos *testes*, *medidas* e *avaliação* são empregados de forma inadequada. Dessa forma, fica claro que os atributos que interessam à Educação Física não parecem ter significados em si mesmo, exigindo a interpretação de seus resultados por meio de referenciais previamente estabelecidos. Portanto, admite-se que o conceito de avaliação é mais amplo e abrangente do que o de medida, sendo essa apenas parte do processo da avaliação.[1]

*Teste* é um dos diversos instrumentos de medida que possibilita verificar o desempenho do indivíduo em situações padronizadas, ou seja, um meio pelo qual obtemos dados numéricos a respeito de uma ou mais variáveis de interesse. *Medir* significa determinar a quantidade, a extensão ou o grau de determinado atributo com base em um sistema convencional de unidade. Seu resultado é expresso de forma numérica, apresentando objetividade e exatidão. Dessa forma, medir é associar um número à determinada característica de um ser, um objeto ou um evento conforme regras preestabelecidas, ou seja, refere-se ao aspecto quantitativo do atributo a ser descrito. *Avaliar*, por sua vez, significa julgar ou fazer apreciações do atributo selecionado, com base em escalas de valores. Portanto, consiste na interpretação das informações com base em referenciais previamente conhecidos.[1,8]

As avaliações podem ser referenciadas pela norma ou a critério. A primeira situação ocorre ao compararmos os valores de média ou mediana do próprio grupo, de outros grupos normativos e de características semelhantes, como também com resultados anteriores do próprio grupo. As avaliações referenciadas a critério ocorrem quando comparamos os valores obtidos com níveis preestabelecidos, valores de corte explicitamente definidos, baseados em normas populacionais. As avaliações podem ocorrer pré, durante e pós-intervenção. As avaliações diagnósticas acontecem pré-intervenção e apresentam, como objetivo, identificar as condições iniciais, morfológicas e funcionais dos indivíduos. As avaliações formativas possibilitam acompanhar as adaptações ocasionadas pelo exercício, verificando se os objetivos estão sendo alcançados e se existe necessidade de ajuste nos estímulos aplicados. Já a avaliação somativa possibilita verificar se os objetivos foram alcançados, bem como a efetividade das ações executadas.[8]

A escolha dos instrumentos de medida merece uma atenção especial, tendo em vista que a qualidade desses instrumentos pode garantir a validade das informações obtidas e somente assim é possível considerar as informações para fins de avaliação. Um teste ou uma medida é válida quando testam ou medem características ou comportamentos diretamente associados ao atributo que se pretende avaliar. Em outras palavras, é possível determinar se a medida proporcionada pelo teste é válida e se apresenta valor como representação da variável que se pretendia quantificar.

A fidedignidade, também conhecida como reprodutibilidade ou confiança, define o grau de consistência dos resultados, ou seja, a possibilidade que o teste apresenta em produzir medidas semelhantes, quando aplicado nas mesmas condições, em ocasiões diferentes ou por avaliadores diferentes. Quanto menor for a dispersão de um conjunto de medidas, maior será a fidedignidade do teste. A fidedignidade pode ser classificada, segundo Lima e Kiss,[12] como:

a) Fidedignidade relativa: pode ser estimada utilizando algum tipo de coeficiente de correlação, podendo ser dividida em dois grupos:
    - Variações intra-avaliadores: são definidas como deficiências do avaliador em obter resultados idênticos em repetidas medidas no mesmo indivíduo. Em relação a essas variações, observa-se que a variabilidade das medidas está muito relacionada à experiência do avaliador com as técnicas de medidas.
    - Variações interavaliadores: são discrepâncias observadas em uma série de medidas realizadas no mesmo indivíduo por dois ou mais avaliadores.

b) Fidedignidade absoluta: é o total de variabilidade esperado dos resultados, quando o indivíduo é reavaliado no mesmo dia ou após alguns dias, nas mesmas condições.

## 12.3 Modelos de análise

O peso corporal é constituído por diversos componentes como ossos, músculos, gordura e outros tecidos que, dependendo dos hábitos alimentares e do tipo de atividade física praticada, podem sofrer alterações em seus constituintes. Essas alterações não podem ser verificadas apenas mediante às alterações do peso corporal. Nesse sentido, as informações sobre a composição corporal tornam-se fundamentais na orientação dos programas de exercício e/ou dietas alimentares direcionados aos programas de controle do peso corporal.

Pensando nesses programas, faz-se necessário conceituar alguns termos. É possível que haja desencontro quanto às terminologias utilizadas para descrever excesso de gordura e peso corporal. Os problemas não se limitam ao emprego dos termos *obesidade* e *excesso de peso* de forma inadequada, mas também aos valores de corte para a sua identificação.

Para os estudos científicos produzidos na área, *obesidade* e *excesso de peso* são termos distintos, embora relacionados. O *excesso de peso* refere-se ao aumento excessivo do peso corporal, o que pode ocorrer em consequência das alterações de um ou mais componentes do peso corporal (gordura, músculos, ossos e água). A *obesidade*, por sua vez, caracteriza-se, especialmente, pelo aumento na quantidade generalizada ou localizada de gordura em relação ao peso corporal.[13]

Assim, é possível encontrarmos indivíduos apresentando altos valores de peso corporal, em algumas modalidades esportivas, sem que isso os caracterize como obesos. Muito provavelmente, esse excesso de peso deve estar relacionado a um maior desenvolvimento muscular associado à sólida constituição óssea. Em contrapartida, nem sempre as medidas de peso corporal, dentro dos limites desejáveis, traduzem um perfil favorável dos componentes muscular e ósseo. É possível encontrarmos indivíduos que apresentam peso corporal dentro dos parâmetros adequados para a sua faixa etária e sexo, mas têm gordura em excesso, o que pode sugerir o aparecimento de obesidade.

Portanto, as avaliações realizadas em indivíduos em fase de crescimento físico, maturacional e fase adulta devem propor análises que não se fundamentem apenas na variável massa corporal, mas que faça uso das informações que podem ser obtidas por meio da avaliação da composição corporal. Nesse sentido, Wang et al.[14] propuseram um modelo que divide o fracionamento da massa corporal em cinco níveis de organização (Figura 12.1).

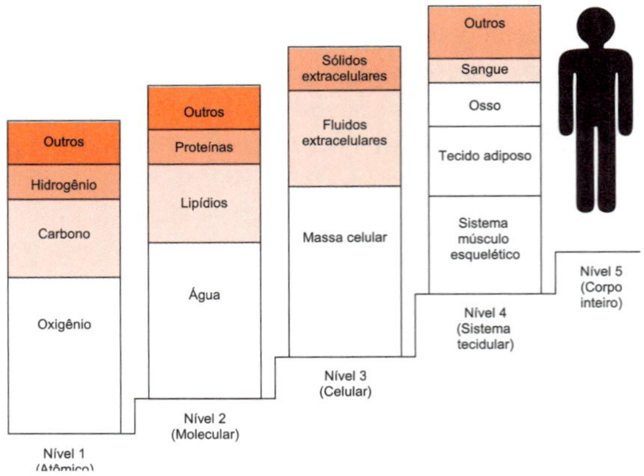


FIGURA 12.1 – Modelo de análise da composição corporal em cinco níveis de organização.
Fonte: Adaptado de Wang et al. (1992).[14]

### 12.3.1 Nível atômico

Esse nível compreende cerca de cinquenta elementos, e, aproximadamente, 98% da massa corporal total são determinados pela combinação de oxigênio, carbono, hidrogênio, nitrogênio, cálcio e fósforo. Menos de 2% da massa corporal total é representada pelos 44 elementos restantes. Sua importância está na relação de elementos específicos com outros níveis de organização.[1,15]

### 12.3.2 Nível molecular

Esse nível inclui os compartimentos moleculares da massa corporal. É formado por mais de cem mil componentes químicos, que podem ser reduzidos a cinco grupos principais: lipídios, água, proteínas, carboidratos e minerais. Grande parte das técnicas de medidas associadas às análises da composição corporal utiliza-se desse nível de organização.

### 12.3.3 Nível celular

O nível celular inclui três componentes: massa celular total, fluidos e sólidos extracelulares. É considerado como o primeiro nível de organização anatômica. A massa celular total é composta por diferentes tipos de células, incluindo os adipócitos, os miócitos e os osteócitos. Os fluidos extracelulares compõem-se, predominantemente, de água e plasma intravascular e extravascular, podendo ser estimados por meio de substâncias marcadas por isótopos. Os sólidos extracelulares correspondem às substâncias orgânicas como colágenos e fibras elastinas, no tecido conjuntivo, e elementos inorgânicos, como cálcio e fósforo, encontrados, sobretudo, nos ossos e que podem ser estimados por intermédio da ativação de nêutrons.

### 12.3.4 Nível dos sistemas teciduares

Consiste nos principais tecidos, órgãos e sistemas orgânicos que, embora correspondam a diferentes níveis de complexidade, apresentam disposição funcional de tecidos. As quatro categorias de tecidos existentes são: conjuntivo, epitelial, muscular e nervoso. O tecido adiposo e ósseo são tipos distintos de tecido conjuntivo que, associados ao tecido muscular, correspondem, aproximadamente, a 75% da massa corporal total. Outros tecidos, como epitelial e nervoso, são considerados menos representativos para as análises da composição corporal.

### 12.3.5 Nível do corpo inteiro

Nesse nível de organização, consideramos o corpo humano como uma unidade total, em relação ao seu tamanho, forma, área e densidade. Nesse sentido, essas características podem ser medidas por meio das medidas antropométricas.

Dentro dos cinco níveis de organização propostos, o conjunto de seus constituintes representa a medida do peso corporal. Esses níveis fornecem uma estrutura conceitual, entre as quais são possíveis de serem realizadas as pesquisas de composição corporal. É evidente que existem inter-relações entre os diferentes níveis, que, se constantes, possibilitam associações quantitativas que facilitam a estimativa de componentes previamente desconhecidos.[10] Esse entendimento também facilita a verificação de erros de interpretação de dados coletados em diferentes níveis. A partir da análise dos diferentes níveis, fica claro que, para as ações clínicas e estudos de campo, o nível do corpo inteiro representa a realidade da maioria dos profissionais.

Nesse sentido, e com o propósito de oferecer maior clareza e objetividade, tornou-se habitual analisar a composição corporal sob o ponto de vista de um sistema de dois componentes: a gordura e o componente isento de gordura. Para se referir ao componente isento de gordura, têm-se utilizado dois termos: massa magra ou *lean body mass* (LBM) e massa livre de gordura ou *fat-free mass* (FFM). O conceito de massa magra refere-se aos pressupostos de que seus valores são estabelecidos com base em proporções constantes de água, mineral e matéria orgânica, incluindo, também, quantidades não determinadas de lipídios essenciais. Por sua vez, a massa livre de gordura é constituída pela ausência de toda a gordura existente no organismo, excluindo até mesmo os lipídios essenciais. Assim, poderá ser aplicado apenas em análise de cadáveres.[1,10,13,15,16] Portanto, a diferença entre ambas reside no fato de considerarmos ou não a inclusão dos lipídios essenciais em sua análise (Figura 12.2). De acordo com Guedes e Guedes,[1] a massa magra caracteriza-se por um conceito *in vivo*, e a massa livre de gordura caracteriza-se por um conceito *in vitro*.

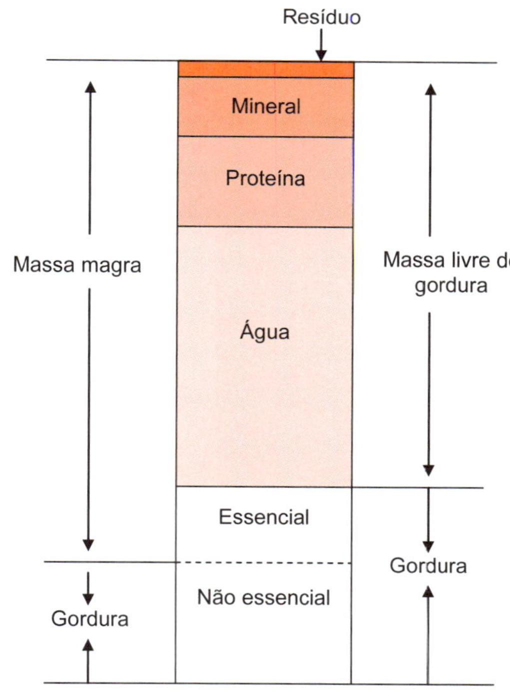


Figura 12.2 – Componentes do nível molecular da composição corporal. Fonte: Adaptado de Wang (1992).[14]

## 12.4 Técnicas de avaliação da composição corporal

Existem várias técnicas para determinar a composição corporal, que podem ser divididas em procedimentos de determinação direta, indireta e duplamente indireta.

Nos procedimentos de determinação direta, ocorrem a separação e a pesagem de cada um dos componentes corporais. Dessa forma, o avaliador obtém as informações *in vitro* dos diferentes tecidos do corpo, o que ocorre mediante dissecação de cadáveres. Esse procedimento, embora seja interessante no sentido de oferecer suporte teórico para as demais técnicas, implica grandes limitações quanto a sua aplicação. Desse modo, as técnicas possíveis de serem realizadas para determinar os componentes da composição corporal *in vivo* ficam restritas aos procedimentos indiretos e duplamente indiretos.

Nos procedimentos indiretos, as informações são obtidas a partir de princípios físicos e químicos. Posteriormente, por meio dos pressupostos biológicos, desenvolvem-se estimativas dos componentes da composição corporal. Em geral, as técnicas desenvolvidas nos procedimentos indiretos necessitam de equipamentos e infraestrutura de alto custo financeiro, o que, por vezes, restringe esses procedimentos a técnicas experimentais realizadas em laboratórios. Nos procedimentos duplamente indiretos, são envolvidas equações de regressão a fim de predizer os componentes da composição corporal. Essas equações, por sua vez, são validadas a partir de um determinado procedimento indireto. O Quadro 12.2 apresenta uma divisão didática dos procedimentos diretos, indiretos e duplamente indiretos da composição corporal.

Quadro, 12.2 – Métodos envolvendo os procedimentos diretos, indiretos e duplamente indiretos de avaliação da composição corporal

<table>
<tr><td>Diretos</td><td colspan="2">Dissecação de cadáveres</td></tr>
<tr><td rowspan="3">Indiretos</td><td>Bioquímicos</td><td>Hidrometria<br>Espectrometria<br>Ativação de nêutrons<br>Excreção de creatinina</td></tr>
<tr><td>Imagem</td><td>Radiologia convencional<br>Ultrassonografia<br>Tomografia computadorizada<br>Ressonância magnética<br>DEXA</td></tr>
<tr><td>Densitometria</td><td>Pesagem hidrostática<br>Pletismografia</td></tr>
<tr><td>Duplamente indiretos</td><td colspan="2">Tobec<br>Impedância bioelétrica<br>Interactância de raios infravermelhos<br>Antropometria</td></tr>
</table>

## 12.4.1 Procedimentos indiretos de avaliação da composição corporal

Conforme visto anteriormente, nos procedimentos indiretos, as informações são obtidas a partir de princípios físicos e químicos. Posteriormente, por meio dos pressupostos biológicos, serão desenvolvidas as estimativas dos componentes da composição corporal. Entre os procedimentos indiretos, encontramos as técnicas baseadas nas medidas bioquímicas, de imagem e de densitometria (Quadro 12.2). Considerando a grande possibilidade de informação disponível nas diferentes técnicas empregadas, daremos atenção àquelas que têm recebido maior destaque na avaliação da composição corporal.

### 12.4.1.1 Absortometria radiológica de dupla energia (DEXA)

O DEXA é um dos procedimentos indiretos que tem ganhado reconhecimento pelos pesquisadores da área de avaliação da composição corporal. Trata-se de uma técnica avançada que permite estimar a densidade óssea e quantificar os componentes do peso corporal. É um procedimento importante que pode ser usado no diagnóstico da osteoporose, analisando o conteúdo mineral ósseo da coluna lombar e do fêmur, bem como para analisar a composição corporal de todo o corpo e por segmentos – membros inferiores e superiores, tronco e cabeça. Tem sido recomendado como um método de referência porque é seguro, rápido e requer baixa cooperação do indivíduo avaliado (Figura 12.3).

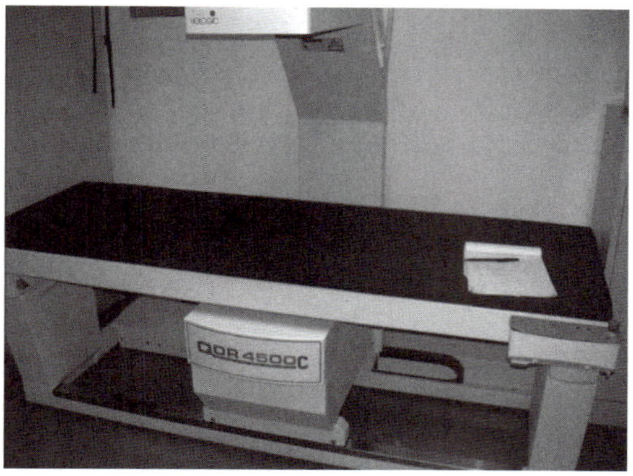


Figura 12.3 – Absortometria radiológica de dupla energia (DEXA).

O princípio básico subjacente à tecnologia do DEXA é a atenuação de fontes de raio-X, de alta e baixa energia, mensurável e dependente de espessura, densidade e composição química dos diferentes tecidos. Portanto, a atenuação ou o enfraquecimento da energia do raio-X variará no tecido gorduroso, no tecido magro e nos ossos, em virtude dos diferentes valores de densidade e composição química desses tecidos.[17]

Para a coleta de dados, o indivíduo deve permanecer deitado, em decúbito dorsal, sobre a superfície do aparelho. O braço do *scanner* desliza sobre o corpo, de maneira retilínea, percorrendo-o todo, da cabeça aos pés. As informações associadas à atenuação dos feixes de energia são captadas e enviadas para análise em um computador, por meio de um *software* específico.

Atualmente, existem três versões comerciais do DEXA: Hologic, Lunar e Norland. Os métodos usam um tubo de raio-X com um filtro para gerar fótons de baixa energia (40 kV) e alta energia (70 ou 100 kV). Embora apresentem pequenas diferenças, o princípio teórico é o mesmo e todas têm características físicas similares, como: um sistema computadorizado, uma mesa de *scanner*, um detector e uma fonte de raio-X. Entretanto, vale ressaltar que cada versão traz uma diferente configuração de *hardware* e *software*, o que, por sua vez, pode influenciar a reprodutibilidade da medida. Dessa forma, sugere-se que as comparações sejam realizadas utilizando o mesmo modelo de equipamento.[17,18]

Como limitações desse procedimento, podemos ressaltar o alto custo financeiro desse equipamento e suas dimensões físicas, que podem limitar seu uso em indivíduos muito altos e/ou com peso corporal elevado. Outro ponto relevante diz respeito à espessura do corpo. Estudos demonstram que valores superiores a vinte ou 25 cm de espessura corporal tendem a superestimar os valores de composição corporal, quando comparados com indivíduos que apresentam espessuras menores que 20 cm.

### 12.4.1.2 Pesagem hidrostática

A densitometria refere-se às medidas de densidade corporal (DC). Para calcular a DC, divide-se o peso corporal pelo volume corporal. Nesse sentido, o peso corporal pode ser facilmente obtido por inúmeras balanças antropométricas; portanto, a principal preocupação se restringe ao cálculo do volume corporal. O procedimento mais utilizado para calcular o volume corporal tem sido a pesagem hidrostática.[17,18]

Historicamente, sugere-se que esse método tenha sido baseado no princípio de Arquimedes. Esse conceito foi desenvolvido, intuitivamente, quando Arquimedes se banhava em uma piscina, pensando em uma possível solução para um problema proposto pelo seu rei. O rei possuía uma coroa sagrada que, segundo ele, tinha 9 kg de pura prata. Entretanto, suspeitava que sua composição tivesse sido alterada com partes de ouro. O rei pediu então a Arquimedes que descobrisse se seus temores eram corretos ou não. Dessa forma, o pensador construiu dois modelos com o peso da coroa, um de ouro e outro de prata, e colocou-os sob a água, verificando que deslocavam quantidades diferentes de água. Ao colocar o modelo original na água, identificou que provocava maior deslocamento de água do que o modelo de ouro e menor do que o de prata, possibilitando afirmar ao rei que a coroa não era de prata pura.[3] Portanto, é possível admitir que a densidade de todo o corpo seja estabelecida pela densidade dos vários componentes corporais e pela proporção que cada um desses contribui para estabelecer a massa corporal total. Dessa forma, é possível assumir que a gordura corporal apresenta uma densidade consideravelmente menor do que a das outras estruturas corporais. Assim, quanto maior a quantidade de gordura, em proporção ao peso corporal, menor será a densidade de todo o corpo.[1,4,19]

A validade da estimativa da gordura corporal pela densidade do corpo depende de algumas suposições teóricas:[20]

- As densidades do componente de gordura e da massa magra são conhecidas e aditivas.
- As densidades dos constituintes corporais são relativamente constantes de pessoa para pessoa.
- As proporções de cada um dos elementos que compõem o elemento não gorduroso são relativamente constantes de pessoa para pessoa.
- A pessoa avaliada difere de um padrão de referência somente em relação à quantidade de gordura (triacilglicerol) ou tecido adiposo.

Em síntese, a densidade corporal é a relação entre o peso e o volume corporal:

$$\text{Densidade corporal} = \frac{\text{peso corporal}}{\text{volume corporal}}$$

Conforme já citado, a medida de peso corporal pode ser obtida por inúmeras balanças antropométricas. A determinação do volume corporal dá-se pela diferença entre o peso corporal do indivíduo fora da água ($P_{real}$) e o peso corporal do indivíduo totalmente submerso na água ($P_{água}$). Desse modo, o indivíduo é submerso em um tanque com água, e o volume corporal é computado com base na diferença entre o peso ambiente ($P_{real}$) e o peso submerso ($P_{água}$). Em virtude das variações na temperatura e nas impurezas da água, torna-se interessante ajustar a diferença das medidas do peso corporal pela densidade da água. A densidade corporal também é influenciada pela quantidade de ar nos pulmões e pelos gases presentes no aparelho gastrintestinal. Nesse sentido, deve-se realizar os cálculos de correção dessas variáveis. O volume de gases presentes no aparelho gastrintestinal é pequeno e considera-se que seja de 100 ml.

Em relação ao ar dos pulmões, no momento da pesagem submersa, o indivíduo deve realizar uma expiração máxima com o objetivo de eliminar o máximo de ar dos pulmões. Todavia, ainda permanece ar nos pulmões, que é chamado de volume residual. O volume residual pode ser calculado, separadamente, pela diluição de oxigênio ou hélio em circuito fechado, por meio de equipamentos de alto custo financeiro, o que pode ser um fator limitante. Outros procedimentos utilizados para estimar o volume residual são as equações de predição (Quadro 12.3) e as tabelas de valores médios de volume residual, segundo faixa etária e sexo (Quadro12.4).

Quadro 12.3 – Equações de predição do volume residual pulmonar (ml)

| **Homens** |
|---|
| VR = 0,017 (idade) + 0,06858 (estatura) – 3,477 |
| **Mulheres** |
| VR = 0,009 (idade) + 0,08128 (estatura) – 3,9 |

Fonte: adaptado de Going, 1996.[20]

Quadro 12.4 – Valores médios para o volume residual pulmonar (ml), segundo sexo e faixa etária

| Faixa etária | Masculino | Feminino |
|---|---|---|
| 6 – 10 | 900 | 600 |
| 11 – 15 | 1.100 | 800 |
| 16 – 20 | 1.300 | 1.000 |
| 21 – 25 | 1.500 | 1.200 |
| 26 – 30 | 1.700 | 1.400 |

Fonte: adaptado de Wilmore (apud Costa, 2001).[2]

Alguns estudos que avaliaram equações para estimar o volume residual encontraram grandes erros de predição nessas equações. Um erro da magnitude de 400 ml, para o volume residual, poderia representar uma diferença entre 3% e 4% na gordura corporal, o que sugere cautela na sua utilização.[17]

Assim, a densidade corporal pode ser obtida a partir da equação a seguir:

$$\text{Densidade corporal} = \frac{P_{real}}{\dfrac{P_{real} - P_{água}}{D_{água}} - (VR + VGI)}$$

Em que:

$P_{real}$ – peso (g) medido pelas balanças antropométricas;

$P_{água}$ – peso (g) medido com o corpo totalmente submerso;

$D_{água}$ – densidade da água;

VR – volume residual (ml);

VGI – volume gastrintestinal = 100 ml.

Na realização da pesagem hidrostática, deve-se levar em consideração que o indivíduo avaliado deve apresentar boa adaptação ao meio líquido, fato que pode influenciar significativamente o resultado. Como procedimento, realizam-se entre 8 e 12 pesagens submersas, utilizando a média das três maiores medidas (Figura 12.4).

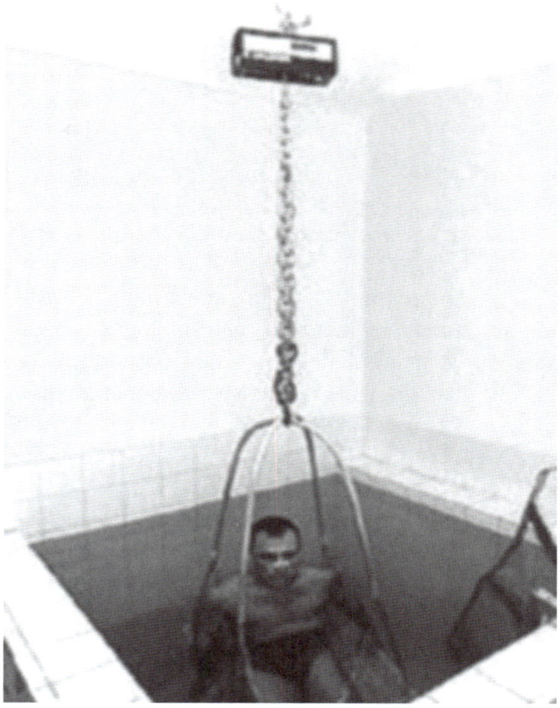

Figura 12.4 – Pesagem hidrostática.

Uma vez calculada a densidade corporal, basta converter esse valor em percentual de gordura. Para tal, existem equações matemáticas que consideram que a gordura, a 37°C de temperatura corporal, apresenta densidade constante de 0,9 $g.ml^{-1}$ e 0,9007 $g.ml^{-1}$, a partir das equações de Siri[21] e Brozek et al.,[22] respectivamente (Quadros 12.5 e 12.6). As diferenças apresentadas pelas duas equações são desprezíveis para as medidas de densidade corporal entre 1,030 e 1,090 $g.ml^{-1}$.

Quadro 12.5 – Equações para estimativa do percentual de gordura (Siri)[21]

$$\% \text{ Gordura} = \frac{(4{,}95 - 4{,}50)\,.100}{\text{Dens.}}$$

Quadro 12.6 – Equações para estimativa do percentual de gordura (Brozek et al.)[22]

$$\% \text{ Gordura} = \frac{(4{,}57 - 4{,}142).100}{\text{Dens.}}$$

Em que:

Dens. – Densidade corporal

É interessante lembrar que Lohman[23] propõe aproximações matemáticas direcionadas à estimativa da quantidade de gordura corporal, obtidas por meio da densidade corporal, em crianças e adolescentes (Quadro 12.7).

Quadro 12.7 – Constantes para a conversão da densidade corporal em percentual de gordura, segundo sexo e faixa etária

| Faixa etária | Masculino | Feminino |
|---|---|---|
| 7 – 8 | (538/DC – 497) .100 | (543/DC – 503) .100 |
| 9 – 10 | (530/DC – 489) .100 | (535/DC – 495) .100 |
| 11 – 12 | (523/DC – 481) .100 | (525/DC – 484) .100 |
| 13 – 14 | (507/DC – 464) .100 | (512/DC – 469) .100 |
| 15 – 16 | (503/DC – 459) .100 | (507/DC – 464) .100 |
| 17 – 19 | (498/DC – 453) .100 | (505/DC – 462) .100 |

Fonte: adaptado de Lohman, 1986.[23]

### 12.4.1.3 Plestimografia

A plestimografia pode estimar o volume corporal sem que exista a necessidade de submergir o indivíduo na água, como ocorre na pesagem hidrostática. Assim, esse método faz uso do deslocamento do ar, ao invés do deslocamento da água, para medir o volume corporal (Figura 12.5). Inicialmente, isso pode ser uma vantagem para as pessoas que não apresentam adaptação ao meio líquido.[17,20]

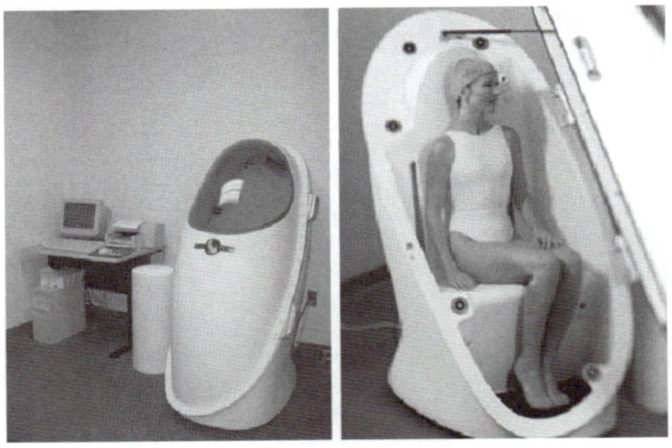

FIGURA 12.5 – Plestimografia.

Quanto ao desenvolvimento do teste, esse procedimento é realizado de forma relativamente rápida, durando entre cinco a dez minutos, e requer uma colaboração mínima do indivíduo, o que pode ser uma alternativa na determinação do volume corporal.

Os pressupostos teóricos do método são baseados na aplicação da lei de Boyle, que preconiza que, em temperaturas constantes, o volume (V) e a pressão (P) são inversamente proporcionais, ou seja, enquanto o volume aumenta a pressão diminui e vice-versa:

$$P_1V_1 = P_2V_2$$

Dessa forma, $P_1$ e $V_1$ representam a primeira condição emparelhada de pressão e volume, e $P_2$ e $V_2$, a segunda condição. $P_1$ e $V_1$ correspondem à pressão e ao volume da câmara quando está vazia, e $P_2$ e $V_2$ representam a pressão e o volume da câmara quando o indivíduo está sentado dentro dela.[17] Nesse sentido, no momento em que o indivíduo estiver dentro da câmara – em condições isotérmicas, fechado e isolado do meio externo –, com pressão ($P_1$) e volume ($V_1$) de ar previamente conhecidos, a quantidade de ar comprimido em virtude do espaço ocupado por sua massa corporal diminui o volume de ar existente na câmara em proporção idêntica ao aumento da pressão interna. Assim, determinando a nova pressão ($P_2$), torna-se possível estimar o volume ($V_2$) do ar em seu interior por meio do equacionamento da relação $P_1V_1 = P_2V_2$.[13] Uma vez determinado o volume corporal, calcula-se a densidade corporal pela razão peso corporal/volume corporal. Por fim, com os valores de densidade corporal, é possível calcular o percentual de gordura por meio das equações desenvolvidas por Siri[21] e Brozek et al.[22]

Esse método requer, para determinar o volume corporal, uma aparelhagem mais complexa e sofisticada do que a pesagem hidrostática, que, por sua vez, acaba limitando esse procedimento aos estudos laboratoriais.

## 12.4.2 Procedimentos duplamente indiretos de avaliação da composição corporal

Embora, nos procedimentos indiretos, os resultados sejam mais precisos e rigorosos, sua aplicação se restringe aos estudos laboratoriais, sendo difícil sua aplicação em avaliações clínicas ou estudos populacionais. Esses procedimentos, em virtude de seu rigor científico, acabam por colaborar na validação de procedimentos duplamente indiretos. Durante muito tempo, a pesagem hidrostática foi considerada como o procedimento padrão na validação de novos métodos. Atualmente, a absortometria radiológica de dupla energia (DEXA) tem ganhado destaque nos estudos sobre composição corporal. Assim, os procedimentos duplamente indiretos buscam alternativas menos dispendiosas e de maior aplicação prática. Apesar do menor rigor, os resultados obtidos a partir dessas técnicas apresentam elevada associação com os procedimentos indiretos, o que possibilita, desde que compreendendo suas limitações, sua aplicação.

Os recursos mais utilizados em estudos de campo são a bioimpedância elétrica e a antropometria.

### 12.4.2.1 Bioimpedância elétrica

O método de bioimpedância elétrica (BIA) é um procedimento não invasivo, rápido de ser realizado e que apresenta um custo relativamente barato para realizar a avaliação da composição corporal (Figura 12.6). Os pressupostos básicos da BIA foram relatados no estudo de Thomasett, na década de 1960. Por meio da condução de uma corrente elétrica, de baixa intensidade (500 a 800 μA e 50 kHz) através do corpo do indivíduo, identifica-se com o analisador da BIA a impedância (Z) – oposição ao fluxo da corrente. A água corporal total do indivíduo também pode ser estimada pelo equipamento, considerando-se que os eletrólitos na água corporal são excelentes condutores da corrente elétrica. Dessa forma, é possível inferir que, quanto maior for a quantidade de água presente no corpo, menor será a resistência. Logo, indivíduos que apresentam grandes quantidades de gordura devem oferecer maior resistência à corrente, levando em consideração que o tecido adiposo não é um bom condutor de corrente elétrica em virtude da baixa quantidade de água.[17]

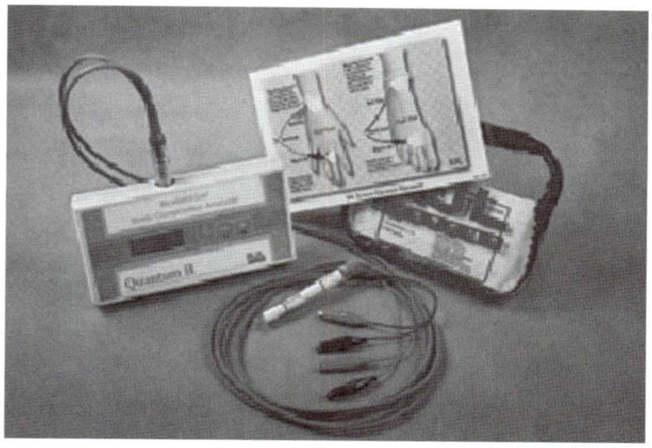


Figura 12.6 – Equipamento de bioimpedância. 24

O princípio da BIA para a avaliação da composição corporal é fundamentado nos diferentes níveis de condução elétrica dos tecidos que são expostos às várias frequências de correntes. Portanto, a BIA produz informações sobre a impedância que o corpo humano oferece à corrente elétrica, podendo ser expressa em função da resistência e da reactância. Kushner define resistência (R) como uma medida da oposição pura ao fluxo da corrente elétrica através do corpo; reactância (Xc) é a oposição ao fluxo de corrente causada pela capacitância produzida pela membrana celular.[17] As informações equivalentes a R e Xc podem ser obtidas por meio dos equipamentos que utilizam dois pares de eletrodos emissores e receptores (tetrapolar).[1]

O método tetrapolar faz uso de quatro eletrodos, e os eletrodos emissores são posicionados distalmente na superfície da mão e do pé – plano da cabeça do terceiro metacarpo e do terceiro metatarso, respectivamente. Os eletrodos receptores são posicionados de forma proximal, no pulso e no tornozelo – plano imaginário de união das apófises estiloides e na região dorsal da articulação tíbio-társica, na parte mais saliente dos dois maléolos (Figura 12.7). Assim, a corrente de excitação é aplicada nos eletrodos emissores, e a queda de voltagem, em razão da impedância, é detectada pelos eletrodos receptores.[1,17]

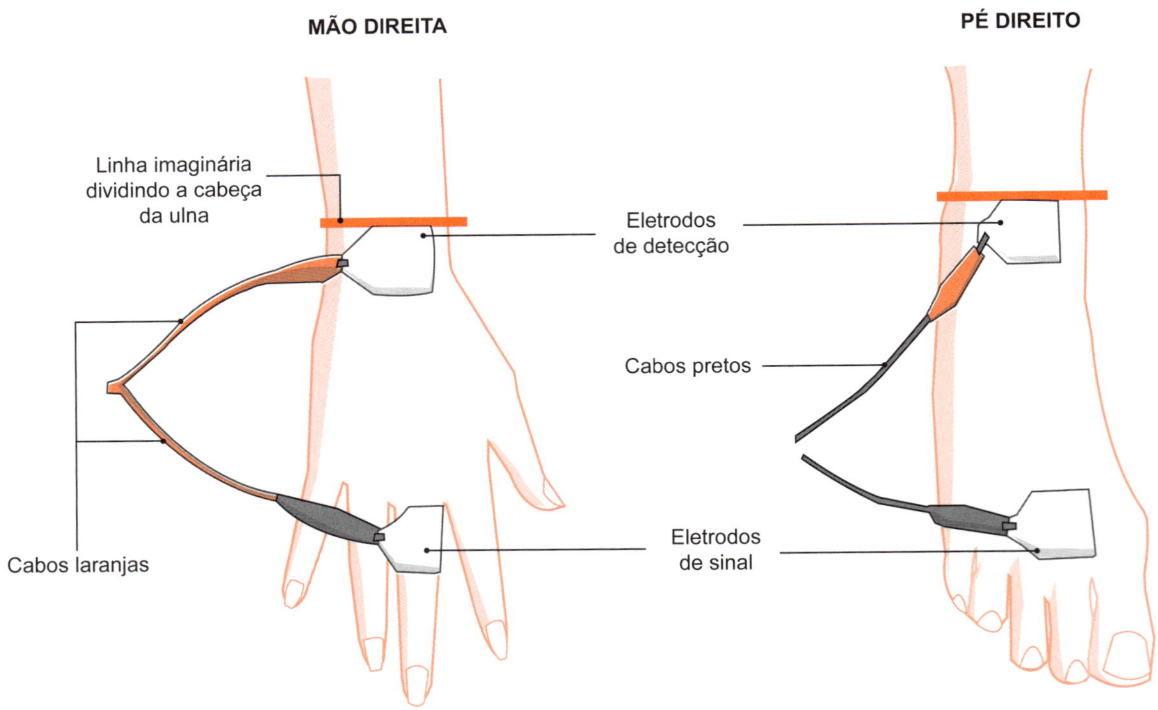


FIGURA 12.7 – Fixação dos eletrodos emissores e receptores da BIA. 24

O analisador mede os valores de resistência e reactância produzidos no organismo pela corrente elétrica, avalia a quantidade total de água e prediz, por essa quantidade de água, a quantidade de gordura corporal do indivíduo.

Os fatores que podem contribuir para aumentar os erros de medidas estão relacionados com a variabilidade intraindivíduo, pelo fato de alterar o estado de hidratação. Portanto, deve-se estar claro que fatores alimentares, exercício e desidratação ou hiper-hidratação podem afetar os valores da resistência, o que poderá afetar a qualidade das informações obtidas.

A precisão das medidas da BIA é altamente dependente do controle dos fatores que podem aumentar o erro de medida. Nesse sentido, cuidados devem ser tomados no momento da realização do teste:[17]

- manter-se em jejum nas quatro horas que antecedem o teste;
- não fazer exercícios a menos de 12 horas do teste;
- urinar trinta minutos antes do teste;
- não consumir álcool nas últimas 48 horas;
- não tomar medicamentos diuréticos nos sete dias que antecedem ao teste;
- permanecer em decúbito dorsal, por, pelo menos cinco, a dez minutos antes do teste.

Outro aspecto relevante diz respeito às equações empregadas para estimar a massa isenta de gordura. Por vezes, o avaliador não tem clareza sobre as equações disponíveis nos equipamentos. Nesse sentido, existem várias equações disponíveis na literatura científica que podem fornecer informações mais adequadas para os cálculos da composição corporal. Dessa forma, basta recorrer aos valores de resistência ou impedância, ambos em *ohms* (Ω), fornecidos pelos equipamentos. Para fins de ilustração, no Anexo 1 deste capítulo são apresentadas algumas das equações disponíveis na literatura.

No mercado brasileiro, com frequência, encontramos equipamentos alternativos para as medidas da composição corporal pelo método da bioimpedância. São equipamentos simples e que apresentam custo financeiro relativamente baixo. Nessa linha, encontramos as versões Tanita® e Omrom® (Figuras 12.8 e 12.9).

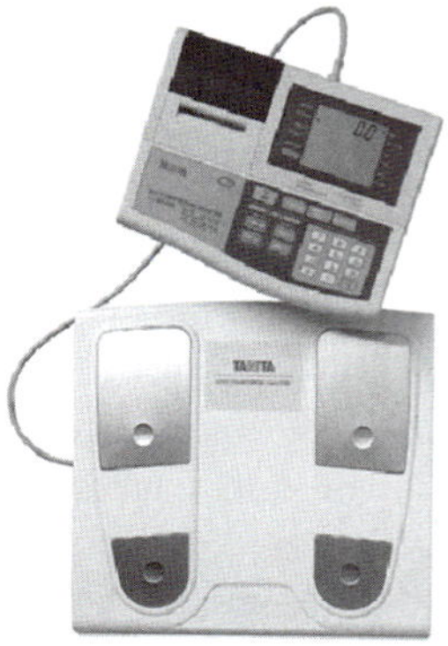

FIGURA 12.8 – Modelo Tanita®.

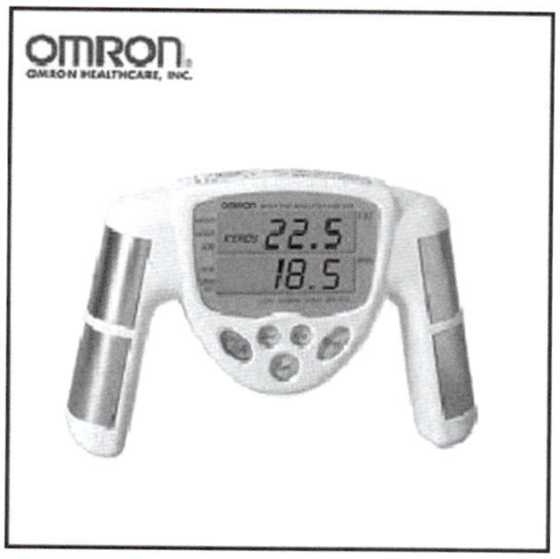


FIGURA 12.9 – Modelo Omrom®.

O equipamento Tanita® se assemelha com alguns modelos de balanças antropométricas. Entretanto, na base de sua plataforma estão os eletrodos emissores e receptores da corrente elétrica. Após fornecer ao equipamento as informações referentes a sexo, estatura e faixa etária, o avaliado coloca-se em pé sobre a plataforma e dá início ao teste. A corrente elétrica percorrerá os membros inferiores e a região do abdômen e retornará com as informações sobre a quantidade de gordura corporal.

O Omrom®, por sua vez, possibilita que o avaliado permaneça em pé, segurando com as mãos as bases de apoio do equipamento, onde estão os eletrodos, mantendo os braços estendidos, formando um ângulo de 90° em relação ao tronco. Nesse equipamento, também é necessário fornecer informações sobre sexo, faixa etária, estatura e peso corporal do avaliado. A corrente elétrica percorrerá os membros superiores e a região superior do tronco, retornando com as informações referentes ao percentual de gordura.

Os estudos realizados com esses equipamentos têm sugerido cautela na utilização dessas técnicas, uma vez que pode induzir prováveis vieses de estimativa.[1,2]

### 12.4.2.2 Antropometria

As técnicas utilizadas nos procedimentos indiretos de avaliação da composição corporal apresentam estimativas bastante precisas em relação aos componentes de gordura e massa isenta de gordura. Todavia, apresentam alto custo financeiro e são limitadas quanto à aplicação em estudos de campo, clínicas e levantamentos populacionais. Em contrapartida, os métodos antropométricos, em razão do baixo custo operacional e de seus procedimentos relativamente simples, são acessíveis para os profissionais de diferentes áreas, possibilitando acompanhar os parâmetros da composição corporal nas diferentes faixas etárias, sexo, classe social etc.

Para a estimativa da composição corporal, as medidas antropométricas mais utilizadas são: peso, estatura, perímetros, diâmetros ósseos e dobras cutâneas. Entretanto, é comum encontrarmos índices envolvendo apenas as medidas de peso corporal e estatura. Um dos índices mais utilizados nas medidas antropométricas é o índice de massa corporal (IMC), originalmente conhecido como índice de Quetelet, que pode ser expresso pela equação a seguir:

$$\text{IMC (kg/m}^2\text{)} = \frac{\text{Peso corporal (kg)}}{\text{Estatura (m}^2\text{)}}$$

O IMC tem sido bastante utilizado em estudos epidemiológicos, especialmente naqueles que buscam associar os fatores de risco à saúde com os indicativos de prevalência de excesso de peso e obesidade. Essa classificação possibilita, por exemplo, informações que podem ser utilizadas na identificação de indivíduos ou grupos com fatores de risco aumentado para morbidade e mortalidade.[25] Embora o cálculo do IMC seja simples, existem dificuldades em definir os pontos de corte para a classificação de excesso de peso, o que, por vezes, gera polêmica entre os especialistas da área. A WHO[25] propõe um quadro de classificação de excesso de peso e obesidade baseado nos valores de IMC, para indivíduos adultos (Quadro 12.8).

Quadro 12.8 – Classificação de excesso de peso e obesidade em adultos segundo o IMC

| IMC | Classificação |
|---|---|
| < 18,5 | Baixo peso |
| 18,5 – 24,9 | Intervalo normal |
| ≥ 25 | Excesso de peso |
| 25 – 29,9 | Pré-obeso |
| 30 – 34,9 | Obeso classe I |
| 35 – 39,9 | Obeso classe II |
| ≥ 40 | Obeso classe III |

Fonte: WHO (1998).[25]

É possível observar, na categoria *excesso de peso* (≥ 25 kg/m²), a subdivisão em pré-obeso (25 a 29,9 kg/m²) e obeso (IMC ≥ 30). Nessa categoria, existe, ainda, a classificação *obeso classe I, II e III.*

Para adolescentes, Himes e Dietz[26] sugerem valores de corte com base nos percentis, o que possibilitaria classificar os adolescentes como: risco de excesso de peso, adolescentes que apresentam IMC ≥ 85º e < 95º percentil e com excesso de peso nos valores de IMC ≥ 95º percentil (Quadro 12.9).

Quadro 12.9 – Valores de corte do IMC (kg/m²) recomendados para classificação do excesso de peso, segundo sexo e idade

| Idade (anos) | 85º Percentil | | 95º Percentil | |
|---|---|---|---|---|
| | Moças | Rapazes | Moças | Rapazes |
| 10 | 20 | 20 | 23 | 23 |
| 11 | 21 | 20 | 25 | 24 |
| 12 | 22 | 21 | 26 | 25 |
| 13 | 23 | 22 | 27 | 26 |
| 14 | 24 | 23 | 28 | 27 |
| 15 | 24 | 24 | 29 | 28 |
| 16 | 25 | 24 | 29 | 29 |
| 17 | 25 | 25 | 30 | 29 |
| 18 | 26 | 26 | 30 | 30 |
| 19 | 26 | 26 | 30 | 30 |

Fonte: Himes e Dietz, 1994.[26]

De forma geral, considera-se que o IMC > 30 kg/m² deve estar associado a uma quantidade excessiva de gordura corporal. Nesse sentido, valores elevados de IMC sugerem maior risco para o desenvolvimento de diabetes melito, que pode aumentar conforme a duração e o grau de obesidade.[27,28] Da mesma forma, as associações entre hipertensão arterial e obesidade estão bem documentadas na literatura. Tanto a pressão sistólica como a diastólica tendem a aumentar com valores elevados de IMC.[25]

Embora, na perspectiva epidemiológica, o IMC seja um importante indicador do estado nutricional, sua interpretação no contexto individual deve ser analisada com cautela. Devemos admitir que o acúmulo de gordura excessivo influencia na medida do peso corporal, o que contribui para o aumento do IMC. Entretanto, nem sempre o aumento do peso corporal reflete maior acúmulo de gordura. Basta considerarmos que esse aumento tenha sido ocasionado pelo componente massa isenta de gordura. Portanto, nem todo aumento de peso corporal está relacionado à obesidade e nem toda diminuição de peso, tampouco, expressa a redução dos valores de gordura. Em alguns casos, é necessário o uso de outros métodos de análise para determinar a obesidade.

As medidas de dobras cutâneas, pela simplicidade de utilização, grande aplicabilidade, menor restrição cultural e boa reprodutibilidade, têm levado muitos estudiosos a recorrer a seus procedimentos no estudo da composição corporal.

Os procedimentos de medidas das espessuras das dobras cutâneas baseiam-se no pressuposto teórico de que, aproximadamente, 50% da quantidade de gordura corporal total esteja no tecido subcutâneo.[18,29] Dessa forma, as dimensões de suas espessuras podem fornecer informações sobre os constituintes da composição corporal.

Existem diferentes padronizações, pontos anatômicos e equações para as medidas das dobras cutâneas. Edwards[30] menciona em seu estudo uma associação entre o tecido subcutâneo e o peso corporal em 53 locais de medida, porém, sugere a existência de 93 possíveis locais de medida. Levando em consideração a praticidade e a reprodutibilidade dos avaliadores, as equações de regressão usam entre duas e sete medidas de dobras cutâneas. As dobras cutâneas do tríceps, bíceps, subescapular, peitoral, axilar medial, suprailíaca, supraespinhal, abdominal, coxa proximal, coxa medial e panturrilha, frequentemente, aparecem nessas equações.

Diferentes interpretações podem ser feitas com base nas medidas de dobras cutâneas. É possível considerar os valores isoladamente, obtendo informações quanto à distribuição da gordura subcutânea. Pode-se realizar o somatório dos valores observados nas diferentes dobras cutâneas, ou ainda envolver os valores das medidas das dobras cutâneas em equações de regressão, na tentativa de predizer valores associados à densidade corporal ou ao percentual de gordura.

As equações de regressão podem ser generalizadas ou específicas. Nas equações generalizadas, são envolvidos indivíduos de diferentes faixas etárias, com diferentes quantidades de gordura e diferentes níveis de aptidão física. Entretanto, nas equações específicas, a amostra envolvida no estudo é mais homogênea em relação à faixa etária, ao sexo e à quantidade de gordura. Dessa forma, deve-se ter cautela na escolha da equação. Caso a população analisada não se assemelhe à população original do estudo, é preferível utilizar uma equação com características generalizadas, pois, nesse caso, a escolha de uma equação específica pode superestimar ou subestimar os valores de densidade corporal e percentual de gordura.

Os valores obtidos nas medidas de dobras cutâneas podem sofrer influência do tipo de adipômetro, das variações intra e interavaliadores, das técnicas de medidas e da localização do ponto anatômico a ser medido.

Nos estudos sobre avaliação da composição corporal, frequentemente são utilizados os adipômetros das marcas Harpenden®, Lange®, Sanny® e Cescorf® (Figura 12.10).

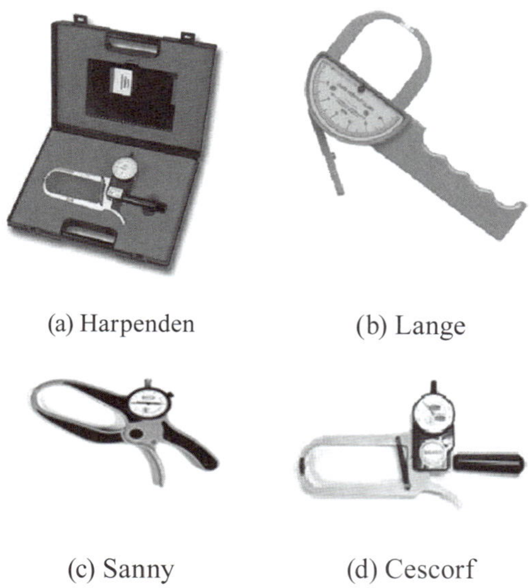


Figura 12.10 – Adipômetros para medidas de dobras cutâneas.

Os adipômetros Harpenden® e Lange® são importados e apresentam grande precisão na coleta das dobras cutâneas. Todavia, os adipômetros nacionais, Cescorf® e Sanny®, foram submetidos a estudos de validação e os resultados sinalizam que as diferenças observadas entre os equipamentos não é significativa, o que sugere sua utilização para a coleta das medidas de dobras cutâneas.[2]

As hastes dos adipômetros, quando abertas entre 2 e 40 mm, exercem uma pressão média nas molas, por volta de 10 $g.mm^{-2}$, com variação máxima de 2 $g.mm^{-2}$. Isso significa dizer que espessuras de dobras cutâneas que excedam esses valores podem conduzir a erros de medida.[17] É possível encontrar, disponível no mercado, adipômetros de outras marcas e modelos. Nesse sentido, seriam necessários estudos comparativos com esses equipamentos, a fim de verificar sua precisão na verificação das espessuras das dobras cutâneas.

As variações intra e interavaliadores podem ser definidas como: a) intra-avaliadores, deficiências do mesmo avaliador em obter resultados idênticos em repetidas medidas no mesmo indivíduo; e b) interavaliadores, deficiências de dois ou mais avaliadores em obter medidas similares no mesmo indivíduo.

Pensando nas possíveis variações intra-avaliadores, deve-se realizar, no mínimo, a coleta de duas medidas para cada dobra cutânea e realizar a média aritmética desses valores. Quando os valores coletados entre uma medida e outra, para a mesma dobra cutânea, forem superiores a 10%, seria necessária a realização de medidas adicionais. Alguns autores têm sugerido que esse limite não exceda 5%. Observa-se que a variabilidade das medidas coletadas diminui conforme a experiência do avaliador aumenta, o que, por sua vez, sugere a necessidade de treinamento por parte dos avaliadores. Em relação às diferenças interavaliadores, variações entre 3% e 9% podem ser atribuídas em virtude de erros de medidas entre avaliadores. É possível supor que as variações interavaliadores ocorram em virtude da localização exata do ponto de reparo da dobra cutânea, ou seja, cada avaliador tem definido um ponto diferente para a coleta dos dados.[17]

A fim de minimizar a possibilidade de erros, especialistas da área têm recomendado, em relação às técnicas de medidas, procedimentos de padronização para a coleta de dados:[17]

- realizar as medidas de dobras cutâneas no hemicorpo direito do avaliado;
- identificar e marcar com lápis dermográfico o ponto anatômico a ser medido, correspondente a cada dobra cutânea, sobretudo, no caso de avaliadores com pouca experiência;
- com o polegar e o indicador da mão esquerda, destacar a dobra cutânea a ser medida, 1 cm acima do ponto a ser medido;
- ao destacar a dobra cutânea, o dedo polegar e o indicador devem manter-se afastados, por volta de 8 cm, tendo como referência uma linha perpendicular ao eixo que acompanha a dobra da pele. Nos indivíduos em que as espessuras forem extremamente grandes, a distância entre os dedos deverá ser maior;
- manter a dobra cutânea elevada enquanto a medida é realizada;
- posicionar as bordas do adipômetro perpendiculares à dobra cutânea, aproximadamente 1 cm abaixo do polegar e indicador, soltando a pressão das hastes lentamente;
- aguardar por volta de dois a quatro segundos, após soltar a pressão das hastes, para realizar a leitura da medida;
- afastar as hastes do adipômetro para removê-lo do local.

Em relação à padronização dos pontos anatômicos, é possível encontrar na literatura diferenças quanto à localização dos pontos de medida. Dessa forma, sugere-se que as medidas sejam realizadas seguindo sempre a mesma padronização, a fim de possibilitar comparações futuras. Ao trabalhar com as equações de dobras cutâneas, devem-se coletar as dobras cutâneas seguindo expressamente as padronizações sugeridas pelos autores das referidas equações.

Conforme proposto por diferentes autores, nacionais e internacionais, serão descritos na sequência as localizações e os procedimentos, de maior frequência, utilizados na coleta de dados das dobras cutâneas, bem como suas possíveis variações.[1,5,13,17,31]

## Dobra cutânea tricipital

É medida na face posterior do braço, paralelamente ao eixo longitudinal, no ponto médio entre a borda súpero-lateral do acrômio e o olécrano.

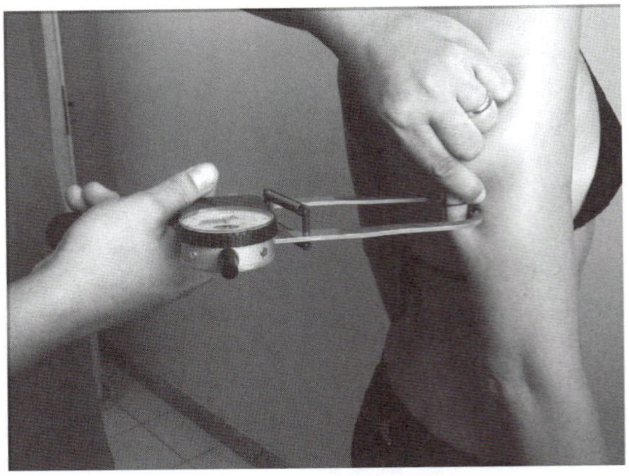

Figura 12.11 – Dobra cutânea tricipital.

## Dobra cutânea bicipital

É medida na face anterior do braço, sentido do eixo longitudinal, no ponto de maior circunferência.

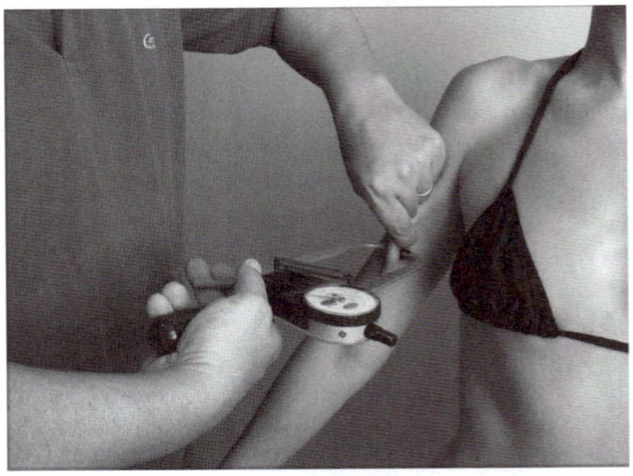

Figura 12.12 – Dobra cutânea bicipital.

## Dobra cutânea subescapular

Localizada a dois centímetros abaixo do ângulo inferior da escápula, seguindo as orientações dos arcos costais. É realizada obliquamente em relação ao eixo longitudinal.

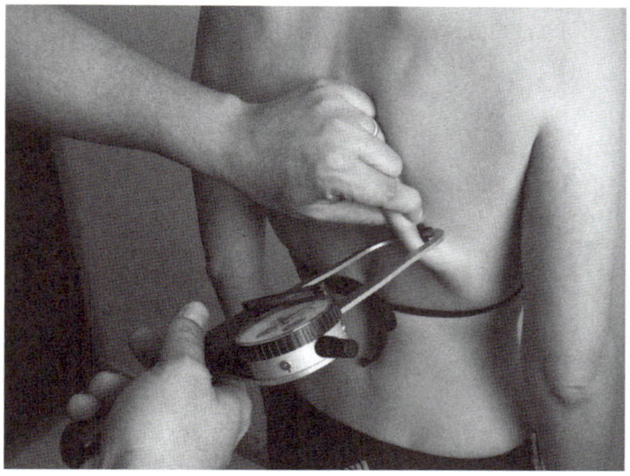

Figura 12.13 – Dobra cutânea subescapular.

## Dobra cutânea peitoral ou torácica

É realizada obliquamente em relação ao eixo longitudinal.

Homens: localizada no ponto médio entre a linha axilar anterior e a linha mamilar.

Mulheres: a um terço da linha axilar anterior.

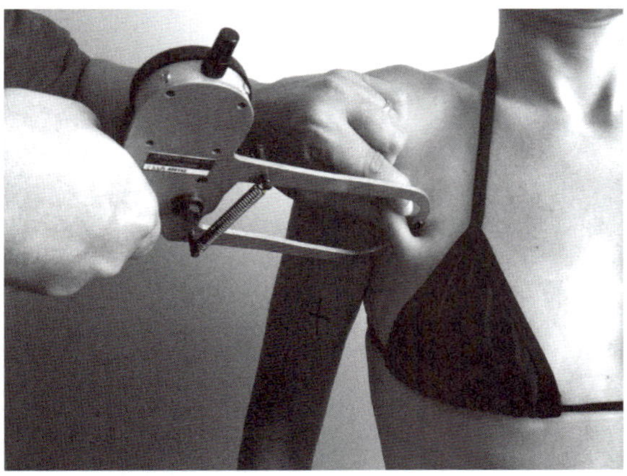

Figura 12.14 – Dobra cutânea peitoral ou torácica.

## Dobra cutânea axilar medial

É realizada obliquamente em relação ao eixo longitudinal, no ponto de intersecção entre a linha axilar medial e uma linha imaginária transversal na altura do apêndice xifoide do esterno.

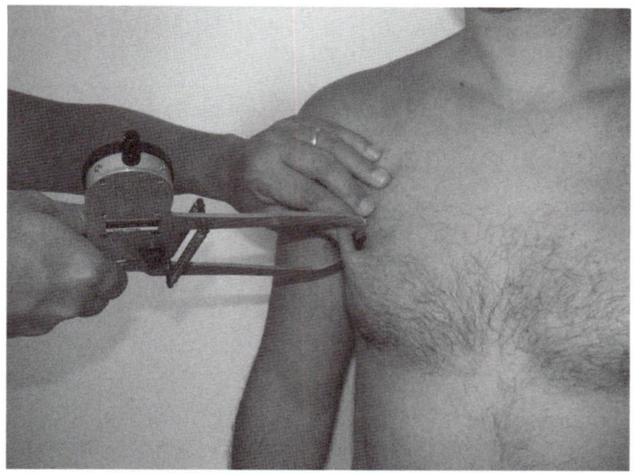

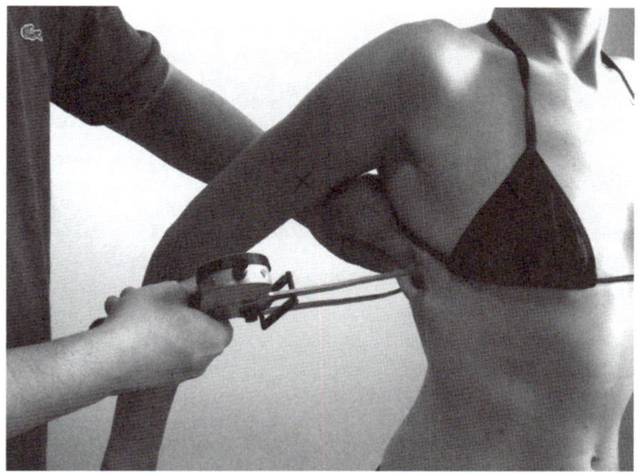

Figura 12.15 – Dobra cutânea axilar medial.

## Dobra cutânea suprailíaca

É realizada obliquamente em relação ao eixo longitudinal, no ponto médio entre o último arco costal e a crista ilíaca sobre a linha axilar média.

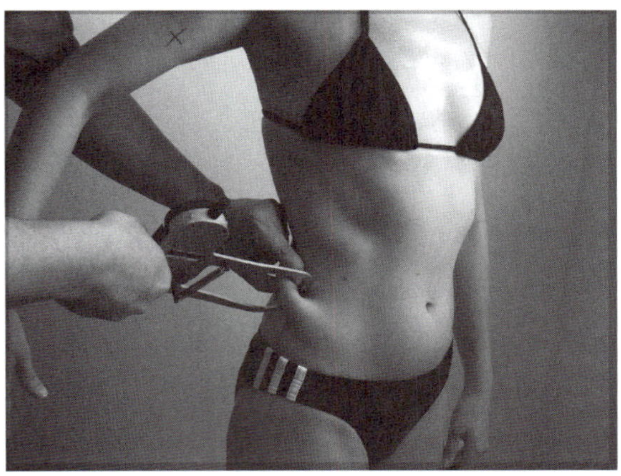

Figura 12.16 – Dobra cutânea suprailíaca.

## Dobra cutânea supraespinhal

É realizada de 5 a 7 cm acima da espinha ilíaca anterior, na intersecção entre uma linha horizontal na altura do ponto íleo-cristal e uma linha oblíqua proveniente da borda axilar anterior, próximo de um ângulo de 45º.

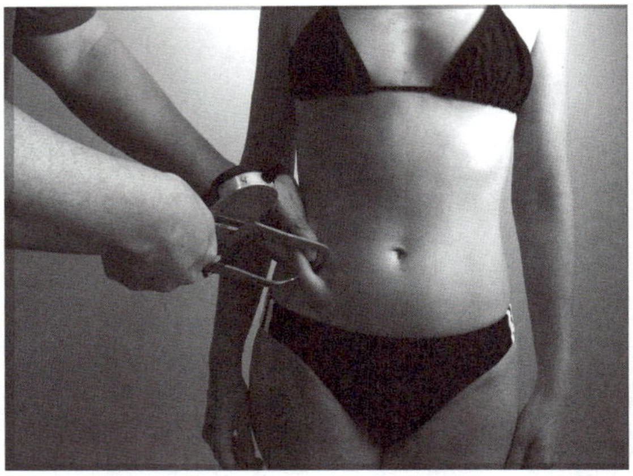

Figura 12.17 – Dobra cutânea supraespinhal.

## Dobra cutânea abdominal

É realizada paralelamente ao eixo longitudinal, localizada 2 cm à direita da cicatriz umbilical. Harrison et al.,[31] no entanto, propõem que seja realizada transversalmente.

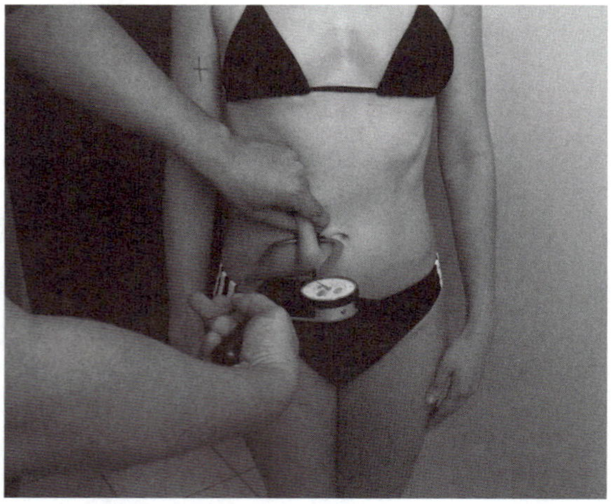

Figura 12.18 – Dobra cutânea abdominal.

## Dobra cutânea da coxa

É realizada paralelamente ao eixo longitudinal, sobre o músculo reto femural.

Coxa proximal: a um terço da distância do ligamento inguinal a borda superior da rótula;

Coxa medial: ponto médio entre o ligamento inguinal e a borda superior da rótula.

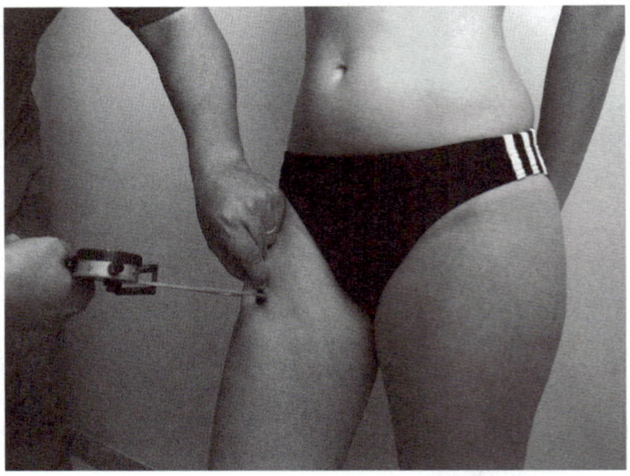

Figura 12.19 – Dobra cutânea da coxa.

## Dobra cutânea da panturrilha

Manter o avaliado sentado, com a articulação do joelho em flexão de 90º. A medida é realizada no ponto de maior circunferência da perna, mantendo o polegar da mão esquerda apoiado na borda medial da tíbia.

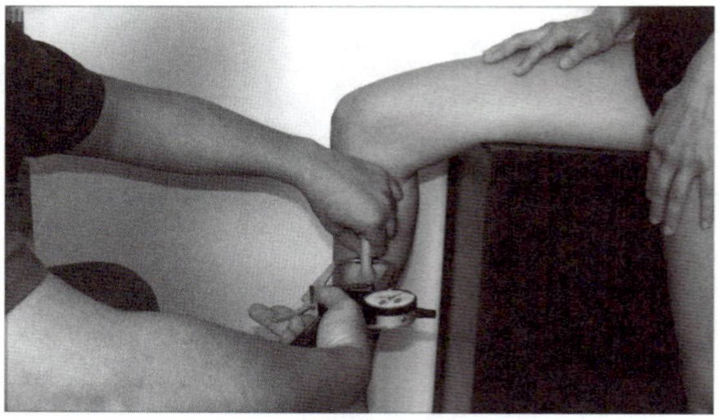

Figura 12.20 – Dobra cutânea da panturrilha.

Uma vez obtidos os valores das dobras cutâneas, é possível estimar os valores de densidade corporal e percentual de gordura, por meio das equações de regressão. O comportamento das espessuras das dobras cutâneas e dos valores de densidade corporal sofre influências das variações biológicas associadas ao sexo, idade e quantidade de gordura corporal. Levando em consideração esses pressupostos, foram criadas inúmeras equações de regressão para estimar a densidade corporal e o percentual de gordura, classificadas, como visto anteriormente, em equações generalizadas e específicas.

Na literatura científica da área, existem muitas equações de regressão que predizem valores de densidade corporal e percentual de gordura, a partir da medida das espessuras de dobras cutâneas. No Anexo 2 deste capítulo, estão disponibilizadas as equações mais utilizadas nos estudos nacionais e, no Anexo 3, as tabelas de conversão do somatório de dobras cutâneas para percentual de gordura. Essas tabelas foram criadas com base nas equações desenvolvidas pelos respectivos autores, com a finalidade de informar ao aluno, de forma rápida, os valores do percentual de gordura. Sua utilização consiste na identificação dos valores do somatório das respectivas dobras cutâneas (coluna da esquerda) com o cruzamento da respectiva faixa etária. O valor encontrado nesse cruzamento representa o valor do percentual de gordura.

A validação e a proposição de novas equações para determinados segmentos da população brasileira é muito importante e, nesse sentido, devemos ressaltar a grande colaboração que alguns estudiosos têm trazido para a área, como as equações propostas por Guedes e as propostas por Petroski.

Lohman[29] propõe valores de corte para a classificação do percentual de gordura, segundo o sexo, em relação à saúde (Quadro 12.10).

Quadro 12.10 – Valores de referência para o percentual de gordura (%)

| | **Homens** | **Mulheres** |
|---|---|---|
| Muito baixo | ≤ 5% | ≤ 8% |
| Abaixo da média | 6% – 14% | 9% – 22% |
| Média | 15% | 23% |
| Acima da média | 16% – 24% | 24% – 31% |
| Muito alto | ≥ 25% | ≥ 32% |

Fonte: adaptado de Lohman (1992).[29]

Vale ressaltar, segundo o autor, que valores ≤ 5% e ≤ 8% para homens e mulheres, respectivamente, representam risco de doenças e distúrbios associados à desnutrição. Em contrapartida, valores ≥ 25% e ≥ 32% para homens e mulheres, respectivamente, representam risco de doenças e distúrbios associados à obesidade. Na literatura nacional, são encontrados valores de corte similares, e são sugeridos para mulheres valores entre 22% e 25% de gordura e, para homens, entre 12% e 15% de gordura. Adotando esses valores como referência, quantidades de gordura superiores a 20% e 33% do peso corporal em homens e mulheres, respectivamente, indicariam uma situação de obesidade.[13]

Determinar a composição corporal de crianças e adolescentes é interessante em virtude de oferecer indicadores importantes para o acompanhamento das variáveis de crescimento e desenvolvimento, sobretudo, em relação ao componente de gordura. Todavia, ao contrário do que se observa com os adultos, as equações destinadas a essa população ainda são poucas. Entre as poucas equações existentes, parece haver, por parte dos autores, uma tendência em relação a quais dobras cutâneas utilizar.

Os autores apontam as espessuras das dobras cutâneas tricipital, subescapular e panturrilha como excelentes preditores do componente de gordura subcutânea em crianças e adolescentes. É possível fazer uso dessas dobras cutâneas isoladamente ou de forma combinada. Essas medidas, ainda, apresentam alta correlação com a gordura total.[32,33]

Quanto aos valores de corte, parece ainda haver a necessidade de uma padronização. Abbassi[34] sugere ser possível caracterizar a obesidade quando a dobra cutânea tricipital ultrapassar o 85º percentil. Gortmaker et al.[35] definem obesidade na criança quando a dobra cutânea tricipital for ≥ 85º percentil e obesidade mórbida, quando a dobra cutânea tricipital for ≥ 95º percentil para idade e sexo. Lohman[29] propõe o somatório das dobras cutâneas tricipital e subescapular, como pode ser observado nas Figuras 12.21 e 12.22.

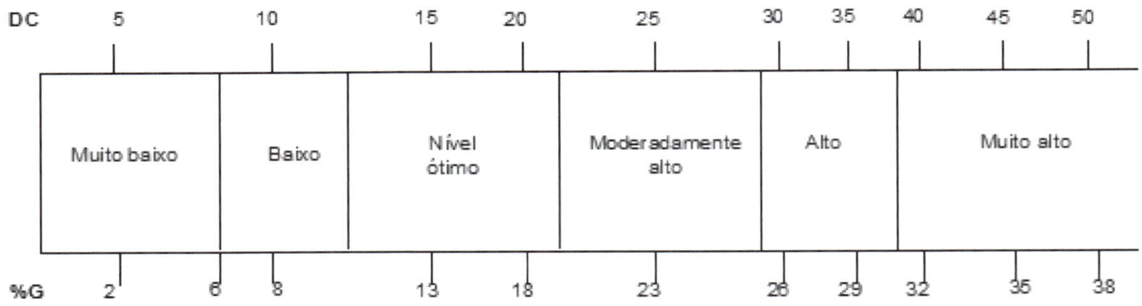


Figura 12.21 – Gordura corporal de meninos, em valores relativos e absolutos, utilizando o somatório das dobras cutâneas tricipital e subescapular.

Fonte: adaptado de Lohman, 1992.[25]

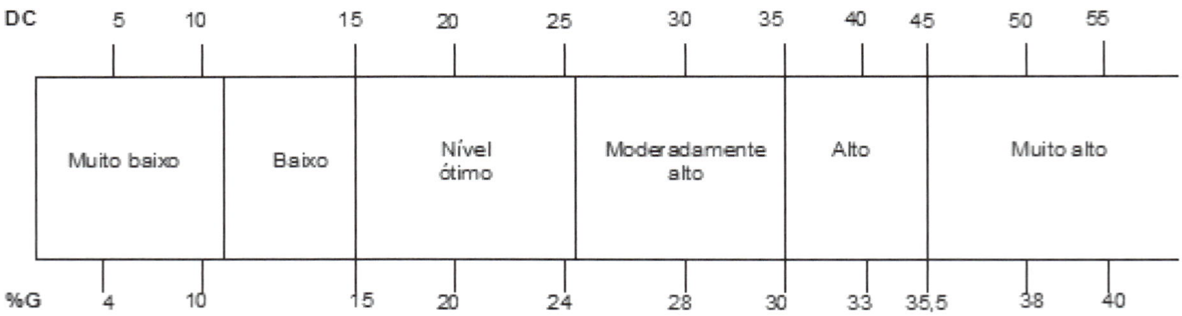


Figura 12.22 – Gordura corporal de meninas, em valores relativos e absolutos, utilizando o somatório das dobras cutâneas tricipital e subescapular.

Fonte: adaptado de Lohman, 1992.[25]

Para a interpretação dessas figuras, é necessário um exemplo. Suponhamos que um menino apresente o somatório das dobras cutâneas do tríceps e subescapular de 25 mm. Logo, seu percentual de gordura seria 23%, o que representaria um padrão de gordura corporal moderadamente alto. Parece que, no Brasil, as equações de Lohman, para diferentes idades, têm encontrado boa aceitação junto aos especialistas da área.[5]

Em alguns casos, não é possível medir as dobras cutâneas dos indivíduos em virtude da quantidade de gordura corporal ser excessivamente alta, ultrapassando a faixa recomendável de abertura das hastes do adipômetro (2 a 40 mm). Nesses casos, as medidas dos perímetros corporais podem ser uma opção.

Os perímetros corporais, ou medidas de circunferência corporal, são realizados em diferentes pontos do corpo, utilizando uma fita métrica flexível, com precisão de milímetros. Os dados obtidos podem ser analisados de forma absoluta ou aplicados em índices.

As medidas dos perímetros corporais têm demonstrado fragilidade como variável preditora de gordura corporal, tendo em vista que suas dimensões incluem outros tecidos além do adiposo. Entretanto, para indivíduos obesos, as equações antropométricas que utilizam apenas as circunferências podem ser uma opção interessante para estimar a gordura corporal dessa população.[17]

A razão cintura/quadril, ou índice cintura/quadril, tem sido associada com o acúmulo de gordura na região central do corpo, o que, por sua vez, frequentemente está relacionado com as doenças crônico-degenerativas. Dessa forma, alguns autores têm sugerido sua utilização nas rotinas de avaliação.[17] A razão cintura/quadril pode ser obtida pela seguinte equação:

$$\text{Razão cintura/quadril} = \frac{\text{Perímetro da cintura (cm)}}{\text{Perímetro do quadril (cm)}}$$

## Perímetro da cintura

Medido no ponto médio entre o último arco costal e a crista ilíaca.

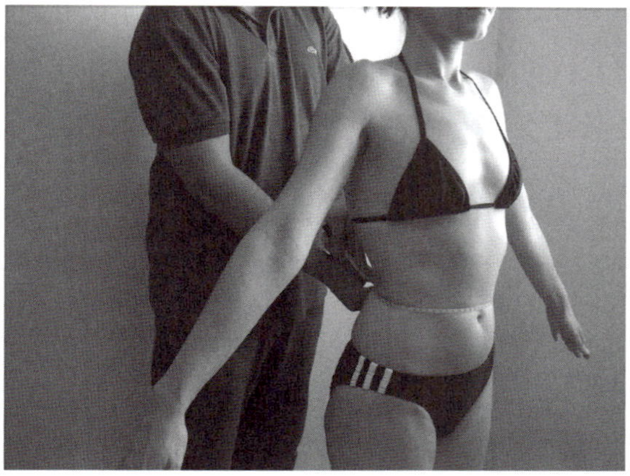

Figura 12.23 – Perímetro da cintura.

## Perímetro do quadril

Medido no ponto de maior circunferência dos glúteos.

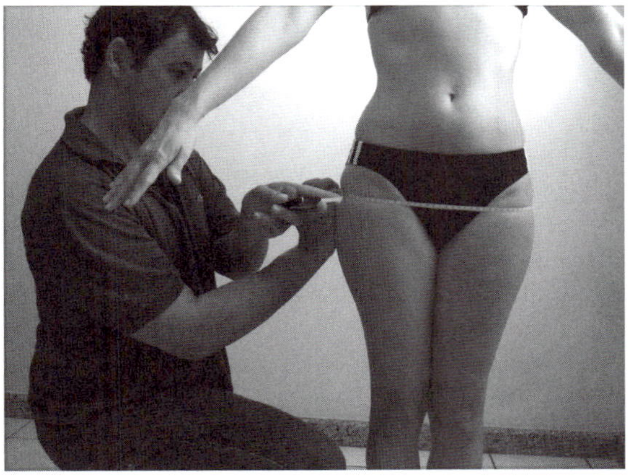

Figura 12.24 – Perímetro do quadril.

Para fins de interpretação, é possível encontrar na literatura algumas referências que identificam os riscos para a saúde, utilizando essa razão (Quadro 12.11). Dessa forma, quanto maior for a razão, maior será a probabilidade de o indivíduo vir a desenvolver doenças metabólicas crônicas.

Quadro 12.11 – Valores de corte da razão cintura/quadril e risco à saúde

| **Risco** | | | | | |
|---|---|---|---|---|---|
| | **Idade** | **Baixo** | **Moderado** | **Alto** | **Muito alto** |
| Homens | 20 – 29 | < 0,83 | 0,83 – 0,88 | 0,89 – 0,94 | > 0,94 |
| | 30 – 39 | < 0,84 | 0,84 – 0,91 | 0,92 – 0,96 | > 0,96 |
| | 40 – 49 | < 0,88 | 0,88 – 0,95 | 0,96 – 1,00 | > 1,00 |
| | 50 – 59 | < 0,90 | 0.90 – 0,96 | 0,97 – 1,02 | > 1,02 |
| | 60 – 69 | < 0,91 | 0,91 – 0,98 | 0,99 – 1,03 | > 1,03 |
| Mulheres | 20 – 29 | < 0,71 | 0,71 – 0,77 | 0,78 – 0,82 | > 0,82 |
| | 30 – 39 | < 0,72 | 0,72 – 0,78 | 0,79 – 0,84 | > 0,84 |
| | 40 – 49 | < 0,73 | 0,73 – 0,79 | 0,80 – 0,87 | > 0,87 |
| | 50 – 59 | < 0,74 | 0,74 – 0,81 | 0,82 – 0,88 | > 0,88 |
| | 60 – 69 | < 0,76 | 0,76 – 0,83 | 0,84 – 0,90 | > 0,90 |

Fonte: Bray e Gray (apud Heyward e Wagner, 2004).[4]

Outra forma disponível para predizer o risco à saúde, relacionando o acúmulo de gordura na região central, é a medida do perímetro abdominal de forma isolada. Nesse caso, valores superiores a 102 cm e 88 cm, para homens e mulheres, respectivamente, representam maior risco de incidência de doenças crônico-degenerativas.

# Anexos

# Anexo 1

Equações de predição da massa isenta de gordura (MIG) e massa corporal magra (MCM) mediante as informações disponíveis na BIA.

## Equações para meninos e meninas

Yonamine (2000)[36]

*Meninos brasileiros de 12 a 14 anos*

MCM = 0,70837 (peso) – 0,01159 (resistência) + 14,27037

MCM = 0,68682 (estatura$^2$/resistência) + 10,93302

Lohman (1992)[29]

*Meninos e meninas de 8 a 15 anos*

MIG = 0,62 (estatura$^2$/resistência) + 0,21 (peso) + 0,1 (reactância) + 4,2

## Equações para o sexo feminino

Lohman (1992)[29]

*Mulheres de 20 a 40 anos*

MIG = 0,476 (estatura$^2$/resistência) + 0,295 (peso) + 5,49

Segal et al. (1988 *apud* Guedes e Guedes 2006)[1]

*Mulheres de 17 a 62 anos*

MIG = 0,0011 (estatura)$^2$ - 0,021 (resistência) + 0,232 (peso) - 0,068 (idade) + 14,595

Carvalho (1998)[37]

*Mulheres brasileiras de 18 a 28 anos*

MCM = 0,39493 (estatura$^2$/resistência) + 0,33101 (peso) + 0,178 (estatura) – 20,44659

MCM = 0,03211 (reactância) + 0,33031 (peso) + 0,3833 (estatura) – 0,031159 (resistência) – 19,60829

## Equações para o sexo masculino

Lohman (1992)[29]

*Homens de 20 a 40 anos*

MIG = 0,485 (estatura$^2$/resistência) + 0,338 (peso) + 5,49

Segal et al. (1988 *apud* Guedes e Guedes 2006)[1]

*Homens de 17 a 62 anos*

MIG = 0,0013 (estatura)$^2$ - 0,044 (resistência) + 0,305 (peso) - 0,168 (idade) + 22,668

Carvalho (1998)[37]

*Homens brasileiros de 18 a 30 anos*

MCM = 17,95347 + 0,21414 (estatura$^2$/resistência) – 0,06145 (reactância) + 0,4889 (peso)

MCM = 11,91759 + 0,21414 (estatura$^2$/resistência) + 0,48744 (peso)

## Equações para atletas

Lukaski et al. (1997 *apud* Costa 2001)[2]

*Universitários*

MIG = 0,734 (estatura$^2$/resistência) + 0,116 (peso) + 0,096 (reactância) – 3,152

# Anexo 2

Equações de predição da densidade corporal e do percentual de gordura, por meio das medidas de dobras cutâneas.

## Equações generalizadas para o sexo masculino

Jackson e Pollock (1978 *apud* Costa 2001)[2]

*Homens de 18 a 61 anos*

Dens. = 1,112 – 0,00043499 ($\Sigma$ DC) + 0,00000055 ($\Sigma$ DC)$^2$ – 0,00028826 (idade)

$\Sigma$ DC: Somatório de 7 DC (peitoral, axilar medial, tríceps, subescapular, suprailíaca, abdominal e coxa).

Dens. = 1,10938 – 0,0008267 ($\Sigma$ DC) + 0,0000016 ($\Sigma$ DC)$^2$ – 0,0002574 (idade)

$\Sigma$ DC: Somatório de 3 DC (peitoral, abdominal e coxa).

Petroski (2003)[5]

*Homens de 18 a 66 anos*

Dens. = 1,10726863 – 0,00081201(X4) + 0,00000212(X4)$^2$ – 0,00041761 (idade)
Dens. = 1,10404686 – 0,00111938(X3) + 0,00000391(X3)$^2$ – 0,00032770 (idade)
Dens. = 1,10098229 – 0,00145899(X2) + 0,00000701(X2)$^2$ – 0,00032770 (idade)

X4: Somatório de 4 DC (subescapular, tríceps, suprailíaca e panturrilha medial);
X3: Somatório de 3 DC (subescapular, tríceps e peitoral);
X2: Somatório de 2 DC (tríceps e axilar medial).

## Equações generalizadas para o sexo feminino

Jackson, Pollock e Ward (1980 *apud* Costa 2001)[2]

*Mulheres de 18 a 55 anos*

Dens. = 1,097 – 0,00046971 ($\Sigma$ DC) + 0,00000056 ($\Sigma$ DC)$^2$ – 0,00012828 (idade)

$\Sigma$ DC: Somatório de 7 DC (peitoral, axilar medial, tríceps, subescapular, suprailíaca, abdominal e coxa).

Dens. = 1,0994921 – 0,0009929 ($\Sigma$ DC) + 0,0000023 ($\Sigma$ DC)$^2$ – 0,0001392 (idade)

$\Sigma$ DC: Somatório de 3 DC (tríceps, suprailíaca e coxa).

Petroski (2003)[5]

*Mulheres de 18 a 51 anos*

Dens. = 1,02902361 – 0,00067159 (X4) + 0,00000242 (X4)$^2$ – 0,00026073 (idade) – 0,00056009 (peso) + 0,00054649 (estatura)
Dens. = 1,19547130 – 0,07513507 $\text{Log}_{10}$(Y4) – 0,00041072 (idade)
Dens. = 1,03465850 – 0,00063129 (Y4) + 0,00000187 (Y4)$^2$ – 0,00031165 (idade) – 0,00048890 (peso) + 0,00051345 (estatura)

X4: Somatório de 4 DC (subescapular, tríceps, suprailíaca e panturrilha medial).
Y4: Somatório de 4 DC (axilar medial, suprailíaca, coxa e panturrilha).

## Equações específicas para o sexo masculino

Guedes (1985)[38]

*Homens de 17 a 30 anos*

Dens. = 1,1714 – 0,0671 $Log_{10}$ (X1)

X1: Somatório das DC (tríceps, suprailíaca e abdominal).

Slaughter et al. (1988 *apud* Costa 2001)[2]

*Crianças e adolescentes*

*Meninos brancos com somatória das dobras menor ou igual a 35 mm*

Pré-adolescente:
% Gord = 1,12 (tríceps + subescapular) – 0,008 $(\text{tríceps} + \text{subescapular})^2$ – 1,7

Adolescente:
% Gord = 1,12 (tríceps + subescapular) – 0,008 $(\text{tríceps} + \text{subescapular})^2$ – 3,4

Após adolescência:
% Gord = 1,12 (tríceps + subescapular) – 0,008 $(\text{tríceps} + \text{subescapular})^2$ – 5,5

*Meninos negros com somatório das dobras menor ou igual a 35 mm*

Pré-adolescente:
% Gord = 1,21 (tríceps + subescapular) – 0,008 $(\text{tríceps} + \text{subescapular})^2$ – 3,4

Adolescente:
% Gord = 1,21 (tríceps + subescapular) – 0,008 $(\text{tríceps} + \text{subescapular})^2$ – 5,2

Após adolescência:
% Gord = 1,21 (tríceps + subescapular) – 0,008 $(\text{tríceps} + \text{subescapular})^2$ – 6,8

*Meninos brancos ou negros com somatório das dobras maior que 35 mm*

% Gord = 0,783 (tríceps + subescapular) +1,6

*Meninos brancos e negros*

% Gord = 0,735 (tríceps + panturrilha medial) +1

Boileau et al. (1985 *apud* Costa 2001)[2]

*Meninos brancos e negros de 8 a 17 anos*

% Gord = 1,35 (tríceps + subescapular) – 0,012 $(\text{tríceps} + \text{subescapular})^2$ – 4,4

Deurenberg et al. (1990 *apud* Costa 2001)[2]

*Meninos brancos e negros*

Pré-adolescente:
% Gord = 26,56 $log_{10}$ (bíceps + tríceps + subescapular + suprailíaca) – 22,23

Adolescência:
% Gord = 18,7 $log_{10}$ (bíceps + tríceps + subescapular + suprailíaca) – 11,91

Após adolescência:
% Gord = 18,88 $log_{10}$ (bíceps + tríceps + subescapular + suprailíaca) – 15,58

## Equações específicas para o sexo feminino

Guedes (1985)[38]

*Mulheres de 17 a 30 anos*

Dens. = 1,1665 – 0,0706 $Log_{10}$ (X1)

X1: Somatório das DC (subescapular, suprailíaca e coxa).

Slaughter et al. (1988 *apud* Costa 2001)[2]

*Crianças e adolescentes*

*Meninas brancas ou negras com somatório das dobras menor que 35 mm*

De 8 a 17 anos:

% Gord = 1,33 (tríceps + subescapular) – 0,130 (tríceps + subescapular)$^2$ – 2,5

*Meninas brancas ou negras com somatório das dobras maior que 35 mm*

De 8 a 17 anos:

% Gord = 0,546 (tríceps + subescapular) + 9,7

*Moças brancas ou negras*

De 8 a 17 anos:

% Gord = 0,61 (tríceps + panturrilha medial) + 5,1

Boileau et al. (1985 *apud* Costa 2001)[2]

*Meninas*

% Gord = 1,35 (tríceps + subescapular) – 0,012 (tríceps + subescapular)$^2$ – 2,4

Deurenberg et al. (1990 *apud* Costa 2001)[2]

*Meninas*

Pré-adolescente:
% Gord = 29,85 log10 (bíceps + tríceps + subescapular + suprailíaca) – 25,87

Adolescente:
% Gord = 23,94 log10 (bíceps + tríceps + subescapular + suprailíaca) – 18,89

Após adolescência:
% Gord = 39,02 log10 (bíceps + tríceps + subescapular + suprailíaca) – 43,49

## Equações específicas para atletas

Jackson et al. (1980 *apud* Heyward, Stolarczyk 2000)[16]

*Mulheres de 18 a 29 anos*

Dens. = 1,096095 – 0,00006952 (tríceps + suprailíaca anterior + abdominal + coxa) + 0,0000011 (tríceps + suprailíaca anterior + abdominal + coxa)$^2$ – 0,0000714 (idade)

Jackson e Pollock (1978 *apud* Heyward, Stolarczyk 2000)[16]

*Homens de 18 a 29 anos*

Dens. = 1,112 – 0,00043499 (peitoral + axilar medial + tríceps + subescapular + suprailíaca anterior + abdominal + coxa) + 0,00000055 (peitoral + axilar medial + tríceps + subescapular + suprailíaca anterior + abdominal + coxa)$^2$ – 0,00028826 (idade)

Equações específicas para indivíduos obesos

Weltman et al. (1987 *apud* Heyward, Stolarczyk 2000)[16]

*Homens e mulheres*

As equações surgiram dos estudos com indivíduos obesos de ambos os sexos, com idades entre 24 e 68 anos. Utilizaram-se as medidas da circunferência abdominal média (CAM) – 1ª medida: ponto médio entre o último arco costal e a crista ilíaca; 2ª medida: no alinhamento da cicatriz umbilical. Tirar a média entre os dois valores – massa corporal (MC) e a estatura (EST).

*Mulheres (20 a 60 anos)*

% Gord = 0,11077 (CAM) – 0,17666 (EST) + 0,14354 (MC) + 51,03301

*Homens (24 a 68 anos)*

% Gord = 0,31457 (CAM) – 0,10969 (MC) + 10,8336

# Anexo 3

Tabelas de conversão de somatório de dobras cutâneas para percentual de gordura.

## Equação: Petroski (2003)[5]

| | Idade até o último ano (em anos) | | | | | | | | | | |
|---|---|---|---|---|---|---|---|---|---|---|---|
| % DC | 18 a 19 | 20 a 24 | 25 a 29 | 30 a 34 | 35 a 39 | 40 a 44 | 45 a 49 | 50 a 54 | 55 a 59 | 60 a 65 | > 65 |
| 6-8 | 2,40 | 2,74 | 3,61 | 4,48 | 5,35 | 6,23 | 7,11 | 7,99 | 8,88 | 9,77 | 10,66 |
| 9 -11 | 3,36 | 3,71 | 4,58 | 5,45 | 6,33 | 7,21 | 8,09 | 8,98 | 9,87 | 10,76 | 11,66 |
| 12-4 | 4,31 | 4,66 | 5,54 | 6,41 | 7,29 | 8,18 | 9,07 | 9,96 | 10,85 | 11,75 | 12,65 |
| 15-17 | 5,26 | 5,61 | 6,48 | 7,36 | 8,25 | 9,13 | 10,03 | 10,92 | 11,82 | 12,72 | 13,62 |
| 18-20 | 6,18 | 6,54 | 7,42 | 8,30 | 9,19 | 10,08 | 10,97 | 11,87 | 12,77 | 13,68 | 14,59 |
| 21-23 | 7,10 | 7,45 | 8,34 | 9,20 | 10,12 | 11,01 | 11,91 | 12,81 | 13,72 | 14,63 | 15,54 |
| 24-26 | 8,00 | 8,36 | 9,25 | 10,14 | 11,03 | 11,93 | 12,83 | 13,74 | 14,65 | 15,56 | 16,48 |
| 27-29 | 8,90 | 9,25 | 10,14 | 11,04 | 11,94 | 12,84 | 13,74 | 14,65 | 15,56 | 16,48 | 17,40 |
| 30-32 | 9,77 | 10,13 | 11,03 | 11,92 | 12,83 | 13,73 | 14,64 | 15,55 | 16,47 | 17,39 | 18,31 |
| 33-35 | 10,64 | 11,00 | 11,90 | 12,80 | 13,70 | 14,61 | 15,52 | 16,44 | 17,36 | 18,28 | 19,21 |
| 36-38 | 11,49 | 11,85 | 12,75 | 13,66 | 14,57 | 15,48 | 16,39 | 17,31 | 18,24 | 19,16 | 20,09 |
| 39-41 | 12,33 | 12,69 | 13,60 | 14,50 | 15,42 | 16,33 | 17,25 | 18,17 | 19,10 | 20,03 | 20,96 |
| 42-44 | 13,16 | 13,52 | 14,43 | 15,34 | 16,25 | 17,17 | 18,09 | 19,02 | 19,95 | 20,88 | 21,82 |
| 45-47 | 13,97 | 14,33 | 15,24 | 16,16 | 17,08 | 18,00 | 18,92 | 19,85 | 20,79 | 21,72 | 22,66 |
| 48-50 | 14,77 | 15,13 | 16,04 | 16,96 | 17,88 | 18,81 | 19,74 | 20,67 | 21,61 | 22,55 | 23,49 |
| 51-53 | 15,55 | 15,92 | 16,83 | 17,75 | 18,68 | 19,61 | 20,54 | 21,48 | 22,41 | 23,36 | 24,31 |
| 54-56 | 16,32 | 16,69 | 17,61 | 18,53 | 19,46 | 20,39 | 21,33 | 22,26 | 23,21 | 24,15 | 25,10 |
| 57-59 | 17,08 | 17,44 | 18,37 | 19,29 | 20,23 | 21,16 | 22,10 | 23,04 | 23,99 | 24,94 | 25,89 |
| 60-62 | 17,82 | 18,19 | 19,11 | 20,04 | 20,98 | 21,91 | 22,86 | 23,80 | 24,75 | 25,70 | 26,66 |
| 63-65 | 18,54 | 18,91 | 19,84 | 20,78 | 21,71 | 22,65 | 23,60 | 24,55 | 25,00 | 26,45 | 27,41 |
| 66-68 | 19,25 | 19,63 | 20,56 | 21,49 | 22,43 | 23,38 | 24,33 | 25,28 | 26,23 | 27,19 | 28,15 |
| 69-71 | 19,95 | 20,32 | 21,26 | 22,20 | 23,14 | 24,09 | 25,04 | 25,99 | 26,95 | 27,91 | 28,88 |
| 72-74 | 20,63 | 21,00 | 21,94 | 22,88 | 23,83 | 24,78 | 25,73 | 26,69 | 27,65 | 28,61 | 29,38 |
| 75-77 | 21,30 | 21,68 | 22,62 | 23,56 | 24,51 | 25,46 | 26,73 | 27,38 | 28,34 | 29,31 | 30,28 |
| 78-80 | 21,95 | 22,33 | 23,27 | 24,22 | 25,17 | 26,12 | 27,08 | 28,04 | 29,01 | 29,98 | 30,95 |
| 81-83 | 22,59 | 22,97 | 23,91 | 24,86 | 25,81 | 26,77 | 27,73 | 28,70 | 29,68 | 30,64 | 31,61 |
| 84-86 | 23,20 | 23,58 | 24,54 | 25,49 | 26,44 | 27,40 | 28,37 | 29,33 | 30,30 | 31,28 | 32,26 |
| 87-89 | 23,81 | 24,19 | 25,14 | 26,10 | 27,06 | 28,02 | 28,98 | 29,95 | 30,93 | 31,91 | 32,89 |
| 90-82 | 24,40 | 24,78 | 25,74 | 26,69 | 27,65 | 28,62 | 29,59 | 30,56 | 31,53 | 32,52 | 33,50 |
| 93-95 | 24,98 | 25,36 | 26,31 | 27,27 | 28,24 | 29,20 | 30,17 | 31,15 | 32,13 | 33,11 | 34,09 |
| 96-98 | 25,53 | 25,92 | 26,87 | 27,84 | 28,80 | 29,77 | 30,74 | 31,72 | 32,70 | 33,68 | 34,67 |
| 99-101 | 26,08 | 26,46 | 27,42 | 28,38 | 29,35 | 30,32 | 31,30 | 32,27 | 33,26 | 34,24 | 35,24 |
| 102-104 | 26,60 | 26,98 | 27,95 | 28,91 | 29,88 | 30,85 | 31,83 | 32,81 | 33,80 | 34,79 | 35,78 |
| 105-107 | 27,11 | 27,49 | 28,46 | 29,42 | 30,40 | 31,37 | 32,35 | 33,33 | 34,32 | 35,31 | 36,31 |
| 108-110 | 27,60 | 27,99 | 28,95 | 29,92 | 30,89 | 31,87 | 32,85 | 33,84 | 34,83 | 35,82 | 36,82 |
| 111-113 | 28,08 | 28,46 | 29,43 | 30,40 | 31,38 | 32,36 | 33,34 | 34,33 | 35,32 | 36,31 | 37,31 |
| 114-116 | 28,53 | 28,92 | 29,89 | 30,86 | 31,84 | 32,82 | 33,81 | 34,80 | 35,79 | 36,79 | 37,79 |
| 117-119 | 28,98 | 29,36 | 30,34 | 31,31 | 32,29 | 33,27 | 34,26 | 35,25 | 36,25 | 37,25 | 38,25 |
| 120-122 | 29,40 | 29,79 | 30,76 | 31,74 | 32,72 | 33,71 | 34,69 | 35,69 | 36,68 | 37,69 | 38,69 |
| 123-135 | 29,81 | 30,20 | 31,17 | 32,15 | 33,13 | 34,12 | 35,11 | 36,11 | 37,11 | 38,11 | 39,12 |
| 126-128 | 30,20 | 30,59 | 31,57 | 32,55 | 33,53 | 34,52 | 35,51 | 36,51 | 37,51 | 38,51 | 39,52 |
| 129-131 | 30,57 | 30,96 | 31,94 | 32,92 | 33,91 | 34,90 | 35,89 | 36,89 | 37,89 | 38,90 | 39,91 |
| 132-134 | 30,92 | 31,32 | 32,20 | 33,28 | 34,27 | 35,26 | 36,26 | 37,26 | 38,26 | 39,27 | 40,28 |
| 135-137 | 31,29 | 31,98 | 32,64 | 33,63 | 34,61 | 35,61 | 36,60 | 37,60 | 38,61 | 39,62 | 40,63 |

Homens a partir de 18 anos de idade – percentual de gordura corporal (%G) obtido por meio da soma das dobras cutâneas subescapular, tríceps, suprailíaca e panturrilha medial.

## Equação: Petroski (2003)[5]

Mulheres a partir de 18 anos de idade – percentual de gordura corporal (%G) obtido por meio da soma das dobras cutâneas axilar medial, suprailíaca, coxa e panturrilha medial.

| | Idade até o último ano (em anos) | | | | | | | | | |
|---|---|---|---|---|---|---|---|---|---|---|
| **% DC** | **18 a 19** | **20 a 24** | **25 a 29** | **30 a 34** | **35 a 39** | **40 a 44** | **45 a 49** | **50 a 54** | **55 a 59** | **> 60** |
| 21-23 | 5,29 | 5,64 | 6,50 | 7,36 | 8,23 | 9,11 | 9,98 | 10,86 | 11,75 | 12,63 |
| 24-26 | 7,05 | 7,39 | 8,262 | 9,13 | 10,01 | 10,89 | 11,77 | 12,66 | 13,55 | 14,44 |
| 27-29 | 8,61 | 8,96 | 9,84 | 10,71 | 11,06 | 12,48 | 13,37 | 14,26 | 15,16 | 16,06 |
| 30-32 | 10,03 | 10,38 | 11,26 | 12,14 | 13,03 | 13,92 | 14,82 | 15,72 | 16,62 | 17,52 |
| 33-35 | 11,32 | 11,67 | 12,56 | 13,45 | 14,34 | 15,24 | 16,14 | 17,04 | 17,95 | 18,86 |
| 36-38 | 12,51 | 12,86 | 13,75 | 14,56 | 15,55 | 16,45 | 17,35 | 18,26 | 19,17 | 20,08 |
| 39-41 | 13,61 | 13,97 | 14,86 | 15,76 | 16,66 | 17,57 | 18,48 | 19,39 | 20,30 | 21,22 |
| 42-44 | 14,64 | 15,00 | 15,89 | 16,80 | 17,70 | 18,61 | 19,52 | 20,44 | 21,36 | 22,28 |
| 45-47 | 15,60 | 15,96 | 16,86 | 17,70 | 18,68 | 19,59 | 20,51 | 21,43 | 22,35 | 23,28 |
| 48-50 | 16,50 | 16,86 | 17,77 | 18,68 | 19,59 | 20,51 | 21,43 | 22,35 | 23,28 | 24,21 |
| 51-53 | 17,36 | 17,72 | 18,63 | 19,54 | 20,46 | 21,38 | 22,30 | 23,23 | 24,16 | 25,10 |
| 54-56 | 18,17 | 18,53 | 19,44 | 20,36 | 21,28 | 22,20 | 23,13 | 24,06 | 24,99 | 25,93 |
| 57-59 | 18,94 | 19,30 | 20,22 | 21,13 | 22,06 | 22,98 | 23,91 | 24,85 | 25,78 | 26,73 |
| 60-62 | 19.67 | 20,03 | 20,95 | 21,87 | 22,80 | 23,73 | 24,66 | 25,60 | 26,54 | 27,48 |
| 63-65 | 20,37 | 20,73 | 21,66 | 22,58 | 23,51 | 24,44 | 25,38 | 26,32 | 27,26 | 28,21 |
| 66-68 | 21,04 | 21,40 | 22,33 | 23,26 | 24,19 | 25,12 | 26,06 | 27,00 | 27,95 | 28,90 |
| 69-71 | 21,68 | 22,05 | 22,97 | 23,90 | 24,84 | 25,77 | 26,71 | 27,66 | 28,61 | 29,56 |
| 72-74 | 22,29 | 22,66 | 23,56 | 24,51 | 25,45 | 26,39 | 27,33 | 28,28 | 29,23 | 30,19 |
| 75-77 | 22,89 | 23,26 | 24,19 | 25,12 | 26,06 | 27,00 | 27,95 | 28,90 | 29,85 | 30,81 |
| 78-80 | 23,46 | 23,83 | 24,76 | 25,70 | 26,64 | 27,59 | 28,53 | 29,49 | 30,44 | 31,40 |
| 81-83 | 24,01 | 24,38 | 25,32 | 26,26 | 27,20 | 28,15 | 29,10 | 30,05 | 31,01 | 31,97 |
| 84.86 | 24,54 | 24,91 | 25,85 | 26,79 | 27,73 | 28,68 | 29,64 | 30,59 | 31,55 | 32,51 |
| 87-89 | 25,06 | 25,43 | 26,37 | 27,32 | 28,26 | 29,21 | 30,17 | 31,13 | 32,09 | 33,05 |
| 90-82 | 25,56 | 25,93 | 26,87 | 27,82 | 28,77 | 29,72 | 30,68 | 31,64 | 32,60 | 33,57 |
| 93-95 | 26,04 | 26,42 | 27,36 | 28,31 | 29,26 | 30,21 | 31,17 | 32,13 | 33,10 | 34,07 |
| 96-98 | 26,51 | 26,89 | 27,83 | 28,78 | 29,73 | 30,69 | 31,65 | 32,62 | 33,58 | 34,56 |
| 99-101 | 26, 97 | 27,34 | 28,29 | 29,24 | 30,20 | 31,16 | 32,12 | 33,08 | 34,05 | 35,03 |
| 102-104 | 27,41 | 27,79 | 28,74 | 29,69 | 30,65 | 31,61 | 32,57 | 33,54 | 34,51 | 35,49 |
| 105-107 | 27,84 | 28,22 | 29,17 | 30,13 | 31,08 | 32,05 | 33,01 | 33,98 | 34,96 | 35,93 |
| 108-110 | 28,26 | 28,64 | 29,59 | 30,55 | 31,51 | 32,47 | 33,44 | 34,41 | 35,39 | 36,37 |
| 111-113 | 28,67 | 29,05 | 30,01 | 30,96 | 31,93 | 32,89 | 33,86 | 34,83 | 35,81 | 36,79 |
| 114-116 | 29,07 | 29,45 | 30,41 | 31,37 | 32,33 | 33,30 | 34,27 | 35,24 | 36,22 | 37,21 |
| 117-119 | 29,46 | 29,84 | 30,80 | 31,76 | 32,73 | 33,70 | 34,67 | 35,64 | 36,62 | 37,61 |
| 120-122 | 29,84 | 30,23 | 31,18 | 32,15 | 33,11 | 34,08 | 35,06 | 36,04 | 37,02 | 38,00 |
| 123-135 | 30,21 | 30,60 | 31,56 | 32,52 | 33,49 | 34,46 | 35,44 | 36,42 | 37,40 | 38,39 |
| 126-128 | 30,58 | 30,96 | 31,92 | 32,89 | 33,86 | 34,83 | 35,81 | 36,79 | 37,77 | 38,76 |
| 129-131 | 30,93 | 31,32 | 32,28 | 33,25 | 34,22 | 35,19 | 36,17 | 37,15 | 38,14 | 39,13 |
| 132-134 | 31,28 | 31,67 | 32,63 | 33,60 | 34,57 | 35,55 | 36,53 | 37,51 | 38,50 | 39,49 |
| 135-137 | 31,62 | 32,01 | 32,97 | 33,94 | 34,92 | 35,89 | 36,88 | 37,86 | 38,85 | 39,84 |
| 138-141 | 31,96 | 32,34 | 33,31 | 34,28 | 35,26 | 36,23 | 37,22 | 38,20 | 39,20 | 40,19 |

## Equação: Jackson, Pollock e Ward (1980 apud Costa 2001)[2]

Estimativa do percentual de gordura para mulheres a partir da idade e do somatório das dobras cutâneas do tríceps, suprailíaca e coxa.

| | Idade até o último ano | | | | | | | | |
|---|---|---|---|---|---|---|---|---|---|
| **Somatório das dobras cutâneas (mm)** | **Abaixo de 22** | **23 a 27** | **28 a 32** | **33 a 37** | **38 a 42** | **43 a 47** | **48 a 52** | **53 a 57** | **Acima de 58** |
| 23-25 | 9,7 | 9,9 | 10,2 | 10,4 | 10,7 | 10,9 | 11,2 | 11,4 | 11,7 |
| 26-28 | 11,0 | 11,2 | 11,5 | 11,7 | 12,0 | 12,3 | 12,5 | 12,7 | 13,0 |
| 39-31 | 12,3 | 12,5 | 12,8 | 13,0 | 13,3 | 13,5 | 13,8 | 14,0 | 14,3 |
| 32-34 | 13,6 | 13,2 | 14,0 | 14,3 | 14,5 | 14,8 | 15,0 | 15,3 | 15,5 |
| 35-37 | 14,8 | 15,0 | 15,3 | 15,5 | 15,8 | 16,0 | 16,3 | 16,5 | 16,8 |
| 38-40 | 16,0 | 16,3 | 16,5 | 16,7 | 17,0 | 17,2 | 17,5 | 17,7 | 18,0 |
| 41-43 | 17,2 | 17,4 | 17,7 | 17,9 | 18,2 | 18,4 | 18,7 | 18,9 | 19,2 |
| 44-46 | 18,3 | 18,6 | 18,8 | 19,1 | 19,3 | 19,6 | 19,8 | 20,1 | 20,3 |
| 47-49 | 19,5 | 19,7 | 20,0 | 20,2 | 20,5 | 20,7 | 21,0 | 21,2 | 21,5 |
| 50-52 | 20,6 | 20,8 | 21,1 | 21,3 | 21,6 | 21,8 | 22,1 | 22,3 | 22,6 |
| 53-55 | 21,7 | 21,9 | 22,1 | 22,4 | 22,6 | 22,9 | 23,1 | 23,4 | 23,6 |
| 56-58 | 22,7 | 23,0 | 23,2 | 23,4 | 23,7 | 23,9 | 24,2 | 24,4 | 24,7 |
| 59-61 | 23,7 | 24,0 | 24,2 | 24,5 | 24,7 | 25,0 | 25,2 | 25,5 | 25,7 |
| 62-64 | 24,7 | 25,0 | 25,2 | 25,5 | 25,7 | 26,0 | 26,7 | 26,4 | 26,7 |
| 65-67 | 25,7 | 25,9 | 26,2 | 26,4 | 26,7 | 26,9 | 27,2 | 27,4 | 27,7 |
| 68-70 | 26,6 | 26,9 | 27,1 | 27,4 | 27,6 | 27,9 | 28,1 | 28,4 | 28,6 |
| 71-73 | 27,5 | 27,8 | 28,0 | 28,3 | 28,5 | 28,8 | 28,0 | 29,3 | 29,5 |
| 74-76 | 28,4 | 28,7 | 28,9 | 29,2 | 29,4 | 29,7 | 29,9 | 30,2 | 30,4 |
| 77-79 | 29,3 | 29,5 | 29,8 | 30,0 | 30,3 | 30,5 | 30,8 | 31,0 | 31,3 |
| 80-82 | 30,1 | 30,4 | 30,6 | 30,9 | 31,1 | 31,4 | 31,6 | 31,9 | 32,1 |
| 83-85 | 30,9 | 31,2 | 31,4 | 31,7 | 31,9 | 32,2 | 32,4 | 32,7 | 32,9 |
| 86-88 | 31,7 | 32,0 | 32,2 | 32,5 | 32,7 | 32,9 | 33,2 | 33,4 | 33,7 |
| 89-91 | 32,5 | 32,7 | 33,0 | 33,2 | 33,5 | 33,7 | 33,9 | 34,2 | 34,4 |
| 92-94 | 33,2 | 33,4 | 33,7 | 33,9 | 34,2 | 34,4 | 34,7 | 34,9 | 35,2 |
| 95-97 | 33,9 | 34,1 | 34,4 | 34,6 | 37,9 | 25,1 | 35,4 | 35,6 | 35,9 |
| 98-100 | 34,6 | 34,8 | 35,1 | 35,3 | 35,5 | 35,8 | 36,0 | 36,3 | 36,5 |
| 101-103 | 35,3 | 35,4 | 35,7 | 35,9 | 36,2 | 36,4 | 36,7 | 36,9 | 37,2 |
| 104-106 | 35,8 | 36,1 | 36,3 | 36,6 | 36,8 | 37,1 | 37,3 | 37,5 | 37,8 |
| 107-109 | 36,4 | 36,7 | 36,9 | 37,1 | 37,4 | 37,6 | 37,9 | 38,1 | 38,4 |
| 110-112 | 37,0 | 37,2 | 37,5 | 37,7 | 38,0 | 38,2 | 38,5 | 38,7 | 38,9 |
| 113-115 | 37,5 | 37,8 | 38,0 | 38,2 | 38,5 | 38,7 | 39,0 | 39,2 | 39,5 |
| 116-118 | 38,0 | 38,3 | 38,5 | 38,8 | 39,0 | 39,3 | 39,5 | 39,7 | 40,0 |
| 119-121 | 38,5 | 38,7 | 39,0 | 39,2 | 39,5 | 39,7 | 40,0 | 40,2 | 40,5 |
| 122-124 | 39,0 | 39,2 | 39,4 | 39,7 | 39,9 | 40,2 | 40,4 | 40,7 | 40,9 |
| 125-127 | 39,4 | 39,6 | 39,9 | 40,1 | 40,4 | 40,6 | 40,9 | 41,1 | 41,4 |
| 128-130 | 39,8 | 40,0 | 40,3 | 40,5 | 40,8 | 41,0 | 41,3 | 41,5 | 41,8 |

## Equação: Jackson e Pollock (1978 apud Costa 2001)[2]

Estimativa do percentual de gordura para homens a partir da idade e do somatório das dobras cutâneas do peitoral, abdômen e coxa.

| Idade até o último ano | | | | | | | | | |
|---|---|---|---|---|---|---|---|---|---|
| **Somatório das dobras cutâneas (mm)** | **Abaixo de 22** | **23 a 27** | **28 a 32** | **33 a 37** | **38 a 42** | **43 a 47** | **48 a 52** | **53 a 57** | **Acima de 58** |
| 8-10 | 1,3 | 1,8 | 2,3 | 2,9 | 3,4 | 3,9 | 4,5 | 4,0 | 5,5 |
| 11-13 | 2,2 | 2,8 | 3,3 | 3,9 | 4,4 | 4,9 | 5,5 | 6,0 | 6,5 |
| 14-16 | 3,2 | 3,8 | 4,3 | 4,8 | 5,4 | 5,9 | 6,4 | 7,0 | 7,5 |
| 17-19 | 4,2 | 4,7 | 5,3 | 5,8 | 6,3 | 6,9 | 7,4 | 8,0 | 8,5 |
| 20-22 | 5,1 | 5,7 | 6,2 | 6,8 | 7,3 | 7,9 | 8,4 | 8,9 | 9,5 |
| 23-25 | 6,1 | 6,6 | 7,2 | 7,7 | 8,3 | 8,8 | 9,4 | 9,9 | 10,5 |
| 26-28 | 7,0 | 7,6 | 8,1 | 8,7 | 9,2 | 9,8 | 10,3 | 10,9 | 11,4 |
| 39-31 | 8,0 | 8,5 | 9,1 | 9,6 | 10,2 | 10,7 | 11,3 | 11,8 | 12,4 |
| 32-34 | 8,9 | 9,4 | 10,0 | 10,5 | 11,1 | 11,6 | 12,2 | 12,8 | 13,3 |
| 35-37 | 9,8 | 10,4 | 10,9 | 11,5 | 12,0 | 12,6 | 13,1 | 13,7 | 14,3 |
| 38-40 | 10,7 | 11,3 | 11,8 | 12,4 | 12,9 | 13,5 | 14,1 | 14,6 | 15,2 |
| 41-43 | 11,6 | 12,2 | 12,7 | 13,3 | 13,8 | 14,4 | 15,0 | 15,5 | 16,1 |
| 44-46 | 12,5 | 13,1 | 13,6 | 14,2 | 14,7 | 15,3 | 15,9 | 16,4 | 17,0 |
| 47-49 | 13,4 | 13,9 | 14,5 | 15,1 | 15,6 | 16,2 | 16,8 | 17,3 | 17,9 |
| 50-52 | 14,3 | 14,8 | 15,4 | 15,9 | 16,5 | 17,1 | 17,6 | 18,2 | 18,8 |
| 53-55 | 15,1 | 15,7 | 16,2 | 16,8 | 17,4 | 17,9 | 18,5 | 19,1 | 19,7 |
| 56-58 | 16,0 | 16,5 | 17,1 | 17,7 | 18,2 | 18,8 | 19,4 | 20,0 | 20,5 |
| 59-61 | 16,9 | 17,4 | 17,9 | 18,5 | 19,1 | 19,7 | 20,2 | 20,8 | 21,4 |
| 62-64 | 17,6 | 18,2 | 18,8 | 19,4 | 19,9 | 20,5 | 21,1 | 21,7 | 22,2 |
| 65-67 | 18,5 | 19,0 | 19,6 | 20,2 | 20,8 | 21,3 | 21,9 | 22,5 | 23,1 |
| 68-70 | 19,3 | 19,9 | 20,4 | 21,0 | 21,6 | 22,2 | 22,7 | 23,3 | 23,9 |
| 71-73 | 20,1 | 20,7 | 21,2 | 21,8 | 22,4 | 23,0 | 23,6 | 24,1 | 24,7 |
| 74-76 | 20,9 | 21,5 | 22,0 | 22,6 | 23,2 | 23,8 | 24,4 | 25,0 | 25,5 |
| 77-79 | 21,7 | 22,2 | 22,8 | 23,4 | 24,0 | 24,6 | 25,2 | 25,8 | 26,3 |
| 80-82 | 22,4 | 23,0 | 23,6 | 24,2 | 24,8 | 25,4 | 25,9 | 26,5 | 27,1 |
| 83-85 | 23,2 | 23,8 | 24,4 | 25,0 | 25,5 | 26,1 | 26,7 | 27,3 | 27,9 |
| 86-88 | 24,0 | 24,5 | 25,1 | 25,7 | 26,3 | 26,9 | 27,5 | 28,1 | 28,7 |
| 89-91 | 24,7 | 25,3 | 25,9 | 26,5 | 27,1 | 27,6 | 28,2 | 28,8 | 29,4 |
| 92-94 | 25,4 | 26,0 | 26,6 | 27,2 | 27,8 | 28,4 | 29,0 | 29,6 | 30,2 |
| 95-97 | 26,1 | 26,7 | 27,3 | 27,9 | 28,5 | 29,1 | 29,7 | 30,3 | 30,9 |
| 98-100 | 26,9 | 27,4 | 28,0 | 28,6 | 29,2 | 29,8 | 30,4 | 31,0 | 31,6 |
| 101-103 | 27,5 | 28,1 | 28,7 | 29,3 | 29,9 | 30,5 | 31,1 | 31,7 | 32,3 |
| 104-106 | 28,2 | 28,8 | 29,4 | 30,0 | 30,6 | 31,2 | 31,8 | 21,4 | 33,0 |
| 107-109 | 28,9 | 29,5 | 30,1 | 30,7 | 31,3 | 31,9 | 32,5 | 33,1 | 33,7 |
| 110-112 | 29,6 | 30,2 | 30,8 | 31,4 | 32,0 | 32,6 | 33,2 | 33,8 | 34,4 |
| 113-115 | 30,2 | 30,8 | 31,4 | 32,0 | 32,6 | 33,2 | 33,8 | 34,5 | 35,1 |
| 116-118 | 30,9 | 31,5 | 32,1 | 32,7 | 33,3 | 33,9 | 34,5 | 35,1 | 35,7 |
| 119-121 | 31,5 | 31,1 | 32,7 | 33,3 | 33,9 | 34,5 | 35,1 | 35,7 | 36,4 |
| 122-124 | 32,1 | 32,7 | 33,3 | 33,9 | 34,5 | 35,1 | 35,8 | 36,4 | 37,0 |
| 125-127 | 32,7 | 33,3 | 33,9 | 34,5 | 35,1 | 35,8 | 36,4 | 37,0 | 37,6 |

## Equação: Guedes (1985)[38]

Mulheres – estimativa do percentual de gordura corporal (%) mediante o somatório das dobras cutâneas subescapular, suprailíaca e coxa.

| mm | 0,0 | 0,1 | 0,1 | 0,3 | 0,4 | 0,5 | 0,6 | 0,7 | 0,8 | 0,9 |
|---|---|---|---|---|---|---|---|---|---|---|
| 30 | 16,03 | 16,07 | 16,12 | 16,16 | 16,21 | 16,25 | 16,29 | 16,34 | 16,38 | 16,42 |
| 31 | 16,47 | 16,51 | 16,56 | 16,60 | 16,64 | 16,68 | 16,73 | 16,77 | 16,81 | 16,85 |
| 32 | 16,90 | 16,94 | 16,98 | 17,02 | 17,06 | 17,11 | 17,15 | 17,19 | 17,23 | 17,27 |
| 33 | 17,31 | 17,35 | 17,39 | 17,44 | 17,48 | 17,52 | 17,56 | 17,60 | 17,64 | 17,68 |
| 34 | 17,72 | 17,76 | 17,80 | 17,84 | 17,88 | 17,92 | 17,95 | 17,99 | 18,03 | 18,07 |
| 35 | 18,11 | 18,15 | 18,19 | 18,23 | 18,26 | 18,30 | 18,34 | 18,38 | 18,42 | 18,46 |
| 36 | 18,49 | 18,53 | 18,57 | 18,61 | 18,64 | 18,68 | 18,72 | 18,76 | 18,79 | 18,83 |
| 37 | 19,87 | 18,90 | 18,94 | 18,98 | 19,01 | 19,05 | 19,09 | 19,12 | 19,16 | 19,19 |
| 38 | 19,23 | 19,27 | 19,30 | 19,34 | 19,37 | 19,41 | 19,44 | 19,48 | 19,51 | 19,55 |
| 39 | 19,58 | 19,62 | 19,65 | 19,69 | 19,72 | 19,76 | 19,79 | 19,83 | 19,86 | 19,90 |
| 40 | 19,93 | 19,97 | 20,00 | 20,03 | 20,07 | 20,10 | 20,13 | 20,17 | 20,21 | 20,24 |
| 41 | 20,27 | 20,30 | 20,34 | 20,37 | 20,40 | 20,44 | 20,47 | 20,50 | 20,53 | 20,57 |
| 42 | 20,60 | 20,63 | 20,66 | 20,70 | 20,73 | 20,76 | 20,79 | 20,83 | 20,86 | 20,89 |
| 43 | 20,92 | 20,95 | 20,99 | 21,02 | 21,05 | 21,08 | 21,11 | 21,14 | 21,18 | 21,21 |
| 44 | 21,34 | 21,27 | 21,30 | 21,33 | 21,36 | 21,39 | 21.43 | 21.46 | 21.49 | 21,52 |
| 45 | 21,55 | 21,58 | 21,61 | 21,64 | 21,67 | 21,70 | 21,73 | 21,76 | 21,79 | 21,82 |
| 46 | 21,85 | 21,88 | 21,91 | 21,94 | 21,97 | 22,00 | 22,03 | 22,06 | 22,09 | 22,12 |
| 47 | 22,15 | 22,18 | 22,21 | 22,24 | 22,27 | 22,029 | 22,32 | 22,35 | 22,38 | 22,41 |
| 48 | 22,44 | 22.47 | 22,50 | 22,53 | 22,55 | 22, 58 | 22,61 | 22,64 | 22,67 | 22,70 |
| 49 | 22,72 | 22,75 | 22,78 | 22,81 | 22,84 | 22,87 | 22,89 | 22,92 | 22,95 | 22,98 |
| 50 | 23,00 | 23,03 | 23,06 | 23,09 | 23,11 | 23,14 | 23,17 | 23,20 | 23,22 | 23,25 |
| 51 | 23,28 | 23,31 | 23,33 | 23,36 | 23,39 | 23,41 | 23,44 | 23,47 | 23,50 | 23,52 |
| 52 | 23,55 | 23,58 | 23,60 | 23,63 | 23,66 | 23,68 | 23,71 | 23,73 | 23,76 | 23,79 |
| 53 | 23,81 | 23,84 | 23,87 | 23,89 | 23,92 | 23,94 | 23,97 | 24,00 | 24,02 | 24,05 |
| 54 | 24,07 | 24,10 | 24,13 | 24,15 | 24,18 | 24, 20 | 24,23 | 24,25 | 24,28 | 24,30 |
| 55 | 24,33 | 24,35 | 24,38 | 24,41 | 24,43 | 24,46 | 24,48 | 24,51 | 24,53 | 24,56 |
| 56 | 24,58 | 24,61 | 24,63 | 24,66 | 24,68 | 24,71 | 24,73 | 24,75 | 24,78 | 24,80 |
| 57 | 24,83 | 24,85 | 24,88 | 24,90 | 24,93 | 24,95 | 24,97 | 25,00 | 25,02 | 25,05 |
| 58 | 25,07 | 25,10 | 25,12 | 25,14 | 25,17 | 25,19 | 25,22 | 25,24 | 25,26 | 25,29 |
| 59 | 25,31 | 25,33 | 25,36 | 25,38 | 25,41 | 25,43 | 25,45 | 25,48 | 25,50 | 25,52 |
| 60 | 25,55 | 25,57 | 25,59 | 25,62 | 25,64 | 25,66 | 25,69 | 25,71 | 25,73 | 25,75 |
| 61 | 25,78 | 25,80 | 25,82 | 25,85 | 25,87 | 25,89 | 25,91 | 25,94 | 25,96 | 25,98 |
| 62 | 26,01 | 26,03 | 26,05 | 26,07 | 26,10 | 26,12 | 26,14 | 26,16 | 26,19 | 26,21 |
| 63 | 26,23 | 26,25 | 26,28 | 26,30 | 26,32 | 26,34 | 26,36 | 26,39 | 26,41 | 26,43 |
| 64 | 26,45 | 26,47 | 26,50 | 26,52 | 26,54 | 26,56 | 26,58 | 26,61 | 26,63 | 26,65 |
| 65 | 26,67 | 26,69 | 26,71 | 26,74 | 26,76 | 26,78 | 26,80 | 26,32 | 26,84 | 26,86 |
| 66 | 26,89 | 26,91 | 26,93 | 26,95 | 26,97 | 26,99 | 27,01 | 27,03 | 27,06 | 27,08 |
| 67 | 27,10 | 27,12 | 27,14 | 27,16 | 27,18 | 27,20 | 27,22 | 27,24 | 27,26 | 27,29 |
| 68 | 27,31 | 27,33 | 27,35 | 27,37 | 27,39 | 27,41 | 27,43 | 27,45 | 27,47 | 27,49 |
| 69 | 27,51 | 27,53 | 27,55 | 27,57 | 27,59 | 27,61 | 27,63 | 27,66 | 27,68 | 27,70 |
| 70 | 27,72 | 27,74 | 27,76 | 27,78 | 27,80 | 27,82 | 27,84 | 27,86 | 27,88 | 27,90 |
| 71 | 27,92 | 27,94 | 27,96 | 27,98 | 28,00 | 28,02 | 28,04 | 28,06 | 28,08 | 28,09 |
| 72 | 28,11 | 28,13 | 28,15 | 28,17 | 28,19 | 28,21 | 28,23 | 28,25 | 28,27 | 28,29 |
| 73 | 28,31 | 28,33 | 28,35 | 28,37 | 28,39 | 28,41 | 28,43 | 28,45 | 27,46 | 28,48 |

## Equação: Guedes (1985) – continuação[38]

Mulheres – estimativa do percentual de gordura corporal (%) mediante o somatório das dobras cutâneas subescapular, suprailíaca e coxa.

| mm | 0,0 | 0,1 | 0,1 | 0,3 | 0,4 | 0,5 | 0,6 | 0,7 | 0,8 | 0,9 |
|---|---|---|---|---|---|---|---|---|---|---|
| 74 | 28,50 | 28,52 | 28,54 | 28,56 | 28,58 | 28,60 | 28,62 | 28,64 | 28,66 | 28,67 |
| 75 | 28,69 | 28,71 | 28,73 | 28,75 | 28,77 | 28,79 | 28,81 | 28,83 | 28,84 | 28,86 |
| 76 | 28,88 | 28,90 | 28,92 | 28,94 | 28,96 | 28,97 | 28,99 | 29,01 | 29,03 | 29,05 |
| 77 | 29,07 | 29,09 | 29,10 | 29,12 | 29,14 | 29,16 | 29,18 | 29,20 | 29,21 | 29,23 |
| 78 | 29,25 | 29,27 | 29,29 | 29,31 | 29,32 | 29,34 | 29,36 | 29,38 | 29,40 | 29,41 |
| 79 | 29,43 | 29,45 | 29,47 | 29,49 | 29,50 | 29,52 | 29,54 | 29,56 | 29,58 | 29,59 |
| 80 | 29,61 | 29,63 | 29,65 | 29,67 | 29,68 | 29,70 | 29,72 | 29,74 | 29,75 | 29,77 |
| 81 | 29,79 | 29,81 | 29,82 | 29,84 | 29,86 | 29,88 | 29,89 | 29,91 | 29,93 | 29,95 |
| 82 | 29,96 | 29,98 | 30,00 | 30,02 | 30,03 | 30,05 | 30,07 | 30,09 | 30,10 | 30,12 |
| 83 | 30,14 | 30,15 | 30,17 | 30,19 | 30,21 | 30,22 | 30,24 | 30,26 | 30,27 | 30,29 |
| 84 | 30,31 | 30,33 | 30,34 | 30,36 | 30,38 | 30,39 | 30,41 | 30,43 | 30,44 | 30,46 |
| 85 | 30,48 | 30,49 | 30,51 | 30,53 | 30,54 | 30,56 | 30,58 | 30,59 | 30,61 | 30,63 |
| 86 | 30,64 | 30,66 | 30,68 | 30,69 | 30,71 | 30,73 | 30,74 | 30,76 | 30,78 | 30,79 |
| 87 | 30,81 | 30,83 | 30,84 | 30,86 | 30,88 | 30,89 | 30,91 | 30,93 | 30,94 | 30,96 |
| 88 | 30,97 | 30,99 | 31,01 | 31,02 | 31,04 | 31,06 | 31,07 | 31,09 | 31,10 | 31,12 |
| 89 | 31,14 | 31,15 | 31,17 | 31,18 | 31,20 | 31,22 | 31,23 | 31,25 | 31,26 | 31,28 |
| 90 | 31,30 | 31,31 | 31,33 | 31,34 | 31,36 | 31,38 | 31,39 | 31,41 | 31,42 | 31,44 |
| 91 | 31,46 | 31,47 | 31,49 | 31,50 | 31,52 | 31,53 | 31,55 | 31,57 | 31,58 | 31,60 |
| 92 | 31,61 | 31,63 | 31,64 | 31,66 | 31,67 | 31,69 | 31,71 | 31,72 | 31,74 | 31,75 |
| 93 | 31,77 | 31,78 | 31,80 | 31,81 | 31,83 | 31,84 | 31,86 | 31,88 | 31,89 | 31,91 |
| 94 | 31,92 | 31,94 | 31,95 | 31,97 | 31,98 | 32,00 | 32,01 | 32,03 | 32,04 | 32,06 |
| 95 | 32,07 | 32,09 | 32,10 | 32,12 | 32,13 | 32,15 | 32,16 | 32,18 | 32,19 | 32,21 |
| 96 | 32,22 | 32,24 | 32,25 | 32,27 | 32,28 | 32,30 | 32,31 | 32,33 | 32,34 | 32,36 |
| 97 | 32,37 | 32,39 | 32,40 | 32,42 | 32,43 | 32,45 | 32,46 | 32,48 | 32,49 | 32,51 |
| 98 | 32,52 | 32,54 | 32,55 | 32,57 | 32,58 | 32,60 | 32,61 | 32,62 | 32,64 | 32,65 |
| 99 | 32,67 | 32,68 | 32,70 | 32,71 | 32,73 | 32,74 | 32,76 | 32,77 | 32,78 | 32,80 |
| 100 | 32,81 | 32,83 | 32,84 | 32,86 | 32,87 | 32,89 | 32,90 | 32,91 | 32,93 | 32,94 |
| 101 | 32,96 | 32,97 | 32,95 | 33,00 | 33,01 | 33,03 | 33,04 | 33,06 | 33,07 | 33,09 |
| 102 | 33,10 | 33,11 | 33,13 | 33,14 | 33,16 | 33,17 | 33,18 | 33,20 | 33,21 | 33,23 |
| 103 | 33,24 | 33,26 | 33,27 | 33,28 | 33,30 | 33,31 | 33,33 | 33,34 | 33,35 | 33,37 |
| 104 | 33,38 | 33,39 | 33,41 | 33,42 | 33,44 | 33,45 | 33,46 | 33,48 | 33,49 | 33,51 |
| 105 | 33,52 | 33,53 | 33,55 | 33,56 | 33,57 | 33,59 | 33,60 | 33,62 | 33,63 | 33,64 |
| 106 | 33,66 | 33,67 | 33,68 | 33,70 | 33,71 | 33,73 | 33,74 | 33,75 | 33,77 | 33,78 |
| 107 | 33,79 | 33,81 | 33,82 | 33,83 | 33,85 | 33,86 | 33,87 | 33,89 | 33,90 | 33,91 |
| 108 | 33,93 | 33,94 | 33,95 | 33,97 | 33,98 | 34,00 | 34,01 | 34,02 | 34,04 | 34,05 |
| 109 | 34,06 | 34,08 | 34,09 | 34,10 | 34,12 | 34,13 | 34,14 | 34,15 | 34,17 | 34,18 |

# Equação: Guedes (1985)[38]

Homens – estimativa do percentual de gordura corporal (%) mediante o somatório das dobras cutâneas tríceps, suprailíaca e abdominal.

| mm | 0,0 | 0,1 | 0,1 | 0,3 | 0,4 | 0,5 | 0,6 | 0,7 | 0,8 | 0,9 |
|---|---|---|---|---|---|---|---|---|---|---|
| 20 | 6,59 | 6,66 | 6,72 | 6,78 | 6,84 | 6,90 | 6,96 | 7,02 | 7,08 | 7,14 |
| 21 | 7,19 | 7,25 | 7,31 | 7,37 | 7,43 | 7,48 | 7,54 | 7,60 | 7,65 | 7,71 |
| 22 | 7,77 | 7,82 | 7,88 | 7,93 | 7,99 | 8,04 | 8,10 | 8,15 | 8,21 | 8,26 |
| 23 | 8,32 | 8,37 | 8,42 | 8,48 | 8,53 | 8,58 | 8,63 | 8,69 | 8,74 | 8,79 |
| 24 | 8,84 | 8,89 | 8,94 | 9,00 | 9,05 | 9,10 | 9,15 | 9,20 | 9,25 | 9,30 |
| 25 | 9,35 | 9,40 | 9,45 | 9,50 | 9,55 | 9,59 | 9,64 | 9,69 | 9,74 | 9,79 |
| 26 | 9,84 | 9,88 | 9,93 | 9,98 | 10,03 | 10,07 | 10,12 | 10,17 | 10,21 | 10,26 |
| 27 | 10,31 | 10,35 | 10,40 | 10,44 | 10,49 | 10,53 | 10,58 | 10,62 | 10,67 | 10,71 |
| 28 | 10,76 | 10,80 | 10,85 | 10,89 | 10,94 | 10,98 | 11,02 | 11,07 | 11,11 | 11,15 |
| 29 | 11,20 | 11,24 | 11,28 | 11,33 | 11,37 | 11,41 | 11,45 | 11,50 | 11,54 | 11,58 |
| 30 | 11,62 | 11,66 | 11,71 | 11,75 | 11,79 | 11,83 | 11,87 | 11,91 | 11,95 | 11,99 |
| 31 | 12,03 | 12,07 | 12,11 | 12,16 | 12,20 | 12,24 | 12,28 | 12,31 | 12,35 | 12,39 |
| 32 | 12,43 | 12,47 | 12,51 | 12,55 | 12,59 | 12,63 | 12,67 | 12,71 | 12,74 | 12,78 |
| 33 | 12,82 | 12,86 | 12,90 | 12,93 | 12,97 | 13,01 | 13,05 | 13,09 | 13,12 | 13,16 |
| 34 | 13,20 | 13,23 | 13,27 | 13,31 | 13,35 | 13,38 | 13,42 | 13,45 | 13,49 | 13,63 |
| 35 | 13,56 | 13,60 | 13,64 | 13,67 | 13,71 | 13,74 | 13,78 | 13,81 | 13,85 | 13,88 |
| 36 | 13,92 | 13,96 | 13,99 | 14,03 | 14,06 | 14,09 | 14,13 | 14,16 | 14,20 | 14,23 |
| 37 | 14,27 | 14,30 | 14,34 | 14,37 | 14,40 | 14,44 | 14,47 | 14,50 | 14,54 | 14,57 |
| 38 | 14,61 | 14,64 | 14,67 | 14,71 | 14,74 | 14,77 | 14,80 | 14,84 | 14,87 | 14,90 |
| 39 | 14,94 | 14,97 | 15,00 | 15,03 | 15,07 | 15,10 | 15,13 | 15,16 | 15,19 | 15,23 |
| 40 | 15,26 | 15,29 | 15,32 | 15,35 | 15,38 | 15,42 | 15,45 | 15,48 | 15,51 | 15,54 |
| 41 | 15,57 | 15,60 | 15,63 | 15,67 | 15,70 | 15,73 | 15,76 | 15,79 | 15,82 | 15,85 |
| 42 | 15,88 | 15,91 | 15,94 | 15,97 | 16,00 | 16,03 | 16,06 | 16,09 | 16,12 | 16,51 |
| 43 | 16,18 | 16,21 | 16,24 | 16,27 | 16,30 | 16,33 | 16,36 | 16,39 | 16,42 | 16,45 |
| 44 | 16,48 | 16,50 | 16,53 | 16,56 | 16,59 | 16,62 | 16,65 | 16,68 | 16,71 | 16,73 |
| 45 | 16,76 | 16,79 | 16,82 | 16,85 | 16,88 | 16,90 | 16,93 | 16,96 | 16,99 | 17,02 |
| 46 | 17,04 | 17,07 | 17,10 | 17,13 | 17,16 | 17,18 | 17,21 | 17,24 | 17,27 | 17,29 |
| 47 | 17,32 | 17,35 | 17,38 | 17,40 | 17,43 | 17,46 | 17,48 | 17,51 | 17,54 | 17,56 |
| 48 | 17,59 | 17,62 | 17,65 | 17,67 | 17,70 | 17,73 | 17,75 | 17,78 | 17,80 | 17,83 |
| 49 | 17,86 | 17,88 | 17,91 | 17,94 | 17,96 | 17,99 | 18,01 | 18,04 | 18,07 | 18,09 |
| 50 | 18,12 | 18,14 | 18,17 | 18,19 | 18,22 | 18,25 | 18,27 | 18,30 | 18,32 | 18,35 |
| 51 | 18,37 | 18,40 | 18,42 | 18,45 | 18,47 | 18,50 | 18,52 | 18,55 | 18,57 | 18,60 |
| 52 | 18,62 | 18,65 | 18,67 | 18,70 | 18,72 | 18,75 | 18,77 | 18,80 | 18,82 | 18,85 |
| 53 | 18,87 | 18,89 | 18,92 | 18,94 | 18,97 | 18,99 | 19,02 | 19,04 | 19,06 | 19,09 |
| 54 | 19,11 | 19,14 | 19,16 | 19,18 | 19,21 | 19,23 | 19,25 | 19,28 | 19,30 | 19,33 |
| 55 | 19,35 | 19,37 | 19,40 | 19,42 | 19,44 | 19,47 | 19,49 | 19,51 | 19,54 | 19,56 |
| 56 | 19,58 | 19,61 | 19,63 | 19,65 | 19,68 | 19,70 | 19,72 | 19,74 | 19,77 | 19,78 |
| 57 | 19,81 | 19,84 | 19,86 | 19,88 | 19,90 | 19,93 | 19,95 | 19,97 | 19,99 | 20,02 |
| 58 | 20,04 | 20,06 | 20,08 | 20,11 | 20,13 | 20,15 | 20,17 | 20,19 | 20,22 | 20,24 |
| 59 | 20,26 | 20,28 | 20,31 | 20,33 | 20,35 | 20,37 | 20,39 | 20,41 | 20,44 | 20,46 |
| 60 | 20,48 | 20,50 | 20,52 | 20,54 | 20,57 | 20,59 | 20,61 | 20,63 | 20,65 | 20,67 |
| 61 | 20,70 | 20,72 | 20,74 | 20,76 | 20,78 | 20,80 | 20,82 | 20,84 | 20,87 | 20,89 |
| 62 | 20,91 | 20,93 | 20,95 | 20,97 | 20,99 | 21,01 | 21,03 | 21,05 | 21,07 | 21,10 |
| 63 | 21,12 | 21,14 | 21,16 | 21,18 | 21,20 | 21,22 | 21,24 | 21,26 | 21,28 | 21,30 |

# Equação: Guedes (1985) – continuação[38]

Homens – estimativa do percentual de gordura corporal (%) mediante o somatório das dobras cutâneas tríceps, suprailíaca e abdominal.

| mm | 0,0 | 0,1 | 0,1 | 0,3 | 0,4 | 0,5 | 0,6 | 0,7 | 0,8 | 0,9 |
|---|---|---|---|---|---|---|---|---|---|---|
| 64 | 21,32 | 21,34 | 21,36 | 21,38 | 21,40 | 21,42 | 21,44 | 21,46 | 21,48 | 21,50 |
| 65 | 21,52 | 21,54 | 21,56 | 21,58 | 21,60 | 21,62 | 21,64 | 21,66 | 21,68 | 21,70 |
| 66 | 21,72 | 21,74 | 21,76 | 21,78 | 21,80 | 21,82 | 21,84 | 21,86 | 21,88 | 21,90 |
| 67 | 21,92 | 21,94 | 21,96 | 21,98 | 22,00 | 22,02 | 22,04 | 22,06 | 22,08 | 22,10 |
| 68 | 22,12 | 22,13 | 22,15 | 22,17 | 22,19 | 22,21 | 22,23 | 22,25 | 22,27 | 22,29 |
| 69 | 22,31 | 22,33 | 22,35 | 22,36 | 22,38 | 22,40 | 22,42 | 22,44 | 22,46 | 22,48 |
| 70 | 22,50 | 22,51 | 22,53 | 22,55 | 22,57 | 22,59 | 22,61 | 22,63 | 22,65 | 22,66 |
| 71 | 22,68 | 22,70 | 22,72 | 22,74 | 22,76 | 22,77 | 22,79 | 22,81 | 22,83 | 22,85 |
| 72 | 22,87 | 22,88 | 22,90 | 22,92 | 22,94 | 22,96 | 22,98 | 22,99 | 23,01 | 23,03 |
| 73 | 23,05 | 23,07 | 23,08 | 23,10 | 23,12 | 23,14 | 23,16 | 23,17 | 23,19 | 23,21 |
| 74 | 23,23 | 23,24 | 23,26 | 23,28 | 23,30 | 23,32 | 23,33 | 23,35 | 23,37 | 23,39 |
| 75 | 23,40 | 23,42 | 23,44 | 23,46 | 23,47 | 23,49 | 23,51 | 23,53 | 23,54 | 23,56 |
| 76 | 23,58 | 23,60 | 23,61 | 23,63 | 23,65 | 23,67 | 23,68 | 23,70 | 23,72 | 23,73 |
| 77 | 23,75 | 23,77 | 23.79 | 23,80 | 23,82 | 23,84 | 23,85 | 23,87 | 23,89 | 23,93 |
| 78 | 23,93 | 23,94 | 23,96 | 23,97 | 23,99 | 24,01 | 24,02 | 24,04 | 24,06 | 24,07 |
| 79 | 24,09 | 24,11 | 24,12 | 24,14 | 24,16 | 24,17 | 24,19 | 24,21 | 24,22 | 24,24 |
| 80 | 24,26 | 24,27 | 24,29 | 24,31 | 24,32 | 24,34 | 24,36 | 24,37 | 24,39 | 24,40 |
| 81 | 24,42 | 24,44 | 24,45 | 24,47 | 24,49 | 24,50 | 24,52 | 24,53 | 24,55 | 24,57 |
| 82 | 24,58 | 24,60 | 24,62 | 24,63 | 24,65 | 24,66 | 24,68 | 24,70 | 24,71 | 24,73 |
| 83 | 27,74 | 24,76 | 24,78 | 24,79 | 24,81 | 24,82 | 24,84 | 24,86 | 24,87 | 24,89 |
| 84 | 24,90 | 24,92 | 24,93 | 24,95 | 24,97 | 24,98 | 25,00 | 25,01 | 25,03 | 25,04 |
| 85 | 25,06 | 25,08 | 25,09 | 25,11 | 25,12 | 25,14 | 25,15 | 25,17 | 25,18 | 25,20 |
| 86 | 25,22 | 25,23 | 25,25 | 25,26 | 25,28 | 25,29 | 25,31 | 25,32 | 25,34 | 25,35 |
| 87 | 25,37 | 25,38 | 25,40 | 25,41 | 25,43 | 25,45 | 25,46 | 25,48 | 25,49 | 25,51 |
| 88 | 25,52 | 25,54 | 25,55 | 25,57 | 25,58 | 25,60 | 25,61 | 25,63 | 25,64 | 25,66 |
| 89 | 25,67 | 25,69 | 25,70 | 25,72 | 25,73 | 25,75 | 25,76 | 25,78 | 25,79 | 25,81 |
| 90 | 25,82 | 25,84 | 25,85 | 25,86 | 25,88 | 25,89 | 25,91 | 25,92 | 25,94 | 25,95 |
| 91 | 25,97 | 25,98 | 26,00 | 26,01 | 26,03 | 26,04 | 26,06 | 26,07 | 26,08 | 26,10 |
| 92 | 26,11 | 26,13 | 26,14 | 26,16 | 26,17 | 26,19 | 26,20 | 26,21 | 26,23 | 26,24 |
| 93 | 26,26 | 26,27 | 26,29 | 26,30 | 26,31 | 26,33 | 26,34 | 26,36 | 26,37 | 26,39 |
| 94 | 26,40 | 26,41 | 26,43 | 26,44 | 26,46 | 26,47 | 26,49 | 26,50 | 26,51 | 26,53 |
| 95 | 26,54 | 26,56 | 26,57 | 26,58 | 26,60 | 26,61 | 26,63 | 26,64 | 26,65 | 26,67 |
| 96 | 26,68 | 26,70 | 26,71 | 26,72 | 26,74 | 26,75 | 26,76 | 26,78 | 26,79 | 26,81 |
| 97 | 26,82 | 26,83 | 26,85 | 26,86 | 26,88 | 26,89 | 26,90 | 26,92 | 26,93 | 26,94 |
| 98 | 26,96 | 26,97 | 26,98 | 27,00 | 27,01 | 27,03 | 27,04 | 27,05 | 27,07 | 27,08 |
| 99 | 27,09 | 27,11 | 27,12 | 27,13 | 27,15 | 27,16 | 27,17 | 27,19 | 27,20 | 27,21 |

## Referências

1. Guedes DP, Guedes JERP Manual prático para avaliação em Educação Física. São Paulo: Manole; 2006.

2. Costa RF. Composição corporal: teoria e prática da avaliação. São Paulo: Manole; 2001.

3. De Rose EH, Pigatto E, De Rose RCF. Cineantropometria, educação física e treinamento desportivo. Rio de Janeiro: SEED/MEC/FAE; 1984.

4. Gagliardi JFL. Estudo de equações de estimativa de densidade e composição corporal em atletas do sexo masculino [dissertação]. São Paulo: Faculdade de Educação Física; 1996.

5. Petroski EL. Antropometria: técnicas e padronizações. 2. ed. Porto Alegre: Pallotti; 2003.

6. Beunen G, Borms J. Cineantropometria: raízes, desenvolvimento e futuro. Rev Bras Ciência e Mov. 1990;4(3):76-97.

7. Maia J, Janeira MA. Cineantropometria: raízes históricas, estado actual de conhecimento e perspectivas futuras. In: Bento J, Marques A. As ciências do desporto e a prática desportiva. Universidade do Porto, Faculdade de Ciências do Desporto e de Educação Física. Porto (Portugal).

8. Kiss MAPD, Bohme MTS. Avaliação de treinamento esportivo. In: Kiss MAPD. Esporte e exercício: avaliação e prescrição. São Paulo: Roca; 2003.

9. Martins MO, Waltortt LCB. Antropometria: uma revisão histórica. In: Petroski EL. Antropometria técnicas e padronizações. 2. ed. Porto Alegre: Pallotti; 2003.

10. Bohme MTS. Cineantropometria – componentes da constituição corporal. Rev Bras Cineantropom e Desemp Hum. 2000;2(1):72-9.

11. Petroski EL. Editorial. Rev Bras Cineantropom e Desemp Hum. 1999;1(1).

12. Lima JRP, Kiss MAPD. Critérios de seleção de testes. In: Kiss MAPD. Esporte e exercício: avaliação e prescrição. São Paulo: Roca; 2003.

13. Guedes DP, Guedes JERP. Controle do peso corporal: composição corporal, atividade física e nutrição. 2. ed. Rio de Janeiro: Shape; 2003.

14. Wang ZM, et al. The five level model: a new approach to organizing body composition research. American J Clinical Nutrition. 1992;56:19-28.

15. Shen W, Onge MP, Wang ZM, Heymsfield SB. Study of body composition: An overview. In: Heymsfield SB, Lohman TG, Wang ZM, Going SB. Human Body Composition. 2. ed. Champaign: Human Kinetics; 2005.

16. Heyward VH, Stolarczyk LM. Avaliação da composição corporal aplicada. São Paulo: Manole; 2000.

17. ____, Wagner DR. Applied body composition assessment. 2. ed. Champaign: Human Kinetics; 2004.

18. Lohman TG. Dual energy X-ray absorptiometry. In: Roche AF, Heymsfiled SB, Lohman TG. Human body composition. Champaign: Human Kinetics; 1996.

19. Gagliardi JFL, Mansoldo AC, Kiss MAPD. Composição corporal. In: Kiss MAPD. Esporte e exercício: avaliação e prescrição. São Paulo: Roca; 2003.

20. Going SB. Densitometry. In: Roche AF, Heymsfiled SB, Lohman TG. Human body composition. Champaign: Human Kinetics; 1996.

21. Siri WE. Body composition from fluids spaces and density: analysis of methods. In: Brozek J, Henschel A. Techniques for measuring body composition. Washington, National Academy of Science; 1961. 223-44.

22. Brozek J, et al. Densitometric analysis of body composition: revision of some quantitative assumptions. Annals of the New York Academy of Sciences. 1963;110:113-40.

23. Lohman TG. Applicability of body composition techniques and constants for children and youth. In: Pandolf KB. Exercise and sports sciences review. 1986;14:325-57.

24. [Bioimpedância] Equipamento de bioimpedância RJL. [acesso em 20 jan 2008]. Disponível em http://www.compcorp.com.br.

25. WHO. Obesity: preventing and managing the global epidemic. Geneva, World Health Organization; 1998.

26. Himes JH, Dietz WH. Guidelines for overweight in adolescent preventive services: recommendations from an expert committee. American J Clinical Nutrition. 1994;59:307-16.

27. Francischi RP, et al. Obesidade: Atualização sobre sua etiologia, morbidade e tratamento. Rev Nutr 2000;13:17-28.

28. OMS. Dieta, nutrición y prevención de enfermedades crónicas. Ginebra; Organización Mundial de la Salud; 1990.

29. Lohman TG. Advances in body composition assessment. Current Issues in Exercise Science Series. Monograph number 3. Champaign: Human Kinetics; 1992.

30. Edwards DAW. Observations on the distribuition of subcutaneous fat. Clinical Science. 1950;9:259-70.

31. Harrison GG, et al. Skinfold thickness and measurement technique. In: Lohman TG, Roche AF, Martorell R. Anthropometric standardization reference manual. Champaign, Illinois: Human Kinetics Book; 1988.

32. Nelson JK, Nelson KR. Skinfold profiles of black and white boys and girls ages 11-13. Human Biology. 1986;58:379-90.

33. Roche AF, Siervogel RM, Chumlea WC, Webb P. Grading body fatness from limited anthropometric data. American Journal Clinical Nutrition. 1981;34:2.831-38.

34. Abbassi V. Endocrinologia pediátrica clínica. In: Hung W, ed. Obesidad infantile. Madrid: Mosby; 1993. 356-68.

35. Gortmaker SL, Dietz WH, Sobol AM. Increasing pediatric obesity in the United States. Am J Dis Child. 1987;141:535-40.

36. Yonamine RS. Desenvolvimento e validação de modelos matemáticos para estimar a massa corporal magra de meninos, de 12 a 14 anos, por densimetria e impedância bioelétrica [dissertação]. Santa Maria: Universidade Federal de Santa Maria; 2000.

37. Carvalho ABR. Composição corporal através dos métodos de pesagem hidrostática e impedância bioelétrica em universitários [dissertação]. Santa Maria: Universidade Federal de Santa Maria; 1998.

38. Guedes DP. Tentativa de validação de equações para predição dos valores de densidade corporal com base nas espessuras de dobras cutâneas em universitários. Rev Bras Ciências do Esporte. 1985;6:182-91.

Sobre o Livro

Formato: 21 x 28 cm
Mancha: 15,5 x 25,5 cm
Tipologia: Times New Roman, Eras
Papel: Offset 90g
nº páginas: 240
1ª edição: 2009

Equipe de Realização

Edição de Texto
Talita Gnidarchichi (Assistente Editorial)
Renata Sangeon (Preparação e copidesque)
Fernanda Duarte Ribeiro (Revisão)

Editoração Eletrônica
David Menezes (Projeto gráfico e diagramação)
Fabiana Lumi (Capa)
Ricardo Howards (Ilustração)

Impressão
HR Gráfica e Editora